U0941150

石家庄统计年鉴

SHIJIAZHUANG STATISTICAL YEARBOOK

2014

石 家 庄 市 统 计 局
国家统计局石家庄调查队 编

图书在版编目（CIP）数据

石家庄统计年鉴. 2014 / 石家庄市统计局，国家统计局石家庄调查队编. — 北京：中国统计出版社，2014. 11

ISBN 978 - 7 - 5037 - 7139 - 2

Ⅰ. ①石… Ⅱ. ①石… ②国… Ⅲ. ①统计资料 - 石家庄市 - 2014 - 年鉴 Ⅳ. ①C832. 221 - 54

中国版本图书馆 CIP 数据核字（2014）第 163845 号

石家庄统计年鉴—2014

作　　者/ 石家庄市统计局　国家统计局石家庄调查队
责任编辑/ 陈越月
封面设计/ 黄　晨
出版发行/ 中国统计出版社
地　　址/ 北京市丰台区西三环南路甲 6 号　邮政编码/100073
电　　话/ 邮购（010）63376909　书店（010）68783171
网　　址/ http：//csp. stats. gov. cn
印　　刷/ 河北天普润印刷厂
经　　销/ 新华书店
开　　本/ 890mm × 1240mm　1/16
字　　数/ 900 千字
印　　张/ 32. 875
印　　数/ 1—600
版　　别/ 2014 年 11 月第 1 版
版　　次/ 2014 年 11 月第 1 次印刷
书　　号/ ISBN 978 - 7 - 5037 - 7139 - 2
定　　价/ 300. 00 元

如有印装差错，由本社发行部调换。

《石家庄统计年鉴—2014》

编委会

主　任：	王　亮	石家庄市人民政府市长
副主任：	刘晓军	石家庄市人民政府常务副市长
委　员：	蒲国良	石家庄市人民政府常务副秘书长
	马千里	石家庄市统计局局长
	王志强	国家统计局石家庄调查队队长
	赵文锋	石家庄市发展和改革委员会主任
	周立新	石家庄市财政局局长
	吴　飞	石家庄市工信局局长
	闫纯锴	石家庄市教育局局长
	许振霞	石家庄市公安局常务副局长
	宋学恭	石家庄市人力资源和社会保障局局长
	王华平	石家庄市环境保护局局长
	卢建新	石家庄市城市管理委员会主任
	张兰格	石家庄市国土资源局局长
	田嘉一	石家庄市商务局局长
	李志宏	石家庄市卫生和计划生育委员会主任
	李　波	石家庄市文化广电新闻出版局局长
	杨建秋	石家庄市林业局局长
	崔同英	石家庄市安全生产监督管理局局长
	王雁南	石家庄市科技局局长
	张军卫	石家庄市农业局局长
	王晓临	石家庄市城乡规划局局长
	吕军英	石家庄市畜牧水产局局长
	张维德	石家庄市水务局局长

张子云	石家庄市邮政管理局局长
毕拉祥	石家庄市国有资产监督管理委员会主任
刘桂江	石家庄市审计局局长
唐　青	石家庄市体育局局长
朱献军	石家庄市粮食局局长
赵俊芳	石家庄市旅游局局长
孙宏普	石家庄市交通局副局长
郭彦军	石家庄市建设局副局长
张建慧	石家庄市民政局副局长

《石家庄统计年鉴—2014》

编辑部

编辑说明

一、《石家庄统计年鉴—2014》是一部大型统计信息资料工具书，是《石家庄统计年鉴》创刊出版以来的第18卷。本书系统收录了石家庄市2013年经济、社会各方面的统计数据，以及1995年来分县区主要统计数据，是一部全面反映石家庄经济和社会发展情况的资料性年刊。随着国家统计方法制度的改革，本刊在指标口径和范围上做了相应的调整，但尽量在版本内容、指标体系等方面与前几年保持连贯性。

二、本年鉴内容包括：综合、从业人员和工资总额、固定资产投资及建筑业、能源消费、财政、金融、物价、居民生活、城市公用设施、农村经济、工业交通邮电、贸易外经旅游、教育科技文化、体育卫生民政和附录等14部分内容。

三、本年鉴中使用的度量衡单位均采用国际统一标准计量单位。

四、辛集市2013年列为河北省直管县。按照行政区划分，除居民生活部分外，本年鉴其余内容均含辛集市。

《石家庄统计年鉴》多年来承蒙社会各界的厚爱，对此我们深表感谢，欢迎广大读者继续使用《石家庄统计年鉴》，同时欢迎对我们的编辑内容及排版提出宝贵的意见，以利于我们进一步提高《石家庄统计年鉴》的编辑水平，更好地为社会各界服务。

《石家庄统计年鉴》编辑部

2014年11月

目 录

石家庄市 2013 年国民经济和社会发展统计公报 ……………………………………（ 1 ）

一、综合

1—1 行政组织机构及土地面积 ……………………………………（ 3 ）
1—2 全市常住人口基本情况 ……………………………………（ 4 ）
1—3 地区生产总值构成项目 ……………………………………（ 5 ）
1—4 总产出、地区生产总值 ……………………………………（ 8 ）
1—5 分县（市）地区生产总值 ……………………………………（ 11 ）
1—6 历年地区生产总值指数 ……………………………………（ 13 ）

二、单位从业人员和工资总额

2—1 全市单位从业人员和工资总额 ……………………………………（ 17 ）
2—2 全市国有单位从业人员和工资总额 ……………………………………（ 22 ）
2—3 全市城镇集体单位从业人员和工资总额 ……………………………………（ 27 ）
2—4 全市城镇其他单位从业人员和工资总额 ……………………………………（ 32 ）
2—5 市区单位从业人员和工资总额 ……………………………………（ 37 ）
2—6 市区国有单位从业人员和工资总额 ……………………………………（ 42 ）
2—7 市区城镇集体单位从业人员和工资总额 ……………………………………（ 47 ）
2—8 市区城镇其他单位从业人员和工资总额 ……………………………………（ 52 ）
2—9 分县（市）区单位从业人员和工资总额 ……………………………………（ 57 ）

三、固定资产投资 建筑业

3—1 全市全社会固定资产投资 ……………………………………（ 61 ）
3—2 分县（市）区全社会固定资产投资 ……………………………………（ 62 ）
3—3 全市及市区建设项目投资情况 ……………………………………（ 63 ）
3—4 分县（市）区建设项目城镇投资情况 ……………………………………（ 68 ）
3—5 分县（市）区建设项目农村非农户投资情况 ……………………………………（ 74 ）
3—6 全市房地产开发企业投资完成情况 ……………………………………（ 78 ）

3—7　全市房地产开发企业分组完成情况 …………（79）
3—8　分县（市）区房地产开发完成情况 …………（81）
3—9　全市建筑业企业生产情况 …………（88）
3—10　全市建筑业企业财务状况 …………（92）
3—11　全市建筑业企业房屋建筑竣工面积情况 …………（97）
3—12　全市建筑业企业房屋建筑竣工造价情况 …………（100）
3—13　分县（市）区建筑业企业主要指标情况 …………（104）

四、能源消费

4—1　全市规模以上工业企业能源购进、消费及库存 …………（109）
4—2　市区规模以上工业企业能源购进、消费及库存 …………（110）
4—3　全市规模以上工业企业产值综合能耗 …………（111）
4—4　全市主要能源调出调入情况 …………（112）
4—5　市区主要能源调出调入情况 …………（112）
4—6　全市规模以下工业企业主要能源消费情况 …………（113）
4—7　市区规模以下工业企业主要能源消费情况 …………（115）
4—8　全市有关行业能源消费量 …………（116）
4—9　市区有关行业能源消费量 …………（116）
4—10　全市行业用电分类情况 …………（117）
4—11　分县（市）用电情况 …………（120）

五、财政　金融

5—1　财政收入情况 …………（123）
5—2　财政支出情况 …………（125）
5—3　全市金融机构本外币信贷收支情况 …………（127）
5—4　全市金融机构人民币信贷收支情况 …………（128）
5—5　市区金融机构人民币信贷收支情况 …………（129）
5—6　全市金融机构外汇信贷收支情况 …………（130）
5—7　分县（市）金融机构人民币信贷情况 …………（131）

六、物价

6—1　居民消费价格指数 …………（137）
6—2　商品零售价格指数 …………（138）
6—3　工业生产者出厂价格指数 …………（139）
6—4　工业生产者购进价格指数 …………（140）
6—5　城市房地产价格指数 …………（140）

七、居民生活

7—1　城乡居民家庭收支情况 …… (143)
7—2　城镇居民家庭收支分组情况 …… (150)
7—3　农村居民家庭收支分组情况 …… (157)
7—4　县（市）区城乡居民可支配收入及生活消费 …… (164)

八、城市公用设施

8—1　城市市政公用设施水平 …… (167)
8—2　城市建设用地情况 …… (167)
8—3　城市供水情况 …… (168)
8—4　城市节约用水情况 …… (168)
8—5　城市燃气情况 …… (169)
8—6　城市集中供热情况 …… (169)
8—7　城市公共汽车和出租汽车情况 …… (170)
8—8　城市市政设施情况 …… (170)
8—9　城市园林绿化及风景名胜区情况 …… (171)
8—10　城市市容环境卫生情况 …… (171)
8—11　全市工业污染排放及处理利用情况 …… (172)

九、农村经济

9—1　农村基础设施情况 …… (177)
9—2　乡村从业人员情况 …… (178)
9—3　农业机械化情况 …… (183)
9—4　农业主要能源及物资消耗情况 …… (187)
9—5　农田水利建设情况 …… (190)
9—6　农业主要产品生产情况 …… (191)
9—7　水果生产情况 …… (200)
9—8　林业生产情况 …… (203)
9—9　畜牧业生产情况 …… (205)
9—10　渔业生产情况 …… (211)
9—11　农林牧渔业总产值 …… (212)
9—12　农林牧渔业中间消耗 …… (218)
9—13　农林牧渔业增加值 …… (221)
9—14　农林牧渔业商品产值 …… (222)

十、工业　交通　邮政

10—1　全市全部工业企业主要产品产量 …… (231)

10—2　全市规模以上工业企业主要经济指标 ……………………………………（237）
10—3　市区规模以上工业企业主要经济指标 ……………………………………（244）
10—4　全市规模以上工业企业分行业主要经济指标 ………………………………（251）
10—5　市区规模以上工业企业分行业主要经济指标 ………………………………（258）
10—6　分县（市）区规模以上工业企业主要经济指标 ……………………………（265）
10—7　分县（市）区规模以上国有控股工业企业主要经济指标 …………………（272）
10—8　分县（市）区规模以上集体工业企业主要经济指标 ………………………（279）
10—9　历年规模以上工业总产值、工业增加值指数 ………………………………（286）
10—10　营运车辆拥有量 ……………………………………………………………（287）
10—11　线路长度及运输量 …………………………………………………………（288）
10—12　邮政业务量 …………………………………………………………………（288）

十一、贸易　外经　旅游

11—1　全市限额以上住宿和餐饮业企业经营状况 …………………………………（291）
11—2　市区限额以上住宿和餐饮业企业经营状况 …………………………………（292）
11—3　全市亿元以上商品交易市场基本情况 ……………………………………（293）
11—4　全市限额以上批发贸易业商品购销存总额 …………………………………（294）
11—5　全市限额以上零售贸易业商品购销存总额 …………………………………（295）
11—6　市区限额以上批发贸易业商品购销存总额 …………………………………（296）
11—7　市区限额以上零售贸易业商品购销存总额 …………………………………（297）
11—8　分县（市）区限额以上批发零售贸易业商品购销存总额 …………………（298）
11—9　全市限额以上批发贸易企业财务状况 ……………………………………（299）
11—10　全市限额以上零售贸易企业财务状况 ……………………………………（304）
11—11　市区限额以上批发贸易企业财务状况 ……………………………………（309）
11—12　市区限额以上零售贸易企业财务状况 ……………………………………（314）
11—13　分县（市）区限额以上批发零售贸易企业财务状况 ………………………（319）
11—14　社会消费品零售总额 ………………………………………………………（321）
11—15　分县（市）区实际利用外资情况 …………………………………………（322）
11—16　外国和港澳台地区在石投资情况 …………………………………………（323）
11—17　外国和港澳台地区在石投资企业主要经济指标 ……………………………（331）
11—18　省级及以上开发区主要经济指标 …………………………………………（345）
11—19　按贸易方式及企业性质分进出口总值 ……………………………………（346）
11—20　按国别（地区）分进出口总值 ……………………………………………（347）
11—21　按商品构成分进出口总值 …………………………………………………（355）
11—22　出口主要商品统计情况 ……………………………………………………（358）
11—23　旅游业发展情况 ……………………………………………………………（364）
11—24　涉外旅游情况 ………………………………………………………………（364）

十二、教育 科技 文化

12—1 普通高等学校基本情况 ……………………………………………………………… (367)
12—2 技工学校基本情况 …………………………………………………………………… (369)
12—3 普通中学基本情况 …………………………………………………………………… (371)
12—4 职业中学基本情况 …………………………………………………………………… (373)
12—5 小学基本情况 ………………………………………………………………………… (374)
12—6 规模以上工业企业 R&D 活动基本情况 ……………………………………………… (375)
12—7 规模以上工业企业 R&D 活动人员情况 ……………………………………………… (377)
12—8 规模以上工业企业 R&D 人员折合全时当量 ………………………………………… (379)
12—9 规模以上工业企业 R&D 经费内部支出来源情况 …………………………………… (381)
12—10 规模以上工业企业 R&D 经费支出情况 ……………………………………………… (383)
12—11 规模以上工业企业办科技机构情况 ………………………………………………… (385)
12—12 规模以上工业企业 R&D 项目和新产品项目情况 …………………………………… (387)
12—13 规模以上工业企业科技活动产出情况 ……………………………………………… (389)
12—14 规模以上工业企业技术改造和技术获取情况 ……………………………………… (391)
12—15 分县（市）区规模以上工业企业 R&D 活动基本情况 ……………………………… (393)
12—16 分县（市）区规模以上工业企业 R&D 活动人员情况 ……………………………… (394)
12—17 分县（市）区规模以上工业企业 R&D 人员折合全时当量 ………………………… (395)
12—18 分县（市）区规模以上工业企业 R&D 经费内部支出来源情况 …………………… (396)
12—19 分县（市）区规模以上工业企业 R&D 经费支出情况 ……………………………… (397)
12—20 分县（市）区规模以上工业企业办科技机构情况 …………………………………… (398)
12—21 分县（市）区规模以上工业企业 R&D 项目和新产品项目情况 …………………… (399)
12—22 分县（市）区规模以上工业企业科技活动产出情况 ………………………………… (400)
12—23 分县（市）区规模以上工业企业技术改造和技术获取情况 ………………………… (401)
12—24 分县（市）区财政科技经费支出情况 ……………………………………………… (402)
12—25 全市高新技术产业主要经济指标 …………………………………………………… (403)
12—26 文化、广播、电视事业基本情况 …………………………………………………… (405)

十三、体育 卫生 民政

13—1 全市体育事业基本情况 ……………………………………………………………… (409)
13—2 全市卫生机构、床位和人员情况 …………………………………………………… (410)
13—3 分县（市）区卫生机构、床位和人员情况 ………………………………………… (412)
13—4 优抚对象情况 ………………………………………………………………………… (414)
13—5 婚姻登记情况 ………………………………………………………………………… (415)
13—6 城镇低保情况 ………………………………………………………………………… (416)
13—7 农村低保、救济情况 ………………………………………………………………… (417)
13—8 农村五保、医疗救助情况 …………………………………………………………… (418)

附录　1995—2013 年分县（市）区主要经济指标

1996—2013 年分县（市）区生产总值 ……（421）
1995—2013 年分县（市）区全社会固定资产投资 ……（427）
1996—2013 年分县（市）区固定资产投资 ……（433）
1995—2013 年分县（市）区全部财政收入 ……（439）
2000—2013 年分县（市）区公共财政预算收入 ……（446）
1995—2013 年分县（市）区农林牧渔业总产值 ……（451）
1996—2013 年分县（市）区规模以上工业增加值 ……（457）
1995—2013 年分县（市）区规模以上工业利税总额 ……（463）
1995—2013 年分县（市）区社会消费品零售额 ……（469）
1997—2013 年分县（市）区金融机构人民币存款 ……（475）
1997—2013 年分县（市）区金融机构人民币贷款 ……（481）
1996—2013 年分县（市）区城乡居民人民币储蓄存款 ……（487）
1995—2013 年分县（市）区农民人均纯收入 ……（493）

全市生产总值（亿元）

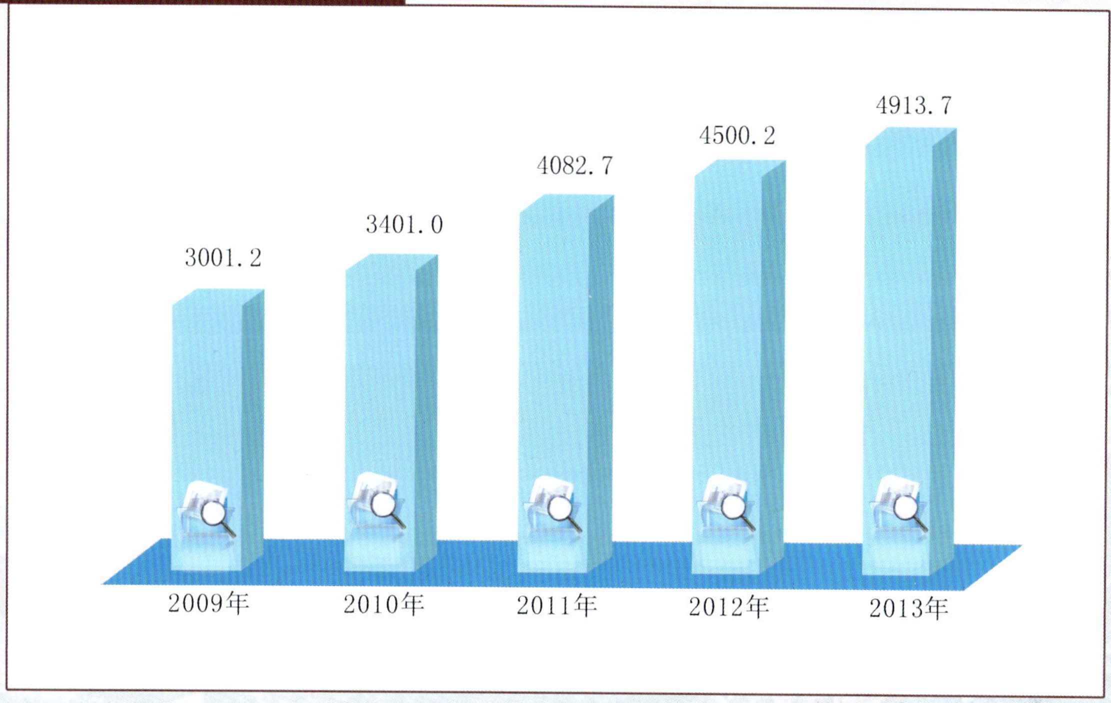

全市生产总值增长速度（%）

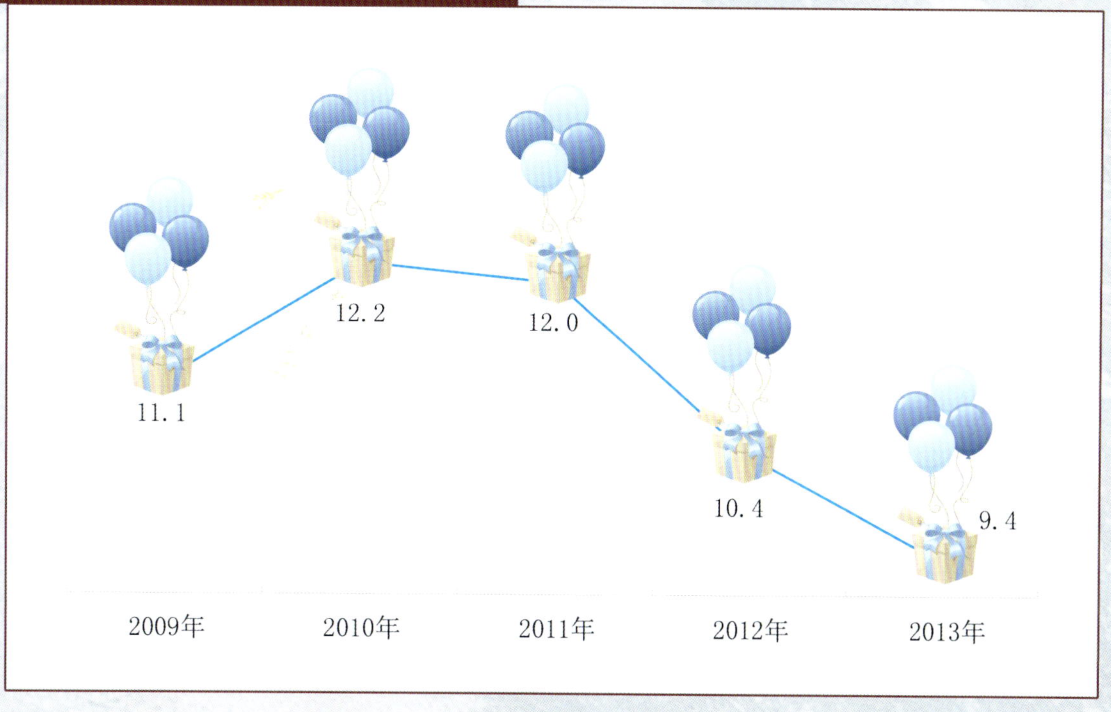

2013年三次产业构成

2012年三次产业构成

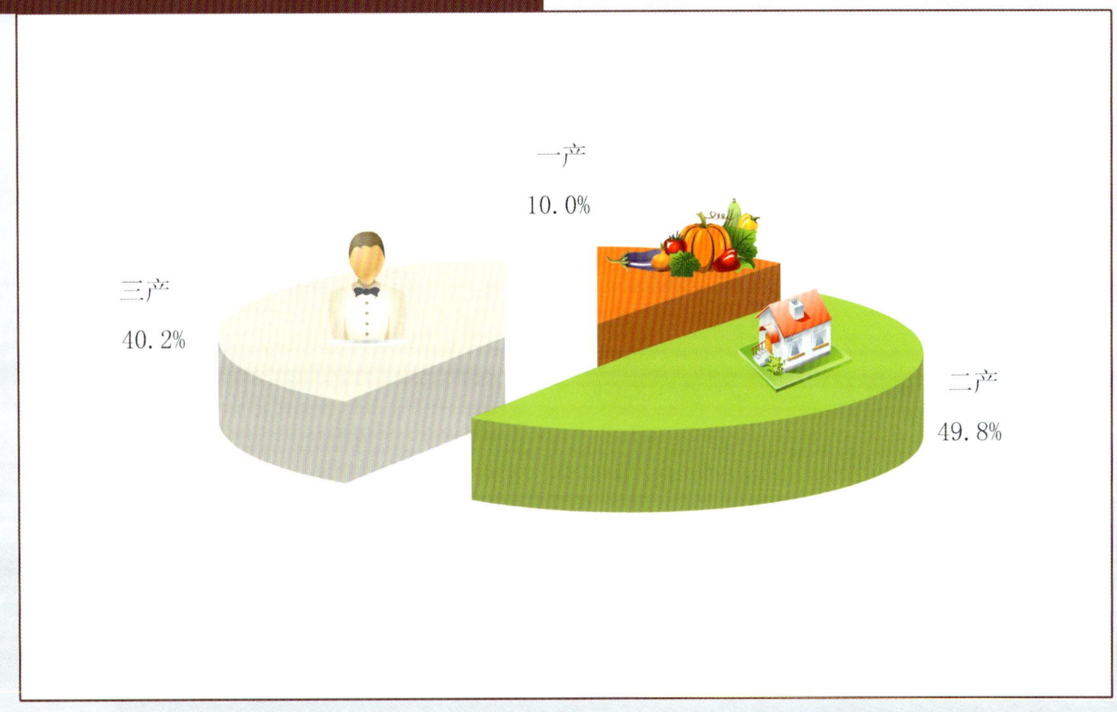

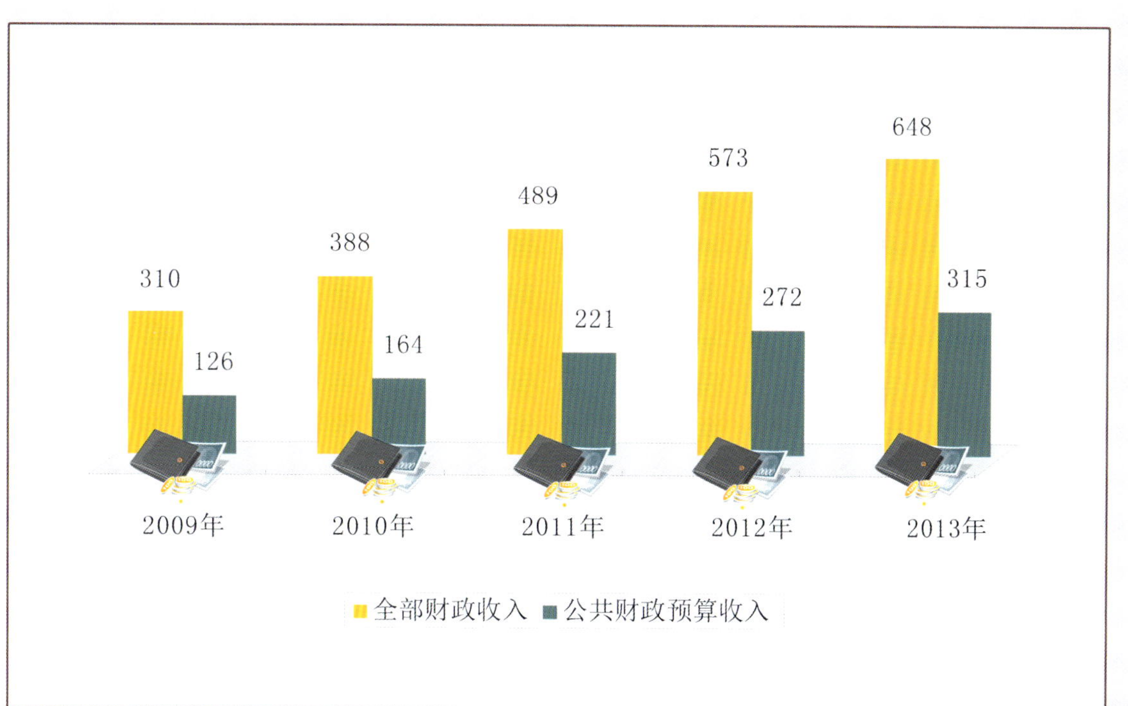

财政收入（亿元）

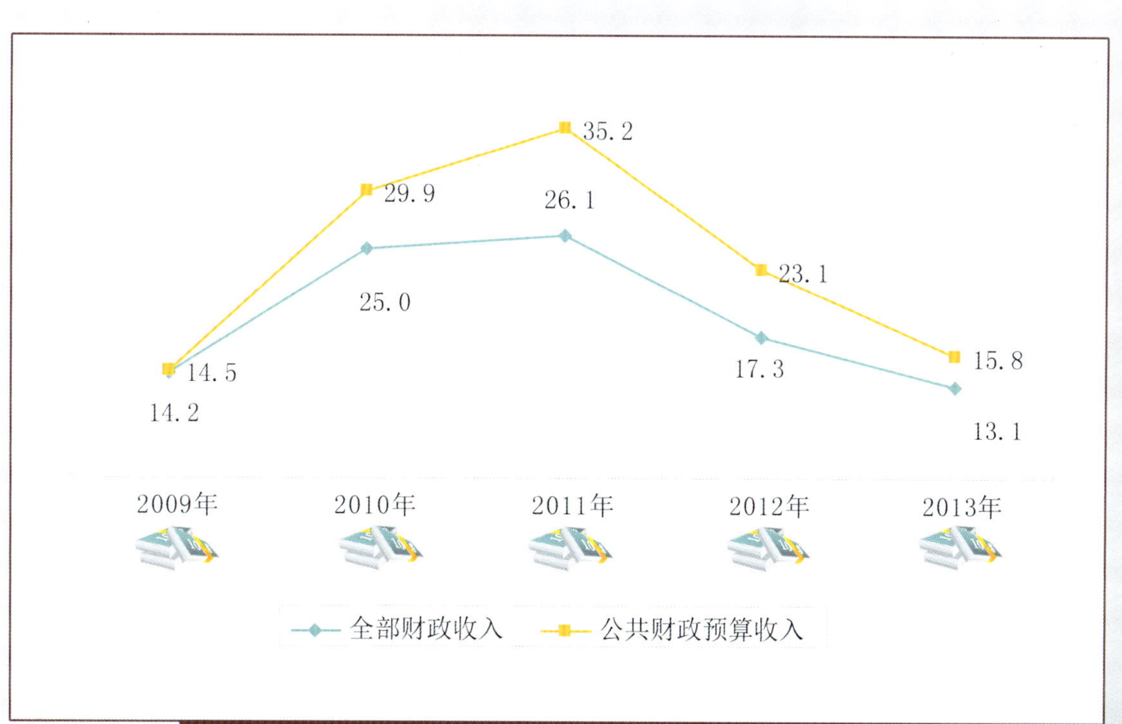

财政收入增长速度（%）

农林牧渔业总产值与增加值(亿元)

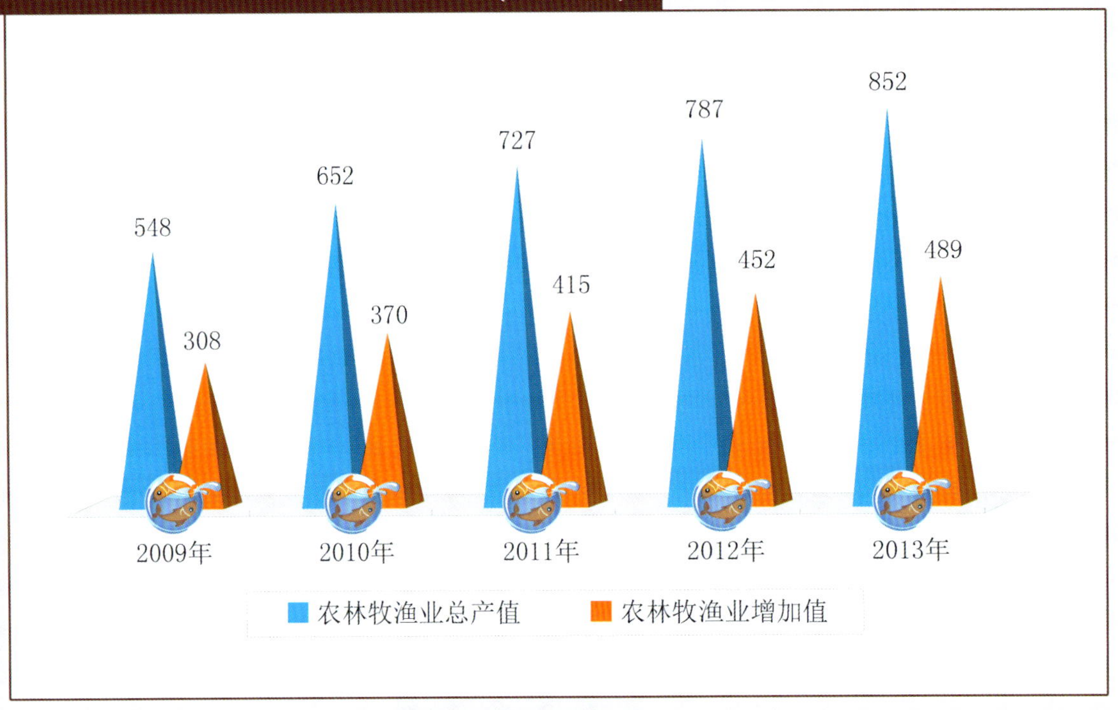

规模以上工业总产值与增加值(亿元)

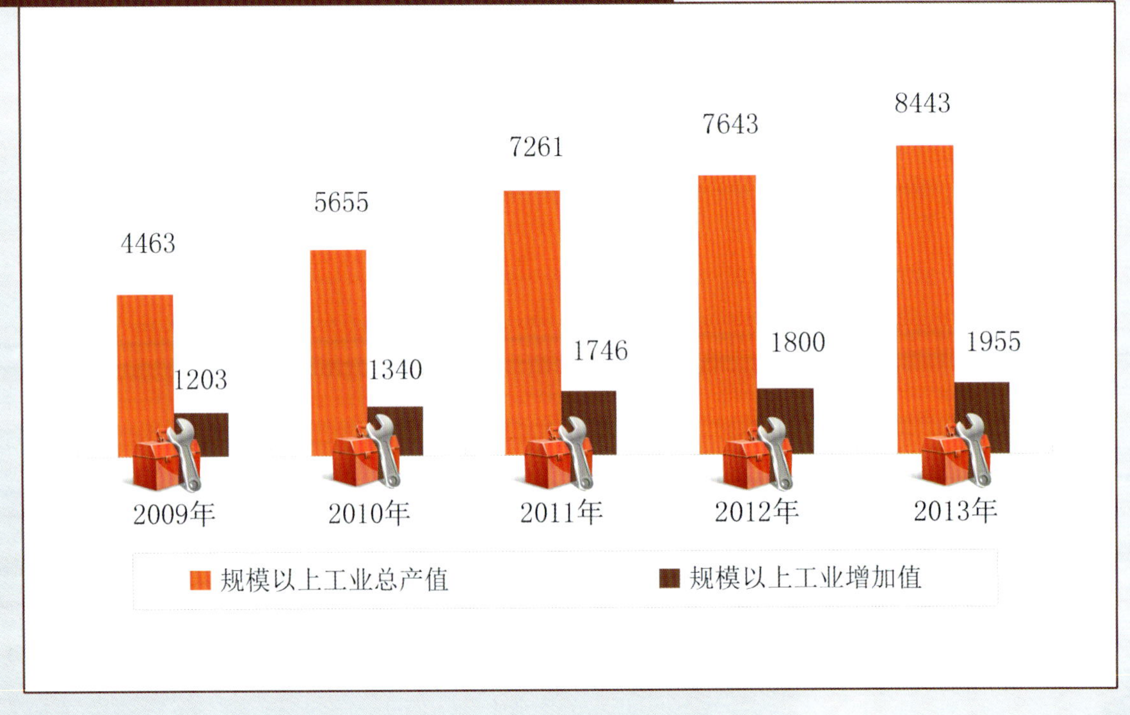

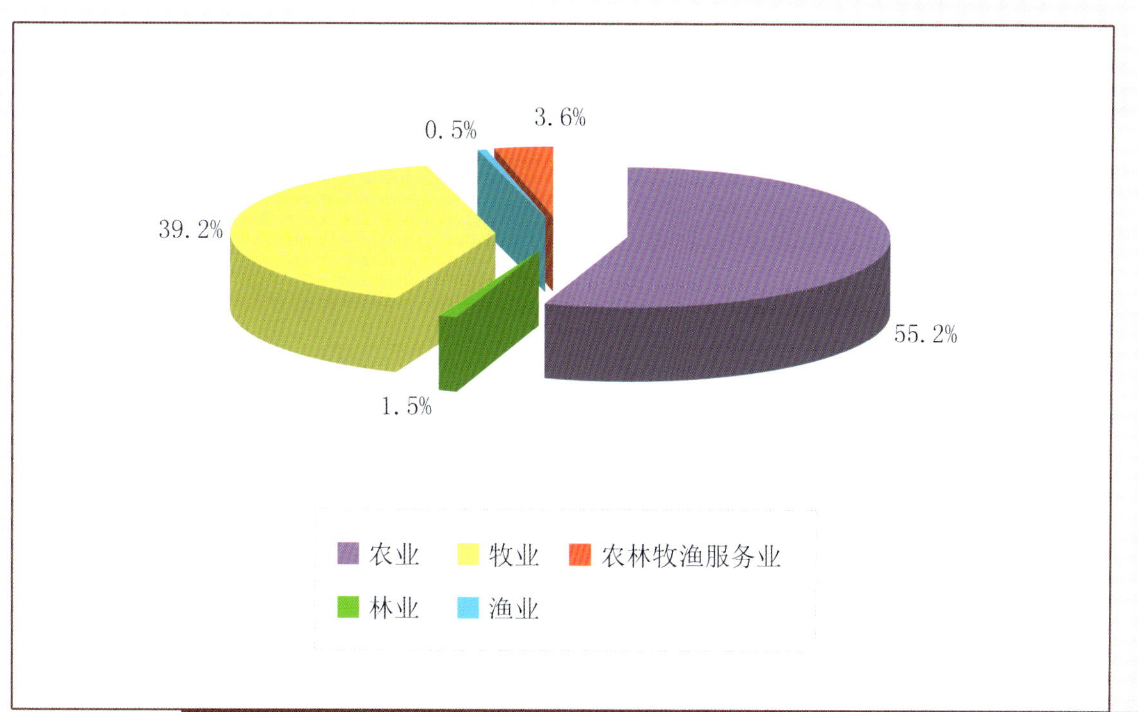

2013年农林牧渔各业构成(按总产值计算)

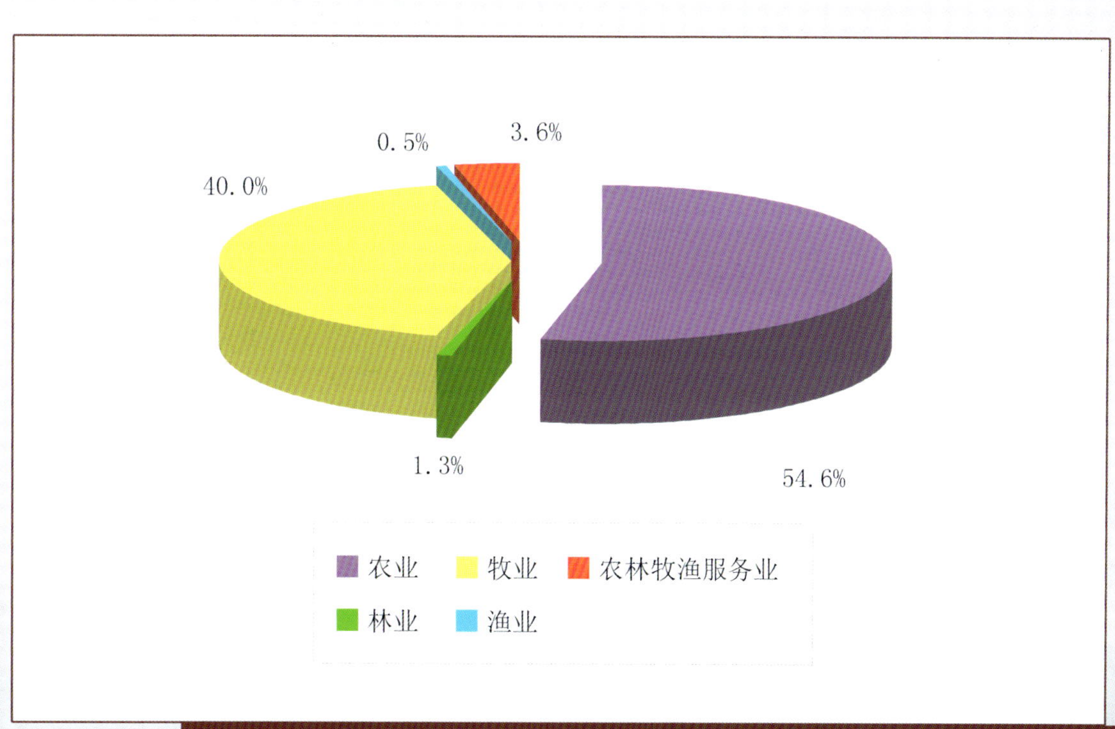

2012年农林牧渔各业构成(按总产值计算)

2013年规模以上工业增加值分行业比重

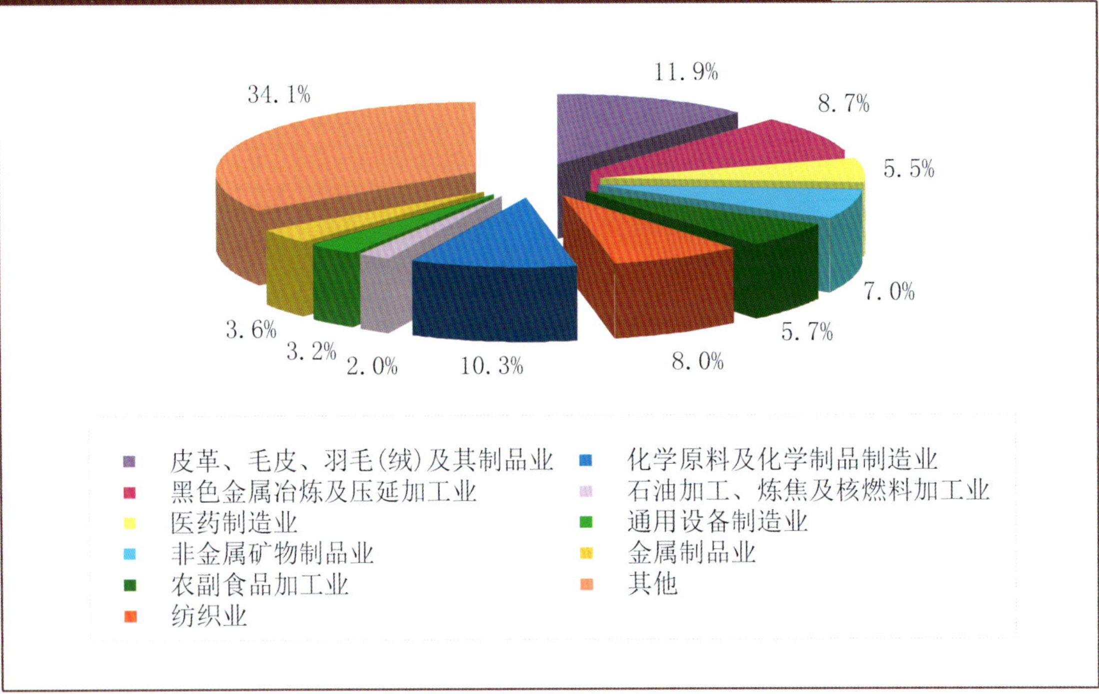

2012年规模以上工业增加值分行业比重

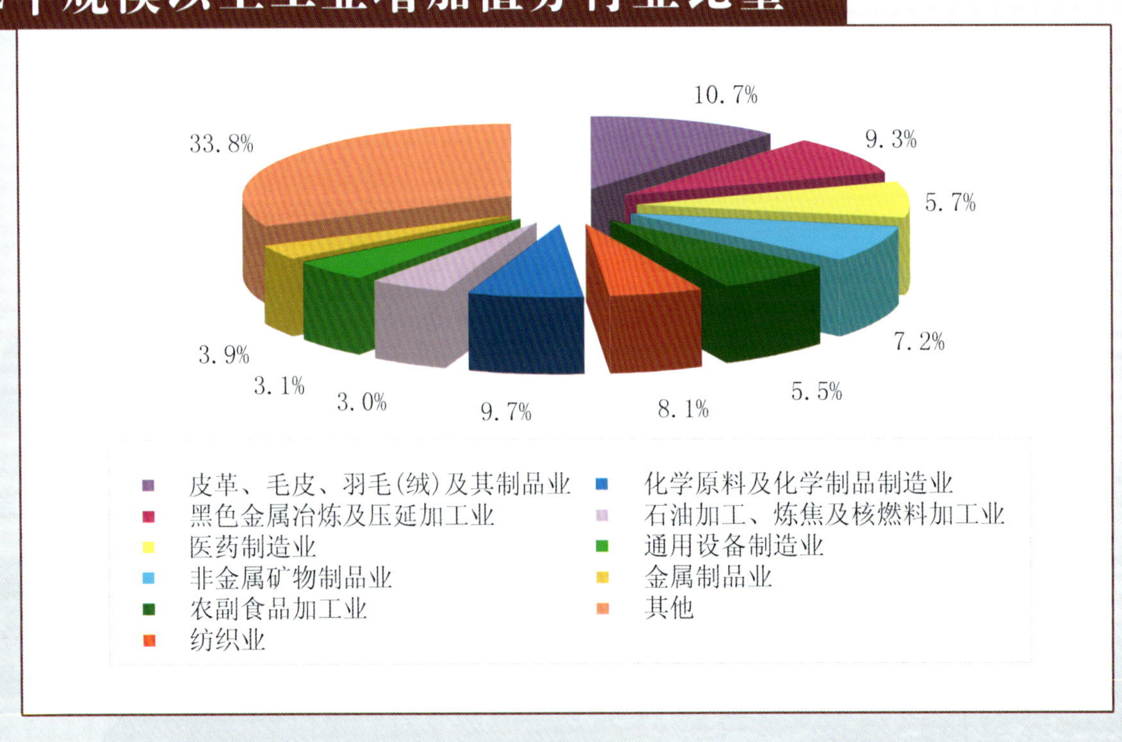

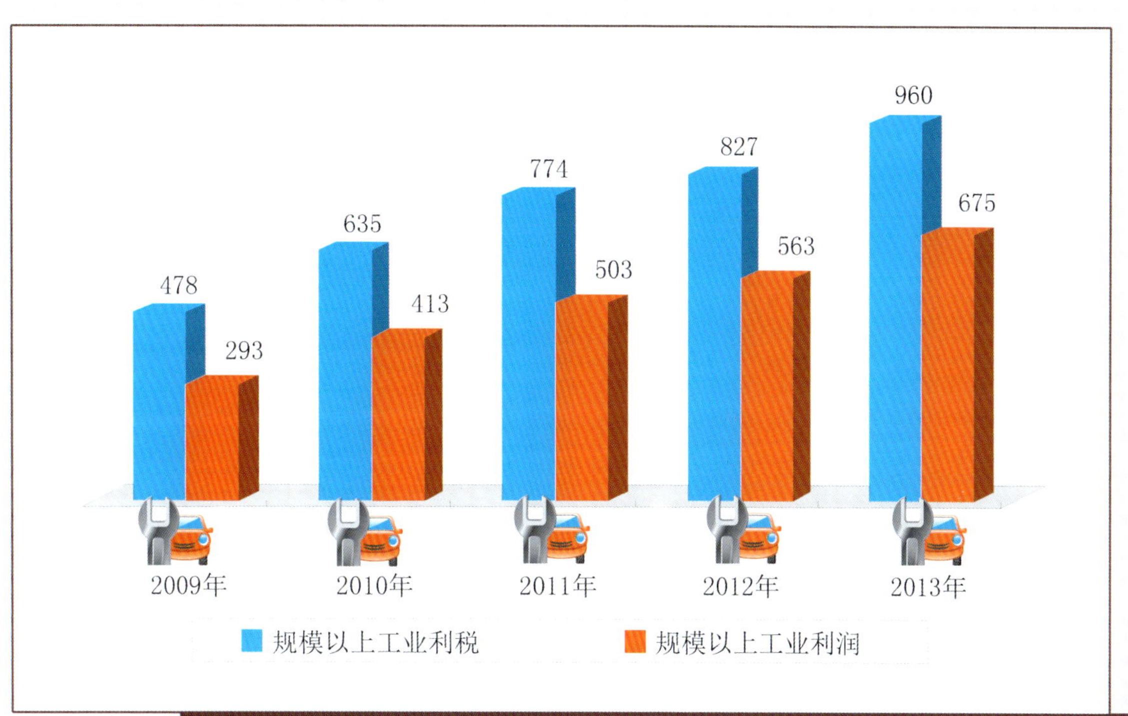

规模以上工业利税与利润（亿元）

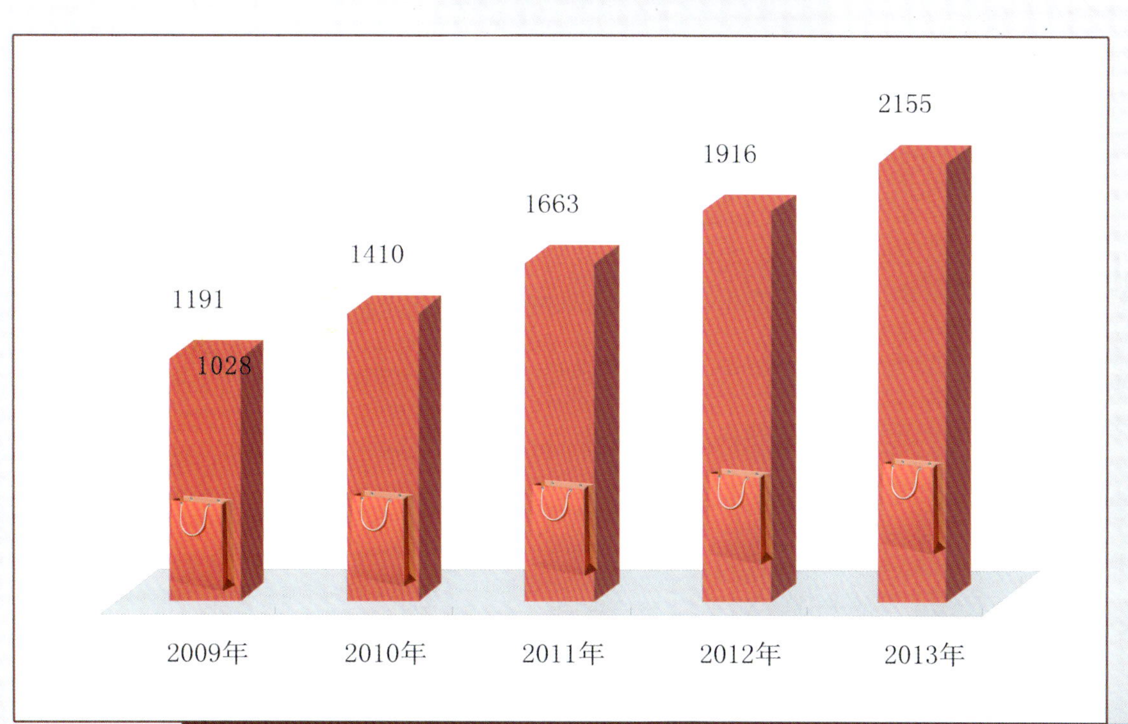

社会消费品零售总额（亿元）

全社会固定资产投资与固定资产投资（亿元）

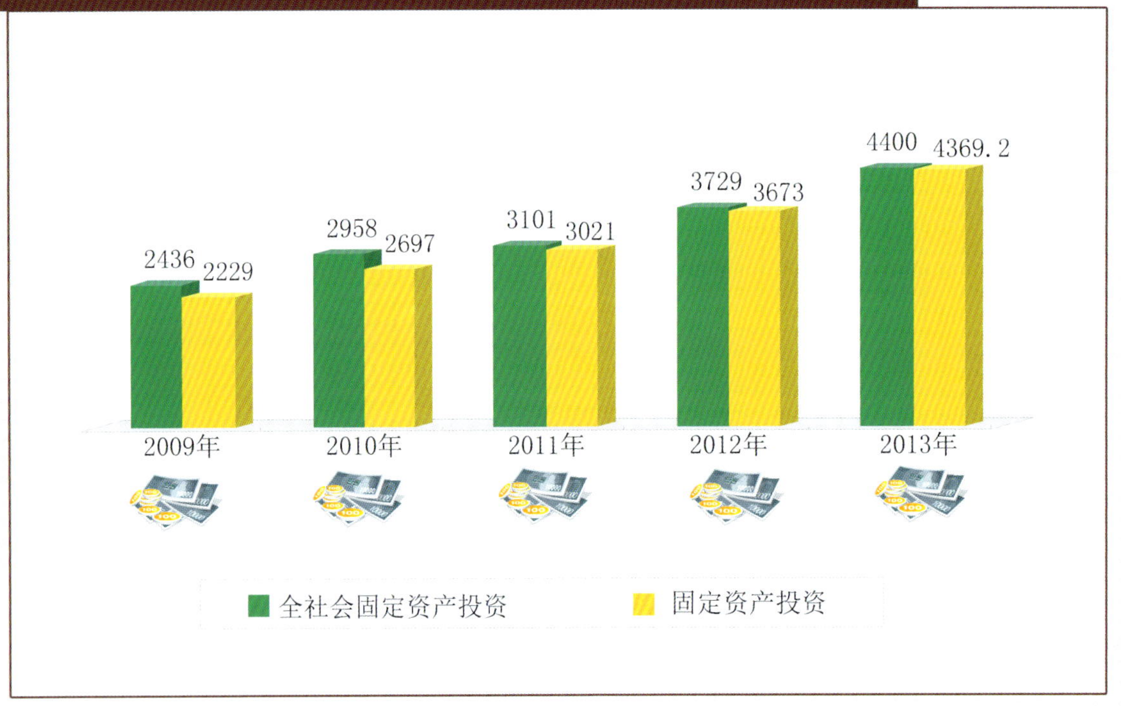

实际利用外资（亿美元）

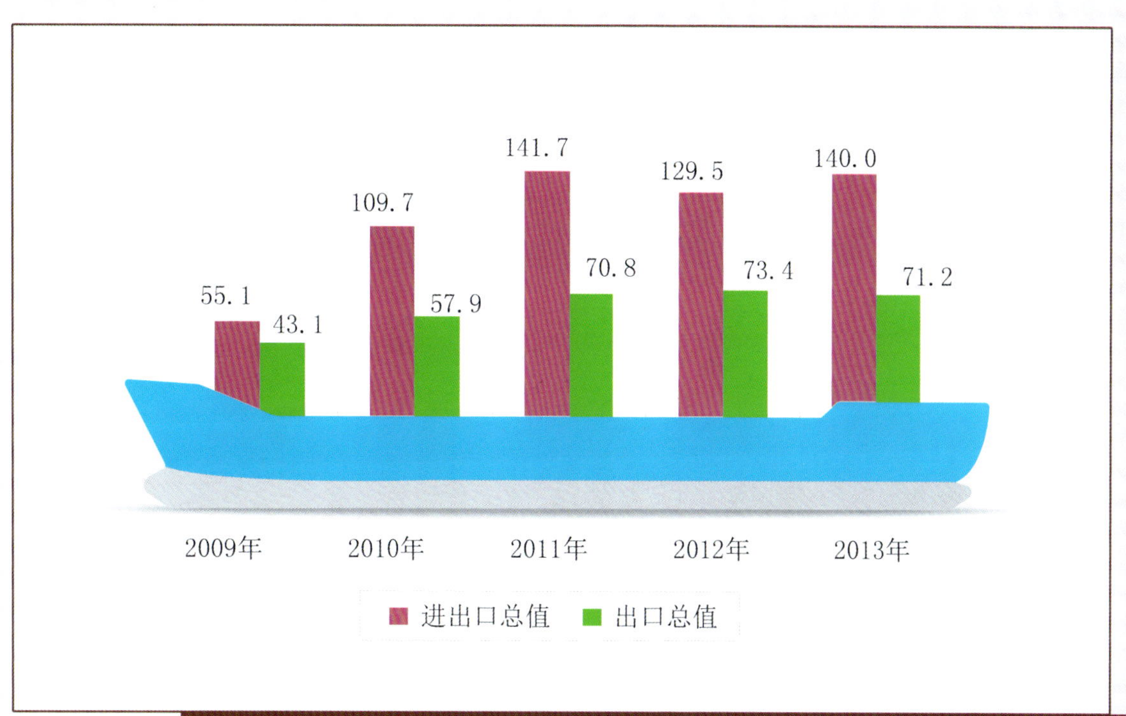

进出口总值与出口总值（亿美元）

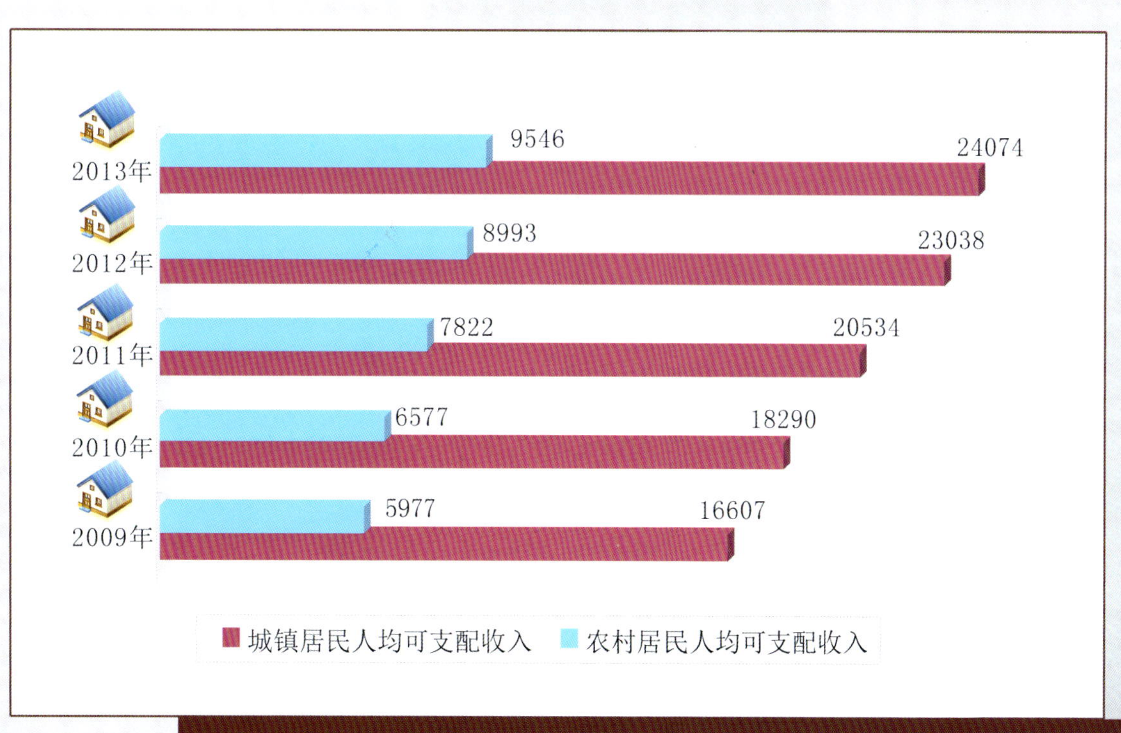

城镇居民与农村居民人均可支配收入（元）

城镇居民与农村居民人均消费支出（元）

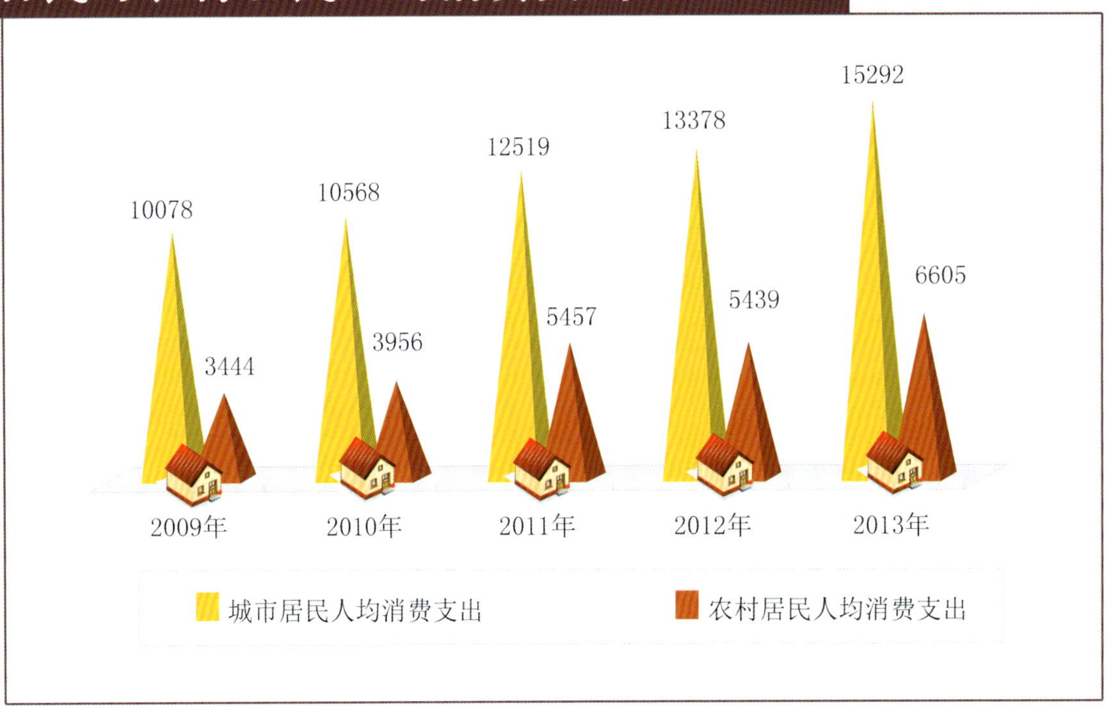

恩格尔系数（%）

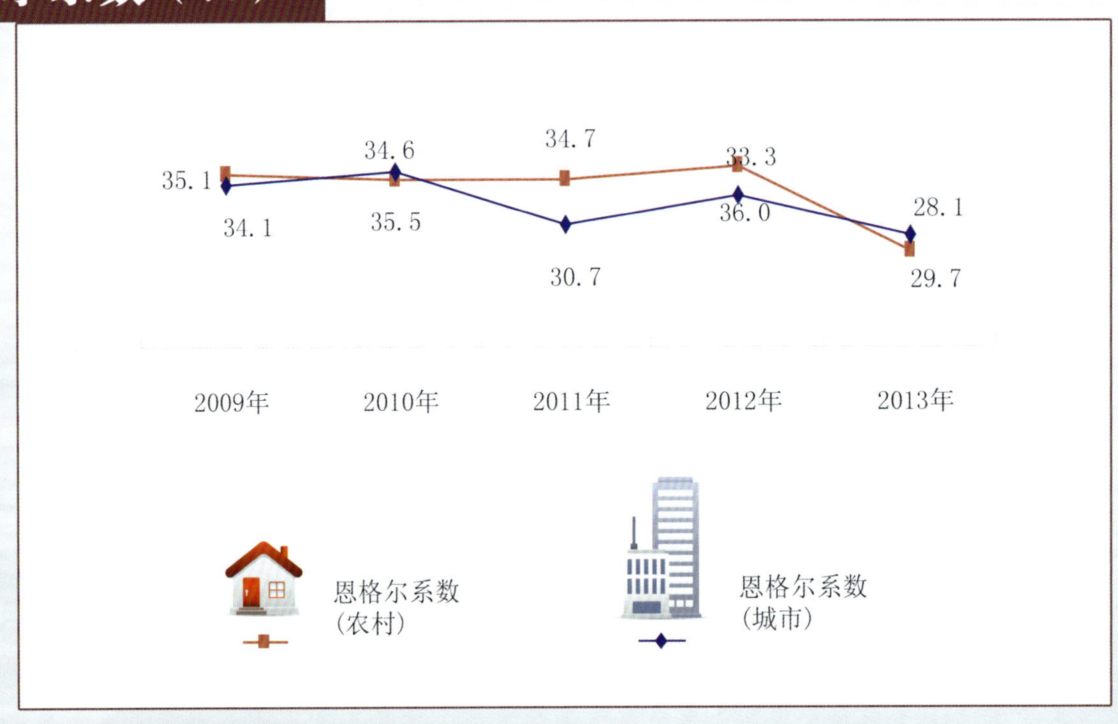

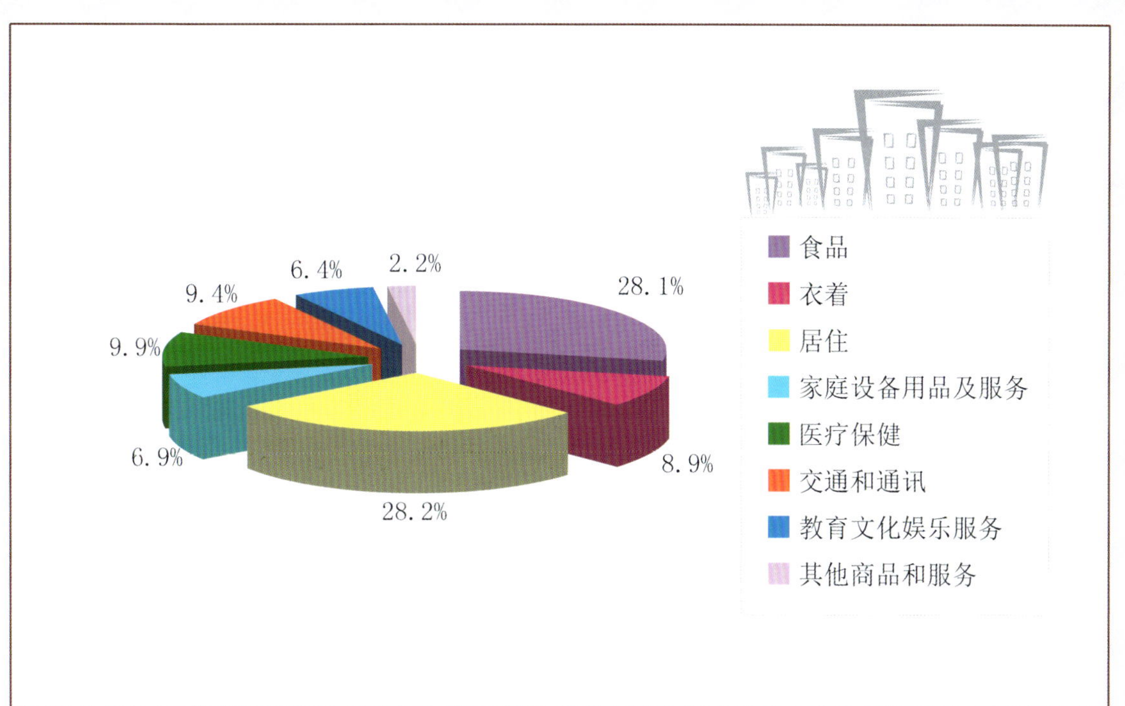

2013年城镇居民消费支出构成

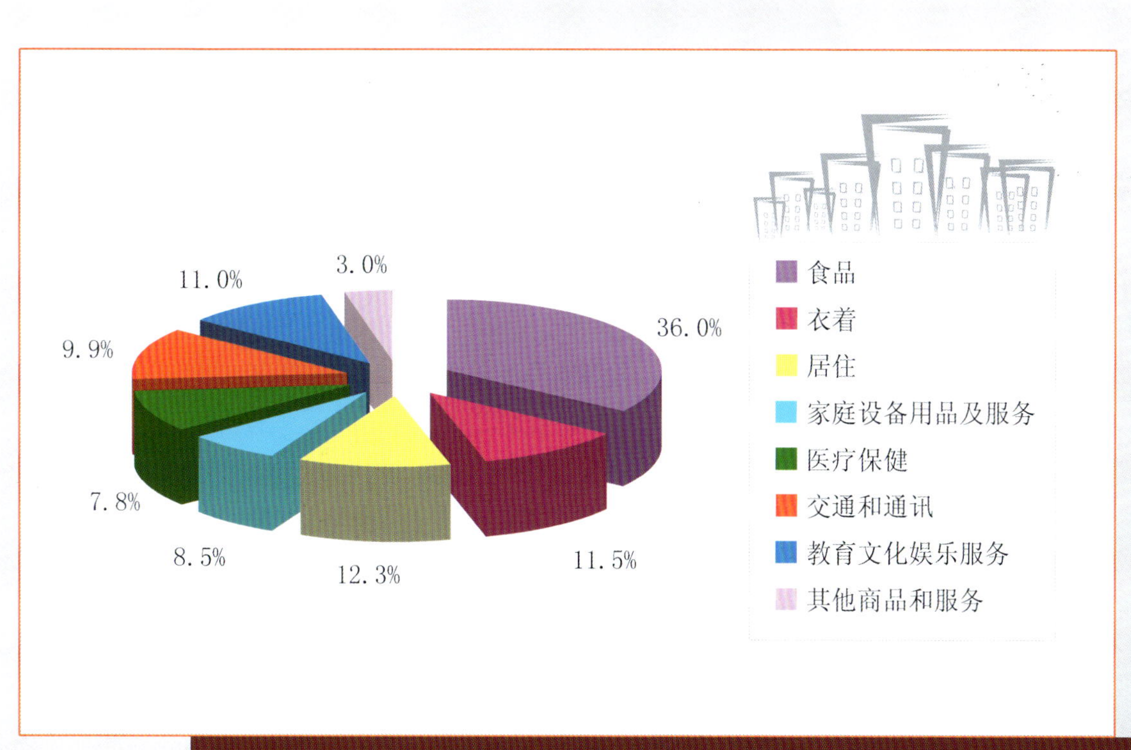

2012年城镇居民消费支出构成

2013年农村居民消费支出构成

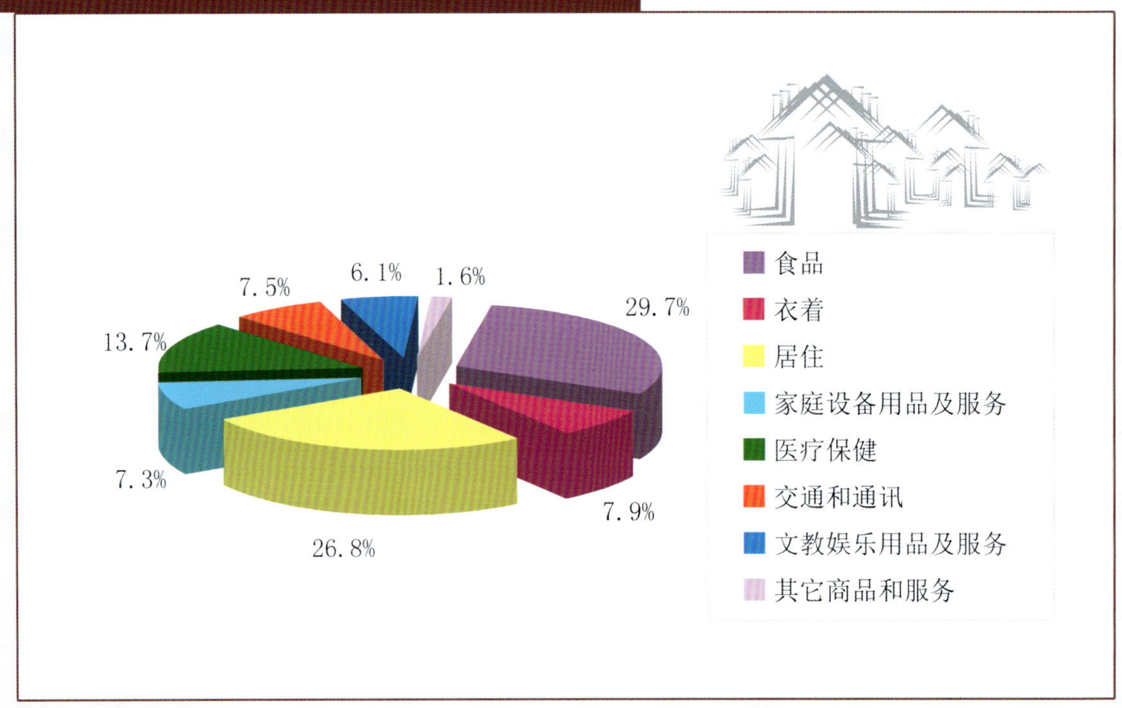

2012年农村居民消费支出构成

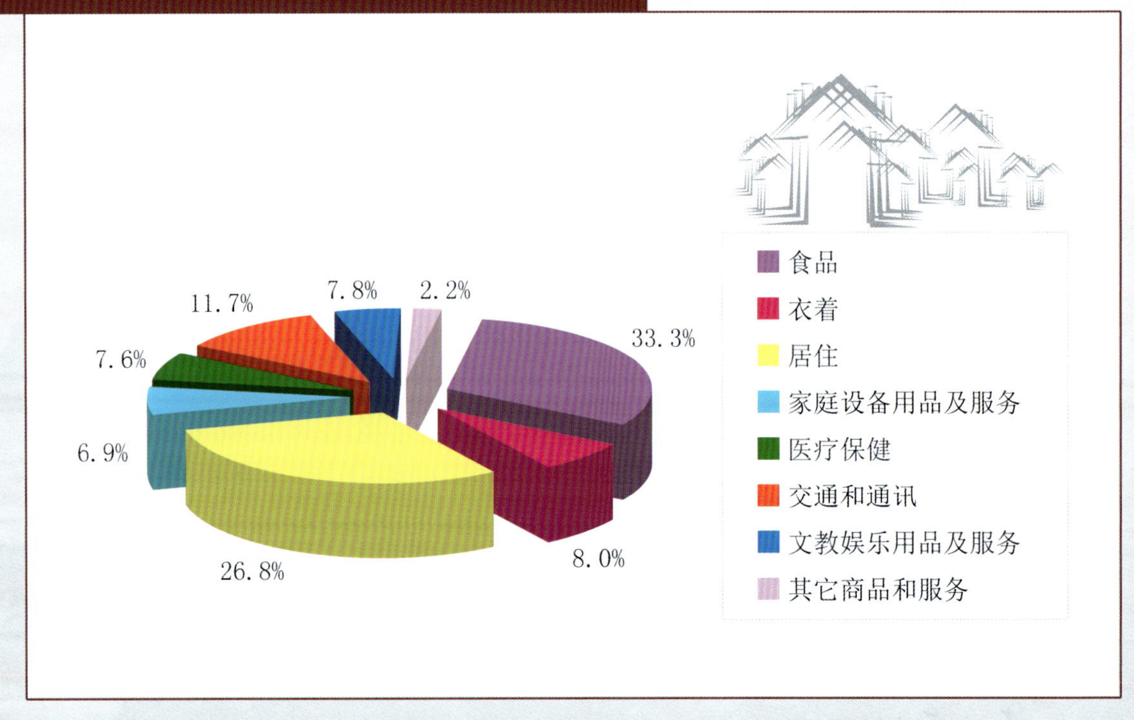

石家庄市 2013 年
国民经济和社会发展统计公报

石 家 庄 市 统 计 局
国家统计局石家庄调查队

2014 年 4 月 9 日

2013 年，面对错综复杂的国内外形势，全市各级各部门在市委、市政府的正确领导下，深入贯彻落实党的十八大精神，紧紧围绕“转型升级、跨越赶超，建设幸福石家庄”奋斗目标，坚持解放思想、改革开放、创新驱动、科学发展，坚持稳中求进的工作总基调，着力稳增长、调结构、抓改革、惠民生，经济发展稳中有进，社会事业取得全面进步。

一、综　　合

初步核算，全年全市生产总值完成 4913.7 亿元，比上年增长 9.4%。其中，第一产业增加值增长 2.7%，第二产业增加值增长 9.8%，第三产业增加值增长 10.5%。三次产业结构比例为 9.6:47.5:42.9。

全年市区居民消费价格指数比上年上涨 2.9%，其中食品价格上涨 5.3%。工业生产者出厂价格指数比上年下降 0.4%，购进价格指数比上年下降 1.3%。

2013 年市区居民消费价格指数

指　　标	指　　数
市区居民消费价格总指数	102.9
#食　品	105.3
烟　酒	100.9
衣　着	101.3
家庭设备用品及维修服务	100.1
医疗保健和个人用品	103.5
交通和通信	100.3
娱乐教育文化用品及服务	102.6
居 住	102.0

年末城镇登记失业率为3.65%，比上年回落0.11个百分点。

二、农　　业

全年粮食播种面积75.8万公顷，总产量525.6万吨，实现“十连丰”。

蔬菜播种面积16.2万公顷，比上年增长2.1%；总产量1290.7万吨，增长2.8%。其中，设施蔬菜播种面积7.3万公顷，增长25.7%；产量582万吨，增长28.8%。

肉类总产量77.72万吨，比上年增长0.57%。禽蛋产量107.06万吨，增长0.61%。牛奶产量119.04万吨，下降1.28%。

畜牧业、蔬菜、果品三大优势产业产值达到646.5亿元，占农林牧渔业总产值的比重为75.9%，比上年提高0.9个百分点。

农业产业化经营率达到64.1%。

农业机械总动力1996.64万千瓦，比上年增长0.65%。实际机耕面积53.57万公顷，当年机械播种面积69.05万公顷，机械收获面积58.74万公顷。农村用电量79.63亿千瓦小时，比上年增长1.47%。

三、工业和建筑业

全市规模以上工业企业完成增加值1955.4亿元，比上年增长11.0%。其中，国有及国有控股企业下降2.1%，集体企业增长5.8%，股份制企业增长13.4%，外商及港澳台企业增长2.6%。

分轻重工业看，轻工业增加值比上年增长11.4%，重工业增加值增长10.6%。

分行业看，装备制造业增加值比上年增长12.7%；医药工业增长6.2%；食品工业增长8.8%；纺织服装业增长13.4%；石化工业增长7.7%；钢铁工业增长13.4%；建材工业增长10.7%。六大高耗能行业增加值增长10.7%，低于全市规模以上工业增速0.3个百分点。高新技术产业增加值比上年增长19.5%，高于全市规模以上工业增速8.5个百分点。

规模以上工业利润实现668.8亿元，比上年增长23.8%。

年末资质等级以上建筑企业267个，建筑业总产值完成1007.7亿元，比上年增长9.0%。其中，建筑工程产值802.6亿元，比上年增长9.0%。

四、固定资产投资

全年全社会固定资产投资完成4400.2亿元，比上年增长18.6%。其中，固定资产投资（不含农户）4369.2亿元，比上年增长20.0%。

在固定资产投资（不含农户）中，第一产业投资比上年增长1.3%，第二产业投资增长25.5%，第三产业投资增长16.5%。

全年建设项目投资比上年增长21.8%。其中，亿元以上项目投资增长44.8%。

房地产开发投资比上年增长11.7%。

五、国内贸易

全年社会消费品零售总额完成2179.7亿元，比上年增长13.8%。分区域看，城镇比上年增长

13.9%；乡村增长13.6%。

在限额以上批发和零售企业（单位）商品零售额中，粮油食品饮料烟酒类比上年增长18.4%；服装鞋帽针纺织品类增长16.7%；日用品类增长13.0%；家用电器及音像器材类增长8.7%；中西药品类增长34.4%；石油及制品类增长10.6%；汽车类增长13.1%。

六、对外开放和旅游

据石家庄海关统计，全年进出口总值完成140.0亿美元，比上年增长8.1%。其中，进口总值完成68.8亿美元，增长22.6%；出口总值完成71.2亿美元，下降3.0%。

在出口中，私营企业出口44.4亿美元，比上年下降5.4%；占出口总值的比重为62.4%。外商投资企业出口13.3亿美元，比上年增长4.5%。国有企业出口10.9亿美元，下降6.4%。

全年实际利用外资完成9.8亿美元，比上年增长11.8%。其中，外商直接投资比上年增长14.0%。年内新批准设立外商投资企业42个，新增合同总金额11.9亿美元，下降5.8%；合同外资额7.8亿美元，增长55.7%。

全年接待国际游客16.7万人次，旅游创汇收入7489.9万美元。接待国内游客4874.3万人次，旅游收入328.3亿元。全年旅游总收入332.9亿元。

七、财政、金融

全年全部财政收入完成648.3亿元，比上年增长13.1%。其中，公共财政预算收入315.1亿元，比上年增长15.7%。

全市公共财政预算支出522.9亿元，比上年增长12.7%。其中，一般公共服务支出57.5亿元，增长19.4%；公共安全支出30.0亿元，增长6.6%；教育支出116.2亿元，增长6.3%；科学技术支出8.0亿元，增长6.7%；社会保障和就业支出42.9亿元，增长14.9%；医疗卫生支出48.3亿元，增长15.4%；节能环保支出27.3亿元，增长88.3%；城乡社区事务支出52.3亿元，增长12.0%；农林水事务支出50.3亿元，增长26.0%。

年末全市金融机构（人民币）各项存款余额8607.8亿元，比年初增加965.1亿元。其中，储蓄存款余额4157.6亿元，比年初增加423.2亿元。金融机构（人民币）各项贷款余额4512.0亿元，比年初增加501.3亿元。

八、科学技术和教育

全年取得科技成果320项。其中，达到国际领先水平1项，达到国际先进水平47项。全年申请专利5996项，授权3799项，分别比上年增长20.8%和10.2%。

全市普通中学421所，招生16.2万人，在校生46.0万人，毕业生16.0万人；中等职业学校134所，招生4.5万人，在校生15.9万人，毕业生6.9万人；小学1418所，招生11.8万人，在校生68.5万人，毕业生11.1万人。全市幼儿园1227所，在园人数28.1万人。

九、文化、卫生和体育

年末全市有线电视广播用户 130.17 万户，其中数字电视用户 120.6 万户。广播综合覆盖率 99.43%，电视综合覆盖率 99.42%。

年末全市共有医疗卫生机构（含诊所）6475 个。其中，医院 174 个，疾病预防控制中心（防疫站）25 个，妇幼保健院（所、站）41 个，社区卫生服务中心（站）199 个，村卫生室 3989 个。卫生机构实有床位 47819 张，其中医院拥有床位 37088 张。全市拥有卫生技术人员 57875 人，其中执业医师 21861 人，注册护士 20427 人。

全年我市选手在省级以上比赛中共获金牌 244 枚，银牌 185 枚，铜牌 140 枚。

十、城市交通和环境保护

年末城市公共汽车营运线路达 225 条，比上年增加 16 条；营运线路长度 3719 公里，比上年增加 358 公里；营运车辆 4057 辆，比上年增加 180 辆。年客运量 63836 万人次。

全年完成造林面积 3.52 万公顷，其中人工造林完成 2.45 万公顷。全市森林覆盖率为 34.00%。

十一、人口、人民生活和社会保障

年末全市常住人口 1049.98 万人。出生率为 12.91‰，死亡率为 6.73‰，自然增长率为 6.18‰。

全年城镇居民人均可支配收入 25274 元，比上年增长 9.7%；农民人均纯收入 10066 元，增长 12.6%。

年末全市城镇职工参加基本养老保险人数为 186.6 万人，比上年增加 12.1 万人。其中参保在职职工人数 141.7 万人，比上年增加 9.3 万人；参保离退休人数 44.9 万人，比上年增加 2.8 万人。全市城乡居民养老保险参保人数为 380.4 万人。年末全市城镇参加医疗保险人数为 276.5 万人，比上年增加 7.3 万人。其中，城镇职工参保人数为 135.9 万人，比上年增加 1.3 万人；城镇居民参保人数为 140.6 万人，比上年增加 6.0 万人。年末全市参加失业保险人数为 90.2 万人，比上年增加 0.3 万人；工伤保险人数为 124.1 万人，增加 9.2 万人；生育保险人数为 130.7 万人，增加 0.5 万人。

年末全市享受居民最低生活保障共有 18.15 万人。其中，城镇 3.74 万人，农村 14.41 万人。

注释：

1. 本公报中部分数据为快报数据，最终数据以《石家庄统计年鉴》为准。
2. 全市生产总值、各产业增加值绝对数按现价计算，增长速度按不变价计算。
3. 部分数据因四舍五入的原因，存在着与分项合计不等的情况，未作机械调整。

一、综　合

行政组织机构及土地面积

1—1　　(2013年)

行政单位	镇政府（个）	乡政府（个）	街道办事处（个）	居民委员会（个）	村民委员会（个）	土地面积（平方公里）
石家庄市	**124**	**96**	**56**	**600**	**4379**	**15848**
市区合计	**10**	**3**	**53**	**451**	**87**	**456**
#长安区	3		8	67	29	
桥东区	1		9	68		
桥西区			12	93	15	
新华区	2	2	11	90	17	
裕华区	2		11	86	26	
矿　区	2	1	2	47		
井陉县	10	7		4	318	1381
正定县	3	5	2	34	154	470
栾城县	5	3		6	182	345
行唐县	4	11		8	321	1025
灵寿县	6	9		3	279	1546
高邑县	3	2		5	107	211
深泽县	3	3		3	125	286
赞皇县	2	9		8	212	1210
无极县	6	5		4	213	524
平山县	12	11		7	717	2951
元氏县	6	9		4	208	849
赵　县	7	4		9	281	714
藁城市	13	1		6	239	836
晋州市	9	1		10	224	716
新乐市	8	3	1	10	160	625
鹿泉市	9	3		11	208	603
辛集市	8	7		17	344	1100

注：行政区划数据取自民政部门。

土地面积沿用1986年以来统计年鉴历史数据。

全市常住人口基本情况

1—2　　（2013 年）　　计量单位：人

行政单位	年末常住人口	年平均人口
石家庄市	**10499800**	**10442900**
长 安 区	511755	506277
桥 东 区	440506	435791
桥 西 区	625233	618540
新 华 区	663795	656689
裕 华 区	527297	521652
高 新 区	173491	171634
矿　 区	97151	96848
井 陉 县	313573	312595
正 定 县	479565	477526
栾 城 县	342764	341307
行 唐 县	413761	412470
灵 寿 县	338286	337231
高 邑 县	189359	188768
深 泽 县	254072	253279
赞 皇 县	249066	248289
无 极 县	511391	509796
平 山 县	442301	440921
元 氏 县	427796	426461
赵　 县	580206	578396
藁 城 市	794740	791362
晋 州 市	548040	546330
新 乐 市	505262	503686
鹿 泉 市	443490	441606
辛 集 市	626900	625451

注：全市人口出生率为 12. 91‰、死亡率为 6. 73‰、自然增长率为 6. 18‰。

地区生产总值构成项目

1—3　　（2013年）　　计量单位：万元

行业名称	增加值	劳动者报酬	生产税净额	固定资产折　旧	营业盈余
地区生产总值	**49136576**	**21285044**	**6251593**	**6152904**	**15447035**
农、林、牧、渔业	4886751	4436118		287713	162920
农业	3022332	2746774		177948	97610
林业	102670	96276		6042	352
畜牧业	1591905	1436030		93711	62164
渔业	22779	21433		1341	5
农、林、牧、渔服务业	147065	135605		8671	2789
工业	20976900	6952570	3421040	2067250	8536040
采矿业	701408	356374	104496	51859	188679
#开采辅助活动	3224	1638	480	238	868
制造业	19518836	6397000	3152499	1661865	8307472
#金属制品、机械和设备修理业	78386	25857	13074	6921	32534
电力、燃气及水的生产和供应业	756656	199196	164045	353526	39889
建筑业	2432809	1099174	485868	276590	571177
房屋建筑业	1146758	574909	217716	121307	232826
土木工程建筑业	751218	285750	185688	85746	194034
建筑安装业	322943	136135	57337	37799	91672
建筑装饰和其他建筑业	211890	102380	25127	31738	52645
批发和零售业	4412338	1304340	615673	949178	1543147
批发业	1983911	532501	340437	391865	719108
零售业	2428427	771839	275236	557313	824039
交通运输、仓储和邮政业	4214177	1444084	336128	321094	2112871
铁路运输业	270130	79350	73541	43140	74099
道路运输业	3367988	1052119	226121	243221	1846527
水上运输业					
航空运输业	114033	37107	14819	7551	54556

1—3 续表 1　　(2013 年)　　计量单位：万元

行业名称	增加值	劳动者报酬	生产税净额	固定资产折　旧	营业盈余
管道运输业					
装卸搬运和运输代理业	276850	152774	15256	10054	98766
仓储业	101256	65206	3972	14110	17968
邮政业	83920	57528	2419	3018	20955
住宿和餐饮业	747917	342196	112780	106209	186732
住宿业	152631	82453	30110	40420	-352
餐饮业	595286	259743	82670	65789	187084
信息传输、软件和信息技术服务业	669264	169784	93205	199552	206723
电信、广播电视和卫星传输服务	527470	110533	78865	192045	146027
互联网和相关服务	16525	9790	2464	1294	2977
软件和信息技术服务业	125269	49461	11876	6213	57719
金融业	2777876	1133016	626012	144160	874688
货币金融服务	2390668	843266	590410	109146	847846
资本市场服务	142475	72579	1232	17612	51052
保险业	142095	195837	18970	15365	-88077
其他金融业	102638	21334	15400	2037	63867
房地产业	1974227	89339	262045	1264250	358593
房地产开发经营	555428	55568	237692	7631	254537
物业管理	99648	10124	15008	1186	73330
房地产中介服务	41405	4384	8337	436	28248
自有房地产经营活动	1273829	18871		1254958	
其他房地产业	3917	392	1008	39	2478
租赁和商务服务业	656059	441866	108995	50909	54289
租赁业	181526	29902	85397	3935	62292
商务服务业	474533	411964	23598	46974	-8003

1—3 续表2　　　　（2013年）　　　　计量单位：万元

行业名称	增加值	劳动者报酬	生产税净额	固定资产折旧	营业盈余
科学研究和技术服务业	556530	381416	67788	47203	60123
研究和试验发展	71744	33628	10512	4635	22969
专业技术服务业	372473	258957	51133	32635	29748
科技推广和应用服务业	112313	88831	6143	9933	7406
水利、环境和公共设施管理业	145283	77343	6608	34004	27328
水利管理业	48392	26847	347	27619	-6421
生态保护和环境治理业	5335	5130	18	211	-24
公共设施管理业	91556	45366	6243	6174	33773
居民服务、修理和其他服务业	661535	198172	52799	17055	393509
居民服务业	403677	118495	28300	10739	246143
机动车、电子产品和日用产品修理业	116133	36216	8897	3180	67840
其他服务业	141725	43461	15602	3136	79526
教育	1116658	998746	2242	97272	18398
卫生和社会工作	928632	635782	7540	77153	208157
卫生	888337	574256	7429	74286	232366
社会工作	40295	61526	111	2867	-24209
文化、体育和娱乐业	412588	419127	51584	83507	-141630
新闻和出版业	79825	37908	9718	4548	27651
广播、电视、电影和影视录音制作业	233495	314036	35309	72672	-188522
文化艺术业	70942	56802	3277	4934	5929
体育	6316	5833	122	753	-392
娱乐业	22010	4548	3158	600	13704
公共管理、社会保障和社会组织	1567032	1161971	1286	129805	273970
第一产业	4739686	4300513		279042	160131
第二产业	23328099	8024249	3893354	2336681	9073815
第三产业	21068791	8960282	2358239	3537181	6213089

说明：以上行业是根据《国民经济行业分类》（GB/T 4754—2011）划分的，三次产业划分执行新规定，即第一产业是指农、林、牧、渔业（不含农、林、牧、渔服务业）第二产业是指采矿业（不含开采辅助活动），制造业（不含金属制品、机械和设备修理业），电力、热力、燃气及水生产和供应业，建筑业；第三产业即服务业，是指除第一产业、第二产业以外的其他行业。

总产出、地区生产总值

1—4 (2013年) 计量单位：万元、%

行业名称	总产出		地区生产总值	
	绝对值	发展速度（以上年为100）	绝对值	发展速度（以上年为100）
总　　计	**147850119**	**109.8**	**49136576**	**109.4**
农、林、牧、渔业	8518096	102.3	4886751	102.8
农业	4705433	102.5	3022332	102.5
林业	129538	113.3	102670	113.4
畜牧业	3337386	101.6	1591905	102.6
渔业	41396	98.3	22779	98.3
农、林、牧、渔服务业	304343	105.7	147065	105.8
工业	91641992	110.6	20976900	110.5
采矿业	2828258	114.3	701408	114.3
#开采辅助活动	14140	105.6	3224	112.0
制造业	84336480	110.5	19518836	110.4
#金属制品、机械和设备修理业	343798	105.6	78386	109.8
电力、燃气及水的生产和供应业	4477254	110.4	756656	110.6
建筑业	10360002	104.2	2432809	104.3
房屋建筑业	5677834	104.2	1146758	104.3
土木工程建筑业	2186770	104.3	751218	104.4
建筑安装业	1296350	103.6	322943	103.1
建筑装饰和其他建筑业	1199048	105.6	211890	105.8
批发和零售业	6089504	111.0	4412338	111.2
批发业	3059637	113.5	1983911	113.5
零售业	3029867	108.8	2428427	109.2
交通运输、仓储和邮政业	9725548	109.4	4214177	109.3
铁路运输业	430826	102.9	270130	103.0
道路运输业	7109944	110.2	3367988	110.1
水上运输业				
航空运输业	201828	103.7	114033	103.8

1—4 续表1　　(2013年)　　计量单位：万元、%

行业名称	总产出		地区生产总值	
	绝对值	发展速度（以上年为100）	绝对值	发展速度（以上年为100）
管道运输业				
装卸搬运和运输代理业	635530	109.1	276850	109.1
仓储业	982922	109.4	101256	109.3
邮政业	364498	107.9	83920	108.5
住宿和餐饮业	1670865	109.1	747917	109.3
住宿业	344919	103.2	152631	103.2
餐饮业	1325946	110.5	595286	110.6
信息传输、软件和信息技术服务业	1457327	104.3	669264	104.4
电信、广播电视和卫星传输服务	1026041	104.5	527470	104.5
互联网和相关服务	36869	102.6	16525	103.1
软件和信息技术服务业	394417	103.6	125269	103.6
金融业	4624361	114.1	2777876	114.1
货币金融服务	3733634	115.9	2390668	115.9
资本市场服务	183879	83.6	142475	83.7
保险业	575260	112.2	142095	112.3
其他金融业	131588	100.5	102638	100.5
房地产业	2987574	111.4	1974227	109.5
房地产开发经营	1314018	122.1	555428	121.9
物业管理	216082	100.0	99648	100.0
房地产中介服务	92916	100.4	41405	100.1
自有房地产经营活动	1357975	101.9	1273829	104.5
其他房地产业	6583	103.4	3917	102.5
租赁和商务服务业	1320302	109.0	656059	109.3
租赁业	273703	111.1	181526	111.1
商务服务业	1046599	108.6	474533	108.7

1—4 续表2　　(2013 年)　　计量单位：万元、%

行业名称	总产出		地区生产总值	
	绝对值	发展速度（以上年为100）	绝对值	发展速度（以上年为100）
科学研究和技术服务业	1142037	111.9	556530	112.1
研究和试验发展	131889	113.2	71744	113.2
专业技术服务业	816951	110.9	372473	110.9
科技推广和应用服务业	193197	106.7	112313	106.9
水利、环境和公共设施管理业	188634	110.5	145283	110.4
水利管理业	61268	112.6	48392	112.6
生态保护和环境治理业	7377	113.0	5335	113.0
公共设施管理业	119989	108.1	91556	108.0
居民服务、修理和其他服务业	1514435	122.8	661535	119.0
居民服务业	790851	113.7	403677	114.3
机动车、电子产品和日用产品修理业	272664	119.3	116133	119.3
其他服务业	450920	141.6	141725	141.6
教育	1474812	109.2	1116658	109.3
卫生和社会工作	2006251	115.0	928632	115.0
卫生	1948357	114.9	888337	115.0
社会工作	57894	117.9	40295	117.9
文化、体育和娱乐业	824345	116.7	412588	114.7
新闻和出版业	235474	125.7	79825	125.8
广播、电视、电影和影视录音制作业	440586	110.7	233495	110.4
文化艺术业	98260	109.1	70942	109.0
体育	8728	120.7	6316	120.8
娱乐业	41297	106.9	22010	106.7
公共管理、社会保障和社会组织	2304034	105.7	1567032	105.8
第一产业	8213753	102.2	4739686	102.7
第二产业	101644056	109.9	23328099	109.8
第三产业	37992310	110.8	21068791	110.5

说明：以上行业是根据《国民经济行业分类》（GB/T 4754—2011）划分的，三次产业划分执行新规定，即第一产业是指农、林、牧、渔业（不含农、林、牧、渔服务业）第二产业是指采矿业（不含开采辅助活动），制造业（不含金属制品、机械和设备修理业），电力、热力、燃气及水生产和供应业，建筑业；第三产业即服务业，是指除第一产业、第二产业以外的其他行业。

分县（市）地区生产总值

1—5　　(2013 年)　　计量单位：万元、%

行政单位	地区生产总值	发展速度（以上年为100）	第一产业		第二产业	
			绝对值	发展速度（以上年为100）	绝对值	发展速度（以上年为100）
石家庄市	**49136576**	**109.4**	**4739686**	**102.7**	**23328099**	**109.8**
市　区	17044127	109.8	89397	—	4422746	—
井陉县	1361673	108.1	127152	102.5	647813	106.9
正定县	2326020	108.1	307815	102.0	978435	105.9
栾城县	1773819	109.1	302114	95.9	1014271	111.4
行唐县	1122732	110.4	250631	101.3	570452	113.1
灵寿县	867700	110.1	150396	103.8	465800	111.3
高邑县	721630	109.7	114105	106.7	421743	111.5
深泽县	869737	110.5	148951	104.4	520655	111.5
赞皇县	916437	110.3	154505	100.6	549566	112.8
无极县	1526788	110.0	249077	100.5	814239	113.0
平山县	2070216	110.1	194388	103.2	1371201	112.0
元氏县	1619742	110.0	229229	101.2	888513	112.1
赵　县	1892062	108.1	323520	92.9	1151520	111.7
辛集市	3635419	108.5	471572	100.5	2313664	109.9
藁城市	4788239	110.0	665806	104.5	3116719	111.6
晋州市	2291967	110.3	300649	108.9	1265469	111.9
新乐市	1722538	108.6	289189	100.4	962776	111.2
鹿泉市	3200581	109.3	227999	101.6	1838622	110.0

注：长安区、桥东区和桥西区为2013年报数，其他县市区为三经普修订后数据。

1—5 续表　　（2013 年）　　计量单位：万元、%

行政单位	工业增加值		第三产业		人均地区生产总值（元）	
	绝对值	发展速度（以上年为 100）	绝对值	发展速度（以上年为 100）	绝对值	发展速度（以上年为 100）
石家庄市	**20976900**	**110.5**	**21068791**	**110.5**	**47053**	**108.3**
市　区	3048835	——	12531984	——	56674	——
井陉县	591171	109.6	586708	110.7	43560	107.6
正定县	873704	105.5	1039770	112.3	48712	106.6
栾城县	939215	111.3	457434	111.9	51972	107.6
行唐县	546954	113.6	301649	112.3	27218	109.4
灵寿县	438756	112.0	251504	111.4	25733	108.9
高邑县	371717	111.9	185782	108.0	38222	108.4
深泽县	455544	112.9	200131	112.0	35298	109.8
赞皇县	511688	113.4	212366	111.0	36908	108.3
无极县	769256	113.3	463472	108.4	29949	108.8
平山县	1308590	112.6	504627	108.1	46954	108.8
元氏县	831422	113.0	502000	110.4	37978	108.9
赵　县	1102301	112.0	417022	109.0	32712	106.7
辛集市	2220656	109.8	850183	109.1	57468	107.9
藁成市	3027631	112.0	1005714	108.3	64514	108.7
晋州市	1210262	112.2	725849	108.2	41954	109.3
新乐市	888786	112.0	470573	107.3	34198	107.5
鹿泉市	1749270	111.0	1133960	109.7	72477	106.7

注：人均 GDP 按常住平均人口计算，市区口径为区划调整后的新口径。

历年地区生产总值指数

1—6　　（上年＝100）　　计量单位：%

年　份	地区生产总值	第一产业	第二产业	第三产业
1953	122.8	98.7	194.9	101.2
1954	109.1	95.3	128.5	98.8
1955	115.9	120.6	120.6	104.9
1956	103.1	90.6	107.4	108.2
1957	108.3	116.2	106.9	104.3
1958	152.2	112.8	209.0	108.6
1959	123.9	95.8	138.3	113.7
1960	83.2	88.6	79.7	90.7
1961	70.4	86.2	63.4	77.4
1962	86.4	102.1	79.1	89.0
1963	95.5	73.7	102.1	106.8
1964	119.4	138.4	115.7	111.6
1965	125.5	128.2	130.3	111.5
1966	111.9	104.2	114.6	114.0
1967	98.8	97.4	92.3	118.0
1968	120.3	113.3	129.1	108.0
1969	111.5	99.7	116.0	111.3
1970	103.2	113.1	100.5	101.4
1971	104.3	102.3	103.8	107.7
1972	98.7	101.7	95.7	103.6
1973	109.7	111.4	111.5	103.7
1974	108.5	115.5	106.5	106.0
1975	108.0	100.2	108.1	116.9
1976	104.8	99.1	107.0	105.2
1977	109.9	97.0	109.7	122.9
1978	104.7	121.6	100.4	101.5

1—6 续表1　　（上年=100）　　计量单位：%

年　份	地区生产总值	第一产业	第二产业	第三产业
1979	106.7	101.5	105.0	115.4
1980	108.2	103.5	103.2	121.9
1981	104.1	106.0	104.8	100.8
1982	111.6	109.0	115.4	106.9
1983	118.9	128.6	107.0	133.7
1984	111.5	114.0	113.1	106.1
1985	106.8	102.6	112.0	101.9
1986	109.7	106.2	109.3	114.7
1987	113.5	103.3	124.7	102.9
1988	115.5	106.4	123.2	107.3
1989	100.8	105.0	102.0	92.9
1990	104.5	107.0	101.7	109.7
1991	109.8	103.5	110.2	116.6
1992	119.0	104.5	125.1	123.3
1993	120.5	105.7	131.7	112.5
1994	114.6	107.4	117.6	114.2
1995	121.8	110.1	125.8	122.3
1996	114.8	107.9	116.1	116.7
1997	114.9	110.9	115.3	116.6
1998	112.8	104.8	114.1	115.1
1999	109.8	103.7	111.0	110.6
2000	109.8	104.2	110.4	111.3
2001	108.5	103.4	108.5	110.2
2002	109.2	103.4	110.3	109.9
2003	111.1	104.1	114.4	109.6
2004	113.3	105.5	116.5	112.1
2005	113.8	104.3	118.3	110.9
2006	113.4	100.9	115.6	114.6
2007	113.2	102.2	115.7	113.1
2008	111.0	103.9	110.8	112.9
2009	111.1	100.2	111.0	113.8
2010	112.2	102.7	113.1	113.1
2011	112.0	104.3	113.6	112.1
2012	110.4	103.6	112.0	110.0
2013	109.4	102.7	109.8	110.5

二、单位从业人员和工资总额

全市单位从业人员和工资总额

2—1　　（2013 年）　　计量单位：人、千元、个、元

行业名称	年末单位从业人员	#女　性	1. 在岗职工	2. 劳务派遣人员	3. 其他从业人员
总　　计	**970044**	**392999**	**878928**	**51357**	**39759**
一、按企业、事业、机关分组					
（一）企业	609270	222168	539186	44685	25399
（二）事业	261016	141922	244583	5839	10594
（三）机关	97107	27446	92767	833	3507
（四）民间非营利组织	1677	1195	1428		249
（五）其他	974	268	964		10
二、按国民经济行业分组					
（一）农、林、牧、渔业	2007	611	2001	6	
（二）采 矿 业	5548	1101	4229	1058	261
（三）制 造 业	243774	96154	230518	9842	3414
（四）电力、热力、燃气及水生产和供应业	25153	9035	24687	337	129
（五）建筑业	87421	12990	70475	6137	10809
（六）批发和零售业	57189	32630	53297	3043	849
（七）交通运输、仓储和邮政业	66089	17394	56212	9158	719
（八）住宿和餐饮业	15015	8190	14165	281	569
（九）信息传输、软件和信息技术服务业	19883	8694	15171	4544	168
（十）金融业	45104	22560	32993	4608	7503
（十一）房地产业	13541	4967	12958	407	176
（十二）租赁和商务服务业	26861	5136	22391	3840	630
（十三）科学研究、技术服务业	32523	9849	28679	3239	605
（十四）水利、环境和公共设施管理业	19008	8899	15286	32	3690
（十五）居民服务、修理和其他服务业	2157	754	1772	365	20
（十六）教育	130386	83671	125734	1874	2778
（十七）卫生和社会工作	52405	31900	49253	1218	1934
（十八）文化、体育和娱乐业	15384	6477	13230	402	1752
（十九）公共管理、社会保障和社会组织	110596	31987	105877	966	3753

2—1 续表 1　　(2013 年)　　计量单位：人、千元、个、元

行业名称	单位从业人员平均人数	# 在岗职工	劳务派遣人员	其他从业人员
总　计	**969084**	**878708**	**52824**	**37552**
一、按企业、事业、机关分组				
（一）企业	610970	540595	46218	24157
（二）事业	258459	243025	5784	9650
（三）机关	97012	92701	822	3489
（四）民间非营利组织	1679	1430		249
（五）其他	964	957		7
二、按国民经济行业分组				
（一）农、林、牧、渔业	2012	2006	6	
（二）采 矿 业	6016	4628	1130	258
（三）制 造 业	247035	234191	10046	2798
（四）电力、热力、燃气及水生产和供应业	25044	24615	279	150
（五）建筑业	86464	69882	6297	10285
（六）批发和零售业	56255	52416	3179	660
（七）交通运输、仓储和邮政业	66249	56252	9269	728
（八）住宿和餐饮业	15346	14475	322	549
（九）信息传输、软件和信息技术服务业	20621	14949	5492	180
（十）金融业	44514	32546	4484	7484
（十一）房地产业	13287	12709	401	177
（十二）租赁和商务服务业	26754	22277	3818	659
（十三）科学研究、技术服务业	32325	28391	3262	672
（十四）水利、环境和公共设施管理业	17778	14549	32	3197
（十五）居民服务、修理和其他服务业	2192	1771	401	20
（十六）教育	130034	125423	1822	2789
（十七）卫生和社会工作	51781	48677	1219	1885
（十八）文化、体育和娱乐业	14999	13256	411	1332
（十九）公共管理、社会保障和社会组织	110378	105695	954	3729

2—1 续表2 （2013年） 计量单位：人、千元、个、元

行业名称	单位从业人员工资总额	在岗职工工资总额	劳务派遣人员工资总额	其他从业人员工资总额	单位数
总　计	**41174514**	**38207632**	**1976038**	**990844**	**8842**
一、按企业、事业、机关分组					
（一）企业	25418964	22985680	1765211	668073	2623
（二）事业	11626889	11171016	195288	260585	4284
（三）机关	4011463	3937616	15539	58308	1912
（四）民间非营利组织	67529	63978		3551	11
（五）其他	49669	49342		327	12
二、按国民经济行业分组					
（一）农、林、牧、渔业	60779	60643	136		118
（二）采 矿 业	281417	228463	45440	7514	9
（三）制 造 业	8543051	8067964	377519	97568	555
（四）电力、热力、燃气及水生产和供应业	1402965	1392203	8041	2721	55
（五）建筑业	3038877	2514401	260086	264390	170
（六）批发和零售业	1812185	1693903	103822	14460	590
（七）交通运输、仓储和邮政业	3440226	3106721	313788	19717	217
（八）住宿和餐饮业	428603	406806	10541	11256	105
（九）信息传输、软件和信息技术服务业	1392656	1122961	264616	5079	66
（十）金融业	3368867	3014832	141140	212895	417
（十一）房地产业	602155	582820	14295	5040	309
（十二）租赁和商务服务业	897237	731913	153708	11616	163
（十三）科学研究、技术服务业	2085765	1895295	167914	22556	357
（十四）水利、环境和公共设施管理业	588999	521871	644	66484	208
（十五）居民服务、修理和其他服务业	58590	48126	9423	1041	52
（十六）教育	5716047	5597939	42609	75499	2376
（十七）卫生和社会工作	2321892	2245790	29869	46233	511
（十八）文化、体育和娱乐业	672505	596378	10981	65146	242
（十九）公共管理、社会保障和社会组织	4461698	4378603	21466	61629	2322

2—1 续表3　　（2013 年）　　计量单位：人、千元、个、元

行业名称	单位从业人员平均工资	# 在岗职工平均工资	劳务派遣人员平均工资	其他从业人员平均工资
总　　计	**42488**	**43482**	**37408**	**26386**
一、按企业、事业、机关分组				
（一）企业	41604	42519	38193	27655
（二）事业	44985	45967	33763	27004
（三）机关	41350	42477	18904	16712
（四）民间非营利组织	40220	44740		14261
（五）其他	51524	51559		46714
二、按国民经济行业分组				
（一）农、林、牧、渔业	30208	30231	22667	
（二）采 矿 业	46778	49365	40212	29124
（三）制 造 业	34582	34450	37579	34871
（四）电力、热力、燃气及水生产和供应业	56020	56559	28821	18140
（五）建筑业	35146	35981	41303	25706
（六）批发和零售业	32214	32317	32659	21909
（七）交通运输、仓储和邮政业	51929	55229	33853	27084
（八）住宿和餐饮业	27929	28104	32736	20503
（九）信息传输、软件和信息技术服务业	67536	75119	48182	28217
（十）金融业	75681	92633	31476	28447
（十一）房地产业	45319	45859	35648	28475
（十二）租赁和商务服务业	33537	32855	40259	17627
（十三）科学研究、技术服务业	64525	66757	51476	33565
（十四）水利、环境和公共设施管理业	33131	35870	20125	20796
（十五）居民服务、修理和其他服务业	26729	27174	23499	52050
（十六）教育	43958	44632	23386	27070
（十七）卫生和社会工作	44841	46137	24503	24527
（十八）文化、体育和娱乐业	44837	44989	26718	48908
（十九）公共管理、社会保障和社会组织	40422	41427	22501	16527

2—1 续表 4　　（2013 年）　　计量单位：人、千元、个、元

行业名称	在岗职工（含劳务派遣）			
	期末人数	平均人数	工资总额	平均工资
总　　计	**930285**	**931532**	**40183670**	**43137**
一、按企业、事业、机关分组				
（一）企业	583871	586813	24750891	42178
（二）事业	250422	248809	11366304	45683
（三）机关	93600	93523	3953155	42269
（四）民间非营利组织	1428	1430	63978	44740
（五）其他	964	957	49342	51559
二、按国民经济行业分组				
（一）农、林、牧、渔业	2007	2012	60779	30208
（二）采 矿 业	5287	5758	273903	47569
（三）制 造 业	240360	244237	8445483	34579
（四）电力、热力、燃气及水生产和供应业	25024	24894	1400244	56248
（五）建筑业	76612	76179	2774487	36421
（六）批发和零售业	56340	55595	1797725	32336
（七）交通运输、仓储和邮政业	65370	65521	3420509	52205
（八）住宿和餐饮业	14446	14797	417347	28205
（九）信息传输、软件和信息技术服务业	19715	20441	1387577	67882
（十）金融业	37601	37030	3155972	85227
（十一）房地产业	13365	13110	597115	45547
（十二）租赁和商务服务业	26231	26095	885621	33938
（十三）科学研究、技术服务业	31918	31653	2063209	65182
（十四）水利、环境和公共设施管理业	15318	14581	522515	35835
（十五）居民服务、修理和其他服务业	2137	2172	57549	26496
（十六）教育	127608	127245	5640548	44328
（十七）卫生和社会工作	50471	49896	2275659	45608
（十八）文化、体育和娱乐业	13632	13667	607359	44440
（十九）公共管理、社会保障和社会组织	106843	106649	4400069	41257

全市国有单位从业人员和工资总额

2—2　　(2013年)　　计量单位：人、千元、个、元

行业名称	年末单位从业人员	#女　性	1. 在岗职工	2. 劳务派遣人员	3. 其他从业人员
总　计	**498032**	**212863**	**463313**	**16903**	**17816**
一、按隶属关系分组					
1. 中央	74144	22492	66092	7257	795
2. 地方	423888	190371	397221	9646	17021
二、按企业、事业、机关分组					
（一）企业	144101	46149	129646	10328	4127
1. 中央	55758	17285	49419	5789	550
2. 地方	88343	28864	80227	4539	3577
（二）事业	255895	138879	239981	5742	10172
1. 中央	13278	3568	11793	1427	58
2. 地方	242617	135311	228188	4315	10114
（三）机关	97002	27424	92662	833	3507
1. 中央	4733	1547	4505	41	187
2. 地方	92269	25877	88157	792	3320
（四）民间非营利组织	337	222	337		
1. 中央					
2. 地方	337	222	337		
（五）其他	697	189	687		10
1. 中央	375	92	375		
2. 地方	322	97	312		10
三、按国民经济行业分组					
（一）农、林、牧、渔业	1856	579	1850	6	
（二）采 矿 业	5176	1047	3867	1058	251
（三）制 造 业	26809	9396	25317	496	996
（四）电力、热力、燃气及水生产和供应业	11234	4575	11083	23	128
（五）建筑业	19004	3265	14166	3362	1476
（六）批发和零售业	12067	7608	11899	42	126
（七）交通运输、仓储和邮政业	45200	11903	40469	4219	512
（八）住宿和餐饮业	6665	3414	6227	182	256
（九）信息传输、软件和信息技术服务业	4728	1979	4264	412	52
（十）金融业	3982	1623	3786	180	16
（十一）房地产业	1332	434	1320		12
（十二）租赁和商务服务业	14941	1597	14373	9	559
（十三）科学研究、技术服务业	25877	8161	22975	2551	351
（十四）水利、环境和公共设施管理业	18393	8653	14888	18	3487
（十五）居民服务、修理和其他服务业	1246	375	1237	6	3
（十六）教育	127153	81438	122758	1872	2523
（十七）卫生和社会工作	48877	29587	46018	1137	1722
（十八）文化、体育和娱乐业	13050	5273	11086	364	1600
（十九）公共管理、社会保障和社会组织	110442	31956	105730	966	3746

2—2 续表 1　　（2013 年）　　计量单位：人、千元、个、元

行业名称	单位从业人员平均人数	# 在岗职工	劳务派遣人员	其他从业人员
总　　计	**495736**	**462792**	**16894**	**16050**
一、按隶属关系分组				
1. 中央	75054	67004	7200	850
2. 地方	420682	395788	9694	15200
二、按企业、事业、机关分组				
（一）企业	144456	130744	10385	3327
1. 中央	56626	50276	5743	607
2. 地方	87830	80468	4642	2720
（二）事业	253356	238442	5687	9227
1. 中央	13295	11823	1416	56
2. 地方	240061	226619	4271	9171
（三）机关	96907	92596	822	3489
1. 中央	4764	4536	41	187
2. 地方	92143	88060	781	3302
（四）民间非营利组织	337	337		
1. 中央				
2. 地方	337	337		
（五）其他	680	673		7
1. 中央	369	369		
2. 地方	311	304		7
三、按国民经济行业分组				
（一）农、林、牧、渔业	1861	1855	6	
（二）采 矿 业	5643	4275	1130	238
（三）制 造 业	26304	25553	506	245
（四）电力、热力、燃气及水生产和供应业	11168	10995	24	149
（五）建筑业	19242	14387	3515	1340
（六）批发和零售业	12004	11830	42	132
（七）交通运输、仓储和邮政业	45655	41139	4004	512
（八）住宿和餐饮业	6801	6336	220	245
（九）信息传输、软件和信息技术服务业	4759	4288	419	52
（十）金融业	4007	3814	177	16
（十一）房地产业	1330	1318		12
（十二）租赁和商务服务业	14932	14337	9	586
（十三）科学研究、技术服务业	25648	22711	2535	402
（十四）水利、环境和公共设施管理业	17164	14152	18	2994
（十五）居民服务、修理和其他服务业	1250	1241	6	3
（十六）教育	126791	122437	1820	2534
（十七）卫生和社会工作	48326	45515	1138	1673
（十八）文化、体育和娱乐业	12626	11061	371	1194
（十九）公共管理、社会保障和社会组织	110225	105548	954	3723

2—2 续表 2　　（2013 年）　　计量单位：人、千元、个、元

行业名称	单位从业人员工资总额	在岗职工工资总额	劳务派遣人员工资总额	其他从业人员工资总额	单位数
总　计	**21983774**	**20948702**	**627949**	**407123**	**6632**
一、按隶属关系分组					
1. 中央	4701755	4354079	318155	29521	181
2. 地方	17282019	16594623	309794	377602	6451
二、按企业、事业、机关分组					
（一）企业	6445279	5929112	419684	96483	566
1. 中央	3318413	3056707	235559	26147	104
2. 地方	3126866	2872405	184125	70336	462
（二）事业	11466172	11021441	192726	252005	4151
1. 中央	1131397	1048299	82033	1065	39
2. 地方	10334775	9973142	110693	250940	4112
（三）机关	4009490	3935643	15539	58308	1908
1. 中央	237184	234312	563	2309	37
2. 地方	3772306	3701331	14976	55999	1871
（四）民间非营利组织	27814	27814			3
1. 中央					
2. 地方	27814	27814			3
（五）其他	35019	34692		327	4
1. 中央	14761	14761			1
2. 地方	20258	19931		327	3
三、按国民经济行业分组					
（一）农、林、牧、渔业	58432	58296	136		100
（二）采矿业	275172	222519	45440	7213	3
（三）制造业	1120815	1092109	20626	8080	42
（四）电力、热力、燃气及水生产和供应业	575333	572112	510	2711	35
（五）建筑业	728261	529445	154746	44070	24
（六）批发和零售业	322985	319170	2643	1172	178
（七）交通运输、仓储和邮政业	2476957	2325597	138107	13253	129
（八）住宿和餐饮业	180484	168019	7642	4823	50
（九）信息传输、软件和信息技术服务业	331150	315049	14594	1507	31
（十）金融业	285605	279717	5559	329	52
（十一）房地产业	47199	47019		180	38
（十二）租赁和商务服务业	394594	385418	260	8916	91
（十三）科学研究、技术服务业	1749146	1598712	135725	14709	309
（十四）水利、环境和公共设施管理业	577506	513494	308	63704	197
（十五）居民服务、修理和其他服务业	35306	35173	94	39	36
（十六）教育	5604474	5490062	42573	71839	2348
（十七）卫生和社会工作	2209977	2140939	27679	41359	436
（十八）文化、体育和娱乐业	552128	480599	9841	61688	218
（十九）公共管理、社会保障和社会组织	4458250	4375253	21466	61531	2315

2—2 续表 3 （2013 年） 计量单位：人、千元、个、元

行业名称	单位从业人员平均工资	# 在岗职工平均工资	劳务派遣人员平均工资	其他从业人员平均工资
总　　计	**44346**	**45266**	**37170**	**25366**
一、按隶属关系分组				
1. 中央	62645	64982	44188	34731
2. 地方	41081	41928	31957	24842
二、按企业、事业、机关分组				
（一）企业	44618	45349	40413	29000
1. 中央	58602	60799	41017	43076
2. 地方	35601	35696	39665	25859
（二）事业	45257	46223	33889	27312
1. 中央	85099	88666	57933	19018
2. 地方	43051	44008	25917	27362
（三）机关	41375	42503	18904	16712
1. 中央	49787	51656	13732	12348
2. 地方	40940	42032	19175	16959
（四）民间非营利组织	82534	82534		
1. 中央				
2. 地方	82534	82534		
（五）其他	51499	51548		46714
1. 中央	40003	40003		
2. 地方	65138	65563		46714
三、按国民经济行业分组				
（一）农、林、牧、渔业	31398	31426	22667	
（二）采 矿 业	48763	52051	40212	30307
（三）制 造 业	42610	42739	40763	32980
（四）电力、热力、燃气及水生产和供应业	51516	52034	21250	18195
（五）建筑业	37847	36800	44024	32888
（六）批发和零售业	26906	26980	62929	8879
（七）交通运输、仓储和邮政业	54254	56530	34492	25885
（八）住宿和餐饮业	26538	26518	34736	19686
（九）信息传输、软件和信息技术服务业	69584	73472	34831	28981
（十）金融业	71277	73340	31407	20563
（十一）房地产业	35488	35675		15000
（十二）租赁和商务服务业	26426	26883	28889	15215
（十三）科学研究、技术服务业	68198	70394	53540	36590
（十四）水利、环境和公共设施管理业	33646	36284	17111	21277
（十五）居民服务、修理和其他服务业	28245	28342	15667	13000
（十六）教育	44202	44840	23392	28350
（十七）卫生和社会工作	45731	47038	24322	24721
（十八）文化、体育和娱乐业	43729	43450	26526	51665
（十九）公共管理、社会保障和社会组织	40447	41453	22501	16527

2—2 续表 4　　(2013 年)　　计量单位：人、千元、个、元

行业名称	在岗职工（含劳务派遣）			
	期末人数	平均人数	工资总额	平均工资
总　　计	**480216**	**479686**	**21576651**	**44981**
一、按隶属关系分组				
1. 中央	73349	74204	4672234	62965
2. 地方	406867	405482	16904417	41690
二、按企业、事业、机关分组				
（一）企业	139974	141129	6348796	44986
1. 中央	55208	56019	3292266	58771
2. 地方	84766	85110	3056530	35913
（二）事业	245723	244129	11214167	45935
1. 中央	13220	13239	1130332	85379
2. 地方	232503	230890	10083835	43674
（三）机关	93495	93418	3951182	42296
1. 中央	4546	4577	234875	51316
2. 地方	88949	88841	3716307	41831
（四）民间非营利组织	337	337	27814	82534
1. 中央				
2. 地方	337	337	27814	82534
（五）其他	687	673	34692	51548
1. 中央	375	369	14761	40003
2. 地方	312	304	19931	65563
三、按国民经济行业分组				
（一）农、林、牧、渔业	1856	1861	58432	31398
（二）采 矿 业	4925	5405	267959	49576
（三）制 造 业	25813	26059	1112735	42701
（四）电力、热力、燃气及水生产和供应业	11106	11019	572622	51967
（五）建筑业	17528	17902	684191	38219
（六）批发和零售业	11941	11872	321813	27107
（七）交通运输、仓储和邮政业	44688	45143	2463704	54576
（八）住宿和餐饮业	6409	6556	175661	26794
（九）信息传输、软件和信息技术服务业	4676	4707	329643	70033
（十）金融业	3966	3991	285276	71480
（十一）房地产业	1320	1318	47019	35675
（十二）租赁和商务服务业	14382	14346	385678	26884
（十三）科学研究、技术服务业	25526	25246	1734437	68701
（十四）水利、环境和公共设施管理业	14906	14170	513802	36260
（十五）居民服务、修理和其他服务业	1243	1247	35267	28281
（十六）教育	124630	124257	5532635	44526
（十七）卫生和社会工作	47155	46653	2168618	46484
（十八）文化、体育和娱乐业	11450	11432	490440	42901
（十九）公共管理、社会保障和社会组织	106696	106502	4396719	41283

全市城镇集体单位从业人员和工资总额

2—3　　(2013 年)　　计量单位：人、千元、个、元

行业名称	年末单位从业人员	# 女　性	1. 在岗职工	2. 劳务派遣人员	3. 其他从业人员
总　　计	**27877**	**10788**	**27083**	**391**	**403**
一、按企业、事业、机关分组					
1. 企业	24105	8537	23581	308	216
2. 事业	3654	2220	3384	83	187
3. 机关	105	22	105		
4. 民间非营利组织					
5. 其他	13	9	13		
二、按国民经济行业分组					
（一）农、林、牧、渔业	151	32	151		
（二）采 矿 业	62	12	62		
（三）制 造 业	6977	1949	6890	43	44
（四）电力、热力、燃气及水生产和供应业	107	25	107		
（五）建筑业	1728	305	1590	138	
（六）批发和零售业	5348	2330	5256		92
（七）交通运输、仓储和邮政业	739	121	731		8
（八）住宿和餐饮业	629	341	590	39	
（九）信息传输、软件和信息技术服务业	76	31	76		
（十）金融业	5089	2318	4963	88	38
（十一）房地产业	431	54	431		
（十二）租赁和商务服务业	2383	818	2382		1
（十三）科学研究、技术服务业	72	16	72		
（十四）水利、环境和公共设施管理业	229	67	229		
（十五）居民服务、修理和其他服务业	313	109	313		
（十六）教育	640	526	638	2	
（十七）卫生和社会工作	2319	1493	2026	81	212
（十八）文化、体育和娱乐业	430	210	429		1
（十九）公共管理、社会保障和社会组织	154	31	147		7

2—3 续表 1　　(2013 年)　　计量单位：人、千元、个、元

行业名称	单位从业人员平均人数	# 在岗职工	劳务派遣人员	其他从业人员
总　计	**27815**	**27013**	**390**	**412**
一、按企业、事业、机关分组				
1. 企业	24064	23534	307	223
2. 事业	3633	3361	83	189
3. 机关	105	105		
4. 民间非营利组织				
5. 其他	13	13		
二、按国民经济行业分组				
(一) 农、林、牧、渔业	151	151		
(二) 采 矿 业	57	57		
(三) 制 造 业	6887	6781	59	47
(四) 电力、热力、燃气及水生产和供应业	100	100		
(五) 建筑业	1715	1598	117	
(六) 批发和零售业	5362	5270		92
(七) 交通运输、仓储和邮政业	739	731		8
(八) 住宿和餐饮业	650	605	45	
(九) 信息传输、软件和信息技术服务业	76	76		
(十) 金融业	5125	4994	86	45
(十一) 房地产业	427	427		
(十二) 租赁和商务服务业	2388	2387		1
(十三) 科学研究、技术服务业	72	72		
(十四) 水利、环境和公共设施管理业	228	228		
(十五) 居民服务、修理和其他服务业	316	316		
(十六) 教育	640	638	2	
(十七) 卫生和社会工作	2300	2007	81	212
(十八) 文化、体育和娱乐业	429	428		1
(十九) 公共管理、社会保障和社会组织	153	147		6

2—3 续表2　（2013年）　计量单位：人、千元、个、元

行业名称	单位从业人员工资总额	在岗职工工资总额	劳务派遣人员工资总额	其他从业人员工资总额	单位数
总　计	**970805**	**950392**	**11331**	**9082**	**557**
一、按企业、事业、机关分组					
1. 企业	869049	854954	9105	4990	431
2. 事业	99366	93048	2226	4092	121
3. 机关	1973	1973			4
4. 民间非营利组织					
5. 其他	417	417			1
二、按国民经济行业分组					
（一）农、林、牧、渔业	2347	2347			18
（二）采 矿 业	1026	1026			1
（三）制 造 业	205328	202472	1356	1500	51
（四）电力、热力、燃气及水生产和供应业	3984	3984			1
（五）建筑业	84201	81176	3025		10
（六）批发和零售业	109228	108207		1021	190
（七）交通运输、仓储和邮政业	20291	20111		180	18
（八）住宿和餐饮业	16972	15212	1760		9
（九）信息传输、软件和信息技术服务业	1646	1646			2
（十）金融业	351982	347644	2964	1374	108
（十一）房地产业	9056	9056			5
（十二）租赁和商务服务业	50956	50942		14	30
（十三）科学研究、技术服务业	2576	2576			2
（十四）水利、环境和公共设施管理业	4683	4683			7
（十五）居民服务、修理和其他服务业	7745	7745			12
（十六）教育	15993	15957	36		8
（十七）卫生和社会工作	69207	62143	2190	4874	68
（十八）文化、体育和娱乐业	10136	10115		21	10
（十九）公共管理、社会保障和社会组织	3448	3350		98	7

2—3 续表 3　　(2013 年)　　计量单位：人、千元、个、元

行业名称	单位从业人员平均工资	# 在岗职工平均工资	劳务派遣人员平均工资	其他从业人员平均工资
总　计	**34902**	**35183**	**29054**	**22044**
一、按企业、事业、机关分组				
1. 企业	36114	36328	29658	22377
2. 事业	27351	27685	26819	21651
3. 机关	18790	18790		
4. 民间非营利组织				
5. 其他	32077	32077		
二、按国民经济行业分组				
（一）农、林、牧、渔业	15543	15543		
（二）采 矿 业	18000	18000		
（三）制 造 业	29814	29859	22983	31915
（四）电力、热力、燃气及水生产和供应业	39840	39840		
（五）建筑业	49097	50798	25855	
（六）批发和零售业	20371	20533		11098
（七）交通运输、仓储和邮政业	27457	27512		22500
（八）住宿和餐饮业	26111	25144	39111	
（九）信息传输、软件和信息技术服务业	21658	21658		
（十）金融业	68679	69612	34465	30533
（十一）房地产业	21208	21208		
（十二）租赁和商务服务业	21338	21341		14000
（十三）科学研究、技术服务业	35778	35778		
（十四）水利、环境和公共设施管理业	20539	20539		
（十五）居民服务、修理和其他服务业	24509	24509		
（十六）教育	24989	25011	18000	
（十七）卫生和社会工作	30090	30963	27037	22991
（十八）文化、体育和娱乐业	23627	23633		21000
（十九）公共管理、社会保障和社会组织	22536	22789		16333

2—3 续表 4　　(2013 年)　　计量单位：人、千元、个、元

行业名称	在岗职工（含劳务派遣）			
	期末人数	平均人数	工资总额	平均工资
总　　计	**27474**	**27403**	**961723**	**35096**
一、按企业、事业、机关分组				
1. 企业	23889	23841	864059	36243
2. 事业	3467	3444	95274	27664
3. 机关	105	105	1973	18790
4. 民间非营利组织				
5. 其他	13	13	417	32077
二、按国民经济行业分组				
（一）农、林、牧、渔业	151	151	2347	15543
（二）采 矿 业	62	57	1026	18000
（三）制 造 业	6933	6840	203828	29799
（四）电力、热力、燃气及水生产和供应业	107	100	3984	39840
（五）建筑业	1728	1715	84201	49097
（六）批发和零售业	5256	5270	108207	20533
（七）交通运输、仓储和邮政业	731	731	20111	27512
（八）住宿和餐饮业	629	650	16972	26111
（九）信息传输、软件和信息技术服务业	76	76	1646	21658
（十）金融业	5051	5080	350608	69017
（十一）房地产业	431	427	9056	21208
（十二）租赁和商务服务业	2382	2387	50942	21341
（十三）科学研究、技术服务业	72	72	2576	35778
（十四）水利、环境和公共设施管理业	229	228	4683	20539
（十五）居民服务、修理和其他服务业	313	316	7745	24509
（十六）教育	640	640	15993	24989
（十七）卫生和社会工作	2107	2088	64333	30811
（十八）文化、体育和娱乐业	429	428	10115	23633
（十九）公共管理、社会保障和社会组织	147	147	3350	22789

全市城镇其他单位从业人员和工资总额

2—4　　(2013年)　　计量单位：人、千元、个、元

行业名称	年末单位从业人员	#女　性	1. 在岗职工	2. 劳务派遣人员	3. 其他从业人员
总　　计	**444135**	**169348**	**388532**	**34063**	**21540**
一、按经济注册类型分组					
(一) 内资	357887	127251	313124	23916	20847
1. 股份合作	3140	1316	2927	189	24
2. 联营	197	54	193		4
其中：国有联营					
集体联营	70	21	70		
3. 有限责任公司	261084	84766	230841	17419	12824
其中：国有独资	50663	17262	48042	2128	493
4. 股份有限公司	89123	38808	75191	6258	7674
5. 其他	4343	2307	3972	50	321
(二) 港澳台投资经济	49474	24208	42393	7051	30
(三) 外商投资	36774	17889	33015	3096	663
二、按国民经济行业分组					
(一) 农、林、牧、渔业					
(二) 采 矿 业	310	42	300		10
(三) 制 造 业	209988	84809	198311	9303	2374
(四) 电力、热力、燃气及水生产和供应业	13812	4435	13497	314	1
(五) 建筑业	66689	9420	54719	2637	9333
(六) 批发和零售业	39774	22692	36142	3001	631
(七) 交通运输、仓储和邮政业	20150	5370	15012	4939	199
(八) 住宿和餐饮业	7721	4435	7348	60	313
(九) 信息传输、软件和信息技术服务业	15079	6684	10831	4132	116
(十) 金融业	36033	18619	24244	4340	7449
(十一) 房地产业	11778	4479	11207	407	164
(十二) 租赁和商务服务业	9537	2721	5636	3831	70
(十三) 科学研究、技术服务业	6574	1672	5632	688	254
(十四) 水利、环境和公共设施管理业	386	179	169	14	203
(十五) 居民服务、修理和其他服务业	598	270	222	359	17
(十六) 教育	2593	1707	2338		255
(十七) 卫生和社会工作	1209	820	1209		
(十八) 文化、体育和娱乐业	1904	994	1715	38	151
(十九) 公共管理、社会保障和社会组织					

2—4 续表1 （2013年） 计量单位：人、千元、个、元

行业名称	单位从业人员平均人数	# 在岗职工	劳务派遣人员	其他从业人员
总　　计	**445533**	**388903**	**35540**	**21090**
一、按经济注册类型分组				
（一）内资	358285	313463	24439	20383
1. 股份合作	3129	2934	170	25
2. 联营	203	199		4
其中：国有联营				
集体联营	68	68		
3. 有限责任公司	260002	229530	18091	12381
其中：国有独资	50311	47644	2156	511
4. 股份有限公司	90631	76843	6138	7650
5. 其他	4320	3957	40	323
（二）港澳台投资经济	51528	43736	7760	32
（三）外商投资	35720	31704	3341	675
二、按国民经济行业分组				
（一）农、林、牧、渔业				
（二）采 矿 业	316	296		20
（三）制 造 业	213844	201857	9481	2506
（四）电力、热力、燃气及水生产和供应业	13776	13520	255	1
（五）建筑业	65507	53897	2665	8945
（六）批发和零售业	38889	35316	3137	436
（七）交通运输、仓储和邮政业	19855	14382	5265	208
（八）住宿和餐饮业	7895	7534	57	304
（九）信息传输、软件和信息技术服务业	15786	10585	5073	128
（十）金融业	35382	23738	4221	7423
（十一）房地产业	11530	10964	401	165
（十二）租赁和商务服务业	9434	5553	3809	72
（十三）科学研究、技术服务业	6605	5608	727	270
（十四）水利、环境和公共设施管理业	386	169	14	203
（十五）居民服务、修理和其他服务业	626	214	395	17
（十六）教育	2603	2348		255
（十七）卫生和社会工作	1155	1155		
（十八）文化、体育和娱乐业	1944	1767	40	137
（十九）公共管理、社会保障和社会组织				

2—4 续表 2　　(2013 年)　　计量单位：人、千元、个、元

行业名称	单位从业人员工资总额	在岗职工工资总额	劳务派遣人员工资总额	其他从业人员工资总额	单位数
总　　计	**18219935**	**16308538**	**1336758**	**574639**	**1653**
一、按经济注册类型分组					
（一）内资	14589352	13167561	865854	555937	1489
1. 股份合作	216822	209327	6896	599	41
2. 联营	5114	5060		54	2
其中：国有联营					
集体联营	2128	2128			1
3. 有限责任公司	9874652	8886449	654695	333508	1133
其中：国有独资	2457967	2347708	82821	27438	80
4. 股份有限公司	4326411	3907631	203063	215717	278
5. 其他	166353	159094	1200	6059	35
（二）港澳台投资经济	2134636	1854307	279007	1322	72
（三）外商投资	1495947	1286670	191897	17380	92
二、按国民经济行业分组					
（一）农、林、牧、渔业					
（二）采 矿 业	5219	4918		301	5
（三）制 造 业	7216908	6773383	355537	87988	462
（四）电力、热力、燃气及水生产和供应业	823648	816107	7531	10	19
（五）建筑业	2226415	1903780	102315	220320	136
（六）批发和零售业	1379972	1266526	101179	12267	222
（七）交通运输、仓储和邮政业	942978	761013	175681	6284	70
（八）住宿和餐饮业	231147	223575	1139	6433	46
（九）信息传输、软件和信息技术服务业	1059860	806266	250022	3572	33
（十）金融业	2731280	2387471	132617	211192	257
（十一）房地产业	545900	526745	14295	4860	266
（十二）租赁和商务服务业	451687	295553	153448	2686	42
（十三）科学研究、技术服务业	334043	294007	32189	7847	46
（十四）水利、环境和公共设施管理业	6810	3694	336	2780	4
（十五）居民服务、修理和其他服务业	15539	5208	9329	1002	4
（十六）教育	95580	91920		3660	20
（十七）卫生和社会工作	42708	42708			7
（十八）文化、体育和娱乐业	110241	105664	1140	3437	14
（十九）公共管理、社会保障和社会组织					

2—4 续表 3　　(2013 年)　　计量单位：人、千元、个、元

行业名称	单位从业人员平均工资	# 在岗职工平均工资	劳务派遣人员平均工资	其他从业人员平均工资
总　计	**40895**	**41935**	**37613**	**27247**
一、按经济注册类型分组				
（一）内资	40720	42007	35429	27275
1. 股份合作	69294	71345	40565	23960
2. 联营	25192	25427		13500
其中：国有联营				
集体联营	31294	31294		
3. 有限责任公司	37979	38716	36189	26937
其中：国有独资	48855	49276	38414	53695
4. 股份有限公司	47737	50852	33083	28198
5. 其他	38508	40206	30000	18759
（二）港澳台投资经济	41427	42398	35955	41313
（三）外商投资	41880	40584	57437	25748
二、按国民经济行业分组				
（一）农、林、牧、渔业				
（二）采 矿 业	16516	16615		15050
（三）制 造 业	33748	33555	37500	35111
（四）电力、热力、燃气及水生产和供应业	59789	60363	29533	10000
（五）建筑业	33987	35323	38392	24631
（六）批发和零售业	35485	35863	32253	28135
（七）交通运输、仓储和邮政业	47493	52914	33368	30212
（八）住宿和餐饮业	29278	29675	19982	21161
（九）信息传输、软件和信息技术服务业	67139	76171	49285	27906
（十）金融业	77194	100576	31418	28451
（十一）房地产业	47346	48043	35648	29455
（十二）租赁和商务服务业	47879	53224	40286	37306
（十三）科学研究、技术服务业	50574	52426	44276	29063
（十四）水利、环境和公共设施管理业	17642	21858	24000	13695
（十五）居民服务、修理和其他服务业	24823	24336	23618	58941
（十六）教育	36719	39148		14353
（十七）卫生和社会工作	36977	36977		
（十八）文化、体育和娱乐业	56708	59799	28500	25088
（十九）公共管理、社会保障和社会组织				

2—4 续表4　　(2013 年)　　计量单位：人、千元、个、元

行业名称	在岗职工（含劳务派遣）			
	期末人数	平均人数	工资总额	平均工资
总　计	**422595**	**424443**	**17645296**	**41573**
一、按经济注册类型分组				
（一）内资	337040	337902	14033415	41531
1. 股份合作	3116	3104	216223	69659
2. 联营	193	199	5060	25427
其中：国有联营				
集体联营	70	68	2128	31294
3. 有限责任公司	248260	247621	9541144	38531
其中：国有独资	50170	49800	2430529	48806
4. 股份有限公司	81449	82981	4110694	49538
5. 其他	4022	3997	160294	40104
（二）港澳台投资经济	49444	51496	2133314	41427
（三）外商投资	36111	35045	1478567	42191
二、按国民经济行业分组				
（一）农、林、牧、渔业				
（二）采 矿 业	300	296	4918	16615
（三）制 造 业	207614	211338	7128920	33732
（四）电力、热力、燃气及水生产和供应业	13811	13775	823638	59792
（五）建筑业	57356	56562	2006095	35467
（六）批发和零售业	39143	38453	1367705	35568
（七）交通运输、仓储和邮政业	19951	19647	936694	47676
（八）住宿和餐饮业	7408	7591	224714	29603
（九）信息传输、软件和信息技术服务业	14963	15658	1056288	67460
（十）金融业	28584	27959	2520088	90135
（十一）房地产业	11614	11365	541040	47606
（十二）租赁和商务服务业	9467	9362	449001	47960
（十三）科学研究、技术服务业	6320	6335	326196	51491
（十四）水利、环境和公共设施管理业	183	183	4030	22022
（十五）居民服务、修理和其他服务业	581	609	14537	23870
（十六）教育	2338	2348	91920	39148
（十七）卫生和社会工作	1209	1155	42708	36977
（十八）文化、体育和娱乐业	1753	1807	106804	59106
（十九）公共管理、社会保障和社会组织				

市区单位从业人员和工资总额

2—5 （2013 年） 计量单位：人、千元、个、元

行业名称	年末单位从业人员	#女　性	1. 在岗职工	2. 劳务派遣人员	3. 其他从业人员
总　　计	**555105**	**220749**	**487833**	**43912**	**23360**
一、按企业、事业、机关分组					
（一）企业	379997	139515	327998	39024	12975
（二）事业	131043	67386	118491	4655	7897
（三）机关	41732	12600	39270	233	2229
（四）民间非营利组织	1359	980	1110		249
（五）其他	974	268	964		10
二、按国民经济行业分组					
（一）农、林、牧、渔业	565	186	565		
（二）采 矿 业	5348	1063	4039	1058	251
（三）制 造 业	101162	38674	92480	7979	703
（四）电力、热力、燃气及水生产和供应业	17308	7161	17017	291	
（五）建筑业	57320	10870	48841	4449	4030
（六）批发和零售业	45044	25973	41623	2993	428
（七）交通运输、仓储和邮政业	50520	13168	42224	7941	355
（八）住宿和餐饮业	10353	5536	9719	166	468
（九）信息传输、软件和信息技术服务业	17513	8001	12887	4510	116
（十）金融业	32168	16609	21954	4189	6025
（十一）房地产业	10549	3811	10089	363	97
（十二）租赁和商务服务业	25195	4832	21240	3801	154
（十三）科学研究、技术服务业	29874	8912	26079	3216	579
（十四）水利、环境和公共设施管理业	10881	5660	7974	16	2891
（十五）居民服务、修理和其他服务业	648	202	645		3
（十六）教育	50921	32199	47933	1253	1735
（十七）卫生和社会工作	28401	17883	26134	905	1362
（十八）文化、体育和娱乐业	12716	5226	10575	402	1739
（十九）公共管理、社会保障和社会组织	48619	14783	45815	380	2424

2—5 续表 1　　（2013 年）　　计量单位：人、千元、个、元

行业名称	单位从业人员平均人数	# 在岗职工	劳务派遣人　员	其他从业人　员
总　计	**556031**	**488842**	**45304**	**21885**
一、按企业、事业、机关分组				
（一）企业	383087	330173	40474	12440
（二）事业	128956	117396	4602	6958
（三）机关	41663	39204	228	2231
（四）民间非营利组织	1361	1112		249
（五）其他	964	957		7
二、按国民经济行业分组				
（一）农、林、牧、渔业	568	568		
（二）采 矿 业	5811	4443	1130	238
（三）制 造 业	105108	96202	8123	783
（四）电力、热力、燃气及水生产和供应业	17217	16956	239	22
（五）建筑业	56161	48211	4629	3321
（六）批发和零售业	44509	40959	3127	423
（七）交通运输、仓储和邮政业	51062	42631	8076	355
（八）住宿和餐饮业	10743	10126	172	445
（九）信息传输、软件和信息技术服务业	18263	12677	5458	128
（十）金融业	31594	21473	4067	6054
（十一）房地产业	10328	9873	355	100
（十二）租赁和商务服务业	25060	21124	3779	157
（十三）科学研究、技术服务业	29690	25796	3239	655
（十四）水利、环境和公共设施管理业	9784	7370	16	2398
（十五）居民服务、修理和其他服务业	646	643		3
（十六）教育	50632	47682	1202	1748
（十七）卫生和社会工作	28068	25846	906	1316
（十八）文化、体育和娱乐业	12336	10606	411	1319
（十九）公共管理、社会保障和社会组织	48451	45656	375	2420

2—5 续表2 （2013年） 计量单位：人、千元、个、元

行业名称	单位从业人员工资总额	在岗职工工资总额	劳务派遣人员工资总额	其他从业人员工资总额	单位数
总　计	**26727547**	**24345367**	**1726351**	**655829**	**2946**
一、按企业、事业、机关分组					
（一）企业	17434965	15482576	1555592	396797	1263
（二）事业	7028816	6646541	166686	215589	1106
（三）机关	2173482	2129844	4073	39565	555
（四）民间非营利组织	40615	37064		3551	10
（五）其他	49669	49342		327	12
二、按国民经济行业分组					
（一）农、林、牧、渔业	28287	28287			9
（二）采 矿 业	277516	224863	45440	7213	6
（三）制 造 业	3912821	3567706	310679	34436	203
（四）电力、热力、燃气及水生产和供应业	887442	878973	6979	1490	8
（五）建筑业	2209654	1907674	188179	113801	100
（六）批发和零售业	1563495	1449524	102272	11699	247
（七）交通运输、仓储和邮政业	2701173	2415700	273892	11581	62
（八）住宿和餐饮业	319066	304794	4769	9503	63
（九）信息传输、软件和信息技术服务业	1293207	1025771	263864	3572	37
（十）金融业	2571941	2267919	126362	177660	169
（十一）房地产业	506808	490472	13099	3237	215
（十二）租赁和商务服务业	851572	694874	152208	4490	120
（十三）科学研究、技术服务业	1990823	1801261	167403	22159	219
（十四）水利、环境和公共设施管理业	371050	315638	288	55124	64
（十五）居民服务、修理和其他服务业	19818	19779		39	21
（十六）教育	2674022	2588456	27841	57725	418
（十七）卫生和社会工作	1547424	1490981	21569	34874	126
（十八）文化、体育和娱乐业	585557	509551	10981	65025	122
（十九）公共管理、社会保障和社会组织	2415871	2363144	10526	42201	737

2—5 续表 3　　（2013 年）　　计量单位：人、千元、个、元

行业名称	单位从业人员平均工资	# 在岗职工平均工资	劳务派遣人员平均工资	其他从业人员平均工资
总　　计	**48068**	**49802**	**38106**	**29967**
一、按企业、事业、机关分组				
（一）企业	45512	46892	38434	31897
（二）事业	54506	56616	36220	30984
（三）机关	52168	54327	17864	17734
（四）民间非营利组织	29842	33331		14261
（五）其他	51524	51559		46714
二、按国民经济行业分组				
（一）农、林、牧、渔业	49801	49801		
（二）采 矿 业	47757	50611	40212	30307
（三）制 造 业	37227	37086	38247	43980
（四）电力、热力、燃气及水生产和供应业	51545	51838	29201	67727
（五）建筑业	39345	39569	40652	34267
（六）批发和零售业	35128	35390	32706	27657
（七）交通运输、仓储和邮政业	52900	56665	33914	32623
（八）住宿和餐饮业	29700	30100	27727	21355
（九）信息传输、软件和信息技术服务业	70810	80916	48344	27906
（十）金融业	81406	105617	31070	29346
（十一）房地产业	49071	49678	36899	32370
（十二）租赁和商务服务业	33981	32895	40277	28599
（十三）科学研究、技术服务业	67054	69827	51684	33831
（十四）水利、环境和公共设施管理业	37924	42827	18000	22987
（十五）居民服务、修理和其他服务业	30678	30760		13000
（十六）教育	52813	54286	23162	33023
（十七）卫生和社会工作	55131	57687	23807	26500
（十八）文化、体育和娱乐业	47467	48044	26718	49299
（十九）公共管理、社会保障和社会组织	49862	51760	28069	17438

2—5 续表4 （2013年） 计量单位：人、千元、个、元

行业名称	在岗职工（含劳务派遣）			
	期末人数	平均人数	工资总额	平均工资
总　计	**531745**	**534146**	**26071718**	**48810**
一、按企业、事业、机关分组				
（一）企业	367022	370647	17038168	45969
（二）事业	123146	121998	6813227	55847
（三）机关	39503	39432	2133917	54116
（四）民间非营利组织	1110	1112	37064	33331
（五）其他	964	957	49342	51559
二、按国民经济行业分组				
（一）农、林、牧、渔业	565	568	28287	49801
（二）采 矿 业	5097	5573	270303	48502
（三）制 造 业	100459	104325	3878385	37176
（四）电力、热力、燃气及水生产和供应业	17308	17195	885952	51524
（五）建筑业	53290	52840	2095853	39664
（六）批发和零售业	44616	44086	1551796	35199
（七）交通运输、仓储和邮政业	50165	50707	2689592	53042
（八）住宿和餐饮业	9885	10298	309563	30060
（九）信息传输、软件和信息技术服务业	17397	18135	1289635	71113
（十）金融业	26143	25540	2394281	93746
（十一）房地产业	10452	10228	503571	49235
（十二）租赁和商务服务业	25041	24903	847082	34015
（十三）科学研究、技术服务业	29295	29035	1968664	67803
（十四）水利、环境和公共设施管理业	7990	7386	315926	42774
（十五）居民服务、修理和其他服务业	645	643	19779	30760
（十六）教育	49186	48884	2616297	53521
（十七）卫生和社会工作	27039	26752	1512550	56540
（十八）文化、体育和娱乐业	10977	11017	520532	47248
（十九）公共管理、社会保障和社会组织	46195	46031	2373670	51567

市区国有单位从业人员和工资总额

2—6　　(2013年)　　计量单位：人、千元、个、元

行业名称	年末单位从业人员	#女　性	1. 在岗职工	2. 劳务派遣人员	3. 其他从业人员
总　计	**278109**	**111522**	**252011**	**13649**	**12449**
一、按隶属关系分组					
1. 中央	53692	15262	47020	6145	527
2. 地方	224417	96260	204991	7504	11922
二、按企业、事业、机关分组					
(一) 企业	106650	32558	95519	8762	2369
1. 中央	37942	10729	32893	4715	334
2. 地方	68708	21829	62626	4047	2035
(二) 事业	129011	66168	116516	4654	7841
1. 中央	12407	3305	10944	1409	54
2. 地方	116604	62863	105572	3245	7787
(三) 机关	41732	12600	39270	233	2229
1. 中央	2968	1136	2808	21	139
2. 地方	38764	11464	36462	212	2090
(四) 民间非营利组织	19	7	19		
1. 中央					
2. 地方	19	7	19		
(五) 其他	697	189	687		10
1. 中央	375	92	375		
2. 地方	322	97	312		10
三、按国民经济行业分组					
(一) 农、林、牧、渔业	565	186	565		
(二) 采 矿 业	5108	1031	3799	1058	251
(三) 制 造 业	5967	1908	5864		103
(四) 电力、热力、燃气及水生产和供应业	8215	3942	8215		
(五) 建筑业	18078	3032	13240	3362	1476
(六) 批发和零售业	8680	6048	8537	42	101
(七) 交通运输、仓储和邮政业	36817	9242	33437	3161	219
(八) 住宿和餐饮业	4992	2581	4761	70	161
(九) 信息传输、软件和信息技术服务业	3539	1555	3146	393	
(十) 金融业	2937	1307	2824	109	4
(十一) 房地产业	645	186	645		
(十二) 租赁和商务服务业	13507	1351	13415	9	83
(十三) 科学研究、技术服务业	23457	7284	20583	2528	346
(十四) 水利、环境和公共设施管理业	10853	5653	7946	16	2891
(十五) 居民服务、修理和其他服务业	403	121	400		3
(十六) 教育	48768	30709	46035	1253	1480
(十七) 卫生和社会工作	26454	16518	24231	904	1319
(十八) 文化、体育和娱乐业	10505	4085	8553	364	1588
(十九) 公共管理、社会保障和社会组织	48619	14783	45815	380	2424

2—6 续表1 （2013年） 计量单位：人、千元、个、元

行业名称	单位从业人员平均人数	# 在岗职工	劳务派遣人员	其他从业人员
总　计	**276869**	**251820**	**13615**	**11434**
一、按隶属关系分组				
1. 中央	54634	47975	6079	580
2. 地方	222235	203845	7536	10854
二、按企业、事业、机关分组				
（一）企业	107558	96479	8786	2293
1. 中央	38841	33792	4660	389
2. 地方	68717	62687	4126	1904
（二）事业	126949	115445	4601	6903
1. 中央	12424	10974	1398	52
2. 地方	114525	104471	3203	6851
（三）机关	41663	39204	228	2231
1. 中央	3000	2840	21	139
2. 地方	38663	36364	207	2092
（四）民间非营利组织	19	19		
1. 中央				
2. 地方	19	19		
（五）其他	680	673		7
1. 中央	369	369		
2. 地方	311	304		7
三、按国民经济行业分组				
（一）农、林、牧、渔业	568	568		
（二）采 矿 业	5575	4207	1130	238
（三）制 造 业	5950	5849		101
（四）电力、热力、燃气及水生产和供应业	8178	8156		22
（五）建筑业	18238	13383	3515	1340
（六）批发和零售业	8718	8569	42	107
（七）交通运输、仓储和邮政业	37283	34107	2957	219
（八）住宿和餐饮业	5122	4899	73	150
（九）信息传输、软件和信息技术服务业	3575	3175	400	
（十）金融业	2954	2842	108	4
（十一）房地产业	643	643		
（十二）租赁和商务服务业	13470	13377	9	84
（十三）科学研究、技术服务业	23233	20324	2512	397
（十四）水利、环境和公共设施管理业	9757	7343	16	2398
（十五）居民服务、修理和其他服务业	400	397		3
（十六）教育	48486	45791	1202	1493
（十七）卫生和社会工作	26182	24001	905	1276
（十八）文化、体育和娱乐业	10086	8533	371	1182
（十九）公共管理、社会保障和社会组织	48451	45656	375	2420

2—6 续表 2　　(2013 年)　　计量单位：人、千元、个、元

行业名称	单位从业人员工资总额	在岗职工工资总额	劳务派遣人员工资总额	其他从业人员工资总额	单位数
总　计	**14164128**	**13298431**	**533582**	**332115**	**1830**
一、按隶属关系分组					
1. 中央	3857698	3554639	279940	23119	70
2. 地方	10306430	9743792	253642	308996	1760
二、按企业、事业、机关分组					
(一) 企业	5010690	4569070	362851	78769	219
1. 中央	2583512	2365146	197913	20453	40
2. 地方	2427178	2203924	164938	58316	179
(二) 事业	6944037	6563925	166658	213454	1050
1. 中央	1094992	1012269	81737	986	18
2. 地方	5849045	5551656	84921	212468	1032
(三) 机关	2173482	2129844	4073	39565	555
1. 中央	164433	162463	290	1680	11
2. 地方	2009049	1967381	3783	37885	544
(四) 民间非营利组织	900	900			2
1. 中央					
2. 地方	900	900			2
(五) 其他	35019	34692		327	4
1. 中央	14761	14761			1
2. 地方	20258	19931		327	3
三、按国民经济行业分组					
(一) 农、林、牧、渔业	28287	28287			9
(二) 采 矿 业	273501	220848	45440	7213	2
(三) 制 造 业	267558	263122		4436	21
(四) 电力、热力、燃气及水生产和供应业	449674	448184		1490	3
(五) 建筑业	704958	506142	154746	44070	16
(六) 批发和零售业	259689	256194	2643	852	43
(七) 交通运输、仓储和邮政业	2137126	2024404	105211	7511	27
(八) 住宿和餐饮业	145568	140356	1900	3312	26
(九) 信息传输、软件和信息技术服务业	284160	270018	14142		12
(十) 金融业	231480	227405	3989	86	15
(十一) 房地产业	27986	27986			18
(十二) 租赁和商务服务业	358039	355989	260	1790	55
(十三) 科学研究、技术服务业	1661172	1511306	135214	14652	177
(十四) 水利、环境和公共设施管理业	370100	314688	288	55124	63
(十五) 居民服务、修理和其他服务业	13355	13316		39	13
(十六) 教育	2589374	2507468	27841	54065	403
(十七) 卫生和社会工作	1478855	1423628	21541	33686	87
(十八) 文化、体育和娱乐业	467375	395946	9841	61588	103
(十九) 公共管理、社会保障和社会组织	2415871	2363144	10526	42201	737

2—6 续表3　　　　(2013年)　　　　计量单位：人、千元、个、元

行业名称	单位从业人员平均工资	# 在岗职工平均工资	劳务派遣人员平均工资	其他从业人员平均工资
总　　计	**51158**	**52809**	**39191**	**29046**
一、按隶属关系分组				
1. 中央	70610	74094	46050	39860
2. 地方	46376	47800	33657	28468
二、按企业、事业、机关分组				
（一）企业	46586	47358	41299	34352
1. 中央	66515	69991	42471	52578
2. 地方	35321	35158	39975	30628
（二）事业	54699	56858	36222	30922
1. 中央	88135	92242	58467	18962
2. 地方	51072	53141	26513	31013
（三）机关	52168	54327	17864	17734
1. 中央	54811	57205	13810	12086
2. 地方	51963	54102	18275	18109
（四）民间非营利组织	47368	47368		
1. 中央				
2. 地方	47368	47368		
（五）其他	51499	51548		46714
1. 中央	40003	40003		
2. 地方	65138	65563		46714
三、按国民经济行业分组				
（一）农、林、牧、渔业	49801	49801		
（二）采 矿 业	49058	52495	40212	30307
（三）制 造 业	44968	44986		43921
（四）电力、热力、燃气及水生产和供应业	54986	54951		67727
（五）建筑业	38653	37820	44024	32888
（六）批发和零售业	29788	29898	62929	7963
（七）交通运输、仓储和邮政业	57322	59355	35580	34297
（八）住宿和餐饮业	28420	28650	26027	22080
（九）信息传输、软件和信息技术服务业	79485	85045	35355	
（十）金融业	78362	80016	36935	21500
（十一）房地产业	43524	43524		
（十二）租赁和商务服务业	26580	26612	28889	21310
（十三）科学研究、技术服务业	71501	74361	53827	36907
（十四）水利、环境和公共设施管理业	37932	42856	18000	22987
（十五）居民服务、修理和其他服务业	33388	33542		13000
（十六）教育	53405	54759	23162	36212
（十七）卫生和社会工作	56484	59315	23802	26400
（十八）文化、体育和娱乐业	46339	46402	26526	52105
（十九）公共管理、社会保障和社会组织	49862	51760	28069	17438

2—6 续表 4　　（2013 年）　　计量单位：人、千元、个、元

行业名称	在岗职工（含劳务派遣）			
	期末人数	平均人数	工资总额	平均工资
总　计	**265660**	**265435**	**13832013**	**52111**
一、按隶属关系分组				
1. 中央	53165	54054	3834579	70940
2. 地方	212495	211381	9997434	47296
二、按企业、事业、机关分组				
（一）企业	104281	105265	4931921	46852
1. 中央	37608	38452	2563059	66656
2. 地方	66673	66813	2368862	35455
（二）事业	121170	120046	6730583	56067
1. 中央	12353	12372	1094006	88426
2. 地方	108817	107674	5636577	52349
（三）机关	39503	39432	2133917	54116
1. 中央	2829	2861	162753	56887
2. 地方	36674	36571	1971164	53900
（四）民间非营利组织	19	19	900	47368
1. 中央				
2. 地方	19	19	900	47368
（五）其他	687	673	34692	51548
1. 中央	375	369	14761	40003
2. 地方	312	304	19931	65563
三、按国民经济行业分组				
（一）农、林、牧、渔业	565	568	28287	49801
（二）采 矿 业	4857	5337	266288	49895
（三）制 造 业	5864	5849	263122	44986
（四）电力、热力、燃气及水生产和供应业	8215	8156	448184	54951
（五）建筑业	16602	16898	660888	39110
（六）批发和零售业	8579	8611	258837	30059
（七）交通运输、仓储和邮政业	36598	37064	2129615	57458
（八）住宿和餐饮业	4831	4972	142256	28611
（九）信息传输、软件和信息技术服务业	3539	3575	284160	79485
（十）金融业	2933	2950	231394	78439
（十一）房地产业	645	643	27986	43524
（十二）租赁和商务服务业	13424	13386	356249	26614
（十三）科学研究、技术服务业	23111	22836	1646520	72102
（十四）水利、环境和公共设施管理业	7962	7359	314976	42801
（十五）居民服务、修理和其他服务业	400	397	13316	33542
（十六）教育	47288	46993	2535309	53951
（十七）卫生和社会工作	25135	24906	1445169	58025
（十八）文化、体育和娱乐业	8917	8904	405787	45574
（十九）公共管理、社会保障和社会组织	46195	46031	2373670	51567

市区城镇集体单位从业人员和工资总额

2—7 （2013年） 计量单位：人、千元、个、元

行业名称	年末单位从业人员	#女 性	1. 在岗职工	2. 劳务派遣人员	3. 其他从业人员
总　计	**8260**	**3351**	**8030**	**162**	**68**
一、按企业、事业、机关分组					
1. 企业	7165	2638	6946	161	58
2. 事业	1082	704	1071	1	10
3. 机关					
二、按国民经济行业分组					
（一）农、林、牧、渔业					
（二）采 矿 业					
（三）制 造 业	1662	555	1632	11	19
（四）电力、热力、燃气及水生产和供应业					
（五）建筑业	464	162	353	111	
（六）批发和零售业	1614	668	1609		5
（七）交通运输、仓储和邮政业	35	15	35		
（八）住宿和餐饮业	487	277	448	39	
（九）信息传输、软件和信息技术服务业	76	31	76		
（十）金融业					
（十一）房地产业	431	54	431		
（十二）租赁和商务服务业	2229	781	2228		1
（十三）科学研究、技术服务业					
（十四）水利、环境和公共设施管理业	28	7	28		
（十五）居民服务、修理和其他服务业	97	46	97		
（十六）教育	35	32	35		
（十七）卫生和社会工作	795	576	751	1	43
（十八）文化、体育和娱乐业	307	147	307		
（十九）公共管理、社会保障和社会组织					

2—7 续表 1　　(2013 年)　　计量单位：人、千元、个、元

行业名称	单位从业人员平均人数	# 在岗职工	劳务派遣人员	其他从业人员
总　计	**8271**	**8054**	**149**	**68**
一、按企业、事业、机关分组				
1. 企业	7185	6979	148	58
2. 事业	1073	1062	1	10
3. 机关				
二、按国民经济行业分组				
（一）农、林、牧、渔业				
（二）采 矿 业				
（三）制 造 业	1666	1631	13	22
（四）电力、热力、燃气及水生产和供应业				
（五）建筑业	447	357	90	
（六）批发和零售业	1622	1617		5
（七）交通运输、仓储和邮政业	35	35		
（八）住宿和餐饮业	508	463	45	
（九）信息传输、软件和信息技术服务业	76	76		
（十）金融业				
（十一）房地产业	427	427		
（十二）租赁和商务服务业	2234	2233		1
（十三）科学研究、技术服务业				
（十四）水利、环境和公共设施管理业	27	27		
（十五）居民服务、修理和其他服务业	100	100		
（十六）教育	35	35		
（十七）卫生和社会工作	788	747	1	40
（十八）文化、体育和娱乐业	306	306		
（十九）公共管理、社会保障和社会组织				

2—7 续表 2　　(2013 年)　　计量单位：人、千元、个、元

行业名称	单位从业人员工资总额	在岗职工工资总额	劳务派遣人员工资总额	其他从业人员工资总额	单位数
总　计	**258228**	**252200**	**4350**	**1678**	**153**
一、按企业、事业、机关分组					
1. 企业	224145	218432	4322	1391	103
2. 事业	33666	33351	28	287	49
3. 机关					
二、按国民经济行业分组					
(一) 农、林、牧、渔业					
(二) 采矿业					
(三) 制造业	37913	37291	216	406	28
(四) 电力、热力、燃气及水生产和供应业					
(五) 建筑业	64478	62132	2346		3
(六) 批发和零售业	42375	42305		70	38
(七) 交通运输、仓储和邮政业	1231	1231			1
(八) 住宿和餐饮业	14829	13069	1760		6
(九) 信息传输、软件和信息技术服务业	1646	1646			2
(十) 金融业					
(十一) 房地产业	9056	9056			5
(十二) 租赁和商务服务业	46556	46542		14	24
(十三) 科学研究、技术服务业					
(十四) 水利、环境和公共设施管理业	950	950			1
(十五) 居民服务、修理和其他服务业	2907	2907			6
(十六) 教育	925	925			1
(十七) 卫生和社会工作	27421	26205	28	1188	33
(十八) 文化、体育和娱乐业	7941	7941			5
(十九) 公共管理、社会保障和社会组织					

2—7 续表 3　　(2013 年)　　计量单位：人、千元、个、元

行业名称	单位从业人员平均工资	# 在岗职工平均工资	劳务派遣人员平均工资	其他从业人员平均工资
总　计	**31221**	**31314**	**29195**	**24676**
一、按企业、事业、机关分组				
1. 企业	31196	31298	29203	23983
2. 事业	31376	31404	28000	28700
3. 机关				
二、按国民经济行业分组				
（一）农、林、牧、渔业				
（二）采 矿 业				
（三）制 造 业	22757	22864	16615	18455
（四）电力、热力、燃气及水生产和供应业				
（五）建筑业	144246	174039	26067	
（六）批发和零售业	26125	26163		14000
（七）交通运输、仓储和邮政业	35171	35171		
（八）住宿和餐饮业	29191	28227	39111	
（九）信息传输、软件和信息技术服务业	21658	21658		
（十）金融业				
（十一）房地产业	21208	21208		
（十二）租赁和商务服务业	20840	20843		14000
（十三）科学研究、技术服务业				
（十四）水利、环境和公共设施管理业	35185	35185		
（十五）居民服务、修理和其他服务业	29070	29070		
（十六）教育	26429	26429		
（十七）卫生和社会工作	34798	35080	28000	29700
（十八）文化、体育和娱乐业	25951	25951		
（十九）公共管理、社会保障和社会组织				

2—7 续表4　　（2013年）　　计量单位：人、千元、个、元

行业名称	在岗职工（含劳务派遣）			
	期末人数	平均人数	工资总额	平均工资
总　计	**8192**	**8203**	**256550**	**31275**
一、按企业、事业、机关分组				
（一）企业	7107	7127	222754	31255
（二）事业	1072	1063	33379	31401
（三）机关				
二、按国民经济行业分组				
（一）农、林、牧、渔业				
（二）采 矿 业				
（三）制 造 业	1643	1644	37507	22814
（四）电力、热力、燃气及水生产和供应业				
（五）建筑业	464	447	64478	144246
（六）批发和零售业	1609	1617	42305	26163
（七）交通运输、仓储和邮政业	35	35	1231	35171
（八）住宿和餐饮业	487	508	14829	29191
（九）信息传输、软件和信息技术服务业	76	76	1646	21658
（十）金融业				
（十一）房地产业	431	427	9056	21208
（十二）租赁和商务服务业	2228	2233	46542	20843
（十三）科学研究、技术服务业				
（十四）水利、环境和公共设施管理业	28	27	950	35185
（十五）居民服务、修理和其他服务业	97	100	2907	29070
（十六）教育	35	35	925	26429
（十七）卫生和社会工作	752	748	26233	35071
（十八）文化、体育和娱乐业	307	306	7941	25951
（十九）公共管理、社会保障和社会组织				

市区城镇其他单位从业人员和工资总额

2—8　　(2013年)　　计量单位：人、千元、个、元

行业名称	年末单位从业人员	#女　性	1. 在岗职工	2. 劳务派遣人员	3. 其他从业人员
总　　计	**268736**	**105876**	**227792**	**30101**	**10843**
一、按经济注册类型分组					
(一) 内资	218003	83228	186934	20344	10725
1. 股份合作	2155	898	1966	177	12
2. 联营	127	33	123		4
其中：国有联营					
集体联营					
3. 有限责任公司	155058	51073	136649	14224	4185
其中：国有独资	40597	13420	38345	1781	471
4. 股份有限公司	57401	29076	45240	5943	6218
5. 其他	3262	2148	2956		306
(二) 港澳台投资经济	30635	12665	23944	6688	3
(三) 外商投资	20098	9983	16914	3069	115
二、按国民经济行业分组					
(一) 农、林、牧、渔业					
(二) 采 矿 业	240	32	240		
(三) 制 造 业	93533	36211	84984	7968	581
(四) 电力、热力、燃气及水生产和供应业	9093	3219	8802	291	
(五) 建筑业	38778	7676	35248	976	2554
(六) 批发和零售业	34750	19257	31477	2951	322
(七) 交通运输、仓储和邮政业	13668	3911	8752	4780	136
(八) 住宿和餐饮业	4874	2678	4510	57	307
(九) 信息传输、软件和信息技术服务业	13898	6415	9665	4117	116
(十) 金融业	29231	15302	19130	4080	6021
(十一) 房地产业	9473	3571	9013	363	97
(十二) 租赁和商务服务业	9459	2700	5597	3792	70
(十三) 科学研究、技术服务业	6417	1628	5496	688	233
(十四) 水利、环境和公共设施管理业					
(十五) 居民服务、修理和其他服务业	148	35	148		
(十六) 教育	2118	1458	1863		255
(十七) 卫生和社会工作	1152	789	1152		
(十八) 文化、体育和娱乐业	1904	994	1715	38	151
(十九) 公共管理、社会保障和社会组织					

2—8 续表1　　（2013年）　　计量单位：人、千元、个、元

行业名称	单位从业人员平均人数	# 在岗职工	劳务派遣人员	其他从业人员
总　计	**270891**	**228968**	**31540**	**10383**
一、按经济注册类型分组				
（一）内资	219425	188301	20858	10266
1. 股份合作	2144	1971	160	13
2. 联营	135	131		4
其中：国有联营				
集体联营				
3. 有限责任公司	155085	136499	14870	3716
其中：国有独资	41133	38852	1790	491
4. 股份有限公司	58833	46777	5828	6228
5. 其他	3228	2923		305
（二）港澳台投资经济	32354	24989	7362	3
（三）外商投资	19112	15678	3320	114
二、按国民经济行业分组				
（一）农、林、牧、渔业				
（二）采 矿 业	236	236		
（三）制 造 业	97492	88722	8110	660
（四）电力、热力、燃气及水生产和供应业	9039	8800	239	
（五）建筑业	37476	34471	1024	1981
（六）批发和零售业	34169	30773	3085	311
（七）交通运输、仓储和邮政业	13744	8489	5119	136
（八）住宿和餐饮业	5113	4764	54	295
（九）信息传输、软件和信息技术服务业	14612	9426	5058	128
（十）金融业	28640	18631	3959	6050
（十一）房地产业	9258	8803	355	100
（十二）租赁和商务服务业	9356	5514	3770	72
（十三）科学研究、技术服务业	6457	5472	727	258
（十四）水利、环境和公共设施管理业				
（十五）居民服务、修理和其他服务业	146	146		
（十六）教育	2111	1856		255
（十七）卫生和社会工作	1098	1098		
（十八）文化、体育和娱乐业	1944	1767	40	137
（十九）公共管理、社会保障和社会组织				

2—8 续表2 （2013年） 计量单位：人、千元、个、元

行业名称	单位从业人员工资总额	在岗职工工资总额	劳务派遣人员工资总额	其他从业人员工资总额	单位数
总　计	**12305191**	**10794736**	**1188419**	**322036**	**963**
一、按经济注册类型分组					
（一）内资	9751758	8706020	727417	318321	878
1. 股份合作	173712	167013	6510	189	25
2. 联营	2986	2932		54	1
其中：国有联营					
集体联营					
3. 有限责任公司	6332998	5673464	528110	131424	724
其中：国有独资	1971275	1876977	67409	26889	56
4. 股份有限公司	3111456	2737704	192797	180955	103
5. 其他	130606	124907		5699	25
（二）港澳台投资经济	1537830	1268109	269649	72	38
（三）外商投资	1015603	820607	191353	3643	47
二、按国民经济行业分组					
（一）农、林、牧、渔业					
（二）采矿业	4015	4015			4
（三）制造业	3607350	3267293	310463	29594	154
（四）电力、热力、燃气及水生产和供应业	437768	430789	6979		5
（五）建筑业	1440218	1339400	31087	69731	81
（六）批发和零售业	1261431	1151025	99629	10777	166
（七）交通运输、仓储和邮政业	562816	390065	168681	4070	34
（八）住宿和餐饮业	158669	151369	1109	6191	31
（九）信息传输、软件和信息技术服务业	1007401	754107	249722	3572	23
（十）金融业	2340461	2040514	122373	177574	154
（十一）房地产业	469766	453430	13099	3237	192
（十二）租赁和商务服务业	446977	292343	151948	2686	41
（十三）科学研究、技术服务业	329651	289955	32189	7507	42
（十四）水利、环境和公共设施管理业					
（十五）居民服务、修理和其他服务业	3556	3556			2
（十六）教育	83723	80063		3660	14
（十七）卫生和社会工作	41148	41148			6
（十八）文化、体育和娱乐业	110241	105664	1140	3437	14
（十九）公共管理、社会保障和社会组织					

2—8 续表3 （2013年） 计量单位：人、千元、个、元

行业名称	单位从业人员平均工资	# 在岗职工平均工资	劳务派遣人员平均工资	其他从业人员平均工资
总　计	**45425**	**47145**	**37680**	**31016**
一、按经济注册类型分组				
（一）内资	44442	46235	34875	31007
1. 股份合作	81022	84735	40688	14538
2. 联营	22119	22382		13500
其中：国有联营				
集体联营				
3. 有限责任公司	40836	41564	35515	35367
其中：国有独资	47924	48311	37659	54764
4. 股份有限公司	52886	58527	33081	29055
5. 其他	40460	42732		18685
（二）港澳台投资经济	47531	50747	36627	24000
（三）外商投资	53140	52341	57636	31956
二、按国民经济行业分组				
（一）农、林、牧、渔业				
（二）采 矿 业	17013	17013		
（三）制 造 业	37001	36826	38282	44839
（四）电力、热力、燃气及水生产和供应业	48431	48953	29201	
（五）建筑业	38430	38856	30358	35200
（六）批发和零售业	36917	37404	32295	34653
（七）交通运输、仓储和邮政业	40950	45949	32952	29926
（八）住宿和餐饮业	31032	31774	20537	20986
（九）信息传输、软件和信息技术服务业	68943	80003	49372	27906
（十）金融业	81720	109523	30910	29351
（十一）房地产业	50742	51509	36899	32370
（十二）租赁和商务服务业	47774	53018	40305	37306
（十三）科学研究、技术服务业	51053	52989	44276	29097
（十四）水利、环境和公共设施管理业				
（十五）居民服务、修理和其他服务业	24356	24356		
（十六）教育	39660	43137		14353
（十七）卫生和社会工作	37475	37475		
（十八）文化、体育和娱乐业	56708	59799	28500	25088
（十九）公共管理、社会保障和社会组织				

2—8 续表 4　　（2013 年）　　计量单位：人、千元、个、元

行业名称	在岗职工（含劳务派遣）			
	期末人数	平均人数	工资总额	平均工资
总　　计	**257893**	**260508**	**11983155**	**45999**
一、按经济注册类型分组				
（一）内资	207278	209159	9433437	45102
1. 股份合作	2143	2131	173523	81428
2. 联营	123	131	2932	22382
其中：国有联营				
集体联营				
3. 有限责任公司	150873	151369	6201574	40970
其中：国有独资	40126	40642	1944386	47842
4. 股份有限公司	51183	52605	2930501	55708
5. 其他	2956	2923	124907	42732
（二）港澳台投资经济	30632	32351	1537758	47534
（三）外商投资	19983	18998	1011960	53267
二、按国民经济行业分组				
（一）农、林、牧、渔业				
（二）采 矿 业	240	236	4015	17013
（三）制 造 业	92952	96832	3577756	36948
（四）电力、热力、燃气及水生产和供应业	9093	9039	437768	48431
（五）建筑业	36224	35495	1370487	38611
（六）批发和零售业	34428	33858	1250654	36938
（七）交通运输、仓储和邮政业	13532	13608	558746	41060
（八）住宿和餐饮业	4567	4818	152478	31648
（九）信息传输、软件和信息技术服务业	13782	14484	1003829	69306
（十）金融业	23210	22590	2162887	95745
（十一）房地产业	9376	9158	466529	50942
（十二）租赁和商务服务业	9389	9284	444291	47856
（十三）科学研究、技术服务业	6184	6199	322144	51967
（十四）水利、环境和公共设施管理业				
（十五）居民服务、修理和其他服务业	148	146	3556	24356
（十六）教育	1863	1856	80063	43137
（十七）卫生和社会工作	1152	1098	41148	37475
（十八）文化、体育和娱乐业	1753	1807	106804	59106
（十九）公共管理、社会保障和社会组织				

分县（市）区单位从业人员和工资总额

2—9 （2013年） 计量单位：人、千元、个、元

行政单位	年末单位从业人员	#在岗职工	单位从业人员年平均人数	#在岗职工	单位从业人员工资总额	#在岗职工
全市总计	**970044**	**930285**	**969084**	**931532**	**41174514**	**40183670**
市区合计	555105	531745	556031	534146	26727547	26071718
#长安区	124339	122865	126502	124994	5766094	5710507
桥东区	93647	91981	93133	91469	4164754	4119262
桥西区	117553	107136	117249	107507	6209174	5939932
新华区	79894	77075	79035	76337	4027336	3942338
裕华区	72939	66960	72380	67116	3534410	3380643
矿区	10547	10250	11277	10993	474505	465797
高新区	56186	55478	56455	55730	2551274	2513239
井陉县	25489	24758	24459	23739	864802	850069
正定县	33847	27131	33136	26733	1396571	1269896
栾城县	27361	27275	27234	27149	965928	963868
行唐县	14235	14183	13902	13850	438845	437338
灵寿县	15534	15496	15579	15545	452807	451452
高邑县	12356	12218	12383	12216	336482	334375
深泽县	10488	10424	10563	10499	263899	262585
赞皇县	15625	15623	15020	15018	374033	374017
无极县	16189	15504	15958	15265	498040	486750
平山县	25589	25536	25707	25633	969000	967349
元氏县	18895	18528	19643	19272	595305	589329
赵县	22110	22078	21746	21698	653124	652316
化工园区	10372	9913	10771	10322	478279	463215
藁城市	42112	39586	42238	40203	1808686	1767112
晋州市	22457	22390	22345	22272	680160	678447
新乐市	18938	17842	19114	18013	620624	598865
鹿泉市	42109	39806	41895	39624	1751840	1684884
辛集市	41233	40249	41360	40335	1298542	1280085

2—9 续表　　(2013 年)　　计量单位：人、千元、个、元

行政单位	单位数	单位从业人员平均工资	# 在岗职工平均工资
全市总计	**8842**	**42488**	**43137**
市区合计	2946	48068	48810
#长安区	541	45581	45686
桥东区	350	44718	45035
桥西区	800	52957	55252
新华区	581	50956	51644
裕华区	332	48831	50370
矿　区	126	42077	42372
高新区	216	45191	45097
井陉县	330	35357	35809
正定县	337	42147	47503
栾城县	301	35468	35503
行唐县	307	31567	31577
灵寿县	305	29065	29042
高邑县	242	27173	27372
深泽县	189	24983	25010
赞皇县	269	24902	24905
无极县	364	31209	31887
平山县	358	37694	37738
元氏县	428	30306	30580
赵　县	380	30034	30063
化工园区	26	44404	44876
藁城市	397	42821	43955
晋州市	401	30439	30462
新乐市	348	32470	33246
鹿泉市	393	41815	42522
辛集市	521	31396	31736

三、固定资产投资　建筑业

全市全社会固定资产投资

3—1　　　　（2013 年）　　　　计量单位：万元

指标名称	合　计	固定资产投资			农村个人投资
		建设项目投资	# 农村非农户	房地产开发	
一、全社会固定资产投资	44002079	34410478	4414984	9281491	310110
二、固定资产投资	43691969	34410478	4414984	9281491	
1. 按经济类型分					
国有经济	6557176	6493834		63342	
集体经济	5310610	5217540	983953	93070	
私营个体经济	16531719	12031153	2205619	4500566	
股份合作	324136	251931		72205	
联营经济	173817	173817	7100		
股份制经济	10750845	6712797	403878	4038048	
外商投资	540265	173415	22000	366850	
港澳台投资	650623	516565		134058	
其他	2852778	2839426	792434	13352	
2. 按构成分					
建筑工程	20993047	14958010	1611820	6035037	
安装工程	4134893	2951620	420908	1183273	
设备工器具购置	10272589	9961361	1522142	311228	
其他费用	8291440	6539487	860114	1751953	
3. 本年新增固定资产	31488447	27076452	3875329	4411995	
4. 按资金来源分					
资金来源合计	46707764	34626040	4486414	12081724	
上年末结余资金	2087518	515816	4346	1571702	
本年资金来源小计	44620246	34110224	4482068	10510022	
国家预算内资金	1667872	1667872	40087		
国内贷款	1889786	931544	71842	958242	
债券					
利用外资	65032	65032			
# 外商直接投资					
自筹资金	37052498	30248843	4265930	6803655	
其他资金来源	3945058	1196933	104209	2748125	
5. 按三次产业分					
* 三次产业小计	43691969	34410478	4414984	9281491	
第一产业	805433	805433	433792		
第二产业	17295020	17295020	2782375		
第三产业	25591516	16310025	1198817	9281491	

注：＊三次产业小计不包含农村个人投资。

分县（市）区全社会固定资产投资

3—2　　　　（2013年）　　　　计量单位：万元

行政单位	全社会固定资产投资	一、固定资产投资				二、农村个人投资
		合　计	建设项目投资	#农村非农户	房地产开发	
全市总计	**44002079**	**43691969**	**34410478**	**4414984**	**9281491**	**310110**
市区合计	19648835	19646919	11517746	38658	8129173	1916
#长安区	3297429	3297429	1003141		2294288	
桥东区	3287946	3287946	941051		2346895	
桥西区	3472343	3472343	2812607		659736	
新华区	3166029	3166029	2503529		662500	
裕华区	3475663	3475663	1638481	33658	1837182	
矿　区	520500	520500	520500	5000		
高新区	1779927	1779927	1451355		328572	
化工园区	648998	647082	647082			1916
井陉县	1958055	1952700	1952680	527968	20	5355
正定县	1857856	1822597	1807436	222750	15161	35259
栾城县	1481874	1469749	1397095	203836	72654	12125
行唐县	1190838	1164757	1127191	195586	37566	26081
灵寿县	820483	809184	808484	145997	700	11299
高邑县	535255	531237	531237	42647		4018
深泽县	556501	548453	528282	193993	20171	8048
赞皇县	1047879	1041704	1032226	93695	9478	6175
无极县	966385	931781	868607	310857	63174	34604
平山县	1524587	1500554	1317571	425446	182983	24033
元氏县	1467280	1430818	1303535	72280	127283	36462
赵　县	1109431	1096647	1090336	13578	6311	12784
藁城市	1944977	1917781	1788881	252957	128900	27196
晋州市	1865142	1842723	1720228	707631	122495	22419
新乐市	1627214	1607342	1492662	564485	114680	19872
鹿泉市	2559980	2547516	2376646	213917	170870	12464
辛集市	1839507	1829507	1749635	188703	79872	10000

注：市区合计数为跨区项目数据调整后数。

全市及市区建设项目投资情况

3—3　　　　（2013 年）　　　　计量单位：万元

指标名称	建设项目投资	# 市区	地方建设项目投资	# 市区
本年完成投资	**34410478**	**10870664**	**33218612**	**10323509**
# 住宅	632297	222114	620297	210114
1. 建筑工程	14958010	5752626	14571026	5531892
2. 安装工程	2951620	838268	2839288	825142
3. 设备工器具购置	9961361	1536971	9406390	1312049
4. 其他费用	6539487	2742799	6401908	2654426
本年新增固定资产	27128039	8218768	26074002	7766115
本年施工房屋面积（平方米）	43425035	14744539	43213631	14620063
# 住宅（平方米）	5844112	2441622	5759232	2356742
本年竣工房屋面积（平方米）	8799833	520686	8771333	507186
# 住宅（平方米）	1300917	139732	1300917	139732
本年竣工房屋价值	1561199	127508	1555199	123508
# 住宅	275822	33785	275822	33785
施工项目个数（个）	3988	551	3944	533
# 本年新开工（个）	2757	310	2729	297
本年投产项目个数（个）	2978	370	2943	358
本年资金来源合计	34628040	10758242	33469924	10217549
1. 上年末结余资金	515816	190982	460816	190982
2. 本年资金来源小计	34112224	10567260	33009108	10026567
（1）国家预算内资金	1667872	1267544	1628840	1237712
（2）国内贷款	931544	362520	858444	340520
（3）利用外资	65032	18000	47032	
（4）自筹资金	30250843	8442027	29312947	7999374
# 企事业单位自有资金	3257130	1026172	3012868	873160
（5）其他资金来源	1196933	477169	1161845	448961
本年各项应付款合计	1027145	538172	753710	530298

注：建设项目投资包括城镇投资和农村非农户投资。

3—3 续表 1　　（2013 年）　　计量单位：万元

指标名称	建设项目投资	# 市区	地方建设项目投资	# 市区
# 工程款	475853	150534	224447	150534
总计中按登记注册类型分：				
内资企业	33523352	10646508	32356808	10109153
国有企业	6493834	3851896	5609178	3513689
集体企业	5217540	3318187	5217540	3318187
股份合作企业	251931	17200	251931	17200
联营企业	173817	63313	173817	63313
国有联营企业	44800		44800	
集体联营企业	14370		14370	
国有与集体联营企业	75317	54113	75317	54113
有限责任公司	4850538	1127965	4786338	1127965
股份有限公司	1862259	790119	1670190	616590
私营企业	11834007	1061315	11834007	1061315
其他企业	2839426	416513	2813807	390894
港、澳、台商投资企业	173415	52471	173415	52471
合资经营企业（港或澳、台资）	110296	7681	110296	7681
港、澳、台商独资经营企业	2440	2440	2440	2440
港、澳、台商投资股份有限公司	18329		18329	
其他港、澳、台商投资企业	42350	42350	42350	42350
外商投资企业	516565	160625	491243	150825
中外合资经营企业	55855	22628	55855	22628
外资企业	213466	72117	213466	72117
外商投资股份有限公司	179674	36780	164152	36780
其他外商投资企业	33130	29100	23330	19300
个体经营	197146	11060	197146	11060
个体户	143836	3460	143836	3460
个人合伙	53310	7600	53310	7600
总计中按隶属关系分：				
中央	1191866	547155		

3—3 续表2　　（2013年）　　计量单位：万元

指标名称	建设项目投资	# 市区	地方建设项目投资	# 市区
地方	33218612	10323509	33218612	10323509
省	1662381	1233529	1662381	1233529
市	3312901	2955694	3312901	2955694
县（县级市）	4122510	723725	4122510	723725
其他	24120820	5410561	24120820	5410561
总计中按建设性质分：				
新建	17317336	7900955	16869785	7593276
扩建	7282404	827313	6953759	811546
改建	7196226	1249925	7040693	1230500
单纯建造生活设施	268296	15800	267443	15800
迁建	1538512	193776	1483512	193776
恢复	17246		17246	
单纯购置	790458	682895	586174	478611
总计中按控股情况分：				
国有控股	7522508	4452776	6332777	3907756
集体控股	5754592	3433188	5754592	3433188
私人控股	17582644	1788046	17582644	1788046
港澳台商控股	11940	2440	11940	2440
外商控股	287544	108255	287544	108255
总计中按建设状态分：				
在建	14175597	4898796	13646013	4716597
全部投产	20226088	5967340	19563806	5602384
总计中按开发区级别分：				
国务院批准的	1994718	1445241	1791366	1349405
省批准的	2189942	271128	2079403	243428
省以下批准的	1166027	257847	1160118	257847
不属于开发区的项目	29059791	8896448	28187725	8472829
总计中按行业分：				

3—3 续表 3　　（2013 年）　　计量单位：万元

指标名称	建设项目投资	# 市区	地方建设项目投资	# 市区
农、林、牧、渔业	805433	21678	805433	21678
农业	321072	14048	321072	14048
林业	36724		36724	
畜牧业	318538		318538	
渔业	13760		13760	
农、林、牧、渔服务业	115339	7630	115339	7630
采矿业	784356	29775	784356	29775
煤炭开采和洗选业	325288	6000	325288	6000
石油和天然气开采业	2396		2396	
黑色金属矿采选业	115722		115722	
非金属矿采选业	304134	23775	304134	23775
开采辅助活动	30316		30316	
制造业	15876891	1359349	15286759	1317636
农副食品加工业	967530		967530	
食品制造业	448053		448053	
酒、饮料和精制茶制造业	172264	28138	172264	28138
烟草制品业	18000	18000	18000	18000
纺织业	971674	5675	971674	5675
纺织服装、服饰业	190827	5021	185806	
皮革、毛皮、羽毛及其制品和制鞋业	505066		505066	
木材加工和木、竹、藤、棕、草制品业	356415		356415	
家具制造业	400626		400626	
造纸和纸制品业	313985		313985	
印刷和记录媒介复制业	134723	8482	134723	8482
文教、工美、体育和娱乐用品制造业	101738	3045	101738	3045
石油加工、炼焦和核燃料加工业	547437	82237	224099	82237
化学原料和化学制品制造业	1975556	23954	1893601	23954
医药制造业	1164223	528853	1164223	528853
化学纤维制造业	210822		210822	
橡胶和塑料制品业	607549	40006	607549	40006
非金属矿物制品业	1608370	104576	1608370	104576
黑色金属冶炼和压延加工业	228922	27323	226453	24854
有色金属冶炼和压延加工业	131332		131332	
金属制品业	588906	6713	588906	6713
通用设备制造业	987018	92060	977818	92060

3—3 续表 4　　　　（2013 年）　　　　计量单位：万元

指标名称	建设项目投资	# 市区	地方建设项目投资	# 市区
专用设备制造业	1167105	203663	1133460	170018
汽车制造业	310445		310445	
铁路、船舶、航空航天和其他运输设备制造业	218530	4155	162952	3577
电气机械和器材制造业	697070	113914	693612	113914
计算机、通信和其他电子设备制造业	327637	42528	252169	42528
仪器仪表制造业	50320	16086	50320	16086
其他制造业	263602		263602	
废弃资源综合利用业	102666		102666	
金属制品、机械和设备修理业	108480	4920	108480	4920
电力、热力、燃气及水生产和供应业	622627	253896	599475	253896
电力、热力生产和供应业	263314	99117	241712	99117
燃气生产和供应业	216883	152703	215333	152703
水的生产和供应业	142430	2076	142430	2076
建筑业	11146	1850	11146	1850
批发和零售业	1882875	840709	1782180	740014
交通运输、仓储和邮政业	2749465	1149450	2560625	1023750
住宿和餐饮业	433798	120747	433798	120747
信息传输、软件和信息技术服务业	108261	24335	108261	24335
金融业	272548	246408	203394	177254
房地产业	4168827	3046200	4154831	3032204
租赁和商务服务业	1443970	1233496	1435470	1233496
科学研究和技术服务业	305877	228965	291035	214123
水利、环境和公共设施管理业	2421844	1285515	2247408	1111079
水利管理业	190923	149540	190923	149540
生态保护和环境治理业	111388	36860	111388	36860
公共设施管理业	2119533	1099115	1945097	924679
居民服务、修理和其他服务业	207811	53800	207811	53800
教育	637991	397708	637991	397708
卫生和社会工作	139225	78251	139225	78251
文化、体育和娱乐业	698594	194879	691975	188260
公共管理、社会保障和社会组织	838939	303653	837439	303653

分县（市）区建设项目城镇投资情况

3—4　　　　（2013 年）　　　　计量单位：万元、平方米、个

指标名称	全　市	市　区	长安区	桥东区	桥西区
本年完成投资	**29995494**	**11479088**	**941141**	**929051**	**2706607**
# 住宅	436452	222114	33783	10000	128947
本年完成投资中：					
建筑工程	13346190	5861326	625947	485559	1866405
安装工程	2530712	925844	59467	93066	246997
设备工器具购置	8439219	1935096	152769	4168	292211
本年新增固定资产	23252710	8738795	743865	656894	2440173
本年施工房屋面积	33040486	14700453	1384074	2258451	3146061
# 住宅	4328038	2441622	454641	180151	689593
本年竣工房屋面积	6398349	529186	194052		61139
# 住宅	757252	139732	81732		
本年竣工房屋价值	1154101	132008	35326		26000
# 住宅	141752	33785	22885		
施工项目个数	3059	559	60	37	163
# 本年新开工	2029	315	35	21	92
本年投产项目个数	2246	375	44	20	102
本年资金来源合计	30141626	11369508	993697	949167	2650365
1、上年末结余资金	511470	190982	17594	2000	500
2、本年资金来源小计	29630156	11178526	976103	947167	2649865
（1）国家预算内资金	1627785	1261886	150313	97278	864648
（2）国内贷款	859702	436620	34000		2000
（3）债券					
（4）利用外资	65032	18000			
（5）自筹资金	25984913	8924090	659871	789181	1615439
（6）其他资金来源	1092724	537930	131919	60708	167778

3—4 续表 1　　（2013 年）　　计量单位：万元、平方米、个

指标名称	新华区	裕华区	矿　区	高新区	化工园区
本年完成投资	**2448529**	**1598420**	**515500**	**1451355**	**647082**
# 住宅	41699	1556	4954	1175	
本年完成投资中：					
建筑工程	832763	1150047	2000	757802	126708
安装工程	310929	74901	665	49593	90226
设备工器具购置	469194	48994	213370	349265	405125
本年新增固定资产	1933176	493633	153460	1786909	530685
本年施工房屋面积	2543827	3573123	18000	1700854	76063
# 住宅	663966	39759	18000	395512	
本年竣工房屋面积	215495	10000		40000	8500
# 住宅	58000				
本年竣工房屋价值	36982	3000		26200	4500
# 住宅	10900				
施工项目个数	113	65	23	84	11
# 本年新开工	77	39	14	27	8
本年投产项目个数	87	33	15	67	7
本年资金来源合计	2290167	1611156	517313	1504122	651924
1、上年末结余资金	56742	30124		3525	
2、本年资金来源小计	2233425	1581032	517313	1500597	651924
（1）国家预算内资金	38441	108631		1475	
（2）国内贷款	104100			102420	74100
（3）债券					
（4）利用外资	18000				
（5）自筹资金	1974039	1462482	517313	1388702	517063
（6）其他资金来源	98845	9919		8000	60761

3—4 续表 2　　(2013 年)　　计量单位：万元、平方米、个

指标名称	井陉县	正定县	栾城县	行唐县	灵寿县
本年完成投资	**1424712**	**1584686**	**1193259**	**931605**	**662487**
# 住宅	35894	538		836	
本年完成投资中：					
建筑工程	731865	560966	690290	380315	81117
安装工程	253841	49948	129695	78419	10433
设备工器具购置	394263	845733	124361	337207	60049
本年新增固定资产	1378220	1111297	863390	875782	662487
本年施工房屋面积	370466	2988240	314731	424384	948454
# 住宅	186100	684601		9920	
本年竣工房屋面积	221777	1418664	64614	9700	42252
# 住宅	175600	34028			
本年竣工房屋价值	56698	310486	10837	2300	5204
# 住宅	34694	5815			
施工项目个数	148	127	132	249	61
# 本年新开工	126	83	90	190	43
本年投产项目个数	138	101	99	199	50
本年资金来源合计	1436797	1624494	1202042	940931	664272
1、上年末结余资金	4160	962	303926	9000	
2、本年资金来源小计	1432637	1623532	898116	931931	664272
(1) 国家预算内资金	15161	17933	42532	601	
(2) 国内贷款	102968	30254	20000	5796	
(3) 债券					
(4) 利用外资			20000		
(5) 自筹资金	1259312	1572846	761636	677579	658988
(6) 其他资金来源	55196	2499	53948	247955	5284

3—4 续表 3　　（2013 年）　　计量单位：万元、平方米、个

指标名称	高邑县	深泽县	赞皇县	无极县
本年完成投资	**488590**	**334289**	**938531**	**557750**
# 住宅	9225	123	72600	2050
本年完成投资中：				
建筑工程	188823	126304	434759	158027
安装工程	18381	20401	56102	74612
设备工器具购置	254869	164479	419362	280008
本年新增固定资产	460118	335000	795326	309064
本年施工房屋面积	499261	220031	3143294	1495334
# 住宅	39640	29300	482300	25088
本年竣工房屋面积	224949	59174	602711	556341
# 住宅	39640	29300		25088
本年竣工房屋价值	49958	9690	55258	32332
# 住宅	9943	4293		3900
施工项目个数	63	76	212	117
# 本年新开工	52	25	98	59
本年投产项目个数	51	40	160	102
本年资金来源合计	492286	358345	943071	566195
1、上年末结余资金				560
2、本年资金来源小计	492286	358345	943071	565635
（1）国家预算内资金	13027	14666	10297	26317
（2）国内贷款	92153	3108	13440	19024
（3）债券				
（4）利用外资	2009			
（5）自筹资金	379317	340571	856726	515268
（6）其他资金来源	5780		62608	5026

3—4 续表4　　(2013年)　　计量单位：万元、平方米、个

指标名称	平山县	元氏县	赵　县	藁城市
本年完成投资	**892125**	**1231255**	**1076758**	**1535924**
#住宅	35500		10400	4600
本年完成投资中:				
建筑工程	486829	528684	334014	499176
安装工程	55178	270508	139487	111154
设备工器具购置	180043	262634	439149	812744
本年新增固定资产	840756	370995	459485	1236189
本年施工房屋面积	810054	590585	1635283	559859
#住宅	172603		119600	16000
本年竣工房屋面积	262513	38350	702116	245399
#住宅	120000		119600	16000
本年竣工房屋价值	110093	6700	40679	66499
#住宅	26000		11300	4600
施工项目个数	113	71	206	144
#本年新开工	75	22	123	131
本年投产项目个数	72	39	110	124
本年资金来源合计	896654	1280801	1076795	1552612
1、上年末结余资金				
2、本年资金来源小计	896654	1280801	1076795	1552612
(1)国家预算内资金	54654	3028	4436	
(2)国内贷款	650	61759	11250	
(3)债券				
(4)利用外资				
(5)自筹资金	841350	1207753	1058982	1552612
(6)其他资金来源		8261	2127	

3—4 续表 5　　　　（2013 年）　　　　计量单位：万元、平方米、个

指标名称	晋州市	新乐市	鹿泉市	辛集市
本年完成投资	**1012597**	**928177**	**2162729**	**1560932**
# 住宅	222	27750	14600	
本年完成投资中：				
建筑工程	82846	498734	861665	840450
安装工程	15497	73382	107301	140529
设备工器具购置	467252	286746	612656	562568
本年新增固定资产	477620	905134	2258098	1174954
本年施工房屋面积	868840	989559	1897715	583943
# 住宅	3814	95450	22000	
本年竣工房屋面积	106644	241056	793783	279120
# 住宅	3814	36450	18000	
本年竣工房屋价值	5933	55670	129816	73940
# 住宅	222	6300	900	
施工项目个数	147	90	298	246
# 本年新开工	112	64	226	195
本年投产项目个数	67	56	253	210
本年资金来源合计	1028962	930592	2216317	1560952
1、上年末结余资金			1880	
2、本年资金来源小计	1028962	930592	2214437	1560952
（1）国家预算内资金	27550	52683	81443	1571
（2）国内贷款	28300	12010	17370	5000
（3）债券				
（4）利用外资			25023	
（5）自筹资金	973112	832199	2019533	1553039
（6）其他资金来源		33700	71068	1342

分县（市）区建设项目农村非农户投资情况

3—5　　　　(2013 年)　　　　计量单位：万元、平方米、个

指标名称	全　市	市　区	裕华区	矿　区	井陉县	正定县
本年完成投资	**4414984**	**38658**	**33658**	**5000**	**527968**	**222750**
# 住宅	195845				15965	16200
本年完成投资中：						
建筑工程	1611820	18008	18008		226316	80398
安装工程	420908	2650	2650		99148	7072
设备工器具购置	1522142	7000	3000	4000	153464	110672
本年新增固定资产	3875329	10658	5658	5000	501568	204013
本年施工房屋面积	10384549	120149	120149		75500	607224
# 住宅	1516074				51000	145000
本年竣工房屋面积	2401484				71000	470824
# 住宅	543665				51000	46000
本年竣工房屋价值	407098				15200	50468
# 住宅	134070				10700	7630
施工项目个数	929	3	2	1	72	35
# 本年新开工	728	3	2	1	70	32
本年投产项目个数	732	2	1	1	68	31
一、本年资金来源合计	4486414	40658	35658	5000	534968	225702
1、上年末结余资金	4346				700	
2、本年资金来源小计	4482068	40658	35658	5000	534268	225702
（1）国家预算内资金	40087	5658	5658			7532
（2）国内贷款	71842					
（3）自筹资金	4265930	35000	30000	5000	534268	218170
（4）其他资金来源	104209					

3—5 续表1　　(2013年)　　计量单位：万元、平方米、个

指标名称	栾城县	行唐县	灵寿县	高邑县	深泽县
本年完成投资	**203836**	**195586**	**145997**	**42647**	**193993**
# 住宅	4300			20698	4802
本年完成投资中：					
建筑工程	88654	127022	27140	31921	59848
安装工程	39672	12295	3940	2020	19592
设备工器具购置	62002	28545	15360	4706	101883
本年新增固定资产	205186	157266	145997	16189	173787
本年施工房屋面积	164528	161772	1201970	82504	235340
# 住宅	153145			78904	75800
本年竣工房屋面积	164527	2400		3600	2500
# 住宅	153145				
本年竣工房屋价值	34315	2100		930	450
# 住宅	33460				
施工项目个数	49	77	24	5	84
# 本年新开工	34	62	24	3	30
本年投产项目个数	48	61	22	2	49
一、本年资金来源合计	201151	210870	146197	42651	201673
1、上年末结余资金	60	879			
2、本年资金来源小计	201091	209991	146197	42651	201673
(1) 国家预算内资金		4420			
(2) 国内贷款		3500		8424	17668
(3) 自筹资金	196909	121073	145697	30455	184005
(4) 其他资金来源	4182	80998	500	3772	0

3—5 续表 2　　（2013 年）　　计量单位：万元、平方米、个

指标名称	赞皇县	无极县	平山县	元氏县	赵　县
本年完成投资	**93695**	**310857**	**425446**	**72280**	**13578**
# 住宅		4802	113478		
本年完成投资中：					
建筑工程	25143	90464	284938	25370	3078
安装工程	13320	45873	5925	10930	4000
设备工器具购置	47251	132265	52085	8010	3300
本年新增固定资产	98657	216871	417996	40730	
本年施工房屋面积	2543	1949740	1478855		400
# 住宅		141370	863735		
本年竣工房屋面积	500	421630	339200		
# 住宅		105800	183100		
本年竣工房屋价值	90	50183	84166		
# 住宅		10010	67100		
施工项目个数	59	109	45	11	3
# 本年新开工	52	82	32	6	3
本年投产项目个数	56	82	36	8	
一、本年资金来源合计	95295	331281	428429	72845	13592
1、上年末结余资金					
2、本年资金来源小计	95295	331281	428429	72845	13592
（1）国家预算内资金		15607	40		2640
（2）国内贷款	300	3710		7140	
（3）自筹资金	94995	311964	423589	65705	9178
（4）其他资金来源			4800		1774

3—5 续表 3　　　　（2013 年）　　　　计量单位：万元、平方米、个

指标名称	藁城市	晋州市	新乐市	鹿泉市	辛集市
本年完成投资	**252957**	**707631**	**564485**	**213917**	**188703**
# 住宅	9800		5800		
本年完成投资中：					
建筑工程	84551	30939	221620	116172	70238
安装工程	20993	14797	92258	5053	21370
设备工器具购置	108513	331200	198632	64031	93223
本年新增固定资产	229550	522301	564485	205492	164583
本年施工房屋面积	169197	891116	473365	2642333	128013
# 住宅	2500		4620		
本年竣工房屋面积	127697	270466	412965	21160	93015
# 住宅			4620		
本年竣工房屋价值	25137	17145	88398	2075	36441
# 住宅			5170		
施工项目个数	41	153	81	33	45
# 本年新开工	39	125	71	29	31
本年投产项目个数	36	93	73	25	40
一、本年资金来源合计	253463	718395	566295	214245	188704
1、上年末结余资金	2707				
2、本年资金来源小计	250756	718395	566295	214245	188704
（1）国家预算内资金		1320		2870	
（2）国内贷款			28100	3000	
（3）自筹资金	250653	717075	532695	205795	188704
（4）其他资金来源	103		5500	2580	

全市房地产开发企业投资完成情况

3—6　　(2013 年)　　计量单位：个、万元、平万米

指标名称	数值	指标名称	数值
企业个数	463		
计划总投资	38302062	2. 本年资金来源小计	10240022
自开始建设累计完成投资	26662822	(1) 国内贷款	958242
本年完成投资	9281491	其中：银行贷款	760155
其中：配套工程投资	11110	其中：非银行金融机构贷款	198087
按构成分		(2) 利用外资	
建筑工程	6035037	其中：外商直接投资	
安装工程	1183273	(3) 自筹资金	6803655
设备工器具购置	311228	其中：自有资金	2968430
其他费用	1751953	股东投入资金	443938
其中：旧建筑物购置费	159742	借入资金	129321
其中：土地购置费	769333	(4) 其他资金来源	2478125
按工程用途分		其中：定金及预收款	1221554
商品住宅	6156999	其中：个人按揭贷款	496917
其中：90 平方米以下	1914877	二、本年各项应付款合计	1828235
其中：144 平方米以上	720150	其中：工程款	632886
其中：别墅、高档公寓	103628	三、土地部分	
办公楼	837417	待开发土地面积	421089
商业营业用房	1522635	本年购置土地面积	830748
其他	764440	本年土地成交价款	346958
本年新增固定资产	4460620	其中：拆迁补偿费	64362
一、本年资金来源合计	11811724	土地使用权出让金	239201
1. 上年末结余资金	1571702	契税	3959

全市房地产开发企业分组完成情况

3—7　(2013 年)　计量单位：个、万元

指标名称	企业个数	完成额
合　　计	**463**	**9281491**
按登记注册类型分		
内资	447	8780583
国有	10	63342
集体	4	93070
股份合作	3	72205
联营企业		
国有联营		
集体联营		
国有与集体联营		
其他联营		
有限责任公司	157	3548645
国有独资公司		
其他有限责任公司	157	3548645
股份有限公司	18	489403
私营	248	4500566
其他	7	13352
港澳台商投资	9	134058
与港澳台商合资经营	5	103758
与港澳台商合作经营		
港澳台商独资	4	30300
港澳台商投资股份有限公司		
外商投资	7	366850
中外合资经营	4	51681
中外合作经营		
外资企业	3	315169
外商投资股份有限公司		

3—7 续表　　（2013 年）　　计量单位：个、万元

指标名称	企业个数	完成额
按控股情况分		
国有控股	18	280897
集体控股	12	170175
私人控股	356	6498327
港澳台商控股	8	33458
外商控股	9	394933
其他	60	1903701
按隶属关系分		
中央		
地方	463	9281491
省（自治区、直辖市）	12	206542
地（区、市、州、盟）	31	335271
县（区、市、旗）	27	519861
其他	393	8219817
按资质等级分		
一级	3	448201
二级	30	990609
三级	58	1125399
四级	113	1832422
暂定	248	4818625
其他	11	66235
按企业营业状况分		
营业	442	8970926
停业（歇业）	6	16491
筹建		
当年关闭	1	
当年破产		
其他	14	294074

分县（市）区房地产开发完成情况

3—8　　　　（2013年）　　　　计量单位：个、万元、平方米

行政单位	本年完成投资	其中：配套工程投资	商品住宅	其中：90平方米以下	其中：140平方米以上	其中：别墅、高档公寓	办公楼	商业营业用房	其他	本年新增固定资产
石家庄市	**9281491**	**11110**	**6156999**	**1914877**	**720150**	**103628**	**837417**	**1522635**	**764440**	**4460620**
市　区	8129173	2470	5172890	1631763	508817	19578	817160	1428790	710333	3678694
#长安区	2294288		1571019	497239	43160		79320	570818	73131	986825
桥东区	2346895		1439245	650382	158663	1500	454908	335721	117021	689531
桥西区	659736	500	380020	55323	54663	13678	84014	148312	47390	839335
新华区	662500	50	175006	25705	14491	2400	68802	183024	235668	331327
矿　区										
裕华区	2165754	1920	1607600	403114	237840	2000	130116	190915	237123	831676
井陉县	20		20	10						
正定县	15161		8321	1051	3200		1976	2938	1926	11690
栾城县	72654	306	52159	130	70		5100	10325	5070	28103
行唐县	37566		29266	11900	15366			6120	2180	37566
灵寿县	700		700		349					
高邑县										
深泽县	20171	621	10217	3191	3099			9445	509	17022
赞皇县	9478	40	7278	1097	1280		435	705	1060	1257
无极县	63174	45	43083	14652	398		3065	7414	9612	12124
平山县	182983	2140	136208	71192	8251		5604	38680	2491	23624
元氏县	127283		126083	28353	27312			1200		4410
赵　县	6311		5377	90			29		905	114
藁城市	128900	1880	122900	52800	17200			6000		343340
晋州市	122495	1500	97143	21308	24314	5500	1759	5125	18468	13100
新乐市	114680	100	112680	12000	24000			2000		63480
鹿泉市	170870	388	164218	54087	80596	78550	2239	2722	1691	177471
辛集市	79872	1620	68456	11253	5898		50	1171	10195	48625

3—8 续表 1　　(2013 年)　　计量单位：个、万元、平方米

行政单位	本年资金来源小计	自筹资金	本年购置土地面积	本年土地成交价款	其中：拆迁补偿费	土地使用权出让金	契税
石家庄市	**10240022**	**6803655**	**830748**	**346958**	**64362**	**239201**	**3959**
市　区	8447707	5580797	502272	253430	56085	163645	3125
#长安区	2286496	1562547	47610	19700			
桥东区	2091034	1816535	6945	29856	19500	5356	348
桥西区	1297877	540410	187318	50224	1385	39839	400
新华区	884055	665393	249399	143650	35200	108450	2377
矿　区							
裕华区	1888245	995912	11000	10000		10000	
井陉县	41						
正定县	15986	2705	15933	2931		2818	131
栾城县	62088	45577	62318	14370	3061	11309	589
行唐县	37560	37560					
灵寿县							
高邑县							
深泽县	27741	17653	15000	900	300	600	
赞皇县	9828	9828					
无极县	243342	203358	11771	1700			
平山县	171414	75385	71952	8014	4916	2298	32
元氏县	101455	72998					
赵　县	35457	11425					
藁城市	125900	61900					
晋州市	82692	64465	54264	13597		6597	
新乐市	115680	66597	16936	2116		2034	82
鹿泉市	647862	505298	80302	49900		49900	
辛集市	115269	48109					

3—8 续表2　　　　（2013年）　　　　计量单位：个、万元、平方米

行政单位	房屋施工面积	住宅				办公楼	商业营业用房	其他房屋
			90平米以下住房	144平米以上住房	别墅、高档公寓			
石家庄市	**52002921**	**39997488**	**10680977**	**5683643**	**1374842**	**2539224**	**6181948**	**3284261**
市　区	40465093	30160646	8133337	2728040	271503	2342615	5349815	2612017
#长安区	16269442	13440438	3147824	129387		520546	1730515	577943
桥东区	6198793	3239582	841307	579552		729455	1765021	464735
桥西区	4144071	2835742	570979	619583	26566	506163	497954	304212
新华区	4007863	2534893	996111	461119	244937	310402	626389	536179
矿　区								
裕华区	9844924	8109991	2577116	938399		276049	729936	728948
井陉县	14550	14550						
正定县	682055	504938	7200	136205		106544	21650	48923
栾城县	569620	402118	7942	14200		13000	74348	80154
行唐县	186248	149705	98982	50723			36307	236
灵寿县	100000	100000		33680				
高邑县								
深泽县	244980	200162	66780	51449			37378	7440
赞皇县	281210	210183	14620	56480		9795	43681	17551
无极县	730719	718414	192712	8596		856	6387	5062
平山县	1424441	975116	433192	269367		54598	252929	141798
元氏县	687679	630785	43972	293774			33088	23806
赵　县	75190	64523	16448			592		10075
藁城市	621480	621480	344000	134507				
晋州市	1204726	961935	170848	161882	9600	3700	100971	138120
新乐市	565774	564774	168380	84000			1000	
鹿泉市	2920311	2713577	764172	1578651	1093739	6264	174958	25512
辛集市	1228845	1004582	218392	82089		1260	49436	173567

3—8 续表3　　　　（2013 年）　　　　计量单位：个、万元、平方米

行政单位	房屋竣工面积	住宅				办公楼	商业营业用房	其他房屋
			90 平米以下住房	144 平米以上住房	别墅、高档公寓			
石家庄市	**8659279**	**6313473**	**2173496**	**1602309**	**30365**	**833460**	**1075967**	**436379**
市　区	6483684	4335725	1502334	1080062	6200	826396	954307	367256
#长安区	2683318	1890848	1033846	32234		146200	623203	23067
桥东区	754013	408122	158000	242452		242447	28095	75349
桥西区	1431485	837428	100978	392013	3000	320683	138063	135311
新华区	216145	169478	29804	29385	3200	8060	5540	33067
矿　区								
裕华区	1398723	1029849	179706	383978		109006	159406	100462
井陉县								
正定县	40042	34919				2000	3123	
栾城县	113044	94067					3335	15642
行唐县	52212	16905	10681	6224			35307	
灵寿县								
高邑县								
深泽县	85240	40422	12752				37378	7440
赞皇县	32000	32000	7020	24980				
无极县	66383	65173	37353	2436			400	810
平山县	166435	128424	31248	3440			26528	11483
元氏县								
赵　县								
藁城市	589803	589803	313200	133630				
晋州市	56157	49757		29682			1600	4800
新乐市	227000	227000	30000	84000				
鹿泉市	553455	531671	218331	173869	24165	5064	1345	15375
辛集市	193824	167607	10577	63986			12644	13573

3—8 续表 4　　（2013 年）　　计量单位：个、万元、平方米

行政单位	商品住宅竣工套数	90 平米以下住房	144 平米以上住房	别墅、高档公寓	房屋竣工价值	住宅	办公楼	商业营业用房	其他房屋
石家庄市	**53975**	**26730**	**8131**	**72**	**3108749**	**2170244**	**476377**	**313709**	**148419**
市　区	36453	18857	4867	17	2575143	1671847	474653	292249	136394
#长安区	18802	12551	202		809910	555691	42000	209847	2372
桥东区	3832	2327	1334		340824	121840	175569	11717	31698
桥西区	5327	1228	1506	7	828746	534053	190991	50521	53181
新华区	1601	477	150	10	95671	91072	1000	1607	1992
矿　区									
裕华区	6891	2274	1675		499992	369191	65093	18557	47151
井陉县									
正定县	264				11613	10127	580	906	
栾城县	618				28103	24072		903	3128
行唐县	278	240	38		4200	1300		2900	
灵寿县									
高邑县									
深泽县	375	148			17017	6070		9440	1507
赞皇县	220	78	142		1257	1257			
无极县	690	453	15		10029	9844		58	127
平山县	1249	421	23		20824	16709		3140	975
元氏县									
赵　县									
藁城市	5560	3480	890		173227	173227			
晋州市	380		194		13100	11747		338	1015
新乐市	1985	340	565		59440	59440			
鹿泉市	4623	2583	970	55	148902	144762	1144	395	2601
辛集市	1280	130	427		45894	39842		3380	2672

3—8 续表5　　　　（2013年）　　　　计量单位：个、万元、平方米

行政单位	商品房销售面积	住宅				办公楼	商业营业用房	其他房屋
			90平米以下住房	144平米以上住房	别墅、高档公寓			
石家庄市	**9512114**	**7827284**	**2653193**	**1630235**	**192822**	**369467**	**781226**	**534137**
市　　区	5981725	4556215	1450357	891240	114400	367467	632123	425920
#长安区	1599089	1379712	501757	39334			183587	35790
桥东区	904347	608504	229001	242492		143379	76902	75562
桥西区	908494	626172	270027	66372	2400	168613	100995	12714
新华区	786603	438523	104420	149480	112000	17127	164750	166203
矿　区								
裕华区	1783192	1503304	345152	393562		38348	105889	135651
井陉县	3762	3762						
正定县	251519	186396	134949	16821		2000	3123	60000
栾城县	96904	94924		308			1980	
行唐县	94777	57904	49894	8010			36637	236
灵寿县	4987	4987		3856				
高邑县								
深泽县	35183	32654	2473					2529
赞皇县	53471	45411	7500	31000			8060	
无极县	141360	138265	47196	15603			2395	700
平山县	253950	188818	48297	4154			54484	10648
元氏县	256648	256648	20118	104588				
赵　县	30581	30581						
藁城市	592243	592243	313200	133630				
晋州市	276199	263208	42244	94682			8191	4800
新乐市	392595	392595	188380	84000				
鹿泉市	654344	638193	280154	239230	78422		1345	14806
辛集市	391866	344480	68431	3113			32888	14498

3—8 续表6　　　　(2013年)　　　　计量单位：个、万元、平方米

行政单位	商品房销售额	住宅	办公楼	商业营业用房	其他房屋	商品房平均销售价格（元/平方米）	住宅
石家庄市	**5234802**	**3868805**	**328670**	**679308**	**358019**	**5503**	**4943**
市　区	3904741	2659022	328090	602352	315277	6528	5836
#长安区	961187	808800		139827	12560	6011	5862
桥东区	757713	466287	129943	73499	87984	8379	7663
桥西区	542187	278733	155660	92495	15299	5968	4451
新华区	604058	243846	18985	207303	133924	7679	5561
矿　区							
裕华区	1039596	861356	23502	89228	65510	5830	5730
井陉县	1279	1279				3400	3400
正定县	127222	92736	580	906	33000	5058	4975
栾城县	29926	29331		595		3088	3090
行唐县	39189	15978		23011	200	4135	2759
灵寿县	1517	1517				3042	3042
高邑县							
深泽县	7188	6720			468	2043	2058
赞皇县	18664	10604		8060		3490	2335
无极县	32057	31242		731	84	2268	2260
平山县	73256	45371		26815	1070	2885	2403
元氏县	72444	72444				2823	2823
赵　县	9015	9015				2948	2948
藁城市	348320	348320				5881	5881
晋州市	95162	87082		6160	1920	3445	3308
新乐市	90030	90030				2293	2293
鹿泉市	240676	237013		746	2917	3678	3714
辛集市	144116	131101		9932	3083	3678	3806

全市建筑业企业生产情况

3—9　　　　(2013 年)　　　　计量单位：个．千元

指标名称	企业个数		合同情况		承包工程完成情况	
	建筑业企业个数	亏损企业个数	签订的合同额	本年新签合同额	直接从建设单位承揽工程完成的产值	自行完成施工产值
总　计	**266**	**22**	**184196026**	**103886412**	**96398549**	**96147637**
其中：国有及国有控股企业	31	6	109110035	59827704	56149292	56149292
内资企业	264	21	183962365	103653331	96165508	95914596
国有企业	16	3	17438848	10015483	10782749	10782749
集体企业	5	1	915298	621478	667932	667932
有限责任公司	106	7	142061060	79096815	72173099	71943187
股份有限公司	23	3	2990842	1609908	2124776	2124776
私营企业	113	7	20401817	12156037	10262452	10241452
港、澳、台商投资企业	2	1	233661	233081	233041	233041
房屋和土木工程建筑业	174	12	171344763	96822930	86282100	86060188
建筑安装业	44	4	10246448	4879256	7756947	7727947
建筑装饰业	38	4	2304227	1886523	2094404	2094404
其他建筑业	10	2	300588	297703	265098	265098
施工总承包	176	12	178756027	99720463	91822677	91571765
特级	4		50798847	27998526	26580475	26580475
一级	45	4	114116611	63286915	56517379	56267379
二级	74	4	10655838	6240387	6296268	6295356
三级及以下	53	4	3184731	2194635	2428555	2428555
专业承包	90	10	5439999	4165949	4575872	4575872
一级	21	2	2824108	2389222	2720158	2720158
二级	35	5	1137316	859107	742334	742334
三级及以下	34	3	1478575	917620	1113380	1113380

3—9 续表 1　　（2013 年）　　计量单位：千元

指标名称	建筑业总产值					
	建筑业总产值	其中：装饰装修产值	其中：在外省完成的产值	按构成分：1. 建筑工程产值	2. 安装工程产值	3. 其他产值
总　计	**101026974**	**4087138**	**39422639**	**79932007**	**15550995**	**5543972**
其中：国有及国有控股企业	59816540	1707523	29896526	49158624	8926960	1730956
内资企业	100793933	3854777	39422639	79699646	15550315	5543972
国有企业	11085159	302530	3287898	8266653	2209421	609085
集体企业	667932			281475	386457	#VALUE!
有限责任公司	76506030	2390767	34866461	59817244	12325495	4363291
股份有限公司	2124776	170667		2021816	82960	20000
私营企业	10255536	990813	1268280	9157958	545982	551596
港、澳、台商投资企业	233041	232361		232361	680	
房屋和土木工程建筑业	90365189	1855912	34084255	76409047	9315337	4640805
建筑安装业	8264349	276966	5063399	1881290	6099542	283517
建筑装饰业	2103210	1954260	212650	1486090	136116	481004
其他建筑业	294226		62335	155580		138646
施工总承包	96421553	2124008	38855156	77545643	14040131	4835779
特级	27684813	842950	14136994	23774845	3452116	457852
一级	58251939	1117698	23834924	44257403	9715519	4279017
二级	8048078	156060	883238	7223869	741578	82631
三级及以下	2436723	7300		2289526	130918	16279
专业承包	4605421	1963130	567483	2386364	1510864	708193
一级	2740692	1699117	328248	1384125	736807	619760
二级	751140	251921	20183	387149	333932	30059
三级及以下	1113589	12092	219052	615090	440125	58374

3—9 续表2　　（2013年）　　计量单位：千元、平方米

指标名称	竣工产值	房屋建筑施工面积			
		房屋建筑施工面积	其中：本年新开工面积	其中：实行投标承包面积	其中：本年新开工
总　计	**45826832**	**72244163**	**28622935**	**63979262**	**26081671**
其中：国有及国有控股企业	19716025	26628665	8855311	26540588	8800121
内资企业	45593791	72244163	28622935	63979262	26081671
国有企业	8073151	1078318	464135	1001683	461555
集体企业	408569	223982	202498	216922	202498
有限责任公司	28352667	54745509	21023363	51317791	20774421
股份有限公司	1075042	2635747	1097199	2134517	903806
私营企业	7648242	13529765	5805640	9278249	3709291
港、澳、台商投资企业	233041				
房屋和土木工程建筑业	40799734	69580782	26299554	62931547	25403956
建筑安装业	3297794	2663381	2323381	1047715	677715
建筑装饰业	1645937				
其他建筑业	83367				
施工总承包	42632629	70029777	26728549	63360542	25782951
特级	9285954	18535106	5825727	18535106	5825727
一级	27359726	41175270	15574585	36707381	15271506
二级	4579602	7727075	3786002	6048962	3325576
三级及以下	1407347	2592326	1542235	2069093	1360142
专业承包	3194203	2214386	1894386	618720	298720
一级	2114428	450000	130000	450000	130000
二级	421955	1646866	1646866	88000	88000
三级及以下	657820	117520	117520	80720	80720

3—9 续表 3　　（2013 年）　　计量单位：千元、台、人

指标名称	施工机械设备		从业人员情况			
	年末自有施工机械设备（净值）	年末自有施工机械设备（总台数）	计算建筑业劳动生产率的平均人数	年末从业人员数	其中：工程技术人员	其中：现场施工工人
总　计	**2438199**	**341899**	**131552**	**133470**	**34245**	**82779**
其中：国有及国有控股企业	1053135	25296	49008	49996	12498	22949
内资企业	2438059	341884	131363	133281	34102	82603
国有企业	364692	8448	16223	16145	4529	9428
集体企业	10465	275	1285	1364	233	778
有限责任公司	1402801	37616	71435	73898	19839	40128
股份有限公司	40437	3398	7310	6388	1028	4231
私营企业	619664	292147	34950	35325	8458	27908
港、澳、台商投资企业	140	15	189	189	143	176
房屋和土木工程建筑业	2230512	333353	119090	120758	29114	74109
建筑安装业	109358	6253	8781	8869	3765	6067
建筑装饰业	23734	1835	2923	3012	1000	2235
其他建筑业	74595	23	23	23	9	10
施工总承包	2298707	338601	119946	121438	30526	74111
特级	236375	7821	9604	9773	3556	6772
一级	1354506	305153	62966	63418	16078	32202
二级	562993	19885	32785	34553	7942	25035
三级及以下	144833	5742	14591	13694	2950	10102
专业承包	139492	3298	11606	12032	3719	8668
一级	63565	2027	4985	5344	2030	3710
二级	67503	668	2749	2855	906	2062
三级及以下	8424	603	3872	3833	783	2896

全市建筑业企业财务状况

3—10　　(2013 年)　　计量单位：千元

指标名称	固定资产原价	在建工程	资产合计	流动负债合计	流动资产合计	固定资产合计
总计	**10050375**	**799466**	**65482243**	**46711036**	**54014008**	**8167951**
其中：国有及国有控股企业	4829644	110259	36652050	30728158	32107908	3196052
内资企业	10011609	799466	65317551	46620325	53873832	8150369
国有企业	2171657	39228	13233796	11067494	11415326	1449790
集体企业	96206		919957	104839	835137	43322
有限责任公司	5310838	672753	40397664	31506042	34401677	3938635
股份有限公司	400865	10468	1578185	720493	1206597	353814
私营企业	2031564	76319	9112372	3221225	5951108	2353218
港、澳、台商投资企业	38766		164692	90711	140176	17582
房屋和土木工程建筑业	9029309	645093	58419308	42984690	48207996	7365886
建筑安装业	761454	133679	5182547	3020487	4205761	624055
建筑装饰业	151332	20694	1548728	522671	1351868	108054
其他建筑业	108280		331660	183188	248383	69956
施工总承包	9303724	776107	61255823	44957909	50567569	7651545
特级	1488394	23060	12483166	10399775	11218247	1240666
一级	5201385	598782	37937781	29618363	31374662	4339813
二级	1987674	107926	8020955	3571982	5872252	1459007
三级及以下	626271	46339	2813921	1367789	2102408	612059
专业承包	746651	23359	4226420	1753127	3446439	516406
一级	261291	16633	1836756	751769	1535472	182651
二级	249139	4955	865999	358520	612798	174905
三级及以下	236221	1771	1523665	642838	1298169	158850

3—10 续表 1　　(2013 年)　　计量单位：千元

指标名称	非流动负债合　计	负债合计	所有者权益合计	其中：实收资本	国家资本	集体资本
总　计	**785862**	**48738650**	**16743593**	**12003002**	**3865523**	**2195396**
其中：国有及国有控股企业	587618	31315776	5336274	4176102	3607683	30000
内资企业	785862	48647939	16669612	11992702	3865523	2194675
国有企业	342546	11410040	1823756	1137650	951929	
集体企业		691388	228569	181914		168164
有限责任公司	394169	31928460	8469204	6375084	2909104	537972
股份有限公司	27359	1052816	525369	392043	4490	85914
私营企业	21788	3514858	5597514	3880811		1377425
港、澳、台商投资企业		90711	73981	10300		721
房屋和土木工程建筑业	575264	44754835	13664473	10208450	3570692	2050171
建筑安装业	210269	3243908	1938639	1206987	262031	140504
建筑装饰业	329	523061	1025667	507038	19800	721
其他建筑业		216846	114814	80527	13000	4000
施工总承包	773512	46926304	14329519	10644563	3788253	2108473
特级	267410	10667185	1815981	1121000	1110000	
一级	445702	30065672	7872109	6294144	2439287	1810841
二级	54340	4491376	3529579	2451016	222446	206306
三级及以下	6060	1702071	1111850	778403	16520	91326
专业承包	12350	1812346	2414074	1358439	77270	86923
一级	279	763548	1073208	471875	63770	7921
二级	56	393121	472878	369900	13500	4000
三级及以下	12015	655677	867988	516664		75002

3—10 续表 2　　（2013 年）　　计量单位：千元

指标名称	法人资本	个人资本	营业收入	主营业务成本	营业成本	主营业务成本
总　计	**2269674**	**3667980**	**84432970**	**83564491**	**77141840**	**73644105**
其中：国有及国有控股企业	518419	20000	46166002	45399285	42654201	41668109
内资企业	2264524	3667980	84137961	83269482	76904462	73406727
国有企业	185721		11138355	10396534	10134594	9443979
集体企业	13750		671934	667740	585158	577475
有限责任公司	1194547	1733461	60440250	60379680	55832396	53134404
股份有限公司	115033	186606	1987739	1985387	1767625	1754955
私营企业	755473	1747913	9774003	9714461	8483389	8394614
港、澳、台商投资企业	5150		295009	295009	237378	237378
房屋和土木工程建筑业	1633350	2954237	75664519	74816461	69654006	66183515
建筑安装业	304202	500250	6600372	6585567	5666505	5655742
建筑装饰业	314402	167686	1929562	1925754	1615940	1600169
其他建筑业	17720	45807	238517	236709	205389	204679
施工总承包	1691340	3056497	80047387	79200605	73494996	70025510
特级	11000		18285644	18275274	17114791	16826191
一级	871815	1172201	50908921	50258330	47062071	44113064
二级	476886	1545378	8207967	8024108	7121869	6946615
三级及以下	331639	338918	2644855	2642893	2196265	2139640
专业承包	578334	611483	4385583	4363886	3646844	3618595
一级	338211	57544	2444125	2436313	2061526	2042167
二级	115901	236499	814931	814261	681005	680503
三级及以下	124222	317440	1126527	1113312	904313	895925

3—10 续表3　　(2013 年)　　计量单位：千元

指标名称	营业税金及附加	其他业务利　润	管理费用		财务费用	
				其中：税金		利息收入
总　计	**2605664**	**65921**	**2739924**	**61807**	**380693**	**34834**
其中：国有及国有控股企业	1378887	57716	1562044	23991	226063	16339
内资企业	2597057	65921	2713796	61454	379342	34660
国有企业	295581	49542	567545	11919	139532	3217
集体企业	19987	-3491	61710	742	-942	26
有限责任公司	1879882	16268	1700741	33649	144222	27664
股份有限公司	73972	878	40240	3165	15824	2587
私营企业	324535	2724	341303	11921	80026	1166
港、澳、台商投资企业	8607		26128	353	1351	174
房屋和土木工程建筑业	2349534	58496	2250012	50638	357025	31304
建筑安装业	184424	4102	375634	9262	16859	2460
建筑装饰业	64030	2230	98089	1569	7048	1304
其他建筑业	7676	1093	16189	338	-239	-234
施工总承包	2471659	58219	2464780	55591	363947	32720
特级	587594	195	367820	155	66830	14
一级	1493661	39929	1612548	36494	207535	29243
二级	296684	16977	395563	12832	65511	1502
三级及以下	93720	1118	88849	6110	24071	1961
专业承包	134005	7702	275144	6216	16746	2114
一级	75201	2644	144225	2213	7248	981
二级	27199	235	45293	2551	4078	290
三级及以下	31605	4823	85626	1452	5420	843

3—10 续表 4　　(2013 年)　　计量单位：千元

指标名称	其中：利息支出	营业利润	利润总额	应交所得税	应付职工薪酬
总　计	**292753**	**1359754**	**1443514**	**312472**	**4127471**
其中：国有及国有控股企业	199795	301475	333461	84626	1902987
内资企业	291367	1338209	1421987	307011	4117329
国有企业	129487	－39090	－13037	19798	869755
集体企业	2	5736	3489	1038	91306
有限责任公司	114749	782582	816582	175350	2222916
股份有限公司	4293	76004	95643	8318	166697
私营企业	42818	497204	503537	102239	754685
港、澳、台商投资企业	1386	21545	21527	5461	10142
房屋和土木工程建筑业	271690	940421	1008941	219365	3506773
建筑安装业	15202	271871	288036	56879	490755
建筑装饰业	5862	140661	139895	34710	109340
其他建筑业	－1	6801	6642	1518	20603
施工总承包	279332	1063169	1147793	242207	3768535
特级	51920	149468	180347	34655	440416
一级	168775	406017	457578	117218	2020500
二级	54689	299743	305053	65214	991824
三级及以下	3948	207941	204815	25120	315795
专业承包	13421	296585	295721	70265	358936
一级	5454	162887	162285	37487	180165
二级	3262	48877	48969	12187	79899
三级及以下	4705	84821	84467	20591	98872

全市建筑业企业房屋建筑竣工面积情况

3—11　　（2013年）　　计量单位：平方米

指标名称	合　　计	住宅房屋	商业及服务用房屋	商厦房屋（批发和零售用房）	宾馆用房屋（住宿用房）	餐饮用房屋（餐饮用房）
总　　计	**17638104**	**11897693**	**1298962**	**613863**	**115931**	**2300**
其中：国有及国有控股企业	3772073	1386362	292214	168402		
内资企业	17638104	11897693	1298962	613863	115931	2300
国有企业	329289	76020	4382			
集体企业	24362	24362				
有限责任公司	12121450	8191093	653062	314085	105936	2300
股份有限公司	684071	569040				
私营企业	4448832	3007078	641518	299778	9995	
港、澳、台商投资企业						
房屋和土木工程建筑业						
建筑安装业	747766	614132				
建筑装饰业						
其他建筑业						
施工总承包	16948188	11215411	1298962	613863	115931	2300
特级	2006567	816945	191630	131915		
一级	11053609	7429140	796856	278719	105936	
二级	2848343	2126289	302101	198044	9995	
三级及以下	1039669	843037	8375	5185		2300
专业承包	689916	682282				
一级	25000	25000				
二级	640732	640732				
三级及以下	24184	16550				

3—11 续表1 （2013 年） 计量单位：平方米

指标名称	办公用房屋	科研、教育、医疗用房屋	科学研究用房屋	教育用房屋	医疗用房屋（卫生医疗用房）
总　计	**683273**	**950427**	**68082**	**771108**	**111237**
其中：国有及国有控股企业	147636	361265	27430	308935	24900
内资企业	683273	950427	68082	771108	111237
国有企业	42962	39860		39860	
集体企业					
有限责任公司	457043	653122	34430	551673	67019
股份有限公司	44393	47366	33652	13714	
私营企业	138875	210079		165861	44218
港、澳、台商投资企业					
房屋和土木工程建筑业					
建筑安装业		31000	7000		24000
建筑装饰业					
其他建筑业					
施工总承包	683273	950427	68082	771108	111237
特级	123211	173772	13715	147607	12450
一级	398237	521505	54367	396437	70701
二级	129803	135056		110120	24936
三级及以下	32022	120094		116944	3150
专业承包					
一级					
二级					
三级及以下					

3—11 续表2　　　　（2013年）　　　　计量单位：平方米

指标名称	文化、体育和娱乐用房	厂房及建筑物	厂　房	仓　库	其他未列明的房屋建筑物
总　　计	**62845**	**2118910**	**1660236**	**15000**	**610994**
其中：国有及国有控股企业		1289779	1239685		294817
内资企业	62845	2118910	1660236	15000	610994
国有企业		155156	121575		10909
集体企业					
有限责任公司	62845	1666633	1346503	15000	422652
股份有限公司		23272			
私营企业		273849	192158		177433
港、澳、台商投资企业					
房屋和土木工程建筑业					
建筑安装业		67634	45000		35000
建筑装饰业					
其他建筑业					
施工总承包	62845	2111276	1660236	15000	610994
特级		559055	559055		141954
一级	62845	1378869	1042933	15000	451157
二级		143142	28038		11952
三级及以下		30210	30210		5931
专业承包		7634			
一级					
二级					
三级及以下		7634			

全市建筑业企业房屋建筑竣工造价情况

3—12 （2013年） 计量单位：千元

指标名称	合　计	住宅房屋	商业及服务用房屋	商厦房屋（批发和零售用房）
总　计	**25621877**	**12950245**	**1751843**	**723677**
其中：国有及国有控股企业	9465493	2198032	314366	159509
内资企业	25621877	12950245	1751843	723677
国有企业	718766	150908	17587	
集体企业	27534	27534		
有限责任公司	19351074	9391776	723775	316157
股份有限公司	817057	678492		
私营企业	4671326	2665415	1010481	407520
港、澳、台商投资企业				
房屋和土木工程建筑业				
建筑安装业	406559	21329		
建筑装饰业				
其他建筑业				
施工总承包	25531148	12874746	1751843	723677
特级	4848507	1300856	203341	134706
一级	16064414	8144522	1112809	301822
二级	3566193	2586879	424260	280352
三级及以下	1052034	842489	11433	6797
专业承包	90729	75499		
一级	10000	10000		
二级	50329	50329		
三级及以下	30400	15170		

3—12 续表1　　　　（2013年）　　　　计量单位：千元

指标名称	宾馆用房屋（住宿用房）	餐饮用房屋（餐饮用房）	办公用房屋	科研、教育、医疗用房屋
总　计	**131635**	**3470**	**957075**	**2206684**
其中：国有及国有控股企业			287549	1340841
内资企业	131635	3470	957075	2206684
国有企业			51869	54561
集体企业				
有限责任公司	119880	3470	704225	1838788
股份有限公司			42009	71600
私营企业	11755		158972	241735
港、澳、台商投资企业				
房屋和土木工程建筑业				
建筑安装业				80000
建筑装饰业				
其他建筑业				
施工总承包	131635	3470	957075	2206684
特级			259208	674870
一级	119880		521368	1251229
二级	11755		139130	159876
三级及以下		3470	37369	120709
专业承包				
一级				
二级				
三级及以下				

3—12 续表2　　（2013年）　　计量单位：千元

指标名称				
	科学研究用房屋	教育用房屋	医疗用房屋（卫生医疗用房）	文化、体育和娱乐用房
总　计	**106980**	**1870650**	**229054**	**94952**
其中：国有及国有控股企业	37880	1236441	66520	
内资企业	106980	1870650	229054	94952
国有企业		54561		
集体企业				
有限责任公司	57880	1609630	171278	94952
股份有限公司	49100	22500		
私营企业		183959	57776	
港、澳、台商投资企业				
房屋和土木工程建筑业				
建筑安装业	20000		60000	
建筑装饰业				
其他建筑业				
施工总承包	106980	1870650	229054	94952
特级	18940	622670	33260	
一级	88040	997708	165481	94952
二级		132078	27798	
三级及以下		118194	2515	
专业承包				
一级				
二级				
三级及以下				

3—12 续表 3　　（2013 年）　　计量单位：千元

指标名称	厂房及建筑物	厂房	仓库	其他未列明的房屋建筑物
总　计	**5052980**	**4463702**	**18700**	**2589398**
其中：国有及国有控股企业	3949282	3788278		1375423
内资企业	5052980	4463702	18700	2589398
国有企业	439318	338768		4523
集体企业				
有限责任公司	4214953	3829425	18700	2363905
股份有限公司	24956			
私营企业	373753	295509		220970
港、澳、台商投资企业				
房屋和土木工程建筑业				
建筑安装业	195230	130000		110000
建筑装饰业				
其他建筑业				
施工总承包	5037750	4463702	18700	2589398
特级	1724782	1724782		685450
一级	3083500	2675335	18700	1837334
二级	196781	30898		59267
三级及以下	32687	32687		7347
专业承包	15230			
一级				
二级				
三级及以下	15230			

分县（市）区建筑业企业主要指标情况

3—13　　　　（2013 年）　　　　计量单位：个、千元、人

行政单位	建筑业企业个数	签订的合同额	建筑业总产值	装饰装修产值	在外省完成的产值	竣工产值
全市总计	**266**	**184196026**	**101026974**	**4087138**	**39422639**	**45826832**
#长安区	30	34140508	16163195	418528	8625074	5321087
桥东区	17	8880510	7697026	190630	1682246	5450808
桥西区	37	34406588	21780935	1303747	6137311	11712424
新华区	26	64605185	35325480	1813351	16625177	12254422
裕华区	28	11724800	6012980	215073	1654741	3033893
矿　区	2	31078	27344			
高新区	12	4830619	1945010	2339	692609	2296514
井陉县	8	386590	395281			271916
正定县	9	2891139	1176242	82380		1071295
栾城县	7	461459	391761	11200		250909
行唐县	1	187600	120600	36820		44715
灵寿县	3	229863	281475			27534
高邑县	4	363927	204427			196060
深泽县	5	689603	481262		60930	370620
赞皇县	7	803262	531764			
无极县	4	381277	358040			225950
平山县	6	322155	195051	8870	68870	88176
元氏县	2	208400	180400			128400
赵　县	6	740390	534566			335245
藁城市	6	1786089	734293		108381	395927
晋州市	4	117918	105330			183620
新乐市	7	375122	259840			297393
鹿泉市	24	13975936	5229806	200	3767300	512049
辛集市	11	1656008	894866	4000		1357875

3—13 续表1　　　　（2013年）　　　　计量单位：个、千元、人

行政单位	计算建筑业劳动生产率的平均人数	年末从业人员数	房屋建筑竣工价值	所有者权益合计	其中：实收资本	营业收入
全市总计	**131552**	**133470**	**25621877**	**16743593**	**12003002**	**84432970**
#长安区	13753	14025	2608307	3010381	2716609	14552904
桥东区	12419	12698	528966	1851697	1095945	7312239
桥西区	16818	16460	6271205	3235010	2478290	17254088
新华区	14366	15751	9014436	2487677	1666996	24668014
裕华区	8485	9271	1257491	1304602	939556	6256215
矿　区	315	270		12794	7000	26213
高新区	4634	3733	842931	876322	401762	2130511
井陉县	1647	1465	213983	170796	120349	397737
正定县	8459	8657	1055983	419210	316240	829622
栾城县	2450	2739	195527	151353	125780	380678
行唐县	420	410	44715	65300	3600	120600
灵寿县	846	890	27534	57960	20326	281475
高邑县	1927	1988	196060	78777	67405	204427
深泽县	6398	7389	317350	250799	216160	481262
赞皇县	2653	3038		142837	99372	505842
无极县	945	991	225950	108601	73200	328800
平山县	2694	1649	88176	96182	88676	225111
元氏县	1164	544	128400	69389	43500	155930
赵　县	2154	2247	332235	221873	160000	450826
藁城市	4980	4249	372052	459379	187148	964475
晋州市	1155	1400	118620	57038	48220	167330
新乐市	1128	623	201451	222547	118388	356250
鹿泉市	17344	18242	287692	1074252	786566	5380468
辛集市	4398	4741	1292813	318817	221914	1001953

3—13 续表2　　　　(2013年)　　　　计量单位：个、千元、人

行政单位	营业成本	营业税金及附加	管理费用	财务费用	营业利润	利润总额
全市总计	**77141840**	**2605664**	**2739924**	**380693**	**1359754**	**1443514**
#长安区	13614272	463008	426712	41143	-15592	-6121
桥东区	6360687	251287	449146	79928	176262	201970
桥西区	15921762	534183	536796	64150	194465	224358
新华区	22886690	763480	582746	29863	327810	346152
裕华区	5782334	146158	194241	36049	57958	55003
矿　区	24397	1423	83		310	310
高新区	1806817	60718	113356	26469	122754	124101
井陉县	336110	16119	29972	1592	11939	11921
正定县	717514	25904	15859	12029	51836	51837
栾城县	344183	12669	11994	454	9617	9617
行唐县	102510	7055	1210	880	8945	8945
灵寿县	255318	7689	5926	672	9384	7139
高邑县	189052	6465	2217	854	4393	4393
深泽县	414840	11243	21205	7707	15372	15372
赞皇县	400840	17047	6503	9438	64837	64837
无极县	280921	4065	4422	981	34572	34572
平山县	193553	9918	1335	156	20000	20000
元氏县	123882	11979	6396	712	12275	12187
赵　县	374556	18488	17293	9765	19381	19360
藁城市	838448	37616	23596	1212	61523	61530
晋州市	143278	5958	6390	2959	5310	7485
新乐市	301248	14977	6630	2905	27743	27720
鹿泉市	4825454	144984	236814	47634	115407	114380
辛集市	903174	33231	39082	3141	23253	26446

四、能源消费

全市规模以上工业企业能源购进、消费及库存

4—1

（2013 年）

能源名称	计量单位	年初库存	购进量		消费量			年末库存
			实物量	金　额（万元）	合　计	1. 工　业生产消费	2. 非工业生产消费	
能源合计	吨标准煤				62336732	62180957	155775	
焦炉煤气	万立方米		29122	13686	48017	48017		
高炉煤气	万立方米				1986841	1986841		
转炉煤气	万立方米				116946	116946		
发生炉煤气	万立方米		1469	671	1469	1469		
天然气（气态）	万立方米	37	14371	37997	14468	14312	156	15
液化天然气（液态）	吨		8	6	8	4	3	
原油	吨	555714	2761677	1603038	2919838	2919838		397553
汽油	吨	6349	90290	73446	91045	82133	8912	4846
煤油	吨	3478	1534	1055	1363	1359	3	1752
柴油	吨	30064	78316	60199	78493	69265	9228	18383
燃料油	吨	153	240	162	240	240		153
液化石油气	吨		382	179	473	441	32	
炼厂干气	吨				116082	116082		
润滑油	吨	2	68	99	63	59	4	
溶剂油	吨	11	30	25	28	28		13
其它石油制品	吨	100	184500	96293	358964	358964		40
热力	百万千焦		27019682	190230	31058234	30364798	693436	
电力	万千瓦时		2599240	1662975	3472519	3442069	30450	
城市垃圾用于燃料	吨				112450	112450		
生物质废料用于燃料	吨		240201	13616	215690	215690		
余热余压	百万千焦				6652041	6652041		
其他燃料	吨标准煤	13			794	741	52	13

市区规模以上工业企业能源购进、消费及库存

4—2　　(2013 年)

能源名称	计量单位	年初库存	购进量		消费量			年末库存
			实物量	金额(万元)	合计	1. 工业生产消费	2. 非工业生产消费	
能源合计	吨标准煤				18291677	18246982	44695	
焦炉煤气	万立方米		18554	84025	18554	18554		
高炉煤气	万立方米				298663	298663		
转炉煤气	万立方米				14431	14431		
发生炉煤气	万立方米		1469	6713	1469	1469		
天然气（气态）	万立方米	37	6696	177645	6692	6629	64	4
液化天然气（液态）	吨		4	33	4	1	3	
汽油	吨	11	3802	33735	3811	2657	1154	7
煤油	吨	2	74	779	73	73		3
柴油	吨	714	8691	62184	8362	7124	1238	1075
燃料油	吨	140						140
液化石油气	吨		87	590	87	87		
热力	百万千焦		13575947	885863	15739292	15212424	526868	
电力	万千瓦时		432511	2857400	753159	738118	15041	
生物质废料用于燃料	吨		4	30	4	4		
余热余压	百万千焦				939510	939510		

全市规模以上工业企业产值综合能耗

4—3

（2013 年）

行业名称	综合能源消费量（吨标准煤）		工业总产值（万元）		产值能耗（吨标准煤/万元）	
	本年	去年同期	本年	去年同期	本年	去年同期
总　计	**29855614**	**30433498**	**83835125**	**76422351**	**0.36**	**0.4**
煤炭开采和洗选业	536284	588581	1918673	1850023	0.28	0.32
黑色金属矿采选业	66342	75910	673576	658979	0.1	0.12
非金属矿采选业	6505	6012	110146	109994	0.06	0.05
农副食品加工业	981551	977131	6333158	5709571	0.15	0.17
食品制造业	198221	182313	1569891	1333742	0.13	0.14
酒、饮料和精制茶制造业	72893	84563	767905	611236	0.09	0.14
烟草制品业	8376	8446	663916	626727	0.01	0.01
纺织业	623905	622396	6528417	5883254	0.1	0.11
纺织服装、服饰业	97556	85561	1705837	1567412	0.06	0.05
皮革、毛皮、羽毛及其制品和制鞋业	299899	305441	8012085	6679411	0.04	0.05
木材加工和木、竹、藤、棕、草制品业	289583	305321	1215750	1006771	0.24	0.3
家具制造业	51519	52763	569608	500680	0.09	0.11
造纸和纸制品业	194873	191291	1168209	1128325	0.17	0.17
印刷和记录媒介复制业	36737	33595	873569	722997	0.04	0.05
文教、工美、体育和娱乐用品制造业	21031	22245	659676	523554	0.03	0.04
石油加工、炼焦和核燃料加工业	1054735	1183485	2892682	3758345	0.36	0.31
化学原料和化学制品制造业	4101110	4208009	8815629	7683989	0.47	0.55
医药制造业	784605	947715	4939199	4603903	0.16	0.21
化学纤维制造业	157298	154331	443911	449637	0.35	0.34
橡胶和塑料制品业	290487	315025	2296260	2216219	0.13	0.14
非金属矿物制品业	2815698	3220724	5287508	4833771	0.53	0.67
黑色金属冶炼和压延加工业	7330178	6554967	8476304	7970772	0.86	0.82
有色金属冶炼和压延加工业	25075	23290	331827	275298	0.08	0.08
金属制品业	223307	226506	3070576	2908827	0.07	0.08
通用设备制造业	145515	139561	2450672	2085925	0.06	0.07
专用设备制造业	142620	153640	1986063	1782895	0.07	0.09
汽车制造业	93158	100342	699689	583230	0.13	0.17
铁路、船舶、航空航天和其他运输设备制造业	15026	10015	242726	200457	0.06	0.05
电气机械和器材制造业	102698	92544	3505174	2681854	0.03	0.03
计算机、通信和其他电子设备制造业	52052	49886	1085375	922869	0.05	0.05
仪器仪表制造业	2689	3111	97474	103264	0.03	0.03
其他制造业	774	581	50621	42305	0.02	0.01
废弃资源综合利用业	2247	12311	36719	146454	0.06	0.08
金属制品、机械和设备修理业	23907	28164	247154	235353	0.1	0.12
电力、热力生产和供应业	8998291	9459468	3912503	3881335	2.3	2.44
燃气生产和供应业	805	816	109253	82450	0.01	0.01
水的生产和供应业	8067	7437	87392	60528	0.09	0.12

全市主要能源调出调入情况

4—4　　　　（2013 年）　　　　计量单位：吨

能源名称	调出量	# 调出省外	调入量	# 省外调入
原　　油	75185	75185	564200	564200
汽　　油	43684	43684	31812	31812
柴　　油	66772	66772	324769	324769
燃 料 油			2925	2925
天 然 气			14788	14788
液化天然气			3299	3299

市区主要能源调出调入情况

4—5　　　　（2013 年）　　　　计量单位：吨

能源名称	调出量	# 调出省外	调入量	# 省外调入
原　　油	60148	60148	451360	451360
汽　　油	34947	34947	25449	25449
柴　　油	53417	53417	259815	259815
燃 料 油			2340	2340
天 然 气			11831	11831
液化天然气			2639	2639

全市规模以下工业企业主要能源消费情况

4—6 (2013年)

行业名称	汽油（吨）	柴油（吨）	电 力（万千瓦时）
总 计	**438491**	**329734**	**1576962**
（一）采矿业	9275	30361	53592
煤炭开采和洗选业	54	559	6353
黑色金属矿采选业	895	8596	18296
有色金属矿采选业	78	1468	614
非金属矿采选业	7585	18583	25344
其他采矿业	662	1155	2985
（二）制造业	428209	298570	1522640
农副食品加工业	27728	23049	220199
食品制造业	7760	11367	23908
饮料制造业	1531	1571	24045
烟草制品业	167	758	1067
纺织业	19641	12495	108534
纺织服装、鞋、帽制造业	104739	6106	132222
皮革、毛皮、羽毛（绒）及其制品业	6647	10252	29775
木材加工及木、竹、藤、棕、草制品业	1833	2092	19074
家具制造业	32413	39381	180184
造纸及纸制品业	9854	2960	82433
印刷业和记录媒介的复制	1954	649	12654

4—6 续表　　(2013 年)

行业名称	汽油 (吨)	柴油 (吨)	电　　力 (万千瓦时)
文教体育用品制造业	315	30	5772
石油加工、炼焦及核燃料加工业	2350	1796	13303
化学原料及化学制品制造业	94570	64551	176626
医药制造业	1702	356	2100
化学纤维制造业	545	383	1083
橡胶制品业	10732	7646	58833
非金属矿物制品业	27900	35709	145760
黑色金属冶炼及压延加工业	18057	35348	102752
有色金属冶炼及压延加工业	5238	2199	18442
金属制品业	9010	4951	77697
通用设备制造业	18619	17322	22561
专用设备制造业	2406	1166	9414
交通运输设备制造业	1578	1543	1073
电气机械及器材制造业	187	144	600
通信设备、计算机及其他电子设备制造业	779	2154	2411
仪器仪表及文化、办公用机械制造业	345	717	662
工艺品及其他制造业	1644	1900	7871
废弃资源和废旧材料回收加工业	17966	9973	41583
(三) 电力、燃气及水的生产和供应业	1008	804	730
电力、热力的生产和供应业	1008	804	730
燃气生产和供应业			
水的生产和供应业			

市区规模以下工业企业主要能源消费情况

4—7 (2013年)

行业名称	汽油（吨）	柴油（吨）	电力（万千瓦时）
总计	**350793**	**263787**	**1261570**
（一）采矿业	7420	24288	42873
煤炭开采和洗选业	43	447	5082
黑色金属矿采选业	716	6877	14637
有色金属矿采选业	63	1174	491
非金属矿采选业	6068	14866	20275
其他采矿业	530	924	2388
（二）制造业	342567	238856	1218112
农副食品加工业	22182	18440	176160
食品制造业	6208	9093	19126
饮料制造业	1224	1257	19236
烟草制品业	134	606	854
纺织业	15713	9996	86827
纺织服装、鞋、帽制造业	83791	4884	105778
皮革、毛皮、羽毛（绒）及其制品业	5317	8202	23820
木材加工及木、竹、藤、棕、草制品业	1467	1674	15259
家具制造业	25931	31505	144147
造纸及纸制品业	7883	2368	65947
印刷业和记录媒介的复制	1563	519	10124
文教体育用品制造业	252	24	4618
石油加工、炼焦及核燃料加工业	1880	1437	10642
化学原料及化学制品制造业	75656	51641	141301
医药制造业	1361	285	1680
化学纤维制造业	436	306	867
橡胶制品业	8585	6117	47066
非金属矿物制品业	22320	28567	116608
黑色金属冶炼及压延加工业	14445	28279	82202
有色金属冶炼及压延加工业	4191	1759	14754
金属制品业	7208	3961	62158
通用设备制造业	14895	13858	18049
专用设备制造业	1925	933	7531
交通运输设备制造业	1262	1234	858
电气机械及器材制造业	150	116	480
通信设备、计算机及其他电子设备制造业	623	1723	1929
仪器仪表及文化、办公用机械制造业	276	574	530
工艺品及其他制造业	1315	1520	6297
废弃资源和废旧材料回收加工业	14373	7978	33266
（三）电力、燃气及水的生产和供应业	806	643	584
电力、热力的生产和供应业	806	643	584
燃气生产和供应业			
水的生产和供应业			

全市有关行业能源消费量

4—8 (2013 年)

能源名称	计量单位	本年消费量	# 农林牧渔水利业	建筑业	批发零售贸易餐饮业	公路运输业
焦炉煤气	万立方米	2300		581		
天然气	万立方米	110			104	
液化天然气	吨	48804		6350	42440	
原油	吨	3600	2512	124	835	
汽油	吨	10885	3626	1601	546	314
煤油	吨	337721	13252	22234	27198	18975
柴油	吨	5383	127	232	330	3344
燃料油	吨	260975	1724	63519	16702	135955
液化石油气	吨	14385	377	13257	94	
热力	百万千焦	7492	210	5597	757	377
电力	万千瓦时	21639993	16349	402296	7667254	4047

市区有关行业能源消费量

4—9 (2013 年)

能源名称	计量单位	本年消费量	# 农林牧渔水利业	建筑业	批发零售贸易餐饮业	公路运输业
焦炉煤气	万立方米	1840		465		
天然气	万立方米	88			83	
液化天然气	吨	39043		5080	33952	
原油	吨	2880	2009	99	668	
汽油	吨	8708	2901	1281	437	251
煤油	吨	270177	10602	17787	21758	15180
柴油	吨	4306	102	186	264	2675
燃料油	吨	208780	1379	50815	13362	108764
液化石油气	吨	11508	301	10605	75	
热力	百万千焦	5993	168	4478	605	301
电力	万千瓦时	17311995	13079	321836	6133803	3237

全市行业用电分类情况

4—10 （2013年） 计量单位：万千瓦时

指标名称	全 市	# 市区
全社会用电总计	**4485240**	**1492236**
A、全行业用电合计	3954005	1323707
第一产业	111710	6172
第二产业	3209344	886399
第三产业	632950	431136
B、城乡居民生活用电合计	531236	168529
城镇居民	209749	144204
乡村居民	321487	24325
全行业用电分类	3954005	1323707
一、农、林、牧、渔、水利业	111710	6172
1. 农业	31467	961
2. 林业	676	68
3. 畜牧业	9112	642
4. 渔业	227	21
5. 农、林、牧、渔服务业	70228	4480
# 排灌	64250	4360
二、工业	3165090	869617
1. 轻工业	705157	186317
2. 重工业	2459932	683299
（一）采矿业	50931	14982
1. 煤炭开采和洗选业	17391	13690
2. 石油和天然气开采业	5530	572
3. 黑色金属矿采选业	10248	321
4. 有色金属矿采选业	2452	15
5. 非金属矿采选业	11293	148
6. 其他采矿业	4017	236
（二）制造业	2443134	419068
1. 食品、饮料和烟草制造业	76677	6243
# 农副食品加工业	42313	2142
2. 纺织业（轻）	187572	19638
3. 服装鞋帽、皮革羽绒及其制品业	34756	3156
4. 木材加工及制品和家具制品业	39620	1775

4—10 续表 1　　(2013 年)　　计量单位：万千瓦时

指标名称	全　市	# 市区
# 轻工业	4794	810
5. 造纸及纸制品业	59101	3469
6. 印刷业和记录媒介的复制	4839	1803
7. 文体用品制造业	366	32
8. 石油加工、炼焦及核燃料加工业	40962	37476
9. 化学原料及化学制品制造业	527475	46473
# 轻工业	10749	2037
# 肥料制造	319489	3912
10. 医药制造业	204950	110785
11. 化学纤维制造业	38351	20646
12. 橡胶和塑料制品业	69852	3714
# 轻工业	18154	2385
13. 非金属矿物制品业	320816	15443
# 轻工业	31743	420
# 水泥制造	132814	49693
14. 黑色金属冶炼及压延加工业	522977	86734
# 铁合金冶炼	31874	153
15. 有色金属冶炼及压延加工业	39662	481
# 铝冶炼	22573	
16. 金属制品业	155741	24834
# 轻工业	5908	249
17. 通用及专用设备制造业	53566	11081
# 轻工业	338	154
18. 交通运输、电气、电子设备制造业	54720	21596
# 轻工业	10524	6134
# 交通运输设备制造业	12206	4299
19. 工艺品及其他制造业（轻）	8843	3481
20. 废弃资源和废旧材料回收加工业	2289	209
（三）电力、燃汽及水的生产和供应业	671025	435565
1. 电力、热力的生产和供应业	638344	421848
# 电厂生产全部耗用电量	353198	324990
线路损失电量	271956	86584

4—10 续表2　　（2013年）　　计量单位：万千瓦时

指标名称	全　市	# 市区
2. 燃气生产和供应业	3809	1407
3. 水的生产和供应业	28873	12311
# 轻工业	7494	4877
三、建筑业	44254	16782
四、交通运输、仓储和邮政业	130028	107592
1. 交通运输业	112856	103824
# 城市公共交通	1003	697
管道运输业	2023	1064
电气化铁路	66434	66237
2. 仓储业	15847	2817
3. 邮政业	1325	951
五、信息传输、计算机服务和软件业	32489	20405
1. 电信和其他信息传输服务业	31551	19810
2. 计算机服务和软件业	938	595
六、商业、住宿和餐饮业	212427	109177
1. 批发和零售业	183937	90446
2. 住宿和餐饮业	28490	18731
七、金融、房地产、商务及居民服务业	120299	99432
1. 金融业	10511	8052
2. 房地产业	63881	58998
3. 租赁和商务服务业、居民服务和其它服务	45907	32382
八、公共事业及管理组织	137707	94530
1. 科学研究、技术服务和地质勘查业	8188	7530
# 地质勘查业	315	142
2. 水利、环境和公共设施管理业	21311	10025
# 水利管理业	4194	1037
# 公共照明	14754	8669
3. 教育、文化、体育和娱乐业	51488	38225
# 教育	39991	29144
4. 卫生、社会保障和社会福利业	25677	17924
5. 公共管理和社会组织、国际组织	31043	20826

分县（市）用电情况

4—11 计量单位：万千瓦时

行政单位	2009 年	2010 年	2011 年	2012 年	2013 年
全市总计	**3404834**	**3835366**	**4132762**	**4355525**	**4485240**
市区合计	1270267	1346076	1421732	1440928	1492236
井陉县	47727	64289	73776	74647	69313
正定县	155718	182648	195842	207867	210870
栾城县	107413	118557	132874	137601	135814
行唐县	36337	46003	50135	47218	51788
灵寿县	83262	90719	104491	118538	146412
高邑县	67192	83258	91400	94981	99450
深泽县	49014	83258	60933	60597	61532
赞皇县	53910	67834	80274	77551	91923
无极县	70039	86889	99095	104441	109495
平山县	226256	268878	304127	380828	384507
元氏县	120923	137451	146479	157845	163234
赵　县	98862	123154	139105	142643	136028
藁城市	201419	263335	286905	298640	312761
晋州市	220207	238508	255629	248267	250357
新乐市	88362	94954	111089	138541	135817
鹿泉市	255410	278379	271930	289282	282133
辛集市	231405	288778	306946	335110	351571

五、财政　金融

财政收入情况

5—1 (2013年) 计量单位：万元

行政单位	全部财政收入	# 公共财政预算收入	# 增值税	营业税
石家庄市	**6482919**	**3151233**	**243517**	**983195**
市区合计	3977332	2108968	138674	676554
#长安区	589446	270665	16958	133552
桥东区	555395	238809	19484	100453
桥西区	777301	350023	27945	154347
新华区	375185	215083	14590	108183
裕华区	483101	282658	18658	129767
矿　区	55005	24047	4601	5043
高新区	331105	156288	21301	45198
井陉县	132002	48171	6463	13828
正定县	163758	104072	6469	38209
栾城县	147168	68217	10965	18195
行唐县	45608	24922	2127	9995
灵寿县	40039	22153	2030	6475
高邑县	43802	30476	2007	9537
深泽县	42927	30325	1472	9175
赞皇县	43329	21998	3253	6547
无极县	65701	35300	3876	9524
平山县	160263	78388	10903	21638
元氏县	100752	45541	6531	12060
赵　县	63425	36033	3725	9072
藁城市	851378	154700	13598	30565
晋州市	104310	61658	5878	18101
新乐市	68549	48161	3919	14067
鹿泉市	244486	134078	10186	52182
辛集市	188090	98072	11441	27471

5—1 续表 （2013 年） 计量单位：万元

行政单位	公共财政预算收入中：				
	企业所得税	个人所得税	城市维护建设税	耕地占用税	契　税
石家庄市	**218887**	**92037**	**184852**	**43942**	**188638**
市区合计	162493	74069	116484	11831	130154
#长安区	18289	12323	18274		
桥东区	44908	8848	17283	4132	
桥西区	47454	18089	29824		
新华区	9694	16941	14527	242	
裕华区	20803	11472	15754		
矿　区	949	420	2607	798	213
高新区	13889	5633	11274	6659	
井陉县	1795	882	3966	32	1566
正定县	5591	1765	3675	3375	14182
栾城县	4178	1640	3439	1031	2223
行唐县	1897	558	537	1387	876
灵寿县	1350	459	726	259	724
高邑县	694	230	825	3232	649
深泽县	1008	874	761	4693	620
赞皇县	653	175	1059	880	855
无极县	1874	461	1311	894	1380
平山县	4079	2307	4736	956	1737
元氏县	4514	398	1895	1219	2962
赵　县	1418	301	1494	1056	1279
藁城市	6761	2119	26627	6548	6706
晋州市	2272	1006	2969	1229	3378
新乐市	1143	834	1487	862	1368
鹿泉市	11178	2616	7105	3620	10784
辛集市	5989	1343	5756	838	7195

财政支出情况

5—2　　(2013年)　　计量单位：万元

行政单位	财政支出	#一般公共服务	公共安全	教　育	科学技术
石家庄市	**5229442**	**575030**	**299663**	**1161551**	**80065**
市区合计	2652623	301344	185659	569255	52418
#长安区	110694	14494	4855	57256	2000
桥东区	122730	21464	3346	61297	1371
桥西区	162464	43078	4161	65221	2036
新华区	120072	25951	3999	48516	1716
裕华区	138500	33595	3288	60389	2355
矿　区	61004	9329	3160	10834	918
高新区	115335	10318	2278	16469	6887
井陉县	109928	12354	6096	29045	1679
正定县	201955	22371	10784	43900	1512
栾城县	134331	15010	5545	33882	3147
行唐县	134703	17724	6047	27107	1457
灵寿县	115415	11017	6160	23182	938
高邑县	84208	10701	4183	23014	1004
深泽县	92027	7813	3634	16741	1034
赞皇县	108744	8458	4555	17540	585
无极县	125622	18285	5617	28069	975
平山县	185551	16982	6453	45973	2622
元氏县	132935	12874	5782	30077	1316
赵　县	157270	13795	6903	38830	649
藁城市	263963	22954	7763	69230	2679
晋州市	158461	19598	8455	36093	1785
新乐市	142446	12122	6340	33443	1769
鹿泉市	221404	27302	11792	49668	2844
辛集市	207856	24326	7895	46502	1652

5—2 续表　　(2013 年)　　计量单位：万元

行政单位	财政支出中：				
	文化体育与传媒	社会保障和就业	医疗卫生	城乡社区事务	农林水事务
石家庄市	**98313**	**429387**	**482576**	**523003**	**502529**
市区合计	59809	171212	177122	378666	93365
#长安区	382	13627	5283	5786	1604
桥东区	411	10680	7753	11347	348
桥西区	591	12411	8722	18920	410
新华区	731	13291	5071	15851	1743
裕华区	827	6661	7410	15380	1154
矿　区	470	4454	4151	13599	2362
高新区	541	2315	2106	27357	1784
井陉县	1553	11550	12787	1197	17440
正定县	14637	11113	18028	29621	23953
栾城县	854	10876	15289	8151	25115
行唐县	917	16810	15159	1294	22556
灵寿县	931	14772	15609	846	22078
高邑县	378	9060	7350	1660	10169
深泽县	1629	11645	12193	1909	18074
赞皇县	794	9695	11230	4759	24013
无极县	881	14667	22465	963	17486
平山县	3336	24935	17925	9999	34679
元氏县	1215	11636	16541	1649	26857
赵　县	2428	17453	24539	3896	24671
藁城市	2166	27492	32251	30241	36411
晋州市	1683	14321	22933	4068	22453
新乐市	1580	14328	19105	7110	24404
鹿泉市	1836	11808	17568	27335	34015
辛集市	1686	26014	24482	9639	24790

全市金融机构本外币信贷收支情况

5—3　　　　　　　　　　（2013年）　　　　　　　　　　计量单位：万元

指标名称	本年余额	比年初	
		今　年	去　年
一、各项存款	86843743	9758915	9510301
1. 单位存款	40158953	3955085	3924777
# 活期存款	16360025	444446	1068530
定期存款	8645467	810053	87927
2. 个人存款	42814903	4606493	5365294
# 储蓄存款	41745896	4243626	4934996
3. 财政性存款	1162194	378661	3530
4. 临时性存款	150414	9487	17624
5. 委托存款	638456	483713	-36975
6. 其他存款	1918823	325475	236051
二、所有者权益	2079663	405608	289238
# 实收资本	828153	113207	207600
三、其他	-6523525	-2464975	-3453212
资金来源总计	88225567	9714675	7261688
一、各项贷款	45562510	4877190	3801132
1. 短期贷款	19474718	2725783	2191898
#单位贷款及透支	14548489	1613964	1284030
2. 中长期贷款	24007721	1808850	1040803
#单位贷款	14994256	178646	-72209
3. 票据融资	2031459	328376	567410
4. 各项垫款	48356	14348	1133
二、有价证券	466230	276798	46554
资金运用总计	88225567	9714675	7261688

全市金融机构人民币信贷收支情况

5—4　　（2013 年）　　计量单位：万元

指标名称	本年余额	指标名称	本年余额
一、各项存款	86077828	（1）个人贷款及透支	3709013
1. 单位存款	39579842	# 个人消费贷款	886259
# 活期存款	16164586	（2）单位贷款及透支	14442730
定期存款	8370925	# 经营贷款	14392204
保证金存款	8155822	固定资产贷款	30420
2. 个人存款	42634367	（4）银团贷款	16666
# 储蓄存款	41575970	（5）贸易融资	871054
结构性存款	887619	2. 中长期贷款	24000622
3. 财政性存款	1162193	（1）个人贷款	7838717
4. 临时性存款	145516	# 个人消费贷款	6223491
5. 委托存款	637825	（2）单位贷款	14994256
6. 其他存款	1918084	（3）普通并购贷款	293200
二、中长期借款	869	（4）银团贷款	871448
三、应付及暂收款	1682524	3. 票据融资	2031459
# 应付利息	1136526	4. 各项垫款	48356
四、同业往来	562740	二、有价证券	466230
五、外汇买卖	1244749	三、股权及其他投资	1370806
六、各项准备	1026122	四、应收及预付款	514512
# 贷款损失准备	1012242	# 应收利息	181757
七、所有者权益	2074906	五、同业往来	2257134
# 实收资本	828153	六、系统内资金往来	33953208
八、其他	-6627614	七、外汇买卖	1243739
资金来源总计	86042125	八、固定资产	682131
一、各项贷款	45120155	九、库存现金	432566
1. 短期贷款	19039463	资金运用总计	86042125

市区金融机构人民币信贷收支情况

5—5　　(2013 年)　　计量单位：万元

指标名称	本年余额	指标名称	本年余额
一、各项存款	59303598		
1. 单位存款	31497496	(1) 个人贷款及透支	2372454
# 活期存款	10272805	# 个人消费贷款	727148
定期存款	7384588	(2) 单位贷款及透支	10502146
保证金存款	7523515	# 经营贷款	10452444
2. 个人存款	24405431	固定资产贷款	29597
# 储蓄存款	23387586	(4) 银团贷款	14000
结构性存款	851175	(5) 贸易融资	551997
3. 财政性存款	761646	2. 中长期贷款	19473368
4. 临时性存款	101534	(1) 个人贷款	5830985
5. 委托存款	635827	# 个人消费贷款	4877108
6. 其他存款	1901663	(2) 单位贷款	12511205
二、应付及暂收款	1114936	(3) 银团贷款	834978
# 应付利息	684911	3. 票据融资	1124375
三、同业往来	551240	4. 各项垫款	48077
四、外汇买卖	912696	二、有价证券	113774
五、各项准备	648273	三、股权及其他投资	705756
# 贷款损失准备	637489	四、应收及预付款	397323
六、所有者权益	1331261	# 应收利息	135622
# 实收资本	426480	五、系统内资金往来	22598923
七、其他	-2014733	六、外汇买卖	925705
资金来源总计	61847271	七、固定资产	484297
一、各项贷款	34086657	八、库存现金	276058
1. 短期贷款	13440598	资金运用总计	86006033

全市金融机构外汇信贷收支情况

5—6　　　　（2013 年）　　　　计量单位：万美元

指标名称	本年余额	比年初	
		今　年	去　年
一、各项存款	125624	20993	40729
1. 单位存款	94984	17653	38975
#活期存款	32056	7379	-10711
定期存款	45030	-3669	48645
保证金存款	17899	13943	1041
2. 个人存款	29611	2897	2507
#储蓄存款	27871	2765	2509
保证金存款	50	-2	-3
结构性存款	1691	134	1
3. 临时性存款	803	425	-638
4. 委托存款	103	13	-163
5. 其他存款	121	6	48
二、中长期借款	231	-48	-62
三、应付及暂收款	5088	-433	-2235
# 应付利息	1008	-174	1053
四、同业往来	4317	4048	-2
五、外汇买卖	204421	150965	79569
六、各项准备	590	-192	420
# 贷款损失准备	590	-192	420
七、所有者权益	780	-137	-507
八、其他	17072	34176	-25325
资金来源总计	358123	208586	93213
一、各项贷款	72554	-19401	31260
1. 短期贷款	71390	-19015	31594
（1）个人贷款及透支	138	45	13
（2）单位贷款及透支	17346	-27685	15745
（3）贸易融资	53905	8626	15835
2. 中长期贷款	1164	-386	-333
二、应收及预付款	3698	635	-2966
# 应收利息	614	-179	283
三、同业往来	118	44	64
四、系统内资金往来	75398	75398	-14736
五、外汇买卖	204258	151207	79462
六、库存现金	2097	703	128
资金运用总计	358123	208586	93213

分县（市）金融机构人民币信贷情况

5—7　　　　（2013年）　　　　计量单位：万元

行政单位	各项存款	#单位存款		
			#活期存款	定期存款
全市总计	**86077827**	**39450645**	**16140246**	**8342977**
市区合计	59303598	31497496	10272805	7384588
井 陉 县	1190867	229840	134101	49134
正 定 县	2970746	915163	645554	121997
栾 城 县	1243735	350656	175310	90642
行 唐 县	940978	127264	105787	14152
灵 寿 县	857459	171995	90436	45409
高 邑 县	561271	106654	89750	6196
深 泽 县	835547	109951	89621	10759
赞 皇 县	584458	153214	126914	16869
无 极 县	1247000	174953	114282	44472
平 山 县	1436544	354263	245272	67976
元 氏 县	982430	230458	178628	26885
赵　 县	1040582	168532	125419	14922
藁 城 市	2323886	557368	364271	72589
晋 州 市	1735599	329862	160408	68846
新 乐 市	1088235	159563	98705	49819
鹿 泉 市	2196260	712596	461143	157201
辛 集 市	2767332	542928	331871	100017

5—7 续表1　　　　（2013 年）　　　　计量单位：万元

行政单位	各项存款中：				
	保证金存款	# 个人存款	# 储蓄存款	财政性存款	其他存款
全市总计	**8136277**	**42619620**	**41565885**	**1162193**	**1918084**
市区合计	7523515	24405431	23387585	761646	1901663
井 陉 县	44494	902053	900342	49179	2015
正 定 县	124598	2006556	2002068	45907	2
栾 城 县	46905	868706	867700	20205	3001
行 唐 县	2787	806488	805753	7149	11
灵 寿 县	27895	667601	666850	14559	3004
高 邑 县	10708	439872	439681	14667	18
深 泽 县	9571	703278	702937	21936	2
赞 皇 县	9431	413633	413503	16928	2
无 极 县	11308	1063401	1060818	7732	3
平 山 县	38751	1079865	1077958	1935	14
元 氏 县	17656	736767	736387	14786	1
赵　 县	17447	841060	840116	24811	6
藁 城 市	34698	1676744	1675704	78289	4
晋 州 市	84805	1391510	1389979	13091	3
新 乐 市	7005	914414	913601	5231	2007
鹿 泉 市	79280	1429736	1418660	47094	4001
辛 集 市	41893	2205362	2199412	17047	3

5—7 续表2　　　　(2013年)　　　　计量单位：万元

行政单位	各项贷款	#短期贷款	#个人贷款及透支	单位贷款及透支
全市总计	**45120154**	**18997438**	**3709013**	**14403371**
市区合计	34086657	13440598	2372454	10502146
井 陉 县	466201	272304	31256	211559
正 定 县	1946043	830580	205641	617368
栾 城 县	548003	466511	98711	363540
行 唐 县	301164	117533	32262	85271
灵 寿 县	293962	130147	36922	93224
高 邑 县	256139	124642	32908	87014
深 泽 县	212115	126924	32666	90138
赞 皇 县	258001	141661	29469	101192
无 极 县	288434	227160	94345	132816
平 山 县	458558	191791	108627	78533
元 氏 县	358350	156734	44306	109352
赵　 县	464298	247974	99740	142844
藁 城 市	888714	498259	82102	374094
晋 州 市	693827	407300	91694	315268
新 乐 市	455719	196252	62715	133538
鹿 泉 市	1199306	479618	113513	348705
辛 集 市	1031262	680240	139470	536770

5—7 续表3　　(2013年)　　计量单位：万元

行政单位	各项贷款中：			
	短期贷款中：		中长期贷款	
	银团贷款	贸易融资		# 个人贷款
全市总计	**14000**	**871054**	**23947063**	**7830462**
市区合计	14000	551997	19473368	5830985
井 陉 县		29490	95423	46095
正 定 县		7570	1042461	261240
栾 城 县		4260	81468	68717
行 唐 县			97910	35001
灵 寿 县			91929	65333
高 邑 县		4720	78512	37360
深 泽 县		4120	50447	26292
赞 皇 县		11000	95718	64967
无 极 县			61189	31855
平 山 县		4630	260955	120913
元 氏 县		3077	154137	117165
赵 县		5390	126176	87203
藁 城 市		42063	321811	177402
晋 州 市		338	254807	144048
新 乐 市			166735	130385
鹿 泉 市		17400	670109	407544
辛 集 市		4000	286873	176486

六、物　价

居民消费价格指数

6—1　　(2013年)

类别及品名	以上年同期价格为100	类别及品名	以上年同期价格为100
居民消费价格总指数	**102.9**	3. 鞋 袜 帽	99.3
一、食 品	105.3	4. 衣着加工服务费	100.0
1. 粮 食	107.6	四、家庭设备用品及维修服务	100.1
2. 淀粉及制品	104.4	1. 耐用消费品	99.4
3. 干豆类及豆制品	102.3	2. 室内装饰品	102.8
4. 油 脂	99.4	3. 床上用品	99.9
5. 肉禽及其制品	105.3	4. 家庭日用杂品	99.6
6. 蛋	104.0	5. 家庭服务及加工维修服务	105.5
7. 水 产 品	99.3	五、医疗保健和个人用品	103.5
8. 菜	110.5	1. 医疗保健	104.3
9. 调 味 品	104.8	2. 个人用品及服务	101.1
10. 糖	101.0	六、交通和通信	100.3
11. 茶及饮料	100.3	1. 交 通	101.9
12. 干鲜瓜果	105.2	2. 通 信	98.9
13. 糕点饼干面包	102.6	七、娱乐教育文化用品及服务	102.6
14. 液体乳及乳制品	113.6	1. 文娱用耐用消费品及服务	93.8
15. 在外用膳食品	103.2	2. 教 育	103.2
16. 其他食品	101.1	3. 文化娱乐类	102.1
二、烟酒	100.9	4. 旅 游	109.6
1. 烟 草	100.0	八、居 住	102.0
2. 酒	101.8	1. 建房及装修材料	100.8
三、衣 着	101.3	2. 住房租金	103.8
1. 服 装	102.2	3. 自有住房	101.8
2. 衣着材料	103.0	4. 水、电、燃料	102.3

商品零售价格指数

6—2　　(2013 年)

类别及品名	以上年同期价格为 100	类别及品名	以上年同期价格为 100
商品零售价格总指数	**102.1**	3. 专业音像器材	96.8
一、食品	105.4	六、文化办公用品	97.7
1. 粮食	107.6	七、日用品	100.1
2. 淀粉及制品	104.4	1. 日用百货	101.4
3. 干豆类及豆制品	102.3	2. 日用杂品	97.2
4. 油脂	99.4	3. 洗涤用品	100.4
5. 肉禽及其制品	105.6	4. 其他日用品	100.0
6. 蛋	104.0	八、体育娱乐用品	99.1
7. 水产品	99.5	1. 体育用品	98.0
8. 菜	110.6	2. 娱乐用品	100.1
9. 调味品	104.7	九、交通、通信用品	99.4
10. 糖	101.9	1. 交通运输机械	101.8
11. 干鲜瓜果	105.2	2. 通信器材	93.5
12. 糕点饼干面包	102.6	十、家具	98.8
13. 液体乳及乳制品	113.6	十一、化妆品	104.4
14. 在外用膳食品	103.1	十二、金银珠宝	88.8
15. 其他食品	101.1	十三、中西药品及医疗保健用品	105.8
二、饮料、烟酒	100.8	1. 医疗器具及用品	100.5
1. 茶及饮料	100.3	2. 中药材及中成药	106.2
2. 烟草	100.0	3. 西药	107.9
3. 酒	101.8	4. 保健器具及用品	101.9
三、服装、鞋帽	101.3	十四、书报杂志及电子出版物	104.9
1. 服装	102.2	1. 教材及参考书	102.8
2. 鞋袜帽	99.3	2. 书报杂志	109.7
3. 其他	98.3	3. 电子音像制品	100.0
四、纺织品	100.9	十五、燃料	98.3
1. 衣着材料	103.0	1. 煤炭及制品	93.2
2. 床上用品	100.1	2. 石油及制品	100.3
五、家用电器及音像器材	97.0	十六、建筑材料及五金电料	100.6
1. 家庭设备	99.6	1. 建筑装璜材料	100.3
2. 文娱用耐用消费品	93.2	2. 五金电料	101.5

工业产品出厂价格指数

6—3 (2013 年)

类别及品名	以上年同期为100	类别及品名	以上年同期为100
全部工业品	**99.6**		
轻工业	101.7	工业部门	
以农产品为原料	101.8	冶金工业	93.3
以非农产品为原料	100.9	电力工业	100.5
重工业	98.4	煤炭及炼焦工业	90.6
采掘	99.8	石油工业	98.5
原料	98.8	化学工业	99.4
加工	98.1	机械工业	100.7
生产资料	98.9	建筑材料工业	104.1
采掘	99.8	森林工业	101.4
原料	99.4	食品工业	103.3
加工	98.4	纺织工业	100.4
生活资料	101.7	缝纫工业	101.2
食品	102.9	皮革工业	102.9
衣着	99.3	造纸工业	93.3
一般日用品	101.4	文教艺术用品工业	99.4
耐用消费品	103.3	其它工业	99.1

工业生产者购进价格指数

6—4　　(2013年)

行业名称	以上年同期为100	行业名称	以上年同期为100
全部原材料	**98.7**	(四) 化工原料类	99.3
(一) 燃料、动力类	93.8	(五) 木材及纸浆类	98.6
(二) 黑色金属材料	97.0	(六) 建筑材料及非金属矿类	102.4
#钢材	96.3	(七) 其它工业原材料及半成品类	100.0
其它	98.1	(八) 农副产品类	102.4
(三) 有色金属材料和电线类	98.4	(九) 纺织原料类	100.6

城市房地产价格指数

6—5　　(2013年)

项　目	以上年同期为100	项　目	以上年同期为100
住宅销售价格指数		**房地产租赁价格指数**	**102.0**
一、新建住宅	106.5	一、住宅	102.6
#商品住宅	106.6	#普通住宅	102.7
(一) 90平方米以下	107.7	高档住宅	100.0
(二) 90-144平方米	106.6	**土地交易价格指数**	**105.8**
(三) 144平方米以上	106.0	一、居民住宅用地	105.7
二、二手住宅	101.4	#普通住宅用地	105.7
(一) 90平方米以下	101.6	二、工业用地	100.0
(二) 90-144平方米	101.4	三、商业营业用地	101.8
(三) 144平方米以上	97.9	四、其他用地	100.2

七、居民生活

城乡居民家庭收支情况

7—1　　(2013年)

指 标 名 称	单位	全体	城镇住户	农村住户
第一部分、可支配收入	元/人	17537.23	24073.87	9545.58
一、工资性收入	元/人	10810.00	14716.81	6033.56
（一）工资	元/人	9869.17	13858.54	4991.79
1. 按月发放的工资	元/人	9352.50	13273.86	4558.27
2. 补发工资	元/人	106.38	165.22	34.43
3. 不按月发放的奖金、津贴、过节费等	元/人	410.29	419.46	399.09
（二）实物福利	元/人	39.33	65.14	7.77
1. 从单位或雇主得到的实物产品折价	元/人	13.69	21.59	4.03
（1）食品	元/人	7.79	12.16	2.44
①谷物、薯类及豆类	元/人	1.98	3.23	0.44
②食用油（植物油）	元/人	3.83	6.06	1.11
③蔬菜及制品	元/人	0.06	0.11	0.00
④肉、禽、蛋、奶及制品	元/人	0.69	0.96	0.36
⑤水产品及制品	元/人	0.12	0.21	0.01
⑥糖、烟、酒、饮料类	元/人	0.25	0.32	0.16
⑦干鲜瓜果类	元/人	0.27	0.48	0.01
⑧其他类食品	元/人	0.59	0.78	0.35
（2）衣着	元/人	0.00		0.01
（3）居住	元/人			
（4）家庭设备和日用品	元/人	0.35	0.48	0.18
（5）交通、通信工具及用品	元/人			
（6）教育文化娱乐用品	元/人			
（7）医疗保健用品	元/人			
（8）其他用品	元/人	0.18	0.24	0.10
2. 从单位或雇主得到的服务折价	元/人	25.42	43.18	3.72
（1）免费或低价提供的工作餐	元/人	9.20	15.50	1.49
（2）免费或低价提供的住宿	元/人	13.00	23.37	0.31
（3）单位缴纳的水电费、取暖费、物业费等	元/人	0.25	0.45	
（4）免费或低价提供的交通和通信服务	元/人			
（5）单位缴纳的教育入学赞助费	元/人	0.10		0.23
（6）免费或低价提供的旅游服务	元/人			
（7）其他服务	元/人	2.88	3.86	1.68
3. 单位或雇主实物福利报销所得	元/人	0.22	0.38	0.02

7—1 续表 1　　　　(2013 年)

指标名称	单位	全体	城镇住户	农村住户
（三）其他	元/人	901.50	793.12	1034.00
1. 住房公积金	元/人	209.51	379.22	2.03
2. 辞退金	元/人	1.48	2.69	
3. 自由职业劳动所得（如稿费、翻译费）	元/人	3.33	5.69	0.44
4. 安家费	元/人	0.41	0.74	
5. 股票期权	元/人			
6. 其他劳动所得	元/人	686.77	404.78	1031.53
二、经营净收入	元/人	2514.89	2283.67	2797.58
（一）第一产业经营净收入	元/人	799.56	171.41	1567.54
1. 农业	元/人	620.41	115.88	1237.25
2. 林业	元/人	6.63	5.81	7.62
3. 牧业	元/人	38.51	10.31	72.98
4. 渔业	元/人	-3.52	-0.02	-7.80
5. 农林牧渔服务业	元/人	-1.44	-0.67	-2.38
（二）第二产业经营净收入	元/人	345.76	287.21	417.35
1. 采矿业	元/人	40.38	54.20	23.48
2. 制造业	元/人	88.09	92.60	82.57
3. 电力、热力、燃气及水生产和供应业	元/人			
4. 建筑业	元/人	32.03	40.66	21.48
（三）第三产业经营净收入	元/人	1369.57	1825.06	812.68
1. 批发和零售业	元/人	571.50	789.93	304.46
2. 交通运输、仓储和邮政业	元/人	107.09	94.01	123.08
3. 住宿和餐饮业	元/人	62.36	73.93	48.21
4. 房地产业	元/人	91.68	166.66	
5. 租赁和商务服务业	元/人	49.56	84.91	6.34
6. 居民服务、修理和其他服务业	元/人	140.38	180.46	91.39
7. 其他	元/人	12.96	9.30	17.42
三、财产净收入	元/人	1506.05	2690.94	57.42
（一）利息净收入	元/人	61.98	105.91	8.29
（二）红利收入	元/人	170.23	309.46	0.01
1. 集体分配的红利	元/人	11.53	20.96	0.01
2. 其他红利收入	元/人	158.70	288.51	
（三）储蓄性保险净收益	元/人	0.77	1.40	

7—1 续表2　　(2013年)

指标名称	单位	全体	城镇住户	农村住户
（四）转让承包土地经营权租金净收入	元/人	9.13	5.65	13.38
（五）出租房屋财产性收入	元/人	94.33	170.48	1.22
（六）出租机械、专利、版权等资产的收入	元/人	-0.78	-2.00	0.72
（七）其他财产净收入	元/人	82.47	123.27	32.59
（八）房屋虚拟租金	元/人	1087.36	1976.75	
四、转移净收入	元/人	2706.29	4382.45	657.03
（一）转移性收入	元/人	3357.56	5437.45	814.70
1. 养老金或离退休金	元/人	2817.01	4930.66	232.88
（1）离退休金	元/人	2762.23	4859.41	198.23
（2）（城镇）居民社会养老保险	元/人	29.87	52.87	1.75
（3）新型农村养老保险	元/人	20.46	12.23	30.51
（4）其他养老金	元/人	4.46	6.16	2.38
2. 社会救济和补助	元/人	36.01	38.55	32.90
（1）最低生活保障费	元/人	4.22	2.69	6.10
（2）五保户救助金	元/人	0.89	0.37	1.53
（3）扶贫款	元/人	0.28	0.07	0.53
（4）救灾款	元/人	0.06		0.14
（5）抚恤金	元/人	2.33	0.25	4.88
（6）其他社会救济收入	元/人	21.32	30.43	10.18
3. 政策性生活补贴	元/人	18.11	29.30	4.44
（1）家电补贴	元/人	0.42	0.12	0.78
（2）能源补贴	元/人	0.29	0.53	
（3）免费或低价提供的住宿（廉租房）	元/人			
（4）其他生活补贴	元/人	17.40	28.64	3.66
4. 报销医疗费	元/人	70.29	109.06	22.89
5. 家庭外出从业人员寄回带回收入	元/人	241.01	128.66	378.37
6. 赡养收入	元/人	117.03	159.50	65.12
7. 其他经常转移收入	元/人	21.16	28.29	12.43
（1）失业保险金	元/人	7.33	13.32	
（2）经常性捐赠收入	元/人			
（3）经常性赔偿收入	元/人	0.20		0.44
（4）其他转移性收入	元/人	7.26	8.87	5.30
8. 从政府和组织得到的实物产品和服务折价	元/人	3.66	4.43	2.71

7—1 续表 3　　(2013 年)

指 标 名 称	单位	全体	城镇住户	农村住户
（1）食品	元/人	1. 04	1. 71	0. 22
①谷物、薯类及豆类	元/人	0. 37	0. 54	0. 16
②食用油（植物油）	元/人	0. 50	0. 88	0. 04
③蔬菜及制品	元/人	0. 01	0. 02	
④肉、禽、蛋、奶及制品	元/人	0. 08	0. 13	0. 01
⑤水产品及制品	元/人			
⑥糖、烟、酒、饮料类	元/人	0. 06	0. 11	
⑦干鲜瓜果类	元/人	0. 01	0. 02	
⑧其他类食品	元/人	0. 01	0. 01	
（2）衣着	元/人	0. 03	0. 04	0. 02
（3）居住	元/人	0. 31	0. 55	0. 01
（4）家庭设备和日用品	元/人	0. 03	0. 06	
（5）交通、通信工具及用品	元/人	0. 00	0. 00	
（6）教育文化娱乐用品	元/人	0. 17	0. 13	0. 23
（7）医疗保健用品	元/人	0. 26	0. 47	
（8）其他用品	元/人	1. 31	1. 35	1. 26
（9）从政府组织得到的其他服务折价（不含廉租房）	元/人	0. 50	0. 12	0. 98
9. 现金政策性惠农补贴	元/人	33. 28	9. 00	62. 97
（二）转移性支出	元/人	651. 27	1055. 00	157. 67
1. 个人所得税	元/人	5. 22	9. 34	0. 18
2. 社会保障支出	元/人	560. 02	918. 27	122. 02
（1）个人缴纳的养老保险	元/人	351. 59	582. 31	69. 51
（2）个人缴纳的医疗保险	元/人	180. 07	285. 88	50. 70
（3）个人缴纳的失业保险	元/人	21. 56	38. 78	0. 51
（4）其他社会保障支出	元/人	6. 80	11. 30	1. 30
3. 外来从业人员寄给家人的支出	元/人	1. 58	1. 58	1. 59
4. 赡养支出	元/人	60. 56	93. 61	20. 17
5. 其他转移性支出	元/人	23. 89	32. 21	13. 71
（1）经常性捐赠支出	元/人	1. 67	2. 88	0. 20
（2）经常性赔偿支出	元/人	0. 01	0. 02	
（3）其他经常转移支出	元/人	15. 46	17. 75	12. 65
第二部分、消费支出	元/人	11383. 21	15291. 82	6604. 55
（一）食品烟酒	元/人	3246. 21	4295. 18	1963. 74

7—1 续表 4　　(2013 年)

指标名称	单位	全体	城镇住户	农村住户
1. 食品	元/人	2540.01	3324.28	1581.17
(1) 谷物	元/人	293.63	357.68	215.33
(2) 薯类	元/人	30.58	42.26	16.29
(3) 豆类	元/人	29.21	42.68	12.74
(4) 食用油	元/人	114.29	140.12	82.70
(5) 蔬菜和食用菌	元/人	241.12	343.26	116.24
(6) 肉类	元/人	390.32	542.88	203.79
(7) 禽类	元/人	57.99	90.22	18.58
(8) 水产品	元/人	67.67	112.88	12.40
(9) 蛋类	元/人	87.18	110.06	59.21
(10) 奶类	元/人	133.77	201.09	51.46
(11) 干鲜瓜果类	元/人	206.33	310.98	78.39
(12) 糖果糕点类	元/人	75.65	110.73	32.78
(13) 饮料	元/人	147.77	194.65	90.47
(14) 其他食品	元/人	1.76	2.34	1.05
2. 烟酒	元/人	382.51	457.11	291.32
(1) 烟草	元/人	116.14	143.30	82.93
(2) 酒类	元/人	138.31	189.72	75.46
3. 饮食服务	元/人	315.26	499.06	90.56
(1) 食堂用餐	元/人	24.26	33.88	12.49
(2) 其他在外饮食	元/人	287.21	462.50	72.91
(3) 食品加工服务费	元/人	3.79	2.68	5.16
(二) 衣着	元/人	984.56	1362.65	522.30
1. 衣类	元/人	599.73	870.84	268.27
2. 鞋类	元/人	182.49	268.35	77.51
(三) 居住	元/人	3152.40	4317.63	1727.79
1. 租赁房房租	元/人	88.70	156.93	5.29
2. 住房维修及管理	元/人	218.11	207.29	231.33
3. 水电燃料及其他	元/人	730.01	916.86	501.57
4. 自有住房折算租金	元/人	1869.32	2787.64	746.60
(四) 生活用品及服务	元/人	801.47	1061.81	483.18
1. 家具及室内装饰品	元/人	119.20	161.06	68.01
2. 家用器具	元/人	227.54	290.54	150.52

7—1 续表 5　　(2013 年)

指标名称	单位	全体	城镇住户	农村住户
3. 家用纺织品	元/人	66.12	86.11	41.67
4. 家庭日用杂品	元/人	182.53	261.36	86.14
5. 个人用品	元/人	67.29	110.23	14.79
6. 家庭服务	元/人	21.91	33.72	7.48
(五) 交通通信	元/人	1238.01	1511.74	903.35
1. 交通	元/人	768.62	898.56	609.75
(1) 交通工具	元/人	384.02	356.86	417.24
(2) 交通费	元/人	114.64	165.99	51.87
(3) 交通工具用燃料	元/人	165.93	232.66	84.36
(4) 交通工具使用及维修	元/人	104.01	143.05	56.28
其中：车辆保险支出	元/人	38.64	60.88	11.45
2. 通信	元/人	469.40	613.18	293.61
(1) 通信工具	元/人	116.71	156.35	68.26
(2) 通信服务	元/人	352.68	456.83	225.35
(六) 教育文化娱乐	元/人	1009.78	1431.41	494.29
1. 教育	元/人	604.00	804.85	358.43
(1) 学前教育	元/人	73.14	116.20	20.51
(2) 小学教育	元/人	73.79	115.60	22.67
(3) 初中教育	元/人	64.61	81.88	43.50
(4) 高中教育	元/人	84.92	115.03	48.10
(5) 中专职高教育	元/人	10.60	9.29	12.20
(6) 大专及以上教育	元/人	199.03	239.69	149.31
(7) 成人教育	元/人	15.84	19.86	10.92
2. 文化娱乐	元/人	405.63	626.43	135.68
(1) 文娱耐用消费品	元/人	103.91	139.70	60.16
(2) 其他文娱用品	元/人	81.03	111.51	43.78
(3) 文化娱乐服务	元/人	191.98	328.84	24.65
(七) 医疗保健	元/人	720.95	979.74	404.57
1. 医疗器具及药品	元/人	283.61	417.26	120.20
2. 医疗服务	元/人	437.35	562.47	284.36
(1) 门诊总费用	元/人	121.53	159.97	74.54
(2) 住院总费用	元/人	256.51	325.96	171.59
(八) 其他用品和服务	元/人	229.83	331.67	105.33

7—1 续表 6　　(2013 年)

指标名称	单位	全体	城镇住户	农村住户
1. 其他用品	元/人	135.74	205.57	50.38
2. 其他服务	元/人	85.13	112.68	51.44
第三部分、期末拥有房屋面积	平方米/人	37.98	35.65	40.84
第四部分、家庭耐用品百户拥有量				
1. 家用汽车	辆	25.00	30.34	17.23
2. 摩托车	辆	29.53	13.21	53.25
3. 助力车	台	72.32	61.94	87.39
4. 洗衣机	台	94.44	97.58	89.89
5. 电冰箱（柜）	台	88.35	97.54	75.00
6. 微波炉	台	44.44	59.61	22.39
7. 彩色电视机	台	111.54	111.36	111.79
8. 其中：接入有线电视	台	61.91	76.91	40.12
9. 空调	台	109.51	139.26	66.28
10. 热水器	台	78.72	89.07	63.69
11. 其中：太阳能热水器	台	45.90	43.46	49.43
12. 消毒碗柜	台	1.43	2.16	0.38
13. 洗碗机	台	1.07	1.54	0.39
14. 排油烟机	台	51.18	75.62	15.68
15. 固定电话	线	22.94	26.49	17.77
16. 移动电话	部	207.83	210.62	203.79
17. 其中：接入互联网	部	54.45	71.59	29.54
18. 计算机	台	58.05	75.93	32.06
19. 其中：接入互联网	台	44.81	58.92	24.30
20. 摄像机	台	7.61	12.11	1.08
21. 照相机	台	26.44	42.00	3.83
22. 中高档乐器	架	1.79	2.50	0.75
23. 健身器材	台	5.15	8.13	0.82
24. 组合音响	套	6.93	8.47	4.69

注：自 2013 年起，住户调查进行了城乡一体化改革，调查方法和指标体系均发生了较大变化，新口径居民可支配收入包含了自有住房折算净租金，居民消费支出也将自由住房折算租金扣除折旧后加入到了住房消费中。城镇居民家庭 1996 年以前为生活费收入，1996－2012 年为可支配收入；农村居民家庭 2013 年以前为纯收入，2013 年起为新口径可支配收入。城镇人均居住面积 2007 年为人均住房建筑面积，以前年份为人均住房使用面积，2013 年起为人均拥有房屋面积。

城镇居民家庭收支分组情况

7—2　　(2013 年)

指标名称	单位	20% 城镇低收入户	20% 城镇中低收入户	20% 城镇中等收入户	20% 城镇中高收入户	20% 城镇高收入户
第一部分、可支配收入	元/人	10567.50	17867.53	23416.52	29979.98	48253.84
一、工资性收入	元/人	8579.12	13911.82	16034.40	18793.35	18879.47
（一）工资	元/人	7796.96	13294.56	15120.04	17997.30	17544.04
1. 按月发放的工资	元/人	7558.07	12868.46	14646.52	17084.92	16431.65
2. 补发工资	元/人	79.77	97.84	177.33	182.67	362.39
3. 不按月发放的奖金、津贴、过节费等	元/人	159.12	328.26	296.19	729.70	750.00
（二）实物福利	元/人	25.93	43.24	76.82	94.29	108.28
1. 从单位或雇主得到的实物产品折价	元/人	12.31	18.18	16.01	26.66	42.49
（1）食品	元/人	8.67	8.72	10.29	13.32	23.83
①谷物、薯类及豆类	元/人	1.31	2.22	3.51	3.52	7.05
②食用油（植物油）	元/人	6.60	6.12	4.97	5.27	7.54
③蔬菜及制品	元/人		0.12		0.30	0.20
④肉、禽、蛋、奶及制品	元/人	0.12	0.06	0.39	2.00	3.11
⑤水产品及制品	元/人					1.38
⑥糖、烟、酒、饮料类	元/人	0.12	0.08	0.81	0.20	0.51
⑦干鲜瓜果类	元/人	0.12			0.06	2.92
⑧其他类食品	元/人	0.40	0.12	0.62	1.96	1.13
（2）衣着	元/人					
（3）居住	元/人					
（4）家庭设备和日用品	元/人	0.22	0.44	0.12	1.46	0.23
（5）交通、通信工具及用品	元/人					
（6）教育文化娱乐用品	元/人					
（7）医疗保健用品	元/人					
（8）其他用品	元/人	0.92			0.11	
2. 从单位或雇主得到的服务折价	元/人	13.10	24.36	60.32	67.60	65.79
（1）免费或低价提供的工作餐	元/人	7.72	6.76	35.21	27.32	
（2）免费或低价提供的住宿	元/人	3.07	11.69	24.91	33.70	58.01
（3）单位缴纳的水电费、取暖费、物业费等	元/人	1.37			0.67	
（4）免费或低价提供的交通和通信服务	元/人					
（5）单位缴纳的教育入学赞助费	元/人					
（6）免费或低价提供的旅游服务	元/人					
（7）其他服务	元/人	0.94	5.92	0.20	5.92	7.78
3. 单位或雇主实物福利报销所得	元/人	0.51	0.69	0.49	0.02	

7—2 续表1 (2013年)

指标名称	单位	20%城镇低收入户	20%城镇中低收入户	20%城镇中等收入户	20%城镇中高收入户	20%城镇高收入户
（三）其他	元/人	756.24	574.03	837.53	701.77	1227.15
1. 住房公积金	元/人	94.10	185.61	451.43	560.68	797.72
2. 辞退金	元/人			13.36		
3. 自由职业劳动所得（如稿费、翻译费）	元/人	1.85		25.25		1.09
4. 安家费	元/人					4.91
5. 股票期权	元/人					
6. 其他劳动所得	元/人	660.28	388.42	347.49	141.09	423.43
二、经营净收入	元/人	777.17	852.85	1764.34	2096.81	7698.43
（一）第一产业经营净收入	元/人	413.30	162.20	154.21	25.47	3.38
1. 农业	元/人	284.34	128.57	90.58	2.89	2.38
2. 林业	元/人	21.32	2.64		0.63	
3. 牧业	元/人	48.78	-4.53	-0.22		-2.15
4. 渔业	元/人	-0.07	-0.04			
5. 农林牧渔服务业	元/人	-1.96	-0.57	-0.20	-0.09	-0.08
（二）第二产业经营净收入	元/人	96.74	98.95	148.95	472.17	823.46
1. 采矿业	元/人	1.49		33.35	117.07	168.24
2. 制造业	元/人	-18.63	-5.10	8.62	134.38	473.27
3. 电力、热力、燃气及水生产和供应业	元/人					
4. 建筑业	元/人	11.19	9.13		77.02	143.33
（三）第三产业经营净收入	元/人	267.14	591.70	1461.18	1599.17	6871.60
1. 批发和零售业	元/人	122.47	358.32	678.41	729.84	2705.44
2. 交通运输、仓储和邮政业	元/人	55.95	72.59	106.48	82.93	182.89
3. 住宿和餐饮业	元/人	7.89	-28.46	327.27	42.37	31.06
4. 房地产业	元/人	1.71		-0.04	198.39	856.38
5. 租赁和商务服务业	元/人	8.60	-0.40			548.58
6. 居民服务、修理和其他服务业	元/人	-6.90	38.26	35.80	101.78	975.69
7. 其他	元/人	-2.04	32.62	-0.76	113.98	-122.00
三、财产净收入	元/人	860.24	1601.88	2383.70	3078.62	7129.71
（一）利息净收入	元/人	-93.60	84.86	121.54	167.52	356.79
（二）红利收入	元/人	5.75	2.45	302.16	168.76	1425.18
1. 集体分配的红利	元/人	5.75	2.45	63.69	33.56	
2. 其他红利收入	元/人			238.46	135.20	1425.18
（三）储蓄性保险净收益	元/人	5.84				

7—2 续表2 （2013年）

指标名称	单位	20%城镇低收入户	20%城镇中低收入户	20%城镇中等收入户	20%城镇中高收入户	20%城镇高收入户
（四）转让承包土地经营权租金净收入	元/人	18.94		1.60	4.28	
（五）出租房屋财产性收入	元/人	121.15	128.84	46.12	184.28	458.49
（六）出租机械、专利、版权等资产的收入	元/人	16.84				-39.94
（七）其他财产净收入	元/人	25.46	32.02	110.78	68.94	495.93
（八）房屋虚拟租金	元/人	759.79	1353.71	1801.51	2484.84	4433.26
四、转移净收入	元/人	350.97	1500.98	3234.08	6011.19	14546.23
（一）转移性收入	元/人	1159.99	2459.91	4393.12	7261.20	15755.08
1. 养老金或离退休金	元/人	835.00	1980.35	3887.67	6964.21	14661.05
（1）离退休金	元/人	690.30	1917.15	3833.60	6919.97	14638.38
（2）（城镇）居民社会养老保险	元/人	96.53	47.65	51.52	42.59	5.76
（3）新型农村养老保险	元/人	33.60	12.67	2.55	1.64	3.54
（4）其他养老金	元/人	14.57	2.88			13.38
2. 社会救济和补助	元/人	13.29	7.51	21.72	0.31	193.55
（1）最低生活保障费	元/人	2.80		8.51		2.02
（2）五保户救助金	元/人	1.55				
（3）扶贫款	元/人	0.29				
（4）救灾款	元/人					
（5）抚恤金	元/人	1.06				
（6）其他社会救济收入	元/人	4.93	0.98	0.37		191.53
3. 政策性生活补贴	元/人	11.33	42.58	20.26	28.83	50.84
（1）家电补贴	元/人				0.67	
（2）能源补贴	元/人				2.88	
（3）免费或低价提供的住宿（廉租房）	元/人					
（4）其他生活补贴	元/人	11.33	42.58	20.26	25.27	50.84
4. 报销医疗费	元/人	18.60	43.41	201.94	51.13	296.57
5. 家庭外出从业人员寄回带回收入	元/人	143.77	265.41	89.44	46.94	55.69
6. 赡养收入	元/人	96.67	102.33	113.52	95.58	482.82
7. 其他经常转移收入	元/人	3.95	10.90	50.78	70.06	11.38
（1）失业保险金	元/人	1.15		29.34	38.54	
（2）经常性捐赠收入	元/人					
（3）经常性赔偿收入	元/人					
（4）其他转移性收入	元/人	1.65	10.71	21.45	0.30	11.38
8. 从政府和组织得到的实物产品和服务折价	元/人	7.64	2.34	4.39	4.10	2.91

7—2 续表3 (2013年)

指标名称	单位	20%城镇低收入户	20%城镇中低收入户	20%城镇中等收入户	20%城镇中高收入户	20%城镇高收入户
(1) 食品	元/人	3.49	1.07	1.07	1.82	0.57
①谷物、薯类及豆类	元/人	0.89	0.45	0.43	0.59	0.23
②食用油（植物油）	元/人	2.46	0.33	0.34	0.79	
③蔬菜及制品	元/人			0.07	0.01	
④肉、禽、蛋、奶及制品	元/人	0.15	0.08	0.21	0.19	
⑤水产品及制品	元/人					
⑥糖、烟、酒、饮料类	元/人		0.08	0.02	0.20	0.34
⑦干鲜瓜果类	元/人		0.09			
⑧其他类食品	元/人		0.04		0.04	
(2) 衣着	元/人		0.18			
(3) 居住	元/人	2.31				
(4) 家庭设备和日用品	元/人	0.07	0.08		0.01	0.14
(5) 交通、通信工具及用品	元/人		0.02			
(6) 教育文化娱乐用品	元/人				0.69	
(7) 医疗保健用品	元/人	0.13	0.03	2.18		
(8) 其他用品	元/人	1.29	0.85	1.11	1.58	2.20
(9) 从政府组织得到的其他服务折价（不含廉租房）	元/人	0.35	0.12	0.03		
9. 现金政策性惠农补贴	元/人	29.75	5.08	3.41	0.06	0.27
(二) 转移性支出	元/人	809.02	958.93	1159.04	1250.01	1208.86
1. 个人所得税	元/人	0.98	1.43	2.26	15.16	36.54
2. 社会保障支出	元/人	705.06	822.04	1021.29	1101.04	1036.76
(1) 个人缴纳的养老保险	元/人	508.25	510.91	620.72	649.21	671.68
(2) 个人缴纳的医疗保险	元/人	171.01	278.58	327.40	376.26	312.64
(3) 个人缴纳的失业保险	元/人	16.94	29.25	57.63	52.45	45.60
(4) 其他社会保障支出	元/人	8.86	3.30	15.54	23.12	6.83
3. 外来从业人员寄给家人的支出	元/人	2.33	1.15	2.14	1.79	
4. 赡养支出	元/人	63.37	115.36	105.95	74.20	116.87
5. 其他转移性支出	元/人	37.28	18.96	27.41	57.82	18.69
(1) 经常性捐赠支出	元/人	2.16	3.88	5.45	1.35	1.03
(2) 经常性赔偿支出	元/人		0.08			
(3) 其他经常转移支出	元/人	21.31	2.83	11.99	43.08	10.72
第二部分、消费支出	元/人	9251.30	12702.36	15235.90	17474.75	26077.18
(一) 食品烟酒	元/人	2883.68	3709.03	4192.12	5188.03	6437.93

7—2 续表 4 (2013 年)

指标名称	单位	20% 城镇低收入户	20% 城镇中低收入户	20% 城镇中等收入户	20% 城镇中高收入户	20% 城镇高收入户
1. 食品	元/人	2313.54	2952.94	3268.74	3874.56	4872.30
(1) 谷物	元/人	284.66	319.23	327.06	404.62	513.20
(2) 薯类	元/人	29.47	37.82	38.89	53.04	60.34
(3) 豆类	元/人	27.62	34.17	43.76	55.38	62.08
(4) 食用油	元/人	109.41	119.42	132.38	163.55	200.82
(5) 蔬菜和食用菌	元/人	230.06	304.79	318.06	418.53	520.59
(6) 肉类	元/人	345.45	453.89	529.55	656.09	865.78
(7) 禽类	元/人	45.95	70.21	92.04	106.58	167.37
(8) 水产品	元/人	48.32	77.92	97.21	155.26	235.61
(9) 蛋类	元/人	82.98	99.06	106.66	124.89	155.53
(10) 奶类	元/人	100.87	199.37	209.01	246.58	296.16
(11) 干鲜瓜果类	元/人	164.27	219.48	319.24	404.94	552.04
(12) 糖果糕点类	元/人	61.25	87.17	108.18	142.67	188.06
(13) 饮料	元/人	139.48	175.11	171.30	245.73	279.28
(14) 其他食品	元/人	0.80	0.48	2.08	4.67	5.04
2. 烟酒	元/人	352.72	390.87	391.75	639.46	583.47
(1) 烟草	元/人	111.13	116.52	112.99	213.13	188.44
(2) 酒类	元/人	132.45	147.33	144.60	291.15	278.57
3. 饮食服务	元/人	214.27	357.81	495.15	647.08	982.15
(1) 食堂用餐	元/人	46.00	25.64	23.27	37.59	36.40
(2) 其他在外饮食	元/人	164.31	329.97	469.61	608.57	941.73
(3) 食品加工服务费	元/人	3.96	2.20	2.27	0.92	4.03
(二) 衣着	元/人	806.67	1184.92	1296.95	1531.02	2386.56
1. 衣类	元/人	467.35	717.47	812.82	993.27	1663.32
2. 鞋类	元/人	157.72	220.66	248.67	295.23	507.18
(三) 居住	元/人	2313.74	3328.70	4184.57	5081.10	8190.99
1. 租赁房房租	元/人	88.75	125.77	54.07	173.62	427.22
2. 住房维修及管理	元/人	95.90	142.89	211.11	314.31	342.41
3. 水电燃料及其他	元/人	622.79	765.52	945.99	1005.39	1458.54
4. 自有住房折算租金	元/人	1291.84	2028.38	2702.43	3367.60	5678.83
(四) 生活用品及服务	元/人	593.18	792.60	1222.06	1273.00	1728.90
1. 家具及室内装饰品	元/人	65.20	102.87	225.20	311.28	129.21
2. 家用器具	元/人	165.37	172.60	418.36	283.25	501.51

7—2 续表 5 （2013 年）

指 标 名 称	单位	20% 城镇低收入户	20% 城镇中低收入户	20% 城镇中等收入户	20% 城镇中高收入户	20% 城镇高收入户
3. 家用纺织品	元/人	50.39	56.51	83.27	84.93	191.55
4. 家庭日用杂品	元/人	145.44	221.09	244.04	308.76	469.36
5. 个人用品	元/人	44.00	85.54	101.69	109.02	264.42
6. 家庭服务	元/人	24.21	39.81	29.36	34.09	45.17
（五）交通通信	元/人	878.22	1250.31	1619.22	1353.21	2952.24
1. 交通	元/人	461.95	693.30	1056.08	704.02	1921.82
（1）交通工具	元/人	201.24	274.91	449.67	183.92	812.74
（2）交通费	元/人	95.97	128.59	142.66	194.16	328.56
（3）交通工具用燃料	元/人	103.85	175.04	270.75	225.12	480.21
（4）交通工具使用及维修	元/人	60.88	114.76	193.01	100.81	300.30
其中：车辆保险支出	元/人	14.15	44.46	79.88	24.59	178.38
2. 通信	元/人	416.27	557.00	563.14	649.20	1030.41
（1）通信工具	元/人	111.41	107.78	136.76	157.11	324.20
（2）通信服务	元/人	304.85	449.22	426.38	492.09	706.21
（六）教育文化娱乐	元/人	1013.63	1331.36	1377.59	1621.13	2079.91
1. 教育	元/人	758.02	914.65	661.13	876.29	821.00
（1）学前教育	元/人	63.15	110.48	205.98	124.51	79.04
（2）小学教育	元/人	83.02	102.45	93.34	187.00	128.68
（3）初中教育	元/人	91.54	79.07	46.37	133.92	54.11
（4）高中教育	元/人	133.21	191.17	47.09	111.04	69.39
（5）中专职高教育	元/人	18.46	2.18	5.64	17.53	
（6）大专及以上教育	元/人	233.26	265.93	152.29	213.83	359.23
（7）成人教育	元/人	11.26	22.61	7.27	14.36	52.92
2. 文化娱乐	元/人	255.61	416.71	716.47	744.15	1258.92
（1）文娱耐用消费品	元/人	89.66	72.14	140.98	197.54	245.89
（2）其他文娱用品	元/人	58.35	97.70	98.87	159.03	174.63
（3）文化娱乐服务	元/人	78.51	192.29	427.89	335.62	786.60
（七）医疗保健	元/人	628.79	909.44	1063.50	1043.94	1449.37
1. 医疗器具及药品	元/人	237.45	388.23	402.98	530.52	625.17

7—2 续表 6　　(2013 年)

指标名称	单位	20% 城镇低收入户	20% 城镇中低收入户	20% 城镇中等收入户	20% 城镇中高收入户	20% 城镇高收入户
2. 医疗服务	元/人	391.34	521.21	660.52	513.42	824.20
(1) 门诊总费用	元/人	107.18	186.52	126.71	197.40	202.87
(2) 住院总费用	元/人	184.09	288.19	465.63	216.71	554.62
(八) 其他用品和服务	元/人	133.38	195.99	279.88	383.32	851.29
1. 其他用品	元/人	69.78	92.07	179.09	232.58	590.06
2. 其他服务	元/人	60.61	86.85	94.49	132.75	232.85
第三部分、期末拥有房屋面积	平方米/人	32.70	32.33	34.91	35.80	46.00
第四部分、家庭耐用品百户拥有量						
1. 家用汽车	辆	18.88	30.74	36.19	30.19	35.66
2. 摩托车	辆	25.29	11.02	14.02	6.74	9.00
3. 助力车	台	73.43	60.19	72.05	58.53	45.55
4. 洗衣机	台	95.84	95.06	101.93	97.80	97.25
5. 电冰箱 (柜)	台	88.03	96.32	103.14	96.86	103.30
6. 微波炉	台	39.44	50.57	69.77	67.05	71.15
7. 彩色电视机	台	115.04	110.85	111.28	109.18	110.47
8. 其中：接入有线电视	台	64.33	69.65	80.99	83.08	86.48
9. 空调	台	112.68	125.77	143.36	154.02	160.39
10. 热水器	台	79.69	84.95	94.36	91.15	95.17
11. 其中：太阳能热水器	台	44.31	43.00	46.37	45.60	38.05
12. 消毒碗柜	台	1.51	3.05	0.84	2.89	2.49
13. 洗碗机	台	1.57	1.49	0.91	1.54	2.20
14. 排油烟机	台	50.34	78.92	77.91	86.70	84.14
15. 固定电话	部	14.06	17.89	26.22	30.91	43.35
16. 移动电话	部	209.56	216.91	222.15	206.68	197.79
17. 其中：接入互联网	部	63.16	65.75	76.57	73.71	78.75
18. 计算机	台	54.83	68.46	83.10	82.74	90.44
19. 其中：接入互联网	台	45.24	52.58	59.50	62.83	74.42
20. 摄像机	台	4.39	5.25	10.45	15.94	24.50
21. 照相机	台	16.22	37.72	46.09	48.00	61.86
22. 中高档乐器	架	1.09	2.69	3.21	2.52	2.99
23. 健身器材	台	1.88	5.65	4.37	13.61	15.15
24. 组合音响	套	5.81	7.55	8.78	9.71	10.47

农村居民家庭收支分组情况

7—3　　(2013年)

指标名称	单位	20%农村低收入户	20%农村中低收入户	20%农村中等收入户	20%农村中高收入户	20%农村高收入户
第一部分、可支配收入	元/人	2826.74	6449.10	9184.83	12136.86	19150.20
一、工资性收入	元/人	1857.74	4206.43	6071.21	8407.82	10588.21
（一）工资	元/人	1375.93	3229.76	5071.33	7390.31	8687.81
1. 按月发放的工资	元/人	1304.40	3100.51	4304.35	6816.37	7996.40
2. 补发工资	元/人	6.61	25.85	15.93	2.00	143.89
3. 不按月发放的奖金、津贴、过节费等	元/人	64.92	103.40	751.04	571.94	547.52
（二）实物福利	元/人	1.52	9.28	9.75	8.67	9.82
1. 从单位或雇主得到的实物产品折价	元/人	1.41	5.96	4.62	3.44	4.70
（1）食品	元/人	1.17	4.16	1.98	2.03	2.79
①谷物、薯类及豆类	元/人	0.11	0.97	0.32	0.21	0.58
②食用油（植物油）	元/人	0.20	1.89	1.29	0.96	1.13
③蔬菜及制品	元/人		0.01			
④肉、禽、蛋、奶及制品	元/人	0.75	0.47	0.12	0.34	0.09
⑤水产品及制品	元/人		0.00			0.03
⑥糖、烟、酒、饮料类	元/人		0.44	0.03		0.33
⑦干鲜瓜果类	元/人					0.07
⑧其他类食品	元/人	0.12	0.38	0.23	0.52	0.55
（2）衣着	元/人			0.05		
（3）居住	元/人					
（4）家庭设备和日用品	元/人		0.01	0.05		1.04
（5）交通、通信工具及用品	元/人					
（6）教育文化娱乐用品	元/人					
（7）医疗保健用品	元/人					
（8）其他用品	元/人		0.10	0.10	0.26	0.01
2. 从单位或雇主得到的服务折价	元/人	0.12	3.32	5.14	5.18	5.07
（1）免费或低价提供的工作餐	元/人		1.45	0.47	3.64	1.98
（2）免费或低价提供的住宿	元/人	0.12	0.04	0.56	0.46	0.43
（3）单位缴纳的水电费、取暖费、物业费等	元/人					
（4）免费或低价提供的交通和通信服务	元/人					
（5）单位缴纳的教育入学赞助费	元/人			1.10		
（6）免费或低价提供的旅游服务	元/人					
（7）其他服务	元/人		1.82	3.00	1.08	2.67
3. 单位或雇主实物福利报销所得	元/人				0.04	0.04

7—3 续表 1 （2013 年）

指标名称	单位	20%农村低收入户	20%农村中低收入户	20%农村中等收入户	20%农村中高收入户	20%农村高收入户
（三）其他	元/人	480.28	967.39	990.13	1008.84	1890.58
1. 住房公积金	元/人		2.13		5.27	2.85
2. 辞退金	元/人					
3. 自由职业劳动所得（如稿费、翻译费）	元/人			1.25	0.89	
4. 安家费	元/人					
5. 股票期权	元/人					
6. 其他劳动所得	元/人	480.28	965.26	988.88	1002.67	1887.73
二、经营净收入	元/人	498.51	1771.74	2312.07	3193.82	7106.96
（一）第一产业经营净收入	元/人	504.08	1163.72	1450.18	1741.23	3344.27
1. 农业	元/人	551.54	939.62	989.39	1497.29	2462.82
2. 林业	元/人	13.34	31.37	-0.59	-16.18	8.99
3. 牧业	元/人	-39.30	55.00	76.80	38.80	273.16
4. 渔业	元/人	-35.06	-0.02		-0.01	-4.16
5. 农林牧渔服务业	元/人	-22.44	-15.99	21.52	-19.79	32.35
（二）第二产业经营净收入	元/人	90.70	183.72	307.67	483.99	1184.96
1. 采矿业	元/人	10.44	6.26	40.94	55.90	
2. 制造业	元/人	13.54	8.57	102.80	57.49	272.34
3. 电力、热力、燃气及水生产和供应业	元/人					
4. 建筑业	元/人	13.19	11.90		-3.45	102.60
（三）第三产业经营净收入	元/人	-96.26	424.30	554.23	968.60	2577.72
1. 批发和零售业	元/人	-62.20	77.18	196.90	394.99	1080.21
2. 交通运输、仓储和邮政业	元/人	-54.88	138.40	144.74	223.83	168.22
3. 住宿和餐饮业	元/人	16.79	112.72	12.34	7.82	96.31
4. 房地产业	元/人					
5. 租赁和商务服务业	元/人		8.05	1.90	20.26	
6. 居民服务、修理和其他服务业	元/人	18.29	3.42	19.35	101.58	376.20
7. 其他	元/人	-14.26	13.81	10.65	12.64	75.68
三、财产净收入	元/人	26.62	37.00	37.96	87.50	109.26
（一）利息净收入	元/人	1.07	10.96	8.47	8.82	12.70
（二）红利收入	元/人		0.05			
1. 集体分配的红利	元/人		0.05			
2. 其他红利收入	元/人					
（三）储蓄性保险净收益	元/人					

7—3 续表2　　(2013年)

指标名称	单位	20%农村低收入户	20%农村中低收入户	20%农村中等收入户	20%农村中高收入户	20%农村高收入户
（四）转让承包土地经营权租金净收入	元/人	20.58	8.19	3.35	13.30	24.09
（五）出租房屋财产性收入	元/人		3.86	0.22	0.00	2.00
（六）出租机械、专利、版权等资产的收入	元/人		-1.48	-2.92	7.97	
（七）其他财产净收入	元/人	-1.22	15.72	30.20	58.18	67.65
（八）房屋虚拟租金	元/人					
四、转移净收入	元/人	443.87	433.94	763.58	447.72	1345.78
（一）转移性收入	元/人	576.81	560.87	895.10	645.18	1557.84
1. 养老金或离退休金	元/人	115.68	115.96	245.17	248.40	498.26
（1）离退休金	元/人	55.81	86.66	216.57	215.11	478.26
（2）（城镇）居民社会养老保险	元/人	0.08	0.82	0.58	5.82	1.42
（3）新型农村养老保险	元/人	58.61	27.28	24.38	22.18	18.38
（4）其他养老金	元/人	1.18	1.20	3.64	5.29	0.19
2. 社会救济和补助	元/人	48.32	30.17	17.71	28.18	42.53
（1）最低生活保障费	元/人	19.49	9.67	0.12		
（2）五保户救助金	元/人	1.23		0.33	1.64	5.30
（3）扶贫款	元/人			0.17		3.03
（4）救灾款	元/人			0.69		
（5）抚恤金	元/人	0.14	5.01	0.33	10.30	9.44
（6）其他社会救济收入	元/人	20.85	7.29	2.13	6.02	16.19
3. 政策性生活补贴	元/人	12.93	5.67	0.65	1.42	0.85
（1）家电补贴	元/人	3.84				
（2）能源补贴	元/人					
（3）免费或低价提供的住宿（廉租房）	元/人					
（4）其他生活补贴	元/人	9.09	5.67	0.65	1.42	0.85
4. 报销医疗费	元/人	4.69	14.44	13.15	23.43	68.07
5. 家庭外出从业人员寄回带回收入	元/人	284.23	262.18	497.23	256.94	652.53
6. 赡养收入	元/人	41.29	51.12	55.46	25.18	175.22
7. 其他经常转移收入	元/人	3.78	12.33	13.66	8.05	27.17
（1）失业保险金	元/人					
（2）经常性捐赠收入	元/人					
（3）经常性赔偿收入	元/人		0.09		2.02	
（4）其他转移性收入	元/人	3.78	4.62	0.45	4.95	14.59
8. 从政府和组织得到的实物产品和服务折价	元/人	0.31	1.35	3.64	4.27	4.37

7—3 续表 3　　（2013 年）

指标名称	单位	20%农村低收入户	20%农村中低收入户	20%农村中等收入户	20%农村中高收入户	20%农村高收入户
（1）食品	元/人		0.18	0.13	0.46	0.35
①谷物、薯类及豆类	元/人		0.12	0.13	0.33	0.24
②食用油（植物油）	元/人				0.13	0.11
③蔬菜及制品	元/人					
④肉、禽、蛋、奶及制品	元/人		0.06			
⑤水产品及制品	元/人					
⑥糖、烟、酒、饮料类	元/人					
⑦干鲜瓜果类	元/人					
⑧其他类食品	元/人					
（2）衣着	元/人			0.09		
（3）居住	元/人		0.04			
（4）家庭设备和日用品	元/人					
（5）交通、通信工具及用品	元/人					
（6）教育文化娱乐用品	元/人			1.10		
（7）医疗保健用品	元/人					
（8）其他用品	元/人	0.22	0.93	1.14	2.14	2.03
（9）从政府组织得到的其他服务折价（不含廉租房）	元/人	0.09	0.20	1.17	1.67	1.99
9. 现金政策性惠农补贴	元/人	65.59	67.64	48.42	49.31	88.84
（二）转移性支出	元/人	132.94	126.93	131.51	197.46	212.07
1. 个人所得税	元/人	0.22	0.11		0.54	
2. 社会保障支出	元/人	112.54	109.19	106.61	152.93	131.38
（1）个人缴纳的养老保险	元/人	65.38	61.15	49.57	96.76	76.62
（2）个人缴纳的医疗保险	元/人	46.83	47.23	55.92	50.56	53.72
（3）个人缴纳的失业保险	元/人	0.13	0.73	0.21	0.53	1.00
（4）其他社会保障支出	元/人	0.20	0.08	0.92	5.08	0.02
3. 外来从业人员寄给家人的支出	元/人	0.03			7.69	
4. 赡养支出	元/人	10.34	10.71	17.38	27.09	39.70
5. 其他转移性支出	元/人	9.81	6.92	7.52	9.22	40.99
（1）经常性捐赠支出	元/人		0.18	0.01	0.58	0.21
（2）经常性赔偿支出	元/人					
（3）其他经常转移支出	元/人	9.81	6.23	7.37	6.62	38.92
第二部分、消费支出	元/人	4244.59	5482.13	6540.12	7853.56	9522.10
（一）食品烟酒	元/人	1232.31	1671.44	1915.43	2385.79	2785.56

7—3 续表 4　　(2013 年)

指 标 名 称	单位	20%农村低收入户	20%农村中低收入户	20%农村中等收入户	20%农村中高收入户	20%农村高收入户
1. 食品	元/人	1040.71	1370.64	1534.15	1917.93	2164.11
(1) 谷物	元/人	241.94	194.23	174.42	211.23	267.16
(2) 薯类	元/人	13.21	16.55	15.71	16.79	19.83
(3) 豆类	元/人	8.83	13.67	12.71	13.09	15.94
(4) 食用油	元/人	74.95	75.17	66.42	83.05	122.26
(5) 蔬菜和食用菌	元/人	96.81	117.58	99.65	126.30	146.54
(6) 肉类	元/人	193.03	200.84	167.28	193.77	279.25
(7) 禽类	元/人	14.06	17.61	16.95	19.60	26.18
(8) 水产品	元/人	11.90	10.07	11.12	12.38	17.77
(9) 蛋类	元/人	39.07	63.02	53.66	64.94	78.70
(10) 奶类	元/人	42.41	55.68	53.81	41.52	66.46
(11) 干鲜瓜果类	元/人	55.77	81.90	73.93	79.16	106.14
(12) 糖果糕点类	元/人	20.75	36.28	30.88	34.76	42.79
(13) 饮料	元/人	97.35	107.27	71.42	79.07	97.72
(14) 其他食品	元/人	0.82	1.80	0.41	1.07	1.13
2. 烟酒	元/人	132.33	216.38	294.13	376.22	477.05
(1) 烟草	元/人	56.21	83.88	71.69	81.22	130.75
(2) 酒类	元/人	55.17	62.02	69.59	75.05	126.23
3. 饮食服务	元/人	59.27	84.03	86.60	91.14	142.00
(1) 食堂用餐	元/人	3.40	17.94	16.55	13.11	10.56
(2) 其他在外饮食	元/人	48.59	61.17	65.99	73.62	126.26
(3) 食品加工服务费	元/人	7.28	4.92	4.06	4.40	5.18
(二) 衣着	元/人	303.94	432.31	528.76	621.61	778.57
1. 衣类	元/人	224.00	273.88	231.70	271.42	357.10
2. 鞋类	元/人	54.42	81.94	76.65	81.07	96.62
(三) 居住	元/人	978.42	1413.71	1806.99	2089.79	2516.22
1. 租赁房房租	元/人	0.98	1.03	5.91	13.11	5.73
2. 住房维修及管理	元/人	93.45	225.32	287.97	216.60	356.50
3. 水电燃料及其他	元/人	368.81	442.62	457.73	590.32	687.34
4. 自有住房折算租金	元/人	468.09	630.57	727.84	896.11	1080.28
(四) 生活用品及服务	元/人	323.94	404.92	444.16	578.05	713.54
1. 家具及室内装饰品	元/人	89.09	70.80	23.22	65.09	98.10
2. 家用器具	元/人	93.75	110.26	150.78	190.84	223.26

7—3 续表 5　　　　（2013 年）

指 标 名 称	单位	20%农村低收入户	20%农村中低收入户	20%农村中等收入户	20%农村中高收入户	20%农村高收入户
3. 家用纺织品	元/人	25.87	39.24	36.09	46.39	65.44
4. 家庭日用杂品	元/人	87.01	94.89	70.95	79.90	100.25
5. 个人用品	元/人	7.69	13.36	15.24	18.19	20.64
6. 家庭服务	元/人	4.46	8.55	5.38	8.89	10.63
（五）交通通信	元/人	497.43	669.53	866.17	1163.48	1435.55
1. 交通	元/人	295.85	446.59	563.29	816.95	1012.33
（1）交通工具	元/人	172.04	266.86	372.56	611.66	732.03
（2）交通费	元/人	27.42	40.98	57.74	59.91	79.05
（3）交通工具用燃料	元/人	54.61	71.94	98.16	79.77	126.01
（4）交通工具使用及维修	元/人	41.78	66.81	34.83	65.61	75.24
其中：车辆保险支出	元/人	2.62	19.30	3.00	8.67	25.90
2. 通信	元/人	201.59	222.94	302.88	346.52	423.22
（1）通信工具	元/人	52.33	53.61	79.00	75.95	84.32
（2）通信服务	元/人	149.25	169.33	223.89	270.57	338.90
（六）教育文化娱乐	元/人	506.71	470.51	471.57	430.10	619.58
1. 教育	元/人	376.90	368.33	362.48	260.51	440.10
（1）学前教育	元/人	14.99	20.76	25.95	20.59	20.05
（2）小学教育	元/人	22.29	32.94	21.66	11.12	25.18
（3）初中教育	元/人	53.21	56.57	47.90	26.19	30.27
（4）高中教育	元/人	61.28	47.16	43.49	29.73	61.94
（5）中专职高教育	元/人	16.26	7.33	11.97	17.94	6.83
（6）大专及以上教育	元/人	191.07	172.27	109.93	106.39	170.38
（7）成人教育	元/人	1.98	2.18	10.93	2.20	44.53
2. 文化娱乐	元/人	129.81	102.18	108.23	169.60	179.48
（1）文娱耐用消费品	元/人	25.72	40.35	54.78	99.36	86.59
（2）其他文娱用品	元/人	83.65	31.05	30.66	28.08	47.80
（3）文化娱乐服务	元/人	20.12	22.34	12.27	37.18	33.13
（七）医疗保健	元/人	342.53	321.29	383.26	481.87	521.89
1. 医疗器具及药品	元/人	88.66	151.73	103.26	109.29	151.83

7—3 续表 6　　（2013 年）

指 标 名 称	单位	20% 农村低收入户	20% 农村中低收入户	20% 农村中等收入户	20% 农村中高收入户	20% 农村高收入户
2. 医疗服务	元/人	253.87	169.56	280.01	372.58	370.06
（1）门诊总费用	元/人	61.50	79.47	48.98	87.11	100.28
（2）住院总费用	元/人	165.37	82.84	141.44	242.44	246.72
（八）其他用品和服务	元/人	59.31	98.42	123.76	102.88	151.18
1. 其他用品	元/人	40.79	51.37	58.69	44.38	57.93
2. 其他服务	元/人	18.23	43.01	58.62	55.96	88.89
第三部分、期末拥有房屋面积	平方米/人	32.63	35.68	39.92	44.71	54.15
第四部分、家庭耐用品百户拥有量						
1. 家用汽车	辆	7.95	15.78	17.70	23.00	21.70
2. 摩托车	辆	46.94	62.83	52.83	55.03	48.64
3. 助力车	台	45.26	89.65	97.62	104.48	99.81
4. 洗衣机	台	73.20	86.55	96.87	98.39	94.39
5. 电冰箱（柜）	台	44.21	71.29	80.72	91.14	87.53
6. 微波炉	台	10.46	16.42	27.39	23.89	33.75
7. 彩色电视机	台	97.08	110.84	115.58	122.07	113.35
8. 其中：接入有线电视	台	18.71	27.03	42.82	53.33	58.58
9. 空调	台	26.82	59.10	75.28	82.29	87.76
10. 热水器	台	36.32	55.78	71.29	77.30	77.62
11. 其中：太阳能热水器	台	28.25	44.81	53.84	62.24	57.92
12. 消毒碗柜	台	0.00	0.40	0.00	0.00	1.51
13. 洗碗机	台	1.34	0.00	0.59	0.00	0.00
14. 排油烟机	台	7.49	11.87	17.33	22.07	19.61
15. 固定电话	部	11.69	19.58	19.23	24.31	14.05
16. 移动电话	部	153.21	208.94	211.84	227.79	216.98
17. 其中：接入互联网	部	13.91	16.31	38.78	37.85	40.77
18. 计算机	台	14.90	24.72	39.25	42.26	39.10
19. 其中：接入互联网	台	9.09	18.42	30.61	31.81	31.52
20. 摄像机	台	0.00	1.33	1.00	0.66	2.38
21. 照相机	台	0.38	0.54	4.78	6.35	7.08
22. 中高档乐器	架	0.00	1.14	0.08	1.52	0.99
23. 健身器材	台	0.00	0.00	0.99	1.25	1.86
24. 组合音响	套	1.85	2.06	4.28	9.50	5.75

县（市）区城乡居民可支配收入及生活消费

7—4　　（2013年）　　单位：元

单位名称	人均可支配收入			人均生活消费支出		
	全体	城镇	农村	全体	城镇	农村
石家庄市	**17537**	**24074**	**9546**	**11383**	**15292**	**6605**
长安区		27171			17627	
桥东区		27277			19365	
桥西区		27674			16954	
新华区		27189			16582	
矿　区		23718	12482		16684	10267
裕华区		27839			22743	
井陉县		20154	8688		11820	6393
正定县		20972	12004		16036	10389
栾城县		21131	11442		13228	8637
行唐县		20034	4723		8572	3947
灵寿县		19723	4417		6603	3356
高邑县		18185	9142		7681	5998
深泽县		19153	8666		10711	6816
赞皇县		18251	4487		11168	3578
无极县		19630	9955		11537	5671
平山县		20354	5137		10718	4140
元氏县		19010	9618		7823	6487
赵　县		20653	10100		11911	8428
藁城市		24189	12846		12312	5968
晋州市		22536	12683		11398	8015
新乐市		19384	11575		14580	7096
鹿泉市		23017	12666		12668	9663
辛集市		22651	11115		13624	7819

八、城市公用设施

城市市政公用设施水平

8—1　　(2013年)

指标名称	计量单位	全市	市区	指标名称	计量单位	全市	市区
人均日生活用水量	升	139.58	133.92	污水处理率	%	95.17	94.46
用水普及率	%	97.98	100.00	#污水处理厂集中处理率	%	95.17	94.46
燃气普及率	%	97.06	100.00	人均公园绿地面积	平方米	12.8	15.05
每万人拥有公交车辆	标台	—	17.68	建成区绿化覆盖率	%	40.85	42.99
人均城市道路面积	平方米	18.35	18.15	建成区绿地率	%	36.4	38.95
排水管道密度	公里/平方公里	8.95	10.20	生活垃圾无害化处理率	%	74.7	81.56

城市建设用地情况

8—2　　(2013年)

指标名称	计量单位	全市	市区	指标名称	计量单位	全市	市区
土地面积	平方公里	15848	455.80				
建成区土地面积	平方公里	436.94	216.50	工业用地	平方公里	40.9	8.27
城市建设用地面积	平方公里	425.09	215.15	物流仓储用地	平方公里	12.44	3.87
#居住用地	平方公里	148.38	80.00	交通设施用地	平方公里	62.63	37.92
公共管理与服务	平方公里	44.1	22.60	公用设施用地	平方公里	23.51	9.89
商业服务业设施	平方公里	33.17	13.53	绿地	平方公里	60.05	39.07

城市供水情况

8—3　　(2013年)

指标名称	计量单位	全市	市区	指标名称	计量单位	全市	市区
综合生产能力	万立方米/日	240.24	126.73	公共服务用水	万立方米	6875.64	5047.88
#地下水	万立方米/日	189.22	75.73	居民家庭用水	万立方米	14018.87	7148.29
供水管道长度	公里	3162.07	1532.11	用水户数	户	554255	118819
供水总量	万立方米	60241.19	35080.85	#家庭用户	户	498921	110971
#生产运营用水	万立方米	24115.71	9936.49	用水人口	万人	411.91	251.29

城市节约用水情况

8—4　　(2013年)

指标名称	计量单位	全市	市区	指标名称	计量单位	全市	市区
实际用水量	万立方米	95558	94499	重复利用量	万立方米	91291	91234
#工业	万立方米	94339	94256	#工业	万立方米	91264	91234
新水取水量	万立方米	4267	3265	节约用水量	万立方米	6912	6900
#工业	万立方米	3075	3022	#工业	万立方米	6902	6900

城市燃气情况

8—5 (2013年)

指标名称	计量单位	全市	市区	指标名称	计量单位	全市	市区
一、人工煤气							
生产能力	万立方米/日	6.00	6.00	#销售气量	万立方米	44810.85	25961.39
储气能力	万立方米	2.50	2.50	#居民家庭	万立方米	11801.64	6263.00
供气管道长度	公里	9.80	9.80	用气户数	户	979275	782593
供气总量	万立方米	5503	5503	#家庭用户	户	311093	116186
#销售气量	万立方米	5187	5187	用气人口	万人	299.45	233.54
#居民家庭	万立方米	477	477	三、液化石油气			
用气户数	户	17415	17415	储气能力	吨	2234.70	800.00
#家庭用户	户	17313	17313	供气总量	吨	54505.02	30348.00
用气人口	万人	3.97	3.97	#销售气量	吨	54166.80	30292.00
二、天然气				#家庭用户	吨	28436.80	6644.00
储气能力	万立方米	190.25	94.47	用气户数	户	341247	102835
供气管道长度	公里	2236.56	1356.11	#家庭用户	户	245143	19734
供气总量	万立方米	47860.25	28691.39	用气人口	万人	104.66	13.78

城市集中供热情况

8—6 (2013年)

指标名称	计量单位	全市	市区	指标名称	计量单位	全市	市区
一、蒸汽				供热能力	兆瓦	6272.70	3780.00
供热能力	吨/小时	4022.77	2730.00	供热总量	万吉焦	5373.40	3863.00
供热总量	万吉焦	4149.60	3444.00	管道长度	公里	1513.86	696.66
管道长度	公里	652.22	383.57	三、供热面积	万平方米	17815.68	13393.54
二、热水				#住宅	万平方米	12474.85	9031.74

城市公共汽车和出租汽车情况

8—7　　(2013年)

指标名称	计量单位	全市	市区	指标名称	计量单位	全市	市区
一、公共汽车							
每万人拥有公交车辆	标台	7.1	18.1	运营线路长度	公里	4677.9	3719
公共汽车数	辆	5378	4552	公交专用车道长度	公里	37.19	37.19
#天然气燃料车	辆	3456	3378	客运总量	万人次	67825	63836
柴油车	辆	1205	1152	二、出租汽车			
标准运营车数	标台	7015	6513	出租车数量	辆	10471	6710
运营线路条数	条	395	225	客运总量	万人次	30596.2	22888

城市市政设施情况

8—8　　(2013年)

指标名称	计量单位	全市	市区	指标名称	计量单位	全市	市区
道路长度	公里	3207.12	1598.38	污水排放量	万立方米	53051.00	30966.00
道路面积	万平方米	7715.95	4560.02	排水管道长度	公里	3912.5	2208.06
#人行道面积	万平方米	1504.82	763.24	#污水管道	公里	1541.73	1048.67
桥梁数	座	268	133	污水处理厂	座	25	6
#立交桥	座	57	10	污水处理能力	万立方米/日	198.7	107.7
路灯盏数	千盏	158112	85965	污水处理量	万立方米	50489	29250
安装路灯的道路长度	公里	2414.75	1343.32	干污泥处置量	吨	112913	55430

城市园林绿化及风景名胜区情况

8—9　　(2013年)

指标名称	计量单位	全市	市区	指标名称	计量单位	全市	市区
绿化覆盖面积	公顷	20002.53	10460.68	公园个数	个	193	83
#建成区	公顷	17847.62	9308.08	公园面积	公顷	4451.8	3561
园林绿地面积	公顷	17148.29	9245.88	风景名胜区面积	平方公里	439	439
#建成区	公顷	15903.68	8432.08	#可游览面积	平方公里	254	254
公园绿地面积	公顷	5380.84	3782.53	游人量	万人次	841.8	841.8

城市市容环境卫生情况

8—10　　(2013年)

指标名称	计量单位	全市	市区	指标名称	计量单位	全市	市区
道路清扫保洁面积	万平方米	6750	4380	#卫生填埋	吨/日	1340	
#机械化	万平方米	4347	3458	焚烧	吨/日	1600	800
生活垃圾清运量	万吨	158.4	82	无害化处理量	万吨	116.48	66.55
无害化处理厂（场）数	座	11	1	#卫生填埋	万吨	69.27	35.04
#卫生填埋	座	8		粪便清运量	万吨	4.92	0.00
焚烧	座	2	1	公厕数	座	1350	729
无害化处理能力	吨/日	3040	800	市容环卫专用车辆总数	台	989	495

全市工业污染排放及处理利用情况

8—11

指标名称	计量单位	2013 年
一、工业废水		
废水治理设施数	套	648
废水治理设施处理能力	万吨/日	236. 84
工业废水处理量	万吨	53241. 53
工业废水排放量	万吨	27752. 57
#排入污水处理厂的	万吨	13587. 01
化学需氧量排放量	吨	41120. 92
氨氮排放量	吨	6096. 09
石油类排放量	吨	160. 23
挥发酚排放量	千克	12359. 04
氰化物排放量	千克	1970. 10
砷排放量	千克	0. 00
铅排放量	千克	9. 23
汞排放量	千克	0. 01
总铬排放量	千克	1795. 06
六价铬排放量	千克	1. 52
二、工业废气		
工业废气排放量	亿立方米	7252. 00
废气治理设施数	套	2647
废气治理设施处理能力	万立方米/时	16790
脱硫设施数	套	186
脱硫设施处理能力	千克/时	185236
脱硝设施数	套	24
脱硝设施处理能力	千克/时	41857
除尘设施数	套	2215
除尘设施处理能力	千克/时	1911346

8—11 续表 1

指标名称	计量单位	2013 年
二氧化硫排放量	吨	181532. 64
氮氧化物排放量	吨	203780. 31
烟（粉）尘排放量	吨	105112. 05
砷排放量	千克	0. 00
铅排放量	千克	255. 95
镉排放量	千克	0. 00
汞排放量	千克	0. 00
总铬排放量	千克	17. 72
六价铬排放量	千克	17. 70
三、工业固体废物		
一般工业固体废物产生量	万吨	1633. 64
一般工业固体废物综合利用量	万吨	1608. 97
一般工业固体废物处置量	万吨	21. 88
一般工业固体废物贮存量	万吨	63. 33
一般工业固体废物倾倒丢弃量	万吨	0. 00
危险废物产生量	万吨	24. 72
危险废物综合利用量	万吨	7. 43
危险废物处置量	万吨	17. 24
四、农业源污染排放情况		
化学需氧量排放量	万吨	17. 45
#畜禽养殖业	万吨	17. 42
氨氮排放量	万吨	0. 63
#畜禽养殖业	万吨	0. 58
五、机动车污染物排放情况		
氮氧化物排放量	万吨	7. 00
总颗粒物排放量	万吨	0. 69
一氧化碳排放量	万吨	23. 91
碳氢化合物排放量	万吨	3. 12

8—11 续表 2

指标名称	计量单位	2013 年
六、城镇生活污染物排放情况		
城镇生活污水排放量	万吨	36548.82
城镇生活化学需氧量产生量	吨	5784.86
城镇生活化学需氧量排放量	吨	559.68
城镇生活氨氮产生量	吨	790.55
城镇生活氨氮排放量	吨	83.71
生活二氧化硫排放量	吨	945.68
生活氮氧化物排放量	吨	97.95
生活烟尘排放量	吨	515.80
七、城镇污水处理情况		
污水处理厂处理能力	万吨/日	195.07
污水处理量	万吨	55210.98
#处理工业废水量	万吨	26303.25
污水再生利用量	万吨	3343.16
化学需氧量去除量	吨	165889.39
氨氮去除量	吨	21692.26
总氮去除量	吨	5672.89
污泥产生量	万吨	47.55
污泥处置量	万吨	47.55
#填埋处置量	万吨	37.10
八、危险废物（医疗废物）集中处置情况		
危险废物实际处置能力	吨/日	68.00
危险废物处置量	吨	8121.88
#处置工业危险废物量	吨	8061.88
焚烧残渣安全填埋处置量	吨	5626.00

九、农村经济

农村基础设施情况

9—1　　(2013年)　　计量单位：个

行政单位	自来水受益村	通汽车村数	通电话村数
石家庄市	**4055**	**4362**	**4362**
长 安 区	12	12	12
桥 东 区			
桥 西 区	15	15	15
新 华 区	17	17	17
裕 华 区	6	6	6
矿　 区			
高 新 区	28	28	28
井 陉 县	283	318	318
正 定 县	154	154	154
栾 城 县	173	173	173
行 唐 县	268	322	322
灵 寿 县	214	279	279
高 邑 县	107	107	107
深 泽 县	125	125	125
赞 皇 县	137	212	212
无 极 县	213	213	213
平 山 县	690	717	717
元 氏 县	157	208	208
赵　 县	281	281	281
藁 城 市	239	239	239
晋 州 市	224	224	224
新 乐 市	160	160	160
鹿 泉 市	208	208	208
辛 集 市	344	344	344

乡村从业人员情况

9—2　　(2013年)　　计量单位：人

行政单位	一、乡村劳动力资源数	二、乡村从业人员					
		合计	(一) 按性别分		(二) 按国民经济行业分		
			1. 男	2. 女	1. 农林牧渔业从业人员	2. 工业从业人员	# 采矿业
石家庄市	**4068031**	**3727107**	**1986460**	**1740647**	**1420800**	**1065148**	**41607**
长安区	19226	15823	7898	7925	3502	7368	6
桥东区							
桥西区	21016	18230	8879	9351	1409	4102	
新华区	45512	41125	21615	19510	3691	12338	
裕华区	14464	13567	8079	5488	4823	4635	
矿区							
高新区	48801	40531	20921	19610	7899	22981	
井陉县	161462	147606	82356	65250	61595	40686	14009
正定县	247266	224738	122091	102647	69307	52608	1561
栾城县	183010	168858	89298	79560	43976	51056	
行唐县	188471	186861	95610	91251	80052	38874	4526
灵寿县	148173	138974	76235	62739	80577	26359	2985
高邑县	98735	97062	50820	46242	47070	22171	54
深泽县	134498	128273	67277	60996	48908	39069	654
赞皇县	134621	126881	69784	57097	48468	21442	2647
无极县	262548	248873	124709	124164	116294	77124	
平山县	266632	238213	139205	99008	153212	40578	10458
元氏县	291761	242332	128971	113361	160479	25753	1529
赵县	310051	288891	151029	137862	102265	89113	
藁城市	436968	402165	219376	182789	78425	137053	
晋州市	277226	260076	136285	123791	89743	110626	
新乐市	237505	224564	114928	109636	51686	84588	292
鹿泉市	202142	171128	89363	81765	70042	40371	2886
辛集市	337943	302336	161731	140605	97377	116253	

9—2 续表1 （2013年） 计量单位：人

行政单位	二、乡村从业人员（续）					
	（二）按国民经济行业分（续）					
	2. 工业从业人员（续）		3. 建筑业从业人员	4. 交通运输业、仓储业和邮电通讯业从业人员	5. 信息传输、计算机服务和软件业从业人员	6. 批发和零售业从业人员
	制造业	电力、煤气及水的生产和供应业				
石家庄市	**882659**	**24629**	**386765**	**200409**	**22036**	**256717**
长安区	7215	147	1936	69	776	371
桥东区						
桥西区	3188	914	1901	270	864	1087
新华区	12338		3762	2185	641	6259
裕华区	4625	10	1421	505	35	903
矿区						
高新区	22981		4745	564		1717
井陉县	26003	674	10178	10007	974	6768
正定县	48168	2879	40228	16902	1833	15377
栾城县	50026	1030	26687	9840	732	15605
行唐县	32912	1436	21585	11644	562	9926
灵寿县	22958	416	6759	4420	1756	5117
高邑县	21745	372	7536	4050	265	5030
深泽县	37475	940	16051	7927	492	8731
赞皇县	18433	362	10685	13176	888	13465
无极县	76224	900	18534	8570	120	18303
平山县	27695	2425	12338	7607	330	11635
元氏县	23478	746	23524	753	4660	8385
赵县	87435	1678	30408	19525	904	15850
藁城市	134099	2954	55739	34766	3894	37329
晋州市	109342	1284	17555	11277	31	17075
新乐市	80887	3409	25664	14873	767	29534
鹿泉市	35432	2053	14559	9563	872	14874
辛集市			34970	11916	640	13376

9—2 续表2　　(2013 年)　　计量单位：人

行政单位	二、乡村从业人员（续）					
	（二）按国民经济行业分（续）					
	7. 住宿和餐饮业从业人员	8. 金融业从业人员	9. 房地产业从业人员	10. 租赁和商务服务业从业人员	11. 科学研究、技术服务和地质勘查业从业人员	12. 水利、环境和公共设施管理业从业人员
石家庄市	**111019**	**13932**	**8124**	**37365**	**5109**	**9160**
长安区	934	70	14	51	18	16
桥东区						
桥西区	2873	133	179	673	15	166
新华区	1548	549	1011	2184	36	2763
裕华区	199	31	10	90		29
矿　区						
高新区	608	75	105	29	32	39
井陉县	2888	247	71	636	147	138
正定县	9466	623	260	3118	109	871
栾城县	5313	127		2547		25
行唐县	5673	894	94	1857	211	489
灵寿县	5284	416	38	267	22	672
高邑县	3767	526	8	260	45	89
深泽县	1816	408	35	384	56	78
赞皇县	10894	925	423	511	1637	163
无极县	1214	1183	47	600		104
平山县	920	475	450	2660	1226	185
元氏县	5946	462	581	7547	166	342
赵　县	8214	1557		469	472	485
藁城市	21534	1339	3908	8802	269	705
晋州市	3841	802		882	95	234
新乐市	6020	1021	527	694	187	182
鹿泉市	9025	564	65	1788	203	783
辛集市	3042	1505	298	1316	163	602

9—2 续表3　　(2013年)　　计量单位：人

行政单位	二、乡村从业人员（续）					
	（二）按国民经济行业分（续）					（三）按文化程度分
	13. 居民服务和其他服务业从业人员	14. 教育从业人员	15. 卫生、社会保障和社会福利业从业人员	16. 文化、体育和娱乐业从业人员	17. 公共管理和社会组织从业人员	1. 文盲、半文盲从业人员
石家庄市	**83984**	**32598**	**24902**	**21090**	**27949**	**43400**
长安区	315	120	59	11	193	2
桥东区						
桥西区	3495	260	300	198	305	4
新华区	686	596	576	27	2273	176
裕华区	662	112	55		57	2
矿区						
高新区	821	224	345	66	281	
井陉县	6725	1233	941	2712	1660	3
正定县	3876	2616	2986	2258	2300	2981
栾城县	6672	2650	2185	628	815	
行唐县	7850	2150	1961	852	2187	
灵寿县	4070	1380	820	594	423	3785
高邑县	5058	350	310	88	439	53
深泽县	1190	758	786	549	1035	464
赞皇县	274	408	921	805	1796	2337
无极县	2849	100	300	1980	1551	8834
平山县	954	1548	2030	180	1885	14629
元氏县	573	1253	646	439	823	5794
赵县	6729	3062	2763	4908	2167	1712
藁城市	7014	4743	1584	1642	3419	669
晋州市	3250	1336	1282	1159	888	169
新乐市	2006	3936	1841	583	455	126
鹿泉市	4693	1149	1003	492	1082	694
辛集市	14222	2614	1208	919	1915	966

9—2 续表4　　(2013年)　　计量单位：人

行政单位	二、乡村从业人员（续）				
	（三）按文化程度分（续）				
	2. 小学文化程度从业人员	3. 初中文化程度从业人员	4. 高中文化程度从业人员	5. 中专文化程度从业人员	6. 大专及大专以上文化程度从业人员
石家庄市	**761202**	**1784398**	**890577**	**145883**	**101647**
长安区	2199	7715	4450	949	508
桥东区					
桥西区	1059	5050	5914	2831	3372
新华区	932	8912	11654	10506	8945
裕华区	2621	5830	4035	761	318
矿　区					
高新区	942	12812	17734	5103	3940
井陉县	24801	69127	39694	9447	4534
正定县	43953	107183	53589	8288	8744
栾城县	24422	79951	44468	12912	7105
行唐县	31039	99433	52160	3182	1047
灵寿县	39058	61500	30852	2699	1080
高邑县	17207	38596	34930	4295	1981
深泽县	35981	60878	27319	1918	1713
赞皇县	23986	78346	20356	1350	506
无极县	93809	96405	45958	2507	1360
平山县	48500	109301	41062	16807	7914
元氏县	63083	110445	45794	11019	6197
赵　县	48819	165348	55042	9706	8264
藁城市	71062	212440	100944	10419	6631
晋州市	61974	125624	69470	2206	633
新乐市	30689	103739	70696	10246	9068
鹿泉市	28341	71080	46446	10703	13864
辛集市	66725	154683	68010	8029	3923

农业机械化情况

9—3

(2013 年)

行政单位	农用机械总动力（千瓦）			
	合　计	1. 柴油发动机动　力	2. 汽油发动机动　力	3. 电动机动力
石家庄市	**19966383**	**14444592**	**131346**	**5390445**
长 安 区	23047	13077	2570	7400
桥 东 区	1671	1096	67	508
桥 西 区	3889	2467	246	1176
新 华 区	28284	16908	474	10902
裕 华 区	3043	1058		1985
矿　区	28103	20903	94	7106
高 新 区	43368	31258	3010	9100
井 陉 县	469834	366606	205	103023
正 定 县	1445005	1008136	6721	430148
栾 城 县	622730	374039	1257	247434
行 唐 县	1374432	1003523	1905	369004
灵 寿 县	563490	462609	8037	92844
高 邑 县	443515	344067	33016	66432
深 泽 县	636969	552312		84657
赞 皇 县	491761	442510		49251
无 极 县	968077	841949	1390	124738
平 山 县	983454	790966	8966	183522
元 氏 县	637072	535827	594	100651
赵　县	2587766	1490567	3486	1093713
藁 城 市	2250444	1467612	30762	752070
晋 州 市	1372345	1098364	2302	271679
新 乐 市	2353674	1654549	5438	693687
鹿 泉 市	633360	431976	610	200774
辛 集 市	2001050	1492213	20196	488641

9—3 续表1　　(2013年)

行政单位	一、拖拉机及配套农具			
	大中型拖拉机	小型拖拉机	大中型拖拉机配套农具	小型拖拉机配套农具
	(台)	(台)	(台)	(台)
石家庄市	**31884**	**164980**	**64570**	**148308**
长安区	57	174	55	60
桥东区	30	27	3	8
桥西区	14	17	23	28
新华区	155	213	252	72
裕华区	4			
矿　区	126	749	203	415
高新区	163	152	175	203
井陉县	600	20799	389	17501
正定县	1975	6146	3704	4225
栾城县	1540	5162	3123	13173
行唐县	2104	4420	4293	7775
灵寿县	1297	8234	1188	5208
高邑县	830	8800	1247	6564
深泽县	1049	1846	4656	849
赞皇县	2338	18189	2692	16965
无极县	1892	11235	3025	2878
平山县	1522	8807	8278	4705
元氏县	1562	13073	4839	13138
赵　县	1602	7468	4042	19281
藁城市	5236	3850	8901	4502
晋州市	1554	17329	3163	9865
新乐市	2897	4200	3300	5800
鹿泉市	1410	7210	3605	4429
辛集市	1927	16880	3414	10664

9—3 续表 2　　(2013 年)

行政单位	二、农用排灌机械			
	1. 农用排灌动力机械 (台)	2. 农用水泵 (台)	3. 节水灌溉机械 (台)	4. 节水灌溉机械 (套)
石家庄市	**233489**	**154011**	**216761**	**10612**
长安区	565		874	
桥东区	70		70	
桥西区	84		84	3
新华区	657		657	39
裕华区	206		206	
矿　区	120	7	120	
高新区	320			
井陉县	2446	577	2146	134
正定县	17438	8745	14274	126
栾城县	12132	3652	7950	51
行唐县	8988	6824	17182	724
灵寿县	7580	9190	6053	15
高邑县	5986	4629	3664	
深泽县	4275	250	5470	24
赞皇县	3549	3771	7294	
无极县	12780	13211	12780	
平山县	10887	9087	5195	51
元氏县	11119	6902	9351	124
赵　县	30635	4381	30777	4
藁城市	21630	1532	21630	8924
晋州市	12170	6282	11002	192
新乐市	42201	49840	31720	21
鹿泉市	6995	50	5303	161
辛集市	20656	25081	22959	19

9—3 续表 3　　　　(2013 年)

行政单位	三、收获机械		四、农用运输车(包括机动三轮车)	五、农业机械化项目水平（公顷）		
	联合收割机（台）	机动脱粒机（台）	（辆）	（一）当年实际机耕地面积	（二）当年机械播种面积	（三）当年机械收获面积
石家庄市	**23746**	**28472**	**479781**	**535746**	**690497**	**592827**
长安区	19		457	7792	7792	7792
桥东区	4		15	254	254	297
桥西区	5		20	127	127	127
新华区	30	52	129	3315	3315	1973
裕华区	3			1326	1326	1326
矿区	131	58	267	988	1788	1318
高新区	53		1050	4200	5460	5460
井陉县	378	6147	8539	12300	12000	8900
正定县	1335		36593	29770	44760	38690
栾城县	1284	2910	5066	19500	33500	32500
行唐县	1770		41261	36701	45400	32400
灵寿县	1081	485	17211	17330	13680	11910
高邑县	711		2797	16600	18400	12100
深泽县	1060		17971	13420	26218	22111
赞皇县	768	2920	8231	16174	21622	12880
无极县	1376		28463	33090	45727	39616
平山县	591	5291	15609	16400	20500	15500
元氏县	1854		7238	34767	43134	40865
赵县	2230		65932	72320	65451	63320
藁城市	2357	1543	64080	42667	68667	64000
晋州市	1744		57800	39333	46586	46093
新乐市	2229	1262	52862	43433	43383	36533
鹿泉市	754	4774	6914	17170	32172	26493
辛集市	1979	3030	41276	56769	89235	70623

农业主要能源及物资消耗情况

9—4 （2013 年）

行政单位	一、农村用电量（万千瓦时）	二、农用化肥施用量（吨）				
		按实物量计算				
		合　计	氮肥	磷肥	钾肥	复合肥
石家庄市	**796343**	**1709445**	**931137**	**468012**	**58172**	**252124**
长 安 区	1008	15905	10240	3805	652	1208
桥 东 区		398	219	58		121
桥 西 区	5710	468	229	70	31	138
新 华 区	10200	2722	995	476	357	894
裕 华 区	930	2136	900	390	185	661
矿　区	17982	4336	2988	340	52	956
高 新 区	4910	11931	6600	2443	1001	1887
井 陉 县	18329	39106	20552	10403	802	7349
正 定 县	18032	163320	95920	39061	3877	24462
栾 城 县	15296	48530	21365	16377	1611	9177
行 唐 县	32791	104931	83098	7926	802	13105
灵 寿 县	26854	56782	31986	15168	852	8776
高 邑 县	12185	29079	12161	4806	1251	10861
深 泽 县	26009	51633	23959	13314	1274	13086
赞 皇 县	45389	36163	15630	6480		14053
无 极 县	46019	111639	63399	35810	2930	9500
平 山 县	16570	67431	39989	20068	24	7350
元 氏 县	19794	121200	58609	39252	2278	21061
赵　县	46962	148746	68783	38482	12817	28664
藁 城 市	102450	225795	123035	68059	8294	26407
晋 州 市	223654	105362	64960	22758	2332	15312
新 乐 市	29736	96068	56193	27146	5948	6781
鹿 泉 市	39914	40925	19399	9774	2348	9404
辛 集 市	35619	224839	109928	85546	8454	20911

9—4 续表 1　　（2013 年）

行政单位	二、农用化肥施用量（吨）（续）				
	按折纯法计算				
	合　计	氮肥	磷肥	钾肥	复合肥
石家庄市	**487890**	**268358**	**81279**	**27178**	**111075**
长 安 区	3578	1543	1144	315	576
桥 东 区	101	50	8		43
桥 西 区	208	91	17	14	86
新 华 区	1118	273	109	149	587
裕 华 区	719	279	83	83	274
矿　 区	1312	875	75	2	360
高 新 区	4563	2624	666	271	1002
井 陉 县	12317	5577	2369	360	4011
正 定 县	44212	24886	6602	2006	10718
栾 城 县	16069	8098	3392	759	3820
行 唐 县	25182	16988	1192	407	6595
灵 寿 县	10141	6390	2029	290	1432
高 邑 县	11748	4453	855	442	5998
深 泽 县	16034	7570	1809	640	6015
赞 皇 县	12862	3905	1945		7012
无 极 县	28740	18122	5517	1405	3696
平 山 县	14473	7998	4133	13	2329
元 氏 县	33973	17594	7856	1154	7369
赵　 县	58121	30559	9326	6219	12017
藁 城 市	58319	30759	10209	4147	13204
晋 州 市	32700	19695	3246	1119	8640
新 乐 市	21829	13511	2997	2849	2472
鹿 泉 市	15468	7043	2411	1295	4719
辛 集 市	64103	39475	13289	3239	8100

9—4 续表2 （2013年）

行政单位	三、农用塑料薄膜使用情况			四、农用柴油消耗量（吨）	五、农 药使用量（吨）
	塑料薄膜使用量（吨）	# 地膜使用量	地膜覆盖面积（公顷）		
石家庄市	**7379**	**3212**	**52669**	**289721**	**13612**
长 安 区	139	17	222	728	474
桥 东 区	3				9
桥 西 区	6	3	50	79	20
新 华 区	66	66	875	349	450
裕 华 区	3	3	42	84	6
矿 区	9	2	25	204	43
高 新 区	18	14	222	45	22
井 陉 县	80	28	405	10100	181
正 定 县	784	254	3671	37639	505
栾 城 县	128	68	911	8190	274
行 唐 县	296	225	4786	28699	565
灵 寿 县	109	44	620	6819	156
高 邑 县	414	65	870	3100	289
深 泽 县	78	28	445	3870	259
赞 皇 县	371	149	2003	23060	421
无 极 县	470	125	2140	19640	584
平 山 县	145	140	2640	7151	212
元 氏 县	604	382	6488	8084	552
赵 县	249	77	1596	19623	2118
藁 城 市	1010	340	5380	30013	614
晋 州 市	124	43	569	19250	1012
新 乐 市	593	489	7568	17417	595
鹿 泉 市	564	56	949	8040	679
辛 集 市	1116	594	10192	37537	3572

农田水利建设情况

9—5　　(2013 年)

行政单位	一、有效灌溉面积（公顷）	二、旱涝保收面积（公顷）	三、机电排灌面积（公顷）	四、机电井年末达到数(眼)
石家庄市	**507910**	**454641**	**451774**	**150061**
长 安 区	3120	3120	3120	1446
桥 东 区	280	280	280	144
桥 西 区	230	230	230	120
新 华 区	2370	2370	2370	503
裕 华 区	770	770	770	206
矿　 区	2820	800	980	149
高 新 区	1350	1350	1350	1095
井 陉 县	17350	8640	3963	765
正 定 县	29890	29890	29890	11387
栾 城 县	22780	22780	22780	8159
行 唐 县	22370	22370	22370	11625
灵 寿 县	16830	9230	11090	2816
高 邑 县	14370	14370	14370	3187
深 泽 县	20640	20640	20640	6674
赞 皇 县	21920	3700	8800	3130
无 极 县	33440	33440	33440	13313
平 山 县	17830	14370	9040	2172
元 氏 县	20270	20270	20270	4265
赵　 县	48150	48150	48150	14298
藁 城 市	55050	54667	54667	18091
晋 州 市	32910	32910	32910	11975
新 乐 市	32830	32830	32830	14275
鹿 泉 市	21740	21740	21740	4171
辛 集 市	68600	55724	55724	16095

农业主要产品生产情况

9—6　　(2013年)　　计量单位：公顷、公斤/公顷、吨

行政单位	农作物总播种面积	一、粮食作物合计			（一）夏收粮食		
		播种面积	单　产	总产量	播种面积	单　产	总产量
石家庄市	**1006876**	**758542**	**6929**	**5256066**	**374686**	**6835**	**2560824**
长 安 区	8388	7128	6182	44065	3739	6075	22714
桥 东 区	546	297	6074	1804	153	6033	923
桥 西 区	1011	121	6306	763	59	6203	366
新 华 区	4847	3076	6304	19392	1522	6131	9331
裕 华 区	1875	1418	6172	8752	711	6000	4266
矿　区	2967	2444	5485	13405	989	5113	5057
高 新 区	6493	5387	6066	32680	2910	5970	17372
井 陉 县	31801	24918	4517	112565	7953	4437	35284
正 定 县	56202	42308	7805	330217	20990	7504	157504
栾 城 县	47612	34262	7879	269944	17690	7501	132689
行 唐 县	58842	44391	7000	310722	20320	6401	130060
灵 寿 县	36008	29614	5035	149118	12497	4860	60736
高 邑 县	32325	22511	7377	166069	11383	6904	78588
深 泽 县	35276	27129	7557	205005	12520	7185	89954
赞 皇 县	35384	25597	4891	125199	11400	4620	52668
无 极 县	65333	48843	7279	355545	25440	7216	183572
平 山 县	47298	36359	5600	203615	16260	6337	103040
元 氏 县	62883	52786	6375	336506	26500	6395	169470
赵　县	84911	71107	7875	559972	39380	7521	296165
藁 城 市	110041	71533	7797	557735	35600	7521	267737
晋 州 市	61727	51746	7069	365811	25230	7185	181274
新 乐 市	64659	44169	7367	325393	23940	7023	168134
鹿 泉 市	48075	35090	5916	207579	16790	6110	102591
辛 集 市	102372	76308	7263	554210	40710	7156	291329

9—6 续表 1　　(2013 年)　　计量单位：公顷、公斤/公顷、吨

行政单位	夏收粮食中：冬小麦			（二）秋收粮食		
	播种面积	单　产	总产量	播种面积	单　产	总产量
石家庄市	**373652**	**6844**	**2557396**	**383856**	**7021**	**2695242**
长 安 区	3739	6075	22714	3389	6300	21351
桥 东 区	153	6033	923	144	6118	881
桥 西 区	59	6203	366	62	6403	397
新 华 区	1522	6131	9331	1554	6474	10061
裕 华 区	711	6000	4266	707	6345	4486
矿　 区	989	5113	5057	1455	5737	8348
高 新 区	2910	5970	17372	2477	6180	15308
井 陉 县	7953	4437	35284	16965	4555	77281
正 定 县	20990	7504	157504	21318	8102	172713
栾 城 县	17610	7510	132247	16572	8282	137255
行 唐 县	19850	6468	128396	24071	7505	180662
灵 寿 县	12063	4950	59714	17117	5163	88382
高 邑 县	11333	6908	78288	11128	7861	87481
深 泽 县	12520	7185	89954	14609	7875	115051
赞 皇 县	11400	4620	52668	14197	5109	72531
无 极 县	25440	7216	183572	23403	7348	171973
平 山 县	16260	6337	103040	20099	5004	100575
元 氏 县	26500	6395	169470	26286	6355	167036
赵　 县	39380	7521	296165	31727	8315	263807
藁 城 市	35600	7521	267737	35933	8071	289998
晋 州 市	25230	7185	181274	26516	6959	184537
新 乐 市	23940	7023	168134	20229	7774	157259
鹿 泉 市	16790	6110	102591	18300	5737	104988
辛 集 市	40710	7156	291329	35598	7385	262881

9—6 续表2 （2013年） 计量单位：公顷、公斤/公顷、吨

行政单位	1. 谷物			#　（1）玉米		
	播种面积	单　产	总产量	播种面积	单　产	总产量
石家庄市	**723258**	**7109**	**5141677**	**339173**	**7552**	**2561425**
长 安 区	7128	6182	44065	3389	6300	21351
桥 东 区	297	6074	1804	144	6118	881
桥 西 区	121	6306	763	62	6403	397
新 华 区	3072	6307	19375	1550	6480	10044
裕 华 区	1418	6172	8752	707	6345	4486
矿　 区	2406	5503	13240	1417	5775	8183
高 新 区	5387	6066	32680	2477	6180	15308
井 陉 县	21634	4806	103975	12275	5424	66580
正 定 县	41041	7924	325229	20051	8365	167725
栾 城 县	34042	7908	269221	16432	8336	136974
行 唐 县	40154	7391	296795	19547	8533	166804
灵 寿 县	26379	5279	139243	13966	5634	78684
高 邑 县	21891	7462	163348	10503	8079	84854
深 泽 县	25662	7759	199102	13002	8345	108497
赞 皇 县	23622	5024	118666	11680	5565	64999
无 极 县	46732	7482	349662	20325	8083	164285
平 山 县	33494	5902	197675	15525	5954	92430
元 氏 县	49986	6495	324667	22353	6840	152884
赵　 县	70877	7882	558642	31497	8333	262477
藁 城 市	68899	7944	547304	33299	8396	279567
晋 州 市	48621	7359	357788	21501	7949	170901
新 乐 市	42886	7463	320065	18946	8019	151931
鹿 泉 市	33564	6053	203163	16480	6056	99800
辛 集 市	73945	7390	546453	32045	7845	251383

9—6 续表3　　(2013年)　　计量单位：公顷、公斤/公顷、吨

行政单位	(2) 谷子			(3) 高粱		
	播种面积	单　产	总产量	播种面积	单　产	总产量
石家庄市	**9472**	**2080**	**19699**	**163**	**3325**	**542**
长安区						
桥东区						
桥西区						
新华区						
裕华区						
矿　区						
高新区						
井陉县	1293	1374	1776	22	2500	55
正定县						
栾城县						
行唐县	667	1981	1321	50	3760	188
灵寿县	279	2358	658			
高邑县	55	3745	206			
深泽县	140	4650	651			
赞皇县	500	1924	962	2	1500	3
无极县	917	1666	1528			
平山县	1260	540	680	85	3353	285
元氏县	1000	1826	1826			
赵　县						
藁城市						
晋州市	1890	2970	5613			
新乐市						
鹿泉市	281	2623	737	4	2750	11
辛集市	1190	3144	3741			

9—6 续表 4　　（2013 年）　　计量单位：公顷、公斤/公顷、吨

行政单位	2. 豆类			# 大豆		
	播种面积	单　产	总产量	播种面积	单　产	总产量
石家庄市	**15191**	**1633**	**24803**	**13867**	**1621**	**22485**
长 安 区						
桥 东 区						
桥 西 区						
新 华 区	4	4250	17	4	4250	17
裕 华 区						
矿　 区	23	1913	44	5	2400	12
高 新 区						
井 陉 县	1884	1193	2247	1152	1166	1343
正 定 县	992	2761	2739	992	2761	2739
栾 城 县	184	2364	435	140	2007	281
行 唐 县	567	1169	663	538	1139	613
灵 寿 县	120	1867	224	108	1806	195
高 邑 县	165	2152	355	130	1954	254
深 泽 县	953	1981	1888	953	1981	1888
赞 皇 县	615	1229	756	545	861	469
无 极 县	1020	1032	1053	1020	1032	1053
平 山 县	630	1556	980	545	1431	780
元 氏 县	1000	1622	1622	867	1555	1348
赵　 县						
藁 城 市	1681	2110	3547	1681	2110	3547
晋 州 市	2420	1550	3751	2420	1550	3751
新 乐 市	570	1463	834	570	1463	834
鹿 泉 市	913	1332	1216	747	1244	929
辛 集 市	1450	1677	2432	1450	1677	2432

9—6 续表 5　　（2013 年）　　计量单位：公顷、公斤/公顷、吨

行政单位	3. 薯类			二、油料		
	播种面积	单　产	总产量	播种面积	单　产	总产量
石家庄市	**20093**	**4459**	**89586**	**61275**	**3529**	**216267**
长 安 区						
桥 东 区						
桥 西 区						
新 华 区				31	3516	109
裕 华 区						
矿　　区	15	8067	121	51	2216	113
高 新 区						
井 陉 县	1400	4531	6343	2713	2281	6187
正 定 县	275	8178	2249	4594	4371	20080
栾 城 县	36	8000	288	130	3285	427
行 唐 县	3670	3614	13264	7071	3241	22917
灵 寿 县	3115	3098	9651	2513	2070	5201
高 邑 县	455	5200	2366	1245	3796	4726
深 泽 县	514	7811	4015	1703	3825	6514
赞 皇 县	1360	4248	5777	6900	2340	16148
无 极 县	1091	4427	4830	4645	3600	16722
平 山 县	2235	2219	4960	3786	2446	9260
元 氏 县	1800	5676	10217	2833	2690	7622
赵　　县	230	5783	1330	883	4473	3950
藁 城 市	953	7224	6884	2073	4553	9438
晋 州 市	705	6060	4272	3050	3142	9584
新 乐 市	713	6303	4494	8000	4605	36840
鹿 泉 市	613	5220	3200	1137	3475	3951
辛 集 市	913	5832	5325	7917	4608	36478

9—6 续表 6 （2013 年） 计量单位：公顷、公斤/公顷、吨

行政单位	油料作物中：花生			三、棉花		
	播种面积	单　产	总产量	播种面积	单　产	总产量
石家庄市	**54013**	**3664**	**197889**	**11121**	**984**	**10938**
长 安 区				130	1054	137
桥 东 区						
桥 西 区						
新 华 区	7	571	4	13	1000	13
裕 华 区						
矿　　区	11	2455	27			
高 新 区						
井 陉 县	746	2551	1903	154	786	121
正 定 县	4470	4395	19646	283	837	237
栾 城 县	60	4133	248	28	571	16
行 唐 县	6670	3270	21811	630	644	406
灵 寿 县	2419	2122	5134	235	681	160
高 邑 县	1200	3838	4606	95	1137	108
深 泽 县	1703	3825	6514	541	900	487
赞 皇 县	5250	2408	12642	110	627	69
无 极 县	4645	3600	16722	364	659	240
平 山 县	2974	2407	7159	660	900	594
元 氏 县	2400	2833	6800	541	959	519
赵　　县	883	4473	3950	3	1000	3
藁 城 市	2073	4553	9438	207	1845	382
晋 州 市	2800	3155	8834			
新 乐 市	8000	4605	36840	169	935	158
鹿 泉 市	376	4104	1543	205	961	197
辛 集 市	7326	4650	34068	6753	1050	7091

9—6 续表7 （2013年） 计量单位：公顷、公斤/公顷、吨

行政单位	四、蔬菜、瓜类			（一）蔬菜（含菜用瓜）		
	播种面积	单　产	总产量	播种面积	单　产	总产量
石家庄市	**171676**	**78339**	**13449002**	**161701**	**79819**	**12906834**
长安区	1130	64497	72882	1100	64620	71082
桥东区	249	48530	12084	231	49273	11382
桥西区	890	67834	60372	890	67834	60372
新华区	1727	58192	100497	1680	59400	99792
裕华区	457	72648	33200	457	72648	33200
矿　区	463	42030	19460	463	42030	19460
高新区	1106	69222	76559	1106	69222	76559
井陉县	3952	56807	224502	3952	56807	224502
正定县	8984	99411	893108	8479	101943	864371
栾城县	11447	97593	1117149	11167	98721	1102418
行唐县	5450	65718	358161	4996	67579	337624
灵寿县	3233	64305	207898	3044	67365	205060
高邑县	8444	69167	584047	7949	69296	550837
深泽县	5855	76556	448237	5720	76840	439524
赞皇县	2701	59624	161044	2461	63703	156772
无极县	11481	74504	855379	10930	74680	816255
平山县	6227	46058	286804	5736	47769	274004
元氏县	6713	68818	461972	5898	72180	425717
赵　县	12831	78210	1003511	11756	79751	937548
藁城市	36228	81783	2962835	35913	81959	2943388
晋州市	6931	75683	524562	6868	76051	522320
新乐市	12321	84444	1040438	8304	96710	803080
鹿泉市	11562	80502	930762	11348	81072	920003
辛集市	11294	89741	1013534	11253	89893	1011564

9—6 续表8 （2013年） 计量单位：公顷、公斤/公顷、吨

行政单位	（二）瓜类			瓜类中：西瓜		
	播种面积	单　产	总产量	播种面积	单　产	总产量
石家庄市	**9975**	**54352**	**542168**	**8394**	**58229**	**488774**
长安区	30	60000	1800	30	60000	1800
桥东区	18	39000	702	13	44538	579
桥西区						
新华区	47	15000	705	40	15000	600
裕华区						
矿　区						
高新区						
井陉县						
正定县	505	56905	28737	371	64863	24064
栾城县	280	52611	14731	90	65944	5935
行唐县	454	45236	20537	200	49450	9890
灵寿县	189	15016	2838	158	17829	2817
高邑县	495	67091	33210	495	67091	33210
深泽县	135	64541	8713	102	67647	6900
赞皇县	240	17800	4272	60	24150	1449
无极县	551	71005	39124	551	71005	39124
平山县	491	26069	12800	366	25407	9299
元氏县	815	44485	36255	600	50000	30000
赵　县	1075	61361	65963	1075	61361	65963
藁城市	315	61737	19447	315	61737	19447
晋州市	63	35587	2242	42	27833	1169
新乐市	4017	59088	237358	3652	61459	224448
鹿泉市	214	50276	10759	212	50561	10719
辛集市	41	48049	1970	22	61864	1361

水果生产情况

9—7 (2013年)

行政单位	一、水果产量（不含果用瓜）（吨）	# 1. 苹果			2. 梨
			红富士苹果	国光苹果	
石家庄市	2359738	326513	221261	3519	1500110
长安区	2980				
桥东区	2880				2880
桥西区	35	35	35		
新华区	1235	281			822
裕华区					
矿区	4616	4150	3500	9	75
高新区					
井陉县	35894	31892			
正定县	14512	2782	2780		1605
栾城县	379	10			50
行唐县	141455	4500	4200	55	1000
灵寿县	17535	3590	3000		244
高邑县	4281				552
深泽县	110535	70328	58430	1500	25396
赞皇县	96480	3900	3485		2100
无极县	19850	3500	3500		16000
平山县	55284	18639	17618	1021	4300
元氏县	15546	1976	1976		1454
赵县	360000				360000
藁城市	223747	34580			175510
晋州市	726420	8300	6650		614700
新乐市	30100	3200	2600	600	22800
鹿泉市	42974	16967	15250	334	1752
辛集市	453000	117883	98237		268870

9—7 续表1 (2013年)

行政单位	一、水果产量（吨）（续）				
	梨产量（续）		3. 桃	4. 葡萄	5. 红枣
	雪花梨	鸭梨			
石家庄市	**317068**	**653242**	**97723**	**126523**	**241801**
长安区			2680	300	
桥东区					
桥西区					
新华区	668	154		82	
裕华区					
矿　区	20	15	95		12
高新区					
井陉县			121		3238
正定县	1350		9726	332	67
栾城县				319	
行唐县	600	137		350	135000
灵寿县	146			950	518
高邑县	552		1495	104	267
深泽县	162	50	1430	12858	140
赞皇县	2100		110		82500
无极县	11000	5000	150	200	
平山县	1400	2866	5800	353	6742
元氏县	1454		208	124	4560
赵　县	220000	140000			
藁城市	56500	85000	5991	5267	1914
晋州市	14100	324800	20400	82800	
新乐市	5700	17100	3400	400	100
鹿泉市	1316	436	1250	13825	4852
辛集市		77684	44867	8259	1891

9—7 续表 2　　(2013 年)

行政单位	二、果园面积（公顷）	# 苹果园	梨园	桃园	葡萄园
石家庄市	**166403**	**15841**	**49272**	**4124**	**4949**
长 安 区	128			108	20
桥 东 区	120		115		
桥 西 区	2	2			
新 华 区	69	13	38		5
裕 华 区					
矿　　区	262	246	4	5	
高 新 区					
井 陉 县	1639	1116		26	
正 定 县	540	117	45	361	11
栾 城 县	164	33	6	33	40
行 唐 县	40784	540	73		20
灵 寿 县	3205	140	21		25
高 邑 县	149		16	35	4
深 泽 县	3915	2117	857	77	815
赞 皇 县	31834	600	400	10	
无 极 县	1260	233	1013	7	7
平 山 县	9498	2111	216	481	40
元 氏 县	7635	200	180	12	10
赵　　县	16716		16716		
藁 城 市	6686	1312	4881	173	158
晋 州 市	16067	545	12055	589	2873
新 乐 市	1067	160	600	166	53
鹿 泉 市	3819	613	69	47	501
辛 集 市	20844	5743	11967	1994	367

林业生产情况

9—8　　(2013年)

行政单位	一、营林情况（公顷）					
	1. 当年造林面积	# 当年人工造林面积	2. 封山育林面积	3. 当年零星（四旁）植树（株）	4. 育苗面积	5. 当年苗木产量（株）
石家庄市	**32113**	**22466**	**63052**	**19746427**	**3241**	**118065249**
长安区	530	530		25000	10	50000
桥东区					6	974250
桥西区	29	29		162000	22	205000
新华区	352	352			94	460000
裕华区				30000		
矿区	480	387	1333	80000	13	650000
高新区						
井陉县	4440	2273	5216	1235000	67	4000000
正定县	387	387		156000	147	3278000
栾城县	1453	1453		610000	478	3861000
行唐县	2453	2053	3133	1400000	133	3000000
灵寿县	533	133	8067	700000	170	6030000
高邑县	547	547		400000	45	450000
深泽县	866	866		995427	81	928899
赞皇县	2600	1800	17490	2123000	800	72000000
无极县	133	133		100000	50	1875000
平山县	6475	3008	14467	5200000	160	920000
元氏县	3206	1673	1733	780000	67	5380000
赵县	882	882		580000	80	3583700
藁城市	1800	1800		1360000	334	1801000
晋州市	510	510		760000	58	1555900
新乐市	727	727		700000	57	450000
鹿泉市	3630	2843	11613	700000	149	2812500
辛集市	80	80		1650000	220	3812500

9—8 续表 (2013年)

行政单位	一、营林情况（公顷）（续）		二、主要林产品产量		三、木材采伐量（立方米）	
	6. 当年幼林抚育作业面积	7. 当年成林抚育面积	干果（吨）	# 核桃		# 村及村以下
石家庄市	**107994**	**93493**	**40524**	**35532**	**28164**	**23916**
长安区					7	7
桥东区	33	33				
桥西区						
新华区						
裕华区						
矿区	400		45	45	274	274
高新区						
井陉县	34688	30000	1671	1671	500	500
正定县					2995	2995
栾城县	5733				2000	2000
行唐县	6000	4000	580	580	565	565
灵寿县	8000	8000	8577	6358	5230	5230
高邑县			9	9	169	169
深泽县	824	1059	14	14	1726	1726
赞皇县		10000	13550	12500	2100	982
无极县	500	1000			135	135
平山县	36400	20800	12720	11000	4652	4652
元氏县	5460	12100	1545	1542	1240	910
赵县	2330					
藁城市	3600	333	720	720	817	817
晋州市					317	317
新乐市					2800	
鹿泉市	2161	4607	1093	1093	937	937
辛集市	1865	1561			1700	1700

畜牧业生产情况

9—9 (2013年)

行政单位	一、当年出售和自宰的（百头、百只）					
	（一）大牲畜	1. 牛	2. 马	3. 驴	4. 骡	（二）猪
石家庄市	**6669**	**5979**	**156**	**447**	**87**	**59634**
长安区	13	13				229
桥东区						14
桥西区	1	1				35
新华区						14
裕华区						64
矿　区	1	1				310
高新区	9	9				87
井陉县	465	440	5	18	2	1449
正定县	757	757				6237
栾城县	446	446				3441
行唐县	693	680	2	7	4	2770
灵寿县	223	205	5	9	4	2930
高邑县	23	23				1029
深泽县	101	90	1	8	2	2188
赞皇县	743	738	2	2	1	1350
无极县	706	619	16	30	41	3440
平山县	120	120				2010
元氏县	579	543		36		2904
赵　县	186	156		30		4100
藁城市	596	565	7	15	9	6063
晋州市	182	163	8	4	7	4210
新乐市	450	200	42	191	17	4840
鹿泉市	76	75		1		2717
辛集市	299	135	68	96		7203

9—9 续表1　　(2013年)

行政单位	一、当年出售和自宰的（百头、百只）（续）				
	（三）羊	（四）家禽	# 鸡	鸭	（五）兔
石家庄市	**15545**	**1625432**	**1614227**		**54147**
长安区	23	2331	2331		
桥东区	5	28	28		
桥西区	5	770	720		100
新华区	23	385	385		
裕华区	4	450	450		
矿　区	28	1900	1900		
高新区	13	1516	1516		
井陉县	1464	41623	40091		3596
正定县	524	202110	202110		
栾城县	526	188372	188222		780
行唐县	620	48725	48725		800
灵寿县	623	32283	32265		3218
高邑县	251	32443	32443		6362
深泽县	1017	28944	28604		1008
赞皇县	566	30902	30902		634
无极县	1550	118777	118777		4800
平山县	709	19301	19301		10302
元氏县	1742	88314	88194		3600
赵　县	793	83392	82592		966
藁城市	1618	237255	232398		3214
晋州市	1253	109907	108581		3806
新乐市	200	113041	112631		5986
鹿泉市	399	48405	46803		104
辛集市	1589	194258	194258		4871

9—9 续表 2　　　　（2013 年）

行政单位	二、期末存栏（百头、百只）							
	（一）大牲畜	1. 牛	（1）肉牛	（2）奶牛	（3）役用牛	2. 马	3. 驴	4. 骡
石家庄市	**8641**	**8014**	**3725**	**4079**	**210**	**128**	**414**	**85**
长 安 区	21	21		21				
桥 东 区	2	2		2				
桥 西 区	1	1	1					
新 华 区								
裕 华 区	1	1		1				
矿　　区	1	1	1					
高 新 区	11	11	6	5				
井 陉 县	584	584	552	32				
正 定 县	963	963	470	493				
栾 城 县	612	612	164	448				
行 唐 县	983	971	21	940	10	2	6	4
灵 寿 县	474	387	128	212	47	19	51	17
高 邑 县	33	33	7	26				
深 泽 县	164	143	8	135		5	12	4
赞 皇 县	615	604	604			4	4	3
无 极 县	928	832	628	204		11	59	26
平 山 县	234	234	158	46	30			
元 氏 县	683	679	297	263	119		4	
赵　　县	203	173	73	100			30	
藁 城 市	684	663	308	355		3	11	7
晋 州 市	165	139	75	64		7	10	9
新 乐 市	503	323	26	297		45	121	14
鹿 泉 市	257	255	17	234	4		1	1
辛 集 市	519	382	181	201		32	105	

9—9 续表 3　　(2013 年)

行政单位	二、期末存栏（百头、百只）（续）				
	（二）猪	（三）羊	（四）家禽	# 鸡	（五）兔
石家庄市	**36815**	**12762**	**1234001**	**1223202**	**27382**
长 安 区	180	45	760	760	
桥 东 区	16	9	10	10	
桥 西 区	29	3	750	750	30
新 华 区	5	22	1120	1120	
裕 华 区	49	11	522	522	
矿　区	210	35	2358	2358	
高 新 区	100	10	1906	1906	
井 陉 县	1002	1227	37520	36490	2299
正 定 县	4371	435	152441	152441	
栾 城 县	1911	418	128940	128940	458
行 唐 县	1741	587	37705	37705	400
灵 寿 县	1665	497	22420	22383	1845
高 邑 县	620	180	18074	18074	1660
深 泽 县	1183	756	21893	21763	787
赞 皇 县	842	577	23359	23359	319
无 极 县	2300	1170	85605	85605	3900
平 山 县	1363	688	15876	15611	2346
元 氏 县	1946	1411	62050	61666	2300
赵　县	2511	613	55920	54930	810
藁 城 市	3311	1084	178527	173829	2007
晋 州 市	2790	880	79828	79828	1020
新 乐 市	3386	182	85600	84123	5310
鹿 泉 市	1282	343	42923	41135	83
辛 集 市	4002	1579	177894	177894	1808

9—9 续表4 (2013年)

行政单位	三、肉类产量(吨)						
		#1. 牛肉	2. 驴肉	3. 猪肉	4. 羊肉	5. 家禽肉	6. 兔肉
石家庄市	**777244**	**92406**	**3799**	**450057**	**21361**	**197427**	**8370**
长安区	2235	195		1720	30	290	
桥东区	114			102	7	5	
桥西区	381	16		266	7	77	15
新华区	189			106	36	47	
裕华区	551			486	6	59	
矿区	2562	12		2325	35	190	
高新区	957	137		615	11	194	
井陉县	25812	6922	160	10990	2041	5001	608
正定县	84009	11659		47401	696	24253	
栾城县	56809	6986		25800	717	22533	103
行唐县	38409	10448	56	21052	840	5847	102
灵寿县	30487	3180	66	22268	821	3647	393
高邑县	13318	352		7692	342	3912	1020
深泽县	23236	1440	68	16627	1414	3474	153
赞皇县	25291	10607	18	10117	724	3730	59
无极县	53294	9686	180	26079	2069	14073	707
平山县	22109	1919		15242	1046	2357	1545
元氏县	44343	8488	270	22006	2292	10748	539
赵县	44556	2428	270	30730	1126	9665	193
藁城市	86686	8972	95	46070	2248	28420	483
晋州市	51040	2508	25	31996	1803	13968	571
新乐市	55166	3092	1719	34975	274	13450	889
鹿泉市	28666	1200	8	20649	557	6236	16
辛集市	87024	2159	864	54743	2219	25251	974

9—9 续表5 (2013年)

行政单位	四、其他畜产品产量（吨）			
	1. 奶类产量	# 牛奶产量	2. 蜂蜜产量	3. 禽蛋产量
石家庄市	**1192372**	**1190073**	**2680**	**1070629**
长安区	6300	6300		1280
桥东区				8
桥西区				342
新华区				941
裕华区	325	325		437
矿　区			4	1980
高新区	917	917		616
井陉县	11103	11103	84	31772
正定县	113044	113044		127531
栾城县	125513	125513		105830
行唐县	290975	290225	3	33198
灵寿县	55128	55120	105	18461
高邑县	7982	7982		15082
深泽县	43710	43710		18434
赞皇县			1275	19521
无极县	57600	57600	78	73822
平山县	14449	14449	782	13236
元氏县	82400	82400	175	52632
赵　县	40878	40878	150	60650
藁城市	96187	96145		149641
晋州市	20700	20700		71478
新乐市	91699	90200		76050
鹿泉市	70206	70206	24	37584
辛集市	63256	63256		160103

渔业生产情况

9—10 （2013年）

行政单位	水产品总产量（吨）	# 内陆养殖	# 鱼类	水产品养殖面积（公顷）	# 池塘养殖	水库养殖
石家庄市	**35312**	**22357**	**21139**	**15354**	**841**	**14413**
长安区	5	5		5	5	
桥东区	4	4	4	1	1	
桥西区						
新华区	60	60	60	8	8	
裕华区						
矿　区	25	25	25	5	3	2
高新区						
井陉县	650	650	650	169	65	104
正定县	1605	1605	1545	233	133	
栾城县	11	11	11	3	3	
行唐县	2156	1606	1536	827	12	815
灵寿县	8300	4000	3997	2767	70	2697
高邑县						
深泽县	111	111	37	10	10	
赞皇县	1100	820	820	260		260
无极县	12	12		3	3	
平山县	13790	7075	6355	8850	137	8713
元氏县	1080	1070	1070	248	3	245
赵　县						
藁城市	40	40	40	1	1	
晋州市						
新乐市	22	22		2	2	
鹿泉市	6302	5202	4950	1951	374	1577
辛集市	39	39	39	11	11	

农林牧渔业总产值

9—11　　(2013年)　　计量单位：万元

行政单位	农林牧渔业总产值	一、农业产值	(一) 谷物及其他作物产值				
			总计	1. 谷物	2. 薯类	3. 油料	4. 豆类
石家庄市	**8519016**	**4705433**	**1469627**	**1162670**	**75005**	**143449**	**13057**
长安区	38120	27331	11178	9962			
桥东区	7479	3901	443	407			
桥西区	21741	16891	183	171			
新华区	30089	24113	4789	4356		49	9
裕华区	11743	7694	2040	1970			
矿区	16644	8149	3264	2928	102	52	30
高新区	31414	28012	7674	7408			
井陉县	228383	81272	34980	23164	5328	3525	1366
正定县	644078	274651	94352	73150	1889	13654	1408
栾城县	563556	268544	64400	60622	235	251	246
行唐县	474617	206642	101067	66447	11105	15387	349
灵寿县	278846	141681	45433	31163	8081	3545	122
高邑县	215022	165741	45755	36747	1928	3200	182
深泽县	278330	178754	55333	44661	3373	4430	970
赞皇县	266305	128736	43821	26685	4853	10238	362
无极县	485604	236909	99435	79412	4057	11371	541
平山县	330009	177716	59649	45013	4121	5922	554
元氏县	433759	207136	92753	73811	8552	5104	889
赵县	572208	360465	141499	126597	1084	2686	
藁城市	1283004	882572	142623	123198	5783	6418	1823
晋州市	565966	366536	97778	81791	3588	6334	1928
新乐市	533169	294229	105913	72475	3766	25051	429
鹿泉市	394166	241870	53655	45987	2688	2124	668
辛集市	891897	520491	186843	124575	4473	24289	1250

9—11 续表1　　（2013年）　　计量单位：万元

行政单位	一、农业产值（续）					
	（一）谷物及其他作物产值(续)		（二）蔬菜园艺作物		（三）水果、坚果、饮料和香料	（四）中药材
	5. 棉花	6. 烟草	1. 蔬菜	2. 花卉		
石家庄市	**25759**	**790**	**2266984**	**8180**	**849513**	**5306**
长安区	323		14889		1264	
桥东区			2376	247	835	
桥西区			12090	4605	13	
新华区	31		18249	527	542	
裕华区			5603	51		
矿区			2932	17	1742	26
高新区			20076			
井陉县	285		28268		17714	310
正定县	558		154530	137	12631	16
栾城县	38		181362	391	9250	61
行唐县	956	320	43328		57583	4379
灵寿县	377	470	15893		20691	
高邑县	254		114005	119	5862	
深泽县	1147		80859	9	42044	32
赞皇县	162		20172	9	59980	3329
无极县	565		125599		10735	
平山县	1399		41918	565	55110	2424
元氏县	1222		94985	349	17661	898
赵县	7		129113	102	88537	
藁城市	900		675635	714	61705	
晋州市			71592		197166	
新乐市	372		143604		43892	
鹿泉市	464		164367	333	22580	36
辛集市	16699		207098		125568	982

9—11 续表 2 (2013 年) 计量单位：万元

行政单位	二、林业产值			
	合 计	(一) 林木的培育和种植	(二) 竹木采运	(三) 林产品
石家庄市	**129538**	**111274**	**1921**	**16343**
长安区	602	602		
桥东区	17	17		
桥西区	191	191		
新华区	524	524		
裕华区	30	30		
矿 区	720	691	19	10
高新区				
井陉县	21715	21681	34	
正定县	1142	938	204	
栾城县	4232	4096	136	
行唐县	7292	7253	39	
灵寿县	8820	5284	357	3179
高邑县	1363	1351	12	
深泽县	2635	2517	118	
赞皇县	10729	10586	143	
无极县	733	724	9	
平山县	30077	25721	317	4039
元氏县	7897	7812	85	
赵 县	2612	2612		
藁城市	6217	6161	56	
晋州市	1333	1311	22	
新乐市	1964	1773	191	
鹿泉市	6447	6383	64	
辛集市	3141	3025	116	

9—11 续表3 （2013年） 计量单位：万元

行政单位	三、牧业产值						
	合 计	（一）牲畜饲养	（1）牛	（2）羊	（3）其他牲畜	（4）奶产品	（5）毛绒产品
石家庄市	**3337386**	**1074783**	**487886**	**155120**	**11127**	**417044**	**3606**
长安区	8707	3469	1061	203		2205	
桥东区	286	49		49			
桥西区	4159	137	82	55			
新华区	1364	251		251			
裕华区	1673	152		38		114	
矿 区	7412	359	82	275			2
高新区	3402	1173	734	118		321	
井陉县	115079	55062	35904	14281	402	3886	589
正定县	356945	106395	61771	5037		39565	22
栾城县	276066	85550	36394	5156		43930	70
行唐县	247891	163415	55488	5894	212	101737	84
灵寿县	116089	42759	16728	5852	292	19294	593
高邑县	44438	7228	1877	2514		2794	43
深泽县	91103	33796	7344	10675	178	15299	300
赞皇县	111569	65281	60221	4979	81		
无极县	238182	88243	50510	15815	1433	20160	325
平山县	86255	21955	9792	6989		5057	117
元氏县	201639	91092	44309	17119	576	28840	248
赵 县	177943	35493	12730	7747	480	14307	229
藁城市	377837	97174	46104	16654	505	33660	251
晋州市	186289	34419	13301	13317	311	7245	245
新乐市	221062	54312	16320	1945	4017	31885	145
鹿泉市	124770	34573	6120	3839	16	24572	26
辛集市	349926	52452	11016	16321	2624	22140	351

9—11 续表 4　　(2013 年)　　计量单位：万元

行政单位	三、牧业产值（续）					
	(二) 猪的饲养	(三) 家禽饲养	1. 肉禽	2. 禽蛋	(四) 其他畜牧业	# 兔
石家庄市	**954144**	**1250491**	**330871**	**919620**	**57968**	**5805**
长安区	3664	1574	471	1103		
桥东区	224	13	6	7		
桥西区	560	462	167	295	3000	3000
新华区	224	889	78	811		
裕华区	1024	468	91	377	29	
矿区	4960	2091	384	1707	2	
高新区	1392	837	306	531		
井陉县	23184	36144	8757	27387	689	647
正定县	99792	150758	40826	109932		
栾城县	55056	129311	38086	91225	6149	94
行唐县	44320	38468	9842	28626	1688	280
灵寿县	46880	22437	6526	15911	4013	457
高邑县	16464	19474	6553	12921	1272	1272
深泽县	35008	21842	5924	15918	457	202
赞皇县	21600	23063	6242	16821	1625	222
无极县	55040	87627	23993	63634	7272	708
平山县	32160	15298	3899	11399	16842	1521
元氏县	46464	63217	17867	45350	866	504
赵县	65600	69126	17028	52098	7724	367
藁城市	97008	177881	49033	128848	5774	474
晋州市	67360	84091	22503	61588	419	419
新乐市	77440	88412	22927	65485	898	898
鹿泉市	43472	42481	10143	32338	4244	15
辛集市	115248	177249	39240	138009	4977	877

9—11 续表5　　(2013年)　　计量单位：万元

行政单位	四、渔业产值	# 鱼类	甲壳类	五、农林牧渔服务业产值
石家庄市	**41396**	**30718**	**2531**	**305263**
长安区	37			1443
桥东区	5	5		3270
桥西区				500
新华区	68	68		4020
裕华区				2346
矿　区	24	24		339
高新区				
井陉县	2275	2275		8042
正定县	2328	1883		9012
栾城县	11	11		14703
行唐县	3242	2877	145	9550
灵寿县	9076	7729	1338	3180
高邑县				3480
深泽县	588	39		5250
赞皇县	1120	1120		14151
无极县	79			9701
平山县	22543	15518	2573	13418
元氏县	1487	1487		15600
赵　县				31188
藁城市	22	22		16356
晋州市				11808
新乐市	18			15896
鹿泉市	9227	7341	53	11852
辛集市	47	47		18292

农林牧渔业中间消耗

9—12 （2013 年） 计量单位：万元

行政单位	农林牧渔业中间消耗总计	一、农业中间消耗		
		合计	1. 物质消耗	2. 生产服务支出
石家庄市	**3632265**	**1683101**	**1357795**	**325306**
长安区	13718	7243	6019	1224
桥东区	2885	932	790	142
桥西区	9672	6822	5320	1502
新华区	9205	6033	4138	1895
裕华区	5214	3063	2417	646
矿区	7700	3650	3070	580
高新区	13612	12138	11047	1091
井陉县	96644	29812	24540	5272
正定县	331487	101839	80716	21123
栾城县	254334	112890	103520	9370
行唐县	219211	74391	58562	15829
灵寿县	126872	56154	42460	13694
高邑县	92612	66358	53444	12914
深泽县	126825	69779	57121	12658
赞皇县	106392	48943	39634	9309
无极县	231716	96565	75566	20999
平山县	128180	66908	52853	14055
元氏县	196792	72103	56786	15317
赵县	233094	127315	98154	29161
藁城市	571102	357442	271656	85786
晋州市	259307	151912	151912	
新乐市	236097	109866	93971	15895
鹿泉市	159648	86106	69222	16884
辛集市	412642	223812	214026	9786

9—12 续表1　　(2013年)　　计量单位：万元

行政单位	二、林业中间消耗合计			三、牧业中间消耗		
	合　计	1. 物质消耗	2. 生产服务支出	合　计	1. 物质消耗	2. 生产服务支出
石家庄市	**26868**	**18899**	**7969**	**1745481**	**1660215**	**85266**
长 安 区	336	336		5398	5162	236
桥 东 区	7	5	2	194	186	8
桥 西 区	104	86	18	2495	2348	147
新 华 区	287	260	27	846	500	346
裕 华 区	15	15		954	907	47
矿　　区	216	192	24	3647	3465	182
高 新 区				1474	1119	355
井 陉 县	9017	6791	2226	53431	50017	3414
正 定 县	727	628	99	223449	213459	9990
栾 城 县	1822	1515	307	132023	125918	6105
行 唐 县	3238	2782	456	135348	125473	9875
灵 寿 县	3087	2062	1025	62122	59141	2981
高 邑 县	196	161	35	24883	23085	1798
深 泽 县	844	742	102	53241	52020	1221
赞 皇 县	1462	853	609	46560	43786	2774
无 极 县	364	279	85	129854	122959	6895
平 山 县	6110	4272	1838	39493	37554	1939
元 氏 县	2947	2280	667	113220	107599	5621
赵　　县	1269	950	319	88916	84648	4268
藁 城 市	3295	2748	547	202029	189907	12122
晋 州 市	484	374	110	101113	95759	5354
新 乐 市	544	465	79	117667	114302	3365
鹿 泉 市	2901	2338	563	61013	58084	2929
辛 集 市	1424	1403	21	176766	165386	11380

9—12 续表 2　　(2013 年)　　计量单位：万元

行政单位	四、渔业中间消耗			五、农林牧渔服务业中间消耗		
	合　计	1. 物质消耗	2. 生产服务支出	合　计	1. 物质消耗	2. 生产服务支出
石家庄市	**18617**	**15404**	**3213**	**158198**	**143942**	**14256**
长 安 区	19	17	2	722	677	45
桥 东 区	2	2		1750	525	1225
桥 西 区				251	251	
新 华 区	29	16	13	2010		2010
裕 华 区				1182	1081	101
矿　 区	11	9	2	176	137	39
高 新 区						
井 陉 县	929	741	188	3455	3223	232
正 定 县	1236	1045	191	4236	4236	
栾 城 县	4	4		7595	6455	1140
行 唐 县	1459	934	525	4775	3968	807
灵 寿 县	3907	3220	687	1602	558	1044
高 邑 县				1175	245	930
深 泽 县	265	235	30	2696	2296	400
赞 皇 县	684	593	91	8743	7953	790
无 极 县	43	23	20	4890	4440	450
平 山 县	9692	7986	1706	5977	5427	550
元 氏 县	660	551	109	7862	7234	628
赵　 县				15594	14224	1370
藁 城 市	12	10	2	8324	1249	7075
晋 州 市				5798	5259	539
新 乐 市	7	4	3	8013	1089	6924
鹿 泉 市	4295	3540	755	5333	2673	2660
辛 集 市	31	26	5	10609	9636	973

农林牧渔业增加值

9—13　(2013 年)　计量单位：万元

行政单位	农林牧渔业增加值	1. 农业	2. 林业	3. 牧业	4. 渔业	5. 农林牧渔服务业
石家庄市	**4886751**	**3022332**	**102670**	**1591905**	**22779**	**147065**
长安区	24402	20088	266	3309	18	721
桥东区	4594	2969	10	92	3	1520
桥西区	12069	10069	87	1664		249
新华区	20884	18080	237	518	39	2010
裕华区	6529	4631	15	719		1164
矿区	8944	4499	504	3765	13	163
高新区	17802	15874		1928		
井陉县	131739	51460	12698	61648	1346	4587
正定县	312591	172812	415	133496	1092	4776
栾城县	309222	155654	2410	144043	7	7108
行唐县	255406	132251	4054	112543	1783	4775
灵寿县	151974	85527	5733	53967	5169	1578
高邑县	122410	99383	1167	19555		2305
深泽县	151505	108975	1791	37862	323	2554
赞皇县	159913	79793	9267	65009	436	5408
无极县	253888	140344	369	108328	36	4811
平山县	201829	110808	23967	46762	12851	7441
元氏县	236967	135033	4950	88419	827	7738
赵县	339114	233150	1343	89027		15594
藁城市	711902	525130	2922	175808	10	8032
晋州市	306659	214624	849	85176		6010
新乐市	297072	184363	1420	103395	11	7883
鹿泉市	234518	155764	3546	63757	4932	6519
辛集市	479255	296679	1717	173160	16	7683

农林牧渔业商品产值

9—14 (2013年) 计量单位：万元

行政单位	农林牧渔业商品产值	一、农业商品产值				
		合计	(一) 谷物及其他作物			
			小计	1. 谷物	2. 薯类
石家庄市	**6105048**	**3246186**	**715207**	**559043**	**46145**
长安区	30647	23031	9381	9197	
桥东区	3561	3270	326	326	
桥西区	15401	13967	158	146	
新华区	23045	21089	2491	2079	
裕华区	8508	6990	1526	1526	
矿区	10909	4134	1612	1612	
高新区	25310	22198	5926	5926	
井陉县	163981	48383	20837	16115	2787
正定县	499551	182109	51757	40782	868
栾城县	487201	218502	40330	40330	
行唐县	395490	163798	68133	41846	9836
灵寿县	167256	94575	9341	1368	4863
高邑县	167637	134109	28013	23538	1302
深泽县	227135	142490	32229	25060	2940
赞皇县	198934	93349	32783	24594	4145
无极县	343826	130230	51348	37860	2100
平山县	217360	120171	41235	32648	1836
元氏县	270104	132058	64087	53559	5432
赵县	420738	248808	69820	64589	815
藁城市	1070378	730755	112226	98558	4626
晋州市	375225	234448	44020	40535	455
新乐市	367966	190513	58663	32387	2304
鹿泉市	303696	178550	25054	22787	298
辛集市	619175	325758	114203	85585	1834

9—14 续表1　　(2013年)　　计量单位：万元

行政单位	一、农业商品产值（续）				
	（一）谷物及其他作物（续）				
	3. 油料	4. 豆类	5. 棉花	6. 烟叶	7. 其他农作物
石家庄市	**82270**	**5633**	**21250**	**776**	**90**
长安区			184		
桥东区					
桥西区					12
新华区	49	9	10		344
裕华区					
矿　区					
高新区					
井陉县	1080	855			
正定县	8862	763	482		
栾城县					
行唐县	10361	272	608	316	4894
灵寿县	2830	84	54	142	
高邑县	2712	132	225		104
深泽县	1713	822	942		752
赞皇县	3902	121	21		
无极县	10805	308	275		
平山县	4255	131	344		2021
元氏县	3216	673	1207		
赵　县	2040				2376
藁城市	5776	1641	809		816
晋州市	2146	674			210
新乐市	21080	308	314		2270
鹿泉市	1323	137	439		70
辛集市	10380	637	15698		69

9—14 续表 2　　(2013 年)　　计量单位：万元

行政单位	一、农业商品产值（续）				
	（二）蔬菜、园艺作物			（三）水果、坚果、饮料和香料作物	（四）中药材
	合　计	1. 蔬菜	2. 花卉		
石家庄市	**1832769**	**1730606**	**8108**	**693205**	**5005**
长 安 区	12466	12466		1184	
桥 东 区	2147	1900	247	797	
桥 西 区	13798	10338	3460	11	
新 华 区	18056	17523	527	542	
裕 华 区	5464	5413	51		
矿　　区	1128	1105	17	1370	24
高 新 区	16272	16062			
井 陉 县	10168	10168		17128	250
正 定 县	118662	107099	137	11674	16
栾 城 县	169190	156739	374	8923	59
行 唐 县	34236	33979		57050	4379
灵 寿 县	66018	6354		19216	
高 邑 县	100843	100727	116	5253	
深 泽 县	74188	73709	9	36050	23
赞 皇 县	11880	11871	9	45357	3329
无 极 县	68363	67337		10519	
平 山 县	30079	15198	519	48033	824
元 氏 县	53353	52602	289	13730	888
赵　　县	91597	90298	102	87391	
藁 城 市	562995	560775	647	55534	
晋 州 市	36269	36269		154159	
新 乐 市	101129	100535		30721	
鹿 泉 市	132463	131321	333	20997	36
辛 集 市	111596	111596		99075	884

9—14 续表3 （2013年） 计量单位：万元

行政单位	二、林业商品产值		三、牧业商品产值		
				（一）牲畜的饲养	
	总计	林产品	总计	合计	1. 牛
石家庄市	**16029**	**2913**	**2809443**	**889564**	**392991**
长安区			7579	2817	991
桥东区			286	49	
桥西区			1434	115	69
新华区	524		1364	251	
裕华区			1518	149	
矿区	10	10	6744	330	82
高新区			3112	1137	712
井陉县	439		113045	53437	35321
正定县	147		315238	97194	54989
栾城县	469		268219	80940	36125
行唐县			228459	148039	49380
灵寿县	2600	2600	63704	12079	
高邑县			33528	5790	1788
深泽县	2268		81898	30909	6365
赞皇县	3661		101317	63688	59610
无极县			213543	75124	43398
平山县	1753	185	74335	12524	3261
元氏县	76		136947	52970	26457
赵县	360		171570	35068	12648
藁城市	50		339554	87447	41494
晋州市	22		140755	26966	7980
新乐市	1154		176285	45629	13872
鹿泉市			116076	34054	6061
辛集市	1605		291766	44386	10465

9—14 续表 4　　　　(2013 年)　　　　计量单位：万元

行政单位	三、牧业商品产值（续）				
	（一）牲畜的饲养（续）				（二）猪的饲养
	2. 羊	3. 其他牲畜	4. 奶类	5. 毛绒类	
石家庄市	**121114**	**5933**	**366169**	**3357**	**776432**
长 安 区	194		1632		3591
桥 东 区	49				224
桥 西 区	46				476
新 华 区	251				224
裕 华 区	37		112		880
矿　区	246			2	4560
高 新 区	114		311		1211
井 陉 县	13672	333	3574	537	23086
正 定 县	4782		37401	22	76191
栾 城 县	5086		39659	70	54974
行 唐 县	5799	212	92564	84	44263
灵 寿 县			11507	572	33754
高 邑 县	1765		2237		10376
深 泽 县	9786	178	14280	300	30176
赞 皇 县	3997	81			20030
无 极 县	13721	1235	16450	320	52624
平 山 县	6617		2529	117	32160
元 氏 县	887	470	24952	204	24898
赵　县	7513	478	14202	227	63360
藁 城 市	14988	455	30294	216	87307
晋 州 市	12344	311	6086	245	49173
新 乐 市	1404	3401	26856	96	64000
鹿 泉 市	3754	10	24204	25	41096
辛 集 市	13057	2407	18155	302	106028

9—14 续表5 (2013年) 计量单位：万元

行政单位	三、牧业商品产值（续）				四、渔业商品产值
	（三）家禽的饲养（续）			（四）其他畜牧业	
	合计	1. 肉禽	2. 禽蛋		
石家庄市	**1099348**	**272603**	**826745**	**44099**	**33390**
长安区	1171	450	721		37
桥东区	13	6	7		5
桥西区	393	142	251	450	
新华区	889	78	811		68
裕华区	460	89	371	29	
矿区	1852	343	1509	2	21
高新区	764	302	462		
井陉县	35855	8710	27145	667	2114
正定县	141853	34788	107065		2057
栾城县	126684	36646	90038	5621	11
行唐县	34472	7074	27398	1685	3233
灵寿县	15508	4670	10838	2363	6377
高邑县	17257	4600	12657	105	
深泽县	20372	5583	14789	441	479
赞皇县	16115	6053	10062	1484	607
无极县	78880	21816	57064	6915	53
平山县	13455	2827	10628	16196	21101
元氏县	58287	16426	41861	792	1023
赵县	65820	16528	49292	7322	
藁城市	159602	43639	115963	5198	19
晋州市	64218	16570	47648	398	
新乐市	65906	15885	50021	750	14
鹿泉市	36772	9293	27479	4154	9070
辛集市	138660	28253	110407	2692	46

十、工业　交通　邮政

全市全部工业企业主要产品产量

10—1

产品名称	计量单位	2013 年	2012 年	增长速度（%）
铁矿石原矿	吨	3586501	5960486	-39.8
铁精粉	吨	1145266	2043706	-44.0
小麦粉	吨	1799291	1792525	0.4
饲料	吨	4572257	4051042	12.9
#配合饲料	吨	1309401	1147042	14.2
混合饲料	吨	2656321	2285767	16.2
精制食用植物油	吨	152253	165361	-7.9
鲜、冷藏肉	吨	162099	164312	-1.3
糖果	吨	8892	7193	23.6
乳制品	吨	715217	660967	8.2
#液体乳	吨	606270	458082	32.3
乳粉	吨	4711	2747	71.5
罐头	吨	131206	125365	4.7
酱油	吨	30681	30578	0.3
冷冻饮品	吨	9577	8137	17.7
食品添加剂	吨	17172	16278	5.5
饮料酒	千升	297477	265041	12.2
#白酒（折 65 度，商品量）	千升	10917	10792	1.2
啤酒	千升	286388	253929	12.8
软饮料	吨	671863	378701	77.4
#碳酸饮料类（汽水）	吨	103372		0.0
包装饮用水类	吨	397857	247080	61.0
果汁和蔬菜汁饮料类	吨	63209	46948	34.6
卷烟	万支	2525000	2461500	2.6
纱	吨	608350	598076	1.7
#棉纱	吨	371374	351355	5.7
棉混纺纱	吨	165965	168809	-1.7
化学纤维纱	吨	71011	77912	-8.9
布	万米	338642	380062	-10.9
#色织布（含牛仔布）	万米	1920	1711	12.2
#棉布	万米	310991	347845	-10.6

10—1 续表 1

产品名称	计量单位	2013 年	2012 年	增长速度（%）
棉混纺布	万米	26777	31371	-14.6
化学纤维布	万米	875	846	3.4
印染布	万米	19675	23108	-14.9
无纺布（无纺织物）	吨	26661	28730	-7.2
服装	万件	14709	30920	-52.4
#针织服装	万件	5253	23392	-77.5
梭织服装	万件	9456	7528	25.6
#羽绒服	万件	178	314	-43.3
西服套装	万件	1	1	0.0
衬衫	万件	39	47	-17.0
轻革	平方米	109356014	208817327	-47.6
皮革鞋靴	万双	841	890	-5.5
皮革服装	件	18952347	17447834	8.6
人造板	立方米	1213995	1152438	5.3
#胶合板	立方米	271378	285650	-5.0
纤维板	立方米	712813	688464	3.5
刨花板	立方米	229804	178324	28.9
人造板表面装饰板	平方米	1176313	958705	22.7
家具	件	635513	655663	-3.1
#木质家具	件	626490	648440	-3.4
软体家具	件	9023	7223	24.9
机制纸及纸板（外购原纸加工除外）	吨	726299	717390	1.2
#未涂布印刷书写用纸	吨	343632	327532	4.9
#新闻纸	吨	343632	327532	4.9
箱纸板	吨	205884	206860	-0.5
纸制品	吨	716467	615324	16.4
#瓦楞纸箱	吨	681724	584444	16.6
单色印刷品	令	167214	95766	74.6
多色印刷品	对开色令	131663	146330	-10.0
原油加工量	吨	2913985	4172559	-30.2
#汽油	吨	580174	899937	-35.5

10—1 续表 2

产品名称	计量单位	2013 年	2012 年	增长速度（%）
煤油	吨	137175	3189	4201.5
柴油	吨	1231030	1962071	-37.3
润滑油	吨	66657	47807	39.4
燃料油	吨	23291	58065	-59.9
液化石油气	吨	166357	218472	-23.9
焦炭	吨	3799946	3645444	4.2
#机焦	吨	3799946	3645444	4.2
硫酸（折 100%）	吨	493162	411167	19.9
纯碱（碳酸钠）	吨	383106	428936	-10.7
纯苯	吨	7624	7856	-3.0
精甲醇	吨	192590	186029	3.5
冰乙酸（冰醋酸）	吨	10001	10145	-1.4
浓硝酸（折 100%）	吨	19292	45418	-57.5
合成氨（无水氨）	吨	1317778	1247821	5.6
农用氮、磷、钾化学肥料总计（折纯）	吨	1007530	826928	21.8
#氮肥（折含 N100%）	吨	912748	772004	18.2
#尿素（折含 N100%）	吨	629982	500725	25.8
磷肥（折五氧化二磷 100 %）	吨	58363	31583	84.8
钾肥（折氧化钾 100%）	吨	36419	23341	56.0
化学农药原药（折有效成分 100%）	吨	5200	5924	-12.2
#杀虫剂原药	吨	1644	1508	9.0
杀菌剂原药	吨	2005	1759	14.0
除草剂原药	吨	10	18	-44.4
涂料	吨	76523	59823	27.9
初级形态的塑料	吨	34102	49450	-31.0
#聚丙烯树脂	吨	34102	49450	-31.0
合成纤维单体	吨	116868	103697	12.7
合成纤维聚合物	吨	24341	29221	-16.7
#聚酯	吨	22046	19551	12.8
化学试剂	吨	221751	234521	-5.4
合成洗涤剂	吨	132315	119831	10.4

10—1 续表 3

产品名称	计量单位	2013 年	2012 年	增长速度（%）
化学药品原药	吨	173868	307547	-43.5
中成药	吨	15587	12596	23.7
化学纤维用浆粕	吨	68529	72408	-5.4
化学纤维	吨	41877	40347	3.8
#人造纤维（纤维素纤维）	吨	26246	25577	2.6
合成纤维	吨	15631	14770	5.8
涤纶纤维	吨	15631	14770	5.8
橡胶轮胎外胎	条	30300	32200	-5.9
塑料制品	吨	475048	388814	22.2
#塑料薄膜	吨	17206	17227	-0.1
泡沫塑料	吨	28158	25379	11.0
塑料人造革、合成革	吨	14204	11610	22.3
日用塑料制品	吨	186350	148424	25.6
硅酸盐水泥熟料	吨	13585715	15381132	-11.7
#窑外分解窑水泥熟料	吨	11962304	12577075	-4.9
水泥	吨	38862858	39162370	-0.8
#强度等级 42.5 水泥（含 R 型）	吨	13817766	11493514	20.2
商品混凝土	立方米	1474923	1302531	13.2
水泥混凝土排水管	千米	294	231	27.3
石膏板	万平方米	3083	3098	-0.5
砖	万块	77722	57106	36.1
瓷质砖	平方米	181757220	152584904	19.1
天然大理石建筑板材	平方米	4980365	3947108	26.2
沥青和改性沥青防水卷材	平方米	33047385	30054310	10.0
平板玻璃	重量箱	8629306	9374798	-8.0
夹层玻璃	平方米	82121	267399	-69.3
日用玻璃制品	吨	26600	30973	-14.1
玻璃包装容器	吨	242608	249948	-2.9
石墨及炭素制品	吨	77502	108491	-28.6
生铁	吨	14201244	12035783	18.0
粗钢	吨	13674142	11375525	20.2

10—1 续表 4

产品名称	计量单位	2013 年	2012 年	增长速度（%）
钢材	吨	13481353	11123251	21.2
#棒材	吨	1695095	1607248	5.5
钢筋	吨	6301518	4226761	49.1
线材（盘条）	吨	1651125	1746623	-5.5
中板	吨	1759008	1659339	6.0
热轧窄钢带	吨	441267	519697	-15.1
冷轧窄钢带	吨	149	134	11.2
无缝钢管	吨	20480	19671	4.1
其它钢材	吨	11195	6714	66.7
用外购国产钢材再加工生产钢材	吨	8378	5716	46.6
铁合金	吨	41726	35171	18.6
锰硅合金	吨	39939	31936	25.1
原铝（电解铝）	吨	21235	19001	11.8
黄金	千克	530	532	-0.4
白银（银锭）	千克	684	558	22.6
铝材	吨	2835	2750	3.1
金属切削工具	万件	7858	6646	18.2
钢丝	吨	1940	2043	-5.0
发动机	千瓦	626625	625719	0.1
#汽车用发动机	千瓦	63355	98922	-36.0
金属成形机床	台	2408	2169	11.0
泵	台	5431	6791	-20.0
阀门	吨	20667	54434	-62.0
液压元件	件	7098	10231	-30.6
滚动轴承	万套	1519	1513	0.4
齿轮	吨	5210	4365	19.4
风机	台	6745	6313	6.8
金属密封件	万件	6	5	20.0
金属紧固件	吨	38365	26484	44.9
铸铁件	吨	355026	298127	19.1
铸钢件	吨	223982	212600	5.4

10—1 续表 5

产品名称	计量单位	2013 年	2012 年	增长速度（%）
矿山专用设备	吨	6682	7685	-13.1
塑料加工专用设备	台	55	60	-8.3
农产品初加工机械	台	10775	133701	-91.9
饲料生产专用设备	台	4030	3524	14.4
中型拖拉机	台	280	519	-46.1
小型拖拉机	台	1269	1671	-24.1
环境污染防治专用设备	台（套）	1927	929	107.4
改装汽车	辆	3655	3531	3.5
摩托车整车	辆	171019	145842	17.3
交流电动机	千瓦	3344000	3200000	4.5
变压器	千伏安		336959	
通信及电子网络用电缆	对千米	198749	252860	-21.4
电力电缆	千米	273156	240675	13.5
光缆	芯千米	556870	723058	-23.0
铅酸蓄电池	千伏安时	1970304	1541060	27.9
家用冷柜（家用冷冻箱）	台		36641	
灯具及照明装置	套（台、个）	306601	240220	27.6
程控交换机	线	77496	87176	-11.1
#数字程控交换机	线	77496	87176	-11.1
集成电路	万块	3382	2543	33.0
环境监测专用仪器仪表	台	77549	77949	-0.5
表	只	1546538	1441527	7.3
眼镜成镜	副	9081202	7080033	28.30
发电量	万千瓦小时	4638483	4638726	0.0
#火力发电量	万千瓦小时	4608083	4607857	0.0
水力发电量	万千瓦小时	30400	30869	-1.5
煤气生产量	万立方米	7616	4549	67.4
自来水生产量	万立方米	12836	13087	-1.9

全市规模以上工业企业主要经济指标

10—2 （2013年） 计量单位：千元

指标名称	工业企业单位数（个）	工业企业总产值	工业企业销售产值	资产合计	#流动资产小计
总计	**2557**	**844322828**	**806522999**	**460944213**	**177348092**
一、按登记注册类型分组					
内资企业	2454	785738700	749511896	396410945	142985412
国有企业	27	56522047	39172932	51633699	15458059
集体企业	26	9523602	9245869	5151194	1007955
股份合作企业	2	421081	406213	98142	51989
联营企业	2	364576	351554	55270	15228
有限责任公司	381	127757473	123125503	126075451	54076933
股份有限公司	91	35737671	35192144	32913691	13055234
私营企业	1921	554463621	541071051	180318322	59288122
港、澳、台商投资企业	38	33518360	32173418	36931895	18967593
外商投资企业	65	25065768	24837685	27601373	15395087
二、按经济组织类型分组					
独资企业	184	118226522	98753061	95286186	36529001
合作、合伙企业	62	13338141	13148219	2948286	787109
股份有限公司	231	132124866	127079505	66685851	22539650
有限责任公司	2079	580580749	567489664	296012541	117487740
三、在总计中：亏损企业	122	37315490	19625480	40582169	15565579
在总计中：国有控股企业	96	118379191	99178518	152452792	55494851
在总计中：农村工业	22	12386779	12153841	13854272	4889832
在总计中：轻工业	1225	383365594	373822781	176361223	71918827
重工业	1332	460957234	432700218	284582990	105429265
在总计中：大型企业	63	218654715	193656043	220775775	93034683
中型企业	372	186989496	183578203	106407700	43400318
小型企业	2076	432696917	423382417	132011857	40466614
微型企业	46	5981700	5906336	1748881	446477

10—2 续表1　　（2013年）　　计量单位：千元

指标名称	固定资产小计	固定资产原价	累计折旧
总　计	**226423217**	**301232166**	**104736625**
一、按登记注册类型分组			
内资企业	204084651	273037270	93265591
国有企业	31123451	41467737	19653701
集体企业	2010189	2155220	473988
股份合作企业	43961	65979	22625
联营企业	6139	14220	8081
有限责任公司	53392392	75391663	28355857
股份有限公司	15393371	22525199	8826637
私营企业	102019823	131325821	35906736
港、澳、台商投资企业	12340063	17436062	8227903
外商投资企业	9998503	10758834	3243131
二、按经济组织类型分组			
独资企业	46646885	62289950	27002150
合作、合伙企业	1847655	2418212	625953
股份有限公司	36135299	48538176	15753953
有限责任公司	141790847	187981144	61352416
三、在总计中：亏损企业	21316342	24298308	10428452
在总计中：国有控股企业	80611423	115390251	50932241
在总计中：农村工业	6514077	7539174	1242857
在总计中：轻工业	77893815	100483487	30509578
重工业	148529402	200748679	74227047
在总计中：大型企业	97485000	130716099	55119395
中型企业	50474753	70246636	24842089
小型企业	77924487	99423462	24467859
微型企业	538977	845969	307282

10—2 续表2　　（2013年）　　计量单位：千元

指标名称	负债合计	# 流动负债	所有者权益	# 实收资本
总　　计	**227843217**	**178372568**	**231753808**	**91996200**
一、按登记注册类型分组				
内资企业	190799569	148762207	204278893	81092776
国有企业	31422494	27043568	20210785	3779589
集体企业	788301	454745	4363069	3007299
股份合作企业	68205	68205	29937	17511
联营企业	19070	12620	36200	22143
有限责任公司	74833249	55495155	51085558	28218164
股份有限公司	14020423	9832727	18833529	6253105
私营企业	69615965	55842912	109586501	39708375
港、澳、台商投资企业	22726827	17046442	14201749	6840195
外商投资企业	14316821	12563919	13273166	4063229
二、按经济组织类型分组				
独资企业	50605482	40949431	44616338	13617318
合作、合伙企业	1018251	935386	1930035	732742
股份有限公司	31005632	24732115	35572933	11182203
有限责任公司	145204403	111746187	149632602	66462037
三、在总计中：亏损企业	31524082	27184662	9024296	7609748
在总计中：国有控股企业	93937035	71320989	58484652	25750244
在总计中：农村工业	7058141	4942530	6796131	1814649
在总计中：轻工业	74460824	59525814	101234776	43456500
重工业	153382393	118846754	130519032	48539700
在总计中：大型企业	127243037	102688149	93475002	32247671
中型企业	51706907	39732505	54555596	21839854
小型企业	48047574	35498287	83340940	37722749
微型企业	845699	453627	382270	185926

10—2 续表3　　（2013年）　　计量单位：千元

指标名称	实收资本中：		主营业务收入	主营业务成本	主营业务税金及附加
	国家资本	集体资本			
总　计	**10636598**	**2095457**	**847638122**	**716376690**	**8721318**
一、按登记注册类型分组					
内资企业	8434196	2077111	779745459	660618494	8490066
国有企业	2476454		61774718	53572224	5292115
集体企业		60407	9046486	7204426	46065
股份合作企业			389533	341742	3183
联营企业		21643	369027	315638	12509
有限责任公司	5335354	1737751	135385823	114974771	653740
股份有限公司	622388	7300	39803269	32631599	168051
私营企业		245010	532117351	450953344	2298009
港、澳、台商投资企业	2030902	7906	39084483	32932257	135872
外商投资企业	171500	10440	28808180	22825939	95380
二、按经济组织类型分组					
独资企业	2492266	68313	129997503	108776865	5660613
合作、合伙企业		26643	13051540	11044627	78102
股份有限公司	622388	7300	121806415	105266299	357631
有限责任公司	7521944	1993201	582740399	491248655	2624936
三、在总计中：亏损企业	2097534	292460	37719231	34318332	2348152
在总计中：国有控股企业	10252044	135601	135934299	117925259	5525586
在总计中：农村工业		1562653	11798421	10033822	86649
在总计中：轻工业	2024728	72222	400515293	331293561	4728770
重工业	8611870	2023235	447122829	385083129	3992548
在总计中：大型企业	5668698	1547654	232120385	200306463	5786536
中型企业	3832411	144370	186183988	154265590	719401
小型企业	1135489	399883	423217416	356544908	2197509
微型企业		3550	6116333	5259729	17872

10—2 续表4　　（2013年）　　计量单位：千元

指标名称	管理费用	#税金	财务费用	#利息支出	营业利润
总　计	**25370953**	**989501**	**8239342**	**8132282**	**66879377**
一、按登记注册类型分组					
内资企业	22330236	871450	7490566	7404529	61887781
国有企业	1601763	50739	543609	565962	552510
集体企业	529662	11042	77495	68154	796773
股份合作企业	8827	306	1595	1595	27464
联营企业	4503	999	169		35897
有限责任公司	5365168	252583	2158884	2204776	8715683
股份有限公司	1791231	80931	570601	574227	3464103
私营企业	13011318	474515	4126341	3977725	48177109
港、澳、台商投资企业	1849491	66140	455774	406089	2081659
外商投资企业	1191226	51911	293002	321664	2909937
二、按经济组织类型分组					
独资企业	4080181	141709	1004979	1005140	6827974
合作、合伙企业	265739	22778	69185	66293	1235980
股份有限公司	3799949	150214	1598627	1678738	7908994
有限责任公司	17223304	674754	5566560	5382111	50907425
三、在总计中：亏损企业	1842963	97924	742178	674448	-2162137
在总计中：国有控股企业	5139778	228682	2160909	2327647	3803780
在总计中：农村工业	418427	10102	376741	384087	785066
在总计中：轻工业	12803836	491396	3122281	3178650	34282712
重工业	12567117	498105	5117061	4953632	32596665
在总计中：大型企业	8803086	368379	3238299	3467870	7813011
中型企业	6283179	242298	2229340	2091974	17701119
小型企业	10155800	376906	2738544	2540643	40829240
微型企业	128888	1918	33159	31795	536007

10—2 续表5　　　（2013年）　　　计量单位：千元

指标名称	投资收益	利润总额	应交所得税	利税总额	本年应付职工薪酬
总　　计	**-914475**	**67546627**	**5680218**	**95963530**	**32652775**
一、按登记注册类型分组					
内资企业	-1055375	62282960	4916971	88803167	29375371
国有企业	60016	662218	349415	7584082	2701069
集体企业	40	741477	48434	1078333	211430
股份合作企业		27199	29	48008	8252
联营企业		35897	22	54382	5815
有限责任公司	-533218	9784335	1113339	13739942	6705717
股份有限公司	71858	3579493	430190	4862053	1734376
私营企业	-654071	47334099	2971221	61268706	17996911
港、澳、台商投资企业	94108	2210979	312285	3318158	2106700
外商投资企业	46792	3052688	450962	3842205	1170704
二、按经济组织类型分组					
独资企业	97486	7068274	1084932	16189303	4970905
合作、合伙企业	13	1219086	84218	1564321	317394
股份有限公司	79359	7905824	666616	11240312	3880449
有限责任公司	-1091333	51354439	3844452	66970518	23482115
三、在总计中：亏损企业	380	-2050948	58118	782423	2002738
在总计中：国有控股企业	247378	5302434	1159325	14322816	8017794
在总计中：农村工业	-721513	799139	46200	1137735	295175
在总计中：轻工业	-453012	34334376	2445070	48683187	18159778
重工业	-461463	33212251	3235148	47280343	14492997
在总计中：大型企业	-762971	9685260	1534877	20726312	11784362
中型企业	-107374	17497887	1512952	23014306	8580265
小型企业	-44130	39823272	2564009	51541875	12139119
微型企业		540208	68380	681037	149029

10—2 续表 6　　　　（2013 年）　　　　计量单位：千元

指标名称	本年应交增值税	全部从业人员年平均人数（人）
总　　计	**19637467**	**707118**
一、按登记注册类型分组		
内资企业	17972652	636745
国有企业	1627151	27974
集体企业	290706	6001
股份合作企业	17626	361
联营企业	5976	203
有限责任公司	3294166	143605
股份有限公司	1110435	41214
私营企业	11593567	416970
港、澳、台商投资企业	971307	44951
外商投资企业	693508	25422
二、按经济组织类型分组		
独资企业	3457733	81996
合作、合伙企业	266849	10573
股份有限公司	2934733	96189
有限责任公司	12978116	518325
三、在总计中：亏损企业	482800	48499
在总计中：国有控股企业	3481149	112684
在总计中：农村工业	251947	8564
在总计中：轻工业	9613823	368954
重工业	10023644	338164
在总计中：大型企业	5208029	199148
中型企业	4790831	191813
小型企业	9515801	312294
微型企业	122806	3863

市区规模以上工业企业主要经济指标

10—3　　　　（2013年）　　　　计量单位：千元

指标名称	工业企业单位数（个）	工业企业总产值	工业企业销售产值	资产合计	#流动资产小计
总　计	**252**	**115743267**	**111211541**	**167880417**	**79717898**
一、按登记注册类型分组					
内资企业	225	87522470	84382299	128996818	58588591
国有企业	13	26792323	26692724	28334516	4808851
集体企业	1	49646	54762	62488	58546
股份合作企业	1	80000	68370	62477	45667
有限责任公司	85	31799693	30586400	56639435	25852577
股份有限公司	15	3152919	3102803	9558898	5359793
私营企业	109	25627792	23857143	34324060	22450469
港、澳、台商投资企业	9	20852061	19671982	31215772	17352052
外商投资企业	18	7368736	7157260	7667827	3777255
二、按经济组织类型分组					
独资企业	23	41749988	40273518	52046825	17719168
合作、合伙企业	2	100097	88467	77421	58355
股份有限公司	28	10745627	9980651	16945735	9789889
有限责任公司	199	63147555	60868905	98810436	52150486
三、在总计中：亏损企业	40	5980835	5918820	11791023	5994521
在总计中：国有控股企业	41	60488488	59619092	89399660	32609322
在总计中：农村工业	1	85692	85692	87597	84084
在总计中：轻工业	8	17630812	16643657	33783837	15359346
重工业	9	12663757	12838552	29718942	16775840
在总计中：大型企业	20	80496014	77518540	124358304	54877858
中型企业	48	18181373	16974970	28576606	16430033
小型企业	181	17014840	16667078	14903601	8372618
微型企业	3	51040	50953	41906	37389

10—3 续表1　　　　（2013年）　　　　计量单位：千元

指标名称	固定资产小计	固定资产原价	累计折旧
总　　计	**62003385**	**86633797**	**37269728**
一、按登记注册类型分组			
内资企业	48782129	68411797	28823793
国有企业	19230069	28809593	13117566
集体企业	3896	7226	3330
股份合作企业	14618	31811	17800
有限责任公司	20325961	29150931	11732366
股份有限公司	3142039	3190070	999679
私营企业	6063290	7214469	2947611
港、澳、台商投资企业	9954802	14785994	7174166
外商投资企业	3266454	3436006	1271769
二、按经济组织类型分组			
独资企业	26009003	39293824	17793624
合作、合伙企业	16874	39508	23241
股份有限公司	4528845	4776443	1554403
有限责任公司	31448663	42524022	17898460
三、在总计中：亏损企业	4111826	5550470	2447130
在总计中：国有控股企业	44626448	62811435	27125293
在总计中：农村工业	3512	1818	185
在总计中：轻工业	12302879	15307950	5447997
重工业	10188490	9924260	5032331
在总计中：大型企业	50000119	69756582	30913163
中型企业	6783945	9416812	3842101
小型企业	5215177	7454859	2513064
微型企业	4144	5544	1400

10—3 续表2　　（2013 年）　　计量单位：千元

指标名称	负债合计	# 流动负债	所有者权益	# 实收资本
总　　计	**98315197**	**72840013**	**69514496**	**31534605**
一、按登记注册类型分组				
内资企业	73726550	54573335	55233471	24422003
国有企业	17516994	13973741	10817521	2041557
集体企业	67429	61949	-4941	3535
股份合作企业	45634	45634	16843	2172
有限责任公司	35778966	25303204	20817897	13553658
股份有限公司	4598059	3724992	4960838	1479779
私营企业	15707698	11452045	18622139	7338302
港、澳、台商投资企业	19904891	14631313	11307562	5868355
外商投资企业	4683756	3635365	2973463	1244247
二、按经济组织类型分组				
独资企业	31764055	23705436	20282161	5901050
合作、合伙企业	57404	57404	20017	5172
股份有限公司	7353883	5787471	9581851	3962792
有限责任公司	59139855	43289702	39630467	21665591
三、在总计中：亏损企业	8987911	6885905	2769116	3539782
在总计中：国有控股企业	56884508	42475679	32484469	16694284
在总计中：农村工业	83365	83365	4232	5000
在总计中：轻工业	21859171	16394398	11924666	6688561
重工业	15829237	11052267	13889704	3260251
在总计中：大型企业	74308316	55229275	50049987	20861271
中型企业	14540473	10939059	13990986	7105739
小型企业	9422795	6628066	5475230	3560595
微型企业	43613	43613	-1707	7000

10—3 续表3　　（2013年）　　计量单位：千元

指标名称	实收资本中：		主营业务收入	主营业务成本	主营业务税金及附加
	国家资本	集体资本			
总　　计	**6523596**	**29252**	**138060311**	**122285452**	**495873**
一、按登记注册类型分组					
内资企业	4377784	21346	103223692	92606647	366853
国有企业	1852542		32151477	31238297	69118
集体企业		3535	43691	37369	340
股份合作企业			51690	47340	268
有限责任公司	2485626	14801	39774549	35190173	163696
股份有限公司	39616		7430074	6697373	14602
私营企业		10	23752201	19380324	118721
港、澳、台商投资企业	2015812	7906	26426224	22643811	95162
外商投资企业	130000		8410395	7034994	33858
二、按经济组织类型分组					
独资企业	1868354	11441	53780555	49158442	157262
合作、合伙企业		3000	71700	63111	376
股份有限公司	39616		14006843	11670300	43597
有限责任公司	4615626	14811	70201213	61393599	294638
三、在总计中：亏损企业	1108366	7035	6746519	5927066	53911
在总计中：国有控股企业	6196130	11301	77947689	72635299	188251
在总计中：农村工业			85692	73053	175
在总计中：轻工业	1484784	8718	30904198	28477058	54678
重工业	2000000		18261162	16801872	44793
在总计中：大型企业	5070526	16624	104388354	93998686	331506
中型企业	1267731		17827698	14720598	89516
小型企业	185339	12628	15792246	13516609	74759
微型企业			52013	49559	92

10—3 续表4　　（2013年）　　计量单位：千元

指标名称	管理费用	#税金	财务费用	#利息支出	营业利润
总　　计	**5651448**	**301800**	**1647208**	**1722665**	**3966789**
一、按登记注册类型分组					
内资企业	4266878	232235	1205495	1348202	2318997
国有企业	353575	12951	322034	333651	48598
集体企业	6959	3700	497	497	87
股份合作企业	3268	268	16	16	798
有限责任公司	2032046	89124	585883	703746	928964
股份有限公司	511829	31426	127793	142381	-73685
私营企业	1355069	93792	169335	167911	1414148
港、澳、台商投资企业	1069521	54356	325725	280202	1039218
外商投资企业	315049	15209	115988	94261	608574
二、按经济组织类型分组					
独资企业	1202228	60006	592831	567954	1208429
合作、合伙企业	7400	1242	-47	16	885
股份有限公司	823745	46283	162679	188534	185213
有限责任公司	3618075	194269	891745	966161	2572262
三、在总计中：亏损企业	617213	35488	188313	141566	-368949
在总计中：国有控股企业	2462658	123065	964634	1119537	805511
在总计中：农村工业	1241	216	481	482	-695
在总计中：轻工业	1200510	71469	374478	500359	-54231
重工业	776885	60187	130500	134419	322386
在总计中：大型企业	3607830	215455	1124479	1248472	2373726
中型企业	1283259	42560	305673	259933	927786
小型企业	759336	43751	216441	214260	665049
微型企业	1023	34	615		228

10—3 续表 5　　　　（2013 年）　　　　计量单位：千元

指标名称	投资收益	利润总额	应交所得税	利税总额	本年应付职工薪酬
总　　计	**307106**	**5860974**	**909410**	**9320590**	**8729342**
一、按登记注册类型分组					
内资企业	207310	4009902	561140	6577187	7060977
国有企业	3896	137644	26137	797846	1599876
集体企业		-7059	111	-3798	9509
股份合作企业		798	29	2138	3500
有限责任公司	164127	1934334	258042	2879469	3253058
股份有限公司	33575	245677	23490	362933	732680
私营企业	5712	1698421	253309	2537430	1458667
港、澳、台商投资企业	94108	1174422	228739	1874929	1265818
外商投资企业	5688	676650	119531	868474	402547
二、按经济组织类型分组					
独资企业	96363	1479844	273441	2755748	2690884
合作、合伙企业		885	51	3307	7187
股份有限公司	40987	527641	53519	927343	1145275
有限责任公司	169756	3852604	582399	5634192	4885996
三、在总计中：亏损企业	1640	-343121	13166	-154934	757323
在总计中：国有控股企业	178963	2145950	298119	3687345	5294186
在总计中：农村工业		-694		-519	1850
在总计中：轻工业	39970	469625	88120	835134	2312430
重工业	8331	544872	186012	888643	1056412
在总计中：大型企业	290892	4064362	734751	6401952	6770950
中型企业	12946	1064425	112579	1604752	1269150
小型企业	3268	731959	62079	1312879	687489
微型企业		228	1	1007	1753

10—3 续表6　　(2013年)　　计量单位：千元

指标名称	本年应交增值税	全部从业人员年平均人数（人）
总　　计	**2953250**	**143786**
一、按登记注册类型分组		
内资企业	2189939	110386
国有企业	588486	14218
集体企业	2836	243
股份合作企业	1072	163
有限责任公司	777693	53481
股份有限公司	98717	15243
私营企业	720161	26903
港、澳、台商投资企业	605345	25311
外商投资企业	157966	8089
二、按经济组织类型分组		
独资企业	1115959	38342
合作、合伙企业	2046	298
股份有限公司	352168	22039
有限责任公司	1483077	83107
三、在总计中：亏损企业	132334	19162
在总计中：国有控股企业	1343097	69365
在总计中：农村工业	0	85
在总计中：轻工业	305664	37633
重工业	297563	13363
在总计中：大型企业	1998118	92416
中型企业	449545	31138
小型企业	504900	20145
微型企业	687	87

全市规模以上工业企业分行业主要经济指标

10—4 （2013 年） 计量单位：千元

指标名称	工业企业单位数（个）	工业企业总产值	工业企业销售产值	资产合计	# 流动资产小计
总计	**2557**	**844322828**	**806522999**	**460944213**	**177348092**
采矿业	91	27434728	26726811	12882004	6326888
煤炭开采和洗选业	57	19616688	19152863	11461333	5916131
黑色金属矿采选业	24	6173272	5992131	1029448	369123
非金属矿采选业	10	1644768	1581817	391223	41634
制造业	2439	775115173	738016275	390542119	160722228
农副食品加工业	175	61911361	60716188	18592374	6214809
食品制造业	55	15477473	15264878	5583913	1923102
酒、饮料和精制茶制造业	28	7756828	7646673	3939622	1161629
烟草制品业	1	6639160	6679673	5939941	4697633
纺织业	281	66211340	65153474	22252989	7281504
纺织服装、服饰业	66	17255735	16147710	5480450	1945436
皮革、毛皮、羽毛及其制品和制鞋业	216	80979500	80073430	18015488	4323478
木材加工和木、竹、藤、棕、草制品业	32	12224351	12057269	2948361	601867
家具制造业	24	5489734	5372897	1603561	308781
造纸和纸制品业	46	11817348	11577405	4924298	1420739
印刷和记录媒介复制业	39	8926380	8775712	5703261	2252970
文教、工美、体育和娱乐用品制造业	23	7212250	7114986	1594336	435593
石油加工、炼焦和核燃料加工业	24	27859009	10429686	18573765	6712430
化学原料和化学制品制造业	324	90932193	88041015	39323168	16701672
医药制造业	90	49786068	46444127	64526407	32854824
化学纤维制造业	23	4539096	4443162	2363717	826389
橡胶和塑料制品业	99	23084608	22710762	8455584	2758575
非金属矿物制品业	231	53902503	52775742	39980660	13686613
黑色金属冶炼和压延加工业	78	83826263	80202043	37407741	10958350
有色金属冶炼和压延加工业	19	3289934	3257614	1228516	281672
金属制品业	127	30719471	30217793	10986486	4067574
通用设备制造业	116	24158791	23490732	12943425	6432950
专用设备制造业	99	21306102	20455408	13658325	7833362
汽车制造业	33	7095686	7020870	5299941	2915785
铁路、船舶、航空航天和其他运输设备制造业	9	2557958	2410653	2537257	1622936
电气机械和器材制造业	121	35140988	34615351	12870569	5088375
计算机、通信和其他电子设备制造业	38	10679517	10531759	17960391	11594665
仪器仪表制造业	14	1074332	1134726	1836931	1423440
其他制造业	3	534075	516680	104424	32106
废弃资源综合利用业	2	255579	252160	45048	15437
金属制品、机械和设备修理业	3	2471540	2485697	3861170	2347532
电力、燃气及水生产和供应业	27	41772927	41779913	57520090	10298976
电力、热力生产和供应业	22	39800083	39807442	53592524	8727111
燃气生产和供应业	2	1098926	1098926	1774670	709390
水的生产和供应业	3	873918	873545	2152896	862475

10—4 续表 1　　　　（2013 年）　　　　计量单位：千元

指标名称	固定资产小计	固定资产原价	累计折旧
总　计	**226423217**	**301232166**	**104736625**
采矿业	4641709	3896157	1221506
煤炭开采和洗选业	3988905	3071735	1004636
黑色金属矿采选业	443751	585061	161525
非金属矿采选业	209053	239361	55345
制造业	180826902	228620065	73062985
农副食品加工业	9060693	11168447	3229748
食品制造业	2618428	3373487	932119
酒、饮料和精制茶制造业	2062158	2559201	623712
烟草制品业	1116866	1856754	741532
纺织业	12730365	14878666	3678664
纺织服装、服饰业	3236100	4213040	1146619
皮革、毛皮、羽毛及其制品和制鞋业	10362246	11923969	1562432
木材加工和木、竹、藤、棕、草制品业	2004117	2846663	867782
家具制造业	1264304	2049386	847248
造纸和纸制品业	3051307	3403699	1438324
印刷和记录媒介复制业	2923731	4827839	1996043
文教、工美、体育和娱乐用品制造业	1151291	1631507	495075
石油加工、炼焦和核燃料加工业	11415579	10615187	5294575
化学原料和化学制品制造业	16909309	21822587	7562906
医药制造业	19684326	26734592	10054280
化学纤维制造业	1187170	1612653	609009
橡胶和塑料制品业	5108845	8035770	3097363
非金属矿物制品业	20150302	25102733	5685186
黑色金属冶炼和压延加工业	25139985	31772034	10756798
有色金属冶炼和压延加工业	838451	1025427	259482
金属制品业	5581757	8023422	2709566
通用设备制造业	5022080	6635600	1919914
专用设备制造业	3468345	4179784	1423687
汽车制造业	1840566	2453845	772276
铁路、船舶、航空航天和其他运输设备制造业	720445	970586	255990
电气机械和器材制造业	6291348	8187551	1981882
计算机、通信和其他电子设备制造业	4253334	5147583	2343605
仪器仪表制造业	337885	303182	88554
其他制造业	64115	118387	54272
废弃资源综合利用业	29611	39122	20324
金属制品、机械和设备修理业	1201843	1107362	614018
电力、燃气及水生产和供应业	40954606	68715944	30452134
电力、热力生产和供应业	39042329	66012660	29462320
燃气生产和供应业	911849	1018199	300530
水的生产和供应业	1000428	1685085	689284

10—4 续表 2　　　　（2013 年）　　　　计量单位：千元

指标名称	负债合计	# 流动负债	所有者权益	# 实收资本
总　　计	**227843217**	**178372568**	**231753808**	**91996200**
采矿业	8200267	7116035	4657813	1108501
煤炭开采和洗选业	7555642	6764263	3892870	885798
黑色金属矿采选业	457031	282455	561314	178338
有色金属矿采选业	187594	69317	203629	44365
制造业	183841603	149182743	205377256	82193748
农副食品加工业	6490229	5320383	12012011	6388456
食品制造业	2189157	1959014	3440524	2162673
酒、饮料和精制茶制造业	1563706	1358801	2308623	1590726
烟草制品业	1008381	1008381	4931560	1000000
纺织业	8108946	6247681	13777668	5997636
纺织服装、服饰业	1692630	1296176	3780991	1496863
皮革、毛皮、羽毛及其制品和制鞋业	4446462	4292408	13435190	1683806
木材加工和木、竹、藤、棕、草制品业	797726	543168	2150589	595426
家具制造业	386755	218329	1203035	494759
造纸和纸制品业	1761970	1245116	3150231	2262458
印刷和记录媒介复制业	1518425	1304020	4184835	2137522
文教、工美、体育和娱乐用品制造业	338680	319057	1255655	833758
石油加工、炼焦和核燃料加工业	14077818	13258417	4474609	617055
化学原料和化学制品制造业	19594248	16126441	19444275	7785012
医药制造业	34775847	26106197	29737292	13445926
化学纤维制造业	1361542	1326711	1001147	506431
橡胶和塑料制品业	3721692	2712613	4696613	1795717
非金属矿物制品业	18510796	13682563	21358001	9977828
黑色金属冶炼和压延加工业	24712145	22106864	12602349	3541987
有色金属冶炼和压延加工业	353460	348169	875056	343101
金属制品业	4732058	3932957	6239456	2309834
通用设备制造业	5739980	4666122	7197672	2618437
专用设备制造业	5767022	5125104	7853097	4447198
汽车制造业	2102453	1961910	3184070	1119913
铁路、船舶、航空航天和其他运输设备制造业	1333151	1085583	1204106	249812
电气机械和器材制造业	6139173	5669355	6723859	3306963
计算机、通信和其他电子设备制造业	7206798	3610550	10717555	2576589
仪器仪表制造业	407219	357550	1429680	508340
其他制造业	22901	18104	81522	56836
废弃资源综合利用业	9404	6617	35644	10452
金属制品、机械和设备修理业	2970829	1968382	890341	332234
电力、燃气及水生产和供应业	35801347	22073790	21718739	8693951
电力、热力生产和供应业	33123632	20050361	20468889	7398446
燃气生产和供应业	1314334	1314334	460336	313325
水的生产和供应业	1363381	709095	789514	982180

10—4 续表 3 （2013 年） 计量单位：千元

项目名称	实收资本中：		主营业务收入	主营业务成本	主营业务税金及附加
	国家资本	集体资本			
总　计	**10636598**	**2095457**	**847638122**	**716376690**	**8721318**
采矿业	12340	9566	30853445	28285280	77738
煤炭开采和洗选业	12340	5010	23271797	21824608	48662
黑色金属矿采选业		4556	6002755	5166215	25450
非金属矿采选业			1578893	1294457	3626
制造业	4876130	1962691	775250608	651381303	8486201
农副食品加工业		17883	63308056	53981106	265227
食品制造业	5000		16361849	13317043	61094
酒、饮料和精制茶制造业	91577		7550944	6164831	123182
烟草制品业			6252850	1894398	2958439
纺织业	39076		70151768	61534458	328637
纺织服装、服饰业	60000		17338972	14915421	68412
皮革、毛皮、羽毛及其制品和制鞋业	73394	12300	80212557	63354260	258867
木材加工和木、竹、藤、棕、草制品业			12024034	10039842	46914
家具制造业			5401176	4551844	18688
造纸和纸制品业	3000		11487882	9412116	78105
印刷和记录媒介复制业	86556		8253580	6662084	39219
文教、工美、体育和娱乐用品制造业			7157486	5995091	52622
石油加工、炼焦和核燃料加工业			28132113	25112821	2282200
化学原料和化学制品制造业	640288	252237	90087239	76484338	370845
医药制造业	603867	35267	64059743	52767515	281038
化学纤维制造业	80078	1500	4423699	3980660	23142
橡胶和塑料制品业	38400	8139	22699319	19456939	111687
非金属矿物制品业	231139	1595898	52741706	44474225	335409
黑色金属冶炼和压延加工业	2000000		70647779	64344839	120982
有色金属冶炼和压延加工业	15270		3252090	2805564	5101
金属制品业	34351		30584298	25619828	184851
通用设备制造业	116477	22705	23626127	19554145	128878
专用设备制造业	171170	14179	20430266	16315339	91837
汽车制造业	211386	2583	7109440	5765429	27511
铁路、船舶、航空航天和其他运输设备制造业			2394652	1746117	18833
电气机械和器材制造业	2400		34414565	28894427	149919
计算机、通信和其他电子设备制造业	40467		10356055	8283269	39355
仪器仪表制造业			1109200	772064	7904
其他制造业			513177	425059	3606
废弃资源综合利用业			257692	228024	991
金属制品、机械和设备修理业	332234		2910294	2528207	2706
电力、燃气及水生产和供应业	5748128	123200	41534069	36710107	157379
电力、热力生产和供应业	4645948	123200	39559316	35265137	138879
燃气生产和供应业	120000		1095855	803702	14994
水的生产和供应业	982180		878898	641268	3506

10—4 续表4　　　　（2013年）　　　　计量单位：千元

指标名称	管理费用	# 税金	财务费用	# 利息支出	营业利润
总　　计	**25370953**	**989501**	**8239342**	**8132282**	**66879377**
采矿业	481128	28932	217130	194158	1164602
煤炭开采和洗选业	352589	26300	158396	139907	460549
黑色金属矿采选业	97387	2192	49642	45415	521121
非金属矿采选业	31152	440	9092	8836	182932
制造业	24082128	917432	6811304	6691667	62692640
农副食品加工业	1416851	39910	280533	285577	4655653
食品制造业	497897	16739	57760	58306	1397464
酒、饮料和精制茶制造业	211353	15495	27215	24963	732494
烟草制品业	362805	9546	-1125	55	1004430
纺织业	1421134	95234	381288	345115	5383775
纺织服装、服饰业	345150	14032	53651	51198	1537924
皮革、毛皮、羽毛及其制品和制鞋业	3352282	43729	1337305	1303240	9103218
木材加工和木、竹、藤、棕、草制品业	234727	7053	51975	49788	1241109
家具制造业	135947	2880	8279	8139	482315
造纸和纸制品业	453335	16141	115639	107146	1073601
印刷和记录媒介复制业	370613	6847	31538	31565	983625
文教、工美、体育和娱乐用品制造业	62645	774	21053	16574	889703
石油加工、炼焦和核燃料加工业	674207	30162	404069	358322	-515534
化学原料和化学制品制造业	2754747	145443	688796	618884	7653370
医药制造业	2678964	133831	506348	654324	3577137
化学纤维制造业	114341	8342	38873	37600	154009
橡胶和塑料制品业	395071	16168	115760	94643	2218888
非金属矿物制品业	1227558	39998	758331	677221	4793948
黑色金属冶炼和压延加工业	1737884	78742	1178903	1224157	2886728
有色金属冶炼和压延加工业	55092	734	8043	6913	364156
金属制品业	868198	33699	227383	197543	2817371
通用设备制造业	1032909	29787	140430	139176	2195316
专用设备制造业	1023703	24826	94263	98091	2088394
汽车制造业	285901	10655	50247	52747	821231
铁路、船舶、航空航天和其他运输设备制造业	187252	5781	62014	58498	320917
电气机械和器材制造业	1187721	34774	127243	118776	3353625
计算机、通信和其他电子设备制造业	547220	47165	52662	61702	1214440
仪器仪表制造业	131436	1818	-4742	5355	127975
其他制造业	2620	116	787	760	55299
废弃资源综合利用业	3496	43	1883	1883	21657
金属制品、机械和设备修理业	309069	6968	-5100	3406	58402
电力、燃气及水生产和供应业	807697	43137	1210908	1246457	3022135
电力、热力生产和供应业	612478	36221	1164870	1196659	2809786
燃气生产和供应业	65403	2072	11913	14001	172691
水的生产和供应业	129816	4844	34125	35797	39658

10—4 续表5　　　（2013年）　　　计量单位：千元

指标名称	投资收益	利润总额	应交所得税	利税总额	本年应付职工薪酬
总　　计	**-914475**	**67546627**	**5680218**	**95963530**	**32652775**
采矿业	1144	1217988	37294	1813754	756721
煤炭开采和洗选业	1144	521636	22832	973114	677651
黑色金属矿采选业		513420	14075	639377	61421
非金属矿采选业		182932	387	201263	17649
制造业	-1044385	62539495	4987951	88776430	29733213
农副食品加工业	-694536	4499213	218015	6053536	994599
食品制造业	18517	1372786	94594	1934117	667254
酒、饮料和精制茶制造业	-5691	722047	17775	1050144	270740
烟草制品业		999789	251955	4707606	258352
纺织业	-9907	5359431	313777	7109098	2438140
纺织服装、服饰业	4181	1527161	130673	1973116	636171
皮革、毛皮、羽毛及其制品和制鞋业		9098140	172558	11212109	6022600
木材加工和木、竹、藤、棕、草制品业	-3639	1197397	73293	1507303	372744
家具制造业	-1653	470985	54198	581911	168002
造纸和纸制品业	-7474	1023641	82944	1477359	311259
印刷和记录媒介复制业	8873	983975	139186	1293733	534018
文教、工美、体育和娱乐用品制造业		878098	69857	1108216	396628
石油加工、炼焦和核燃料加工业	66	-553620	126860	2069537	486629
化学原料和化学制品制造业	135770	7465697	735472	9572375	2346691
医药制造业	230484	3960046	572953	5695688	3334381
化学纤维制造业	261	143158	18827	275714	238819
橡胶和塑料制品业		2182722	194904	2899825	637623
非金属矿物制品业	-708212	4945914	291996	6543510	1622973
黑色金属冶炼和压延加工业	8925	2786691	205189	4183882	1826384
有色金属冶炼和压延加工业		365259	17219	448012	117782
金属制品业	12968	2697245	236447	3652094	1048325
通用设备制造业	-2268	2171051	196081	2869390	1082586
专用设备制造业	-44932	2109945	148949	2789320	830834
汽车制造业	-199	836933	96215	1107267	290518
铁路、船舶、航空航天和其他运输设备制造业	10007	316020	51648	444905	125379
电气机械和器材制造业	412	3335590	267541	4165917	1567957
计算机、通信和其他电子设备制造业	2402	1337758	192460	1638763	473551
仪器仪表制造业	44	162076	11993	233785	121209
其他制造业		50898		61496	29631
废弃资源综合利用业		21657	4372	29544	13166
金属制品、机械和设备修理业	1216	71792		87158	468268
电力、燃气及水生产和供应业	128766	3789144	654973	5373346	2162841
电力、热力生产和供应业	128766	3573001	604324	5112604	1869075
燃气生产和供应业		175233	50246	190712	71459
水的生产和供应业		40910	403	70030	222307

10—4 续表6 （2013年） 计量单位：千元

指标名称	本年应交增值税	全部从业人员年平均人数（人）
总　　计	**19637467**	**707118**
采矿业	516778	13154
煤炭开采和洗选业	401566	9580
黑色金属矿采选业	100507	2648
非金属矿采选业	14705	926
制造业	17700513	673213
农副食品加工业	1288190	31484
食品制造业	500237	15320
酒、饮料和精制茶制造业	204914	6514
烟草制品业	749378	1518
纺织业	1417093	73577
纺织服装、服饰业	377543	20266
皮革、毛皮、羽毛及其制品和制鞋业	1855102	75383
木材加工和木、竹、藤、棕、草制品业	262992	7820
家具制造业	92232	4154
造纸和纸制品业	375492	8676
印刷和记录媒介复制业	270469	9333
文教、工美、体育和娱乐用品制造业	177496	8347
石油加工、炼焦和核燃料加工业	340957	7254
化学原料和化学制品制造业	1734020	72262
医药制造业	1454604	62279
化学纤维制造业	109414	6379
橡胶和塑料制品业	605416	21297
非金属矿物制品业	1259603	51906
黑色金属冶炼和压延加工业	1238301	46496
有色金属冶炼和压延加工业	77652	3262
金属制品业	769997	24830
通用设备制造业	569332	28378
专用设备制造业	586545	21083
汽车制造业	242823	6504
铁路、船舶、航空航天和其他运输设备制造业	109887	4008
电气机械和器材制造业	679774	32326
计算机、通信和其他电子设备制造业	261446	10297
仪器仪表制造业	63805	3935
其他制造业	6992	494
废弃资源综合利用业	6896	320
金属制品、机械和设备修理业	11911	7511
电力、燃气及水生产和供应业	1420176	20751
电力、热力生产和供应业	1395185	14814
燃气生产和供应业	485	1148
水的生产和供应业	24506	4789

自2011年报始，行业分类按照国家统计局修订的《国民经济行业分类》（2011版）执行。

市区规模以上工业企业分行业主要经济指标

10—5　　(2013年)　　计量单位：千元

指标名称	工业企业单位数(个)	工业企业总产值	工业企业销售产值	资产合计	# 流动资产小计
总　计	**252**	**115743267**	**111211541**	**167880417**	**79717898**
采矿业	34	11925872	11583951	9023857	4344935
煤炭开采和洗选业	34	11925872	11583951	9023857	4344935
制造业	209	77164767	72976074	123842223	69015387
农副食品加工业	5	1203476	913499	783629	383571
食品制造业	5	1199064	1160101	1002297	376740
酒、饮料和精制茶制造业	1	173763	174439	507125	57800
纺织业	9	1842546	1883196	6065289	3305300
纺织服装、服饰业	6	247644	252614	273387	186667
木材加工和木、竹、藤、棕、草制品业	1	30320	30320	36983	33675
造纸和纸制品业	6	380462	387413	201559	134531
印刷和记录媒介复制业	7	2159115	2175475	2774668	1198988
文教、工美、体育和娱乐用品制造业	1	67166	83657	47412	37553
石油加工、炼焦和核燃料加工业	4	5336936	5287112	3842352	2184217
化学原料和化学制品制造业	18	2630169	2572995	2577866	1650635
医药制造业	15	31819780	28844968	51709602	26113793
化学纤维制造业	3	164083	160340	88058	55290
橡胶和塑料制品业	8	528903	501980	394401	232883
非金属矿物制品业	11	1218298	1126405	4279830	2225700
黑色金属冶炼和压延加工业	4	7915256	7904015	9161901	4298708
金属制品业	15	1829317	1799804	3222220	2114015
通用设备制造业	18	3120031	2876801	5572865	3559383
专用设备制造业	25	4771376	4204953	8099427	5584896
汽车制造业	6	644570	668966	1122075	858136
铁路、船舶、航空航天和其他运输设备制造业	1	16982	16982	31297	15418
电气机械和器材制造业	15	6667251	6517548	5196840	2839113
计算机、通信和其他电子设备制造业	14	1435905	1593054	13888979	9619505
仪器仪表制造业	10	709436	772362	1445752	1211312
金属制品、机械和设备修理业	1	1052918	1067075	1516409	737558
电力、燃气及水生产和供应业	9	26652628	26651516	35014337	6357576
电力、热力生产和供应业	6	25204228	25203489	31246568	4840162
燃气生产和供应业	1	1071591	1071591	1698460	672334
水的生产和供应业	2	376809	376436	2069309	845080

10—5 续表1　　　　（2013 年）　　　　计量单位：千元

指标名称	固定资产小计	固定资产原价	累计折旧
总　　计	**62003385**	**86633797**	**37269728**
采矿业	3520807	2468293	860042
煤炭开采和洗选业	3520807	2468293	860042
制造业	34368019	45066106	19211494
农副食品加工业	141646	250428	110060
食品制造业	396407	631145	235390
酒、饮料和精制茶制造业	77805	295729	218068
纺织业	2469284	2213413	670981
纺织服装、服饰业	78137	113639	35510
木材加工和木、竹、藤、棕、草制品业	3262	3730	468
造纸和纸制品业	62121	113050	51396
印刷和记录媒介复制业	1372924	2648849	1346450
文教、工美、体育和娱乐用品制造业	9856	28748	18892
石油加工、炼焦和核燃料加工业	1302379	1339573	513418
化学原料和化学制品制造业	604179	685256	282154
医药制造业	14659055	21401057	8666924
化学纤维制造业	13812	20169	6581
橡胶和塑料制品业	100654	152411	69097
非金属矿物制品业	805446	980521	332735
黑色金属冶炼和压延加工业	4688467	5585284	2826371
金属制品业	405723	782756	400983
通用设备制造业	1157525	1628335	530674
专用设备制造业	1142370	1103324	493105
汽车制造业	216590	445739	233890
铁路、船舶、航空航天和其他运输设备制造业	8112	13134	5022
电气机械和器材制造业	1254631	1431138	176693
计算机、通信和其他电子设备制造业	2430376	2774907	1784364
仪器仪表制造业	188407	200162	49011
金属制品、机械和设备修理业	778851	223609	153257
电力、燃气及水生产和供应业	24114559	39099398	17198192
电力、热力生产和供应业	22297628	36496791	16218383
燃气生产和供应业	882695	990374	297185
水的生产和供应业	934236	1612233	682624

10—5 续表2　　（2013年）　　计量单位：千元

指标名称	负债合计	# 流动负债	所有者权益	# 实收资本
总　计	**98315197**	**72840013**	**69514496**	**31534605**
采矿业	5824491	5387738	3196259	464096
煤炭开采和洗选业	5824491	5387738	3196259	464096
制造业	69390011	51932465	54404596	25441102
农副食品加工业	534310	299471	247330	48660
食品制造业	285877	285530	762189	1234626
酒、饮料和精制茶制造业	128446	111166	378679	410000
纺织业	3533059	2803976	2532201	775793
纺织服装、服饰业	164533	162460	108245	67135
木材加工和木、竹、藤、棕、草制品业	20434	6611	16503	15680
造纸和纸制品业	123316	117679	78243	58230
印刷和记录媒介复制业	489121	447928	2285547	1370056
文教、工美、体育和娱乐用品制造业	26125	26125	21287	3401
石油加工、炼焦和核燃料加工业	3317013	2637068	515340	397000
化学原料和化学制品制造业	1455303	1315314	1122114	371382
医药制造业	30699638	22442179	21009958	10941792
化学纤维制造业	70797	51731	16234	19200
橡胶和塑料制品业	242707	196311	151692	115548
非金属矿物制品业	2194515	1278351	2084779	557256
黑色金属冶炼和压延加工业	6405055	5148131	2756845	2064716
金属制品业	1728869	1672146	1492990	650122
通用设备制造业	2801983	2604755	2768734	715457
专用设备制造业	3215184	2901457	4849100	3106285
汽车制造业	672104	632295	446655	176880
铁路、船舶、航空航天和其他运输设备制造业	8885	3995	22412	11280
电气机械和器材制造业	4295128	3965131	900057	482196
计算机、通信和其他电子设备制造业	5401277	2074385	8451665	1312583
仪器仪表制造业	266137	232343	1179583	331202
金属制品、机械和设备修理业	1310195	515927	206214	204622
电力、燃气及水生产和供应业	23100695	15519810	11913641	5629407
电力、热力生产和供应业	20466247	13539648	10780321	4397227
燃气生产和供应业	1281395	1281395	417065	300000
水的生产和供应业	1353053	698767	716255	932180

10—5 续表 3　　　　（2013 年）　　　　计量单位：千元

指标名称	实收资本中：		主营业务收入	主营业务成本	主营业务税金及附加
	国家资本	集体资本			
总　　计	**6523596**	**29252**	**138060311**	**122285452**	**495873**
采矿业	12340	10	16307824	15422171	37847
煤炭开采和洗选业	12340	10	16307824	15422171	37847
制造业	3299979	29242	95277874	81607072	365979
农副食品加工业			937618	867689	2702
食品制造业			1170405	896648	6928
酒、饮料和精制茶制造业			174455	126202	28563
纺织业	37216		6195476	5977188	2736
纺织服装、服饰业	50000		230251	166235	1465
木材加工和木、竹、藤、棕、草制品业			30320	28816	106
造纸和纸制品业	3000		351505	298562	1777
印刷和记录媒介复制业	49916		2166116	1529531	15460
文教、工美、体育和娱乐用品制造业			84871	70722	2
石油加工、炼焦和核燃料加工业			5430743	5171838	5909
化学原料和化学制品制造业			2663468	2302339	9531
医药制造业	590637	16624	45676412	39087110	151309
化学纤维制造业			152022	140724	680
橡胶和塑料制品业			513870	461240	1379
非金属矿物制品业	172139		1220349	1048354	10080
黑色金属冶炼和压延加工业	2000000		7824123	7234015	10689
金属制品业	34351		1972824	1678613	25514
通用设备制造业	64375	3535	2988600	2230544	19047
专用设备制造业	40050	6500	4636328	3303372	22492
汽车制造业	13706	2583	704868	594998	4564
铁路、船舶、航空航天和其他运输设备制造业			16982	12894	218
电气机械和器材制造业	2400		6361604	5551756	20388
计算机、通信和其他电子设备制造业	37567		1613011	1038762	17230
仪器仪表制造业			750008	493968	5795
金属制品、机械和设备修理业	204622		1411645	1294952	1415
电力、燃气及水生产和供应业	3211277		26474613	25256209	92047
电力、热力生产和供应业	2159097		25009390	24210902	74555
燃气生产和供应业	120000		1068520	788112	14324
水的生产和供应业	932180		396703	257195	3168

10—5 续表 4　　　　（2013 年）　　　　计量单位：千元

指标名称	管理费用	# 税金	财务费用	# 利息支出	营业利润
总　　计	**5651448**	**301800**	**1647208**	**1722665**	**3966789**
采矿业	298161	17043	106902	95484	177559
煤炭开采和洗选业	298161	17043	106902	95484	177559
制造业	5118853	271292	1016156	1072583	3093730
农副食品加工业	24861	670	11087	10357	9091
食品制造业	82311	7428	95	801	-24725
酒、饮料和精制茶制造业	30526	1544	6	715	-29195
纺织业	306312	26839	114772	117435	-242030
纺织服装、服饰业	55776	351	3262	3456	3700
木材加工和木、竹、藤、棕、草制品业	623	106	-1		120
造纸和纸制品业	27699	1613	2097	2263	17390
印刷和记录媒介复制业	255595	3405	-663	2047	334172
文教、工美、体育和娱乐用品制造业	8134	7	479		34
石油加工、炼焦和核燃料加工业	74723	7655	125125	84159	642
化学原料和化学制品制造业	153197	5775	57313	52416	79849
医药制造业	1750157	90391	437563	552152	1279283
化学纤维制造业	3275	569	3144	3065	2375
橡胶和塑料制品业	27139	601	11225	5203	-2999
非金属矿物制品业	63429	5384	37272	7709	39340
黑色金属冶炼和压延加工业	248340	13804	92410	75357	150588
金属制品业	139118	6932	53868	45616	39098
通用设备制造业	333149	15454	41643	42530	279409
专用设备制造业	509711	11248	9384	16523	520610
汽车制造业	69996	3502	8855	14910	-592
铁路、船舶、航空航天和其他运输设备制造业	4978	187	21	26	558
电气机械和器材制造业	437487	21177	9352	14080	315081
计算机、通信和其他电子设备制造业	293020	38755	7823	18125	251165
仪器仪表制造业	104773	1197	-7138	3353	89397
金属制品、机械和设备修理业	114524	6698	-2838	285	-18631
电力、燃气及水生产和供应业	234434	13465	524150	554598	695500
电力、热力生产和供应业	64007	6780	478685	505373	566169
燃气生产和供应业	60863	2034	12035	14123	166171
水的生产和供应业	109564	4651	33430	35102	-36840

10—5 续表5　　　　（2013年）　　　　计量单位：千元

指标名称	投资收益	利润总额	应交所得税	利税总额	本年应付职工薪酬
总　计	**307106**	**5860974**	**909410**	**9320590**	**8729342**
采矿业	1124	236935	12272	545662	614355
煤炭开采和洗选业	1124	236935	12272	545662	614355
制造业	179604	4170322	743302	6595536	6627509
农副食品加工业		28203	5579	31249	26083
食品制造业		-17440	1930	41867	146784
酒、饮料和精制茶制造业		-30760		7224	28143
纺织业	5132	33533	5669	65526	552318
纺织服装、服饰业		3783	257	16632	41917
木材加工和木、竹、藤、棕、草制品业		26	6	1017	2635
造纸和纸制品业		17669	1915	27764	30635
印刷和记录媒介复制业	1952	340897	97055	485993	310583
文教、工美、体育和娱乐用品制造业		34		36	4006
石油加工、炼焦和核燃料加工业	66	-10311	15932	57876	59824
化学原料和化学制品制造业	60	97289	9749	142679	104443
医药制造业	134673	1659348	299455	2725966	2809947
化学纤维制造业	2	2454	152	6365	7711
橡胶和塑料制品业		-1910	253	17681	39498
非金属矿物制品业		39674	393	76233	54158
黑色金属冶炼和压延加工业	8329	156654	30709	280848	327886
金属制品业	23609	77381	7558	136480	191134
通用设备制造业	4157	302765	38413	449263	368334
专用设备制造业	-2038	576382	36704	805217	397804
汽车制造业		14496	1174	39744	67796
铁路、船舶、航空航天和其他运输设备制造业		694	174	2684	5521
电气机械和器材制造业		371310	32179	496474	639089
计算机、通信和其他电子设备制造业	2402	393700	153769	512792	179961
仪器仪表制造业	44	123350	4277	173956	68528
金属制品、机械和设备修理业	1216	-8899		-6030	162771
电力、燃气及水生产和供应业	126378	1453717	153836	2179392	1487478
电力、热力生产和供应业	126378	1320816	105897	2004639	1218517
燃气生产和供应业		164664	47536	178988	68604
水的生产和供应业		-31763	403	-4235	200357

10—5 续表 6　　（2013 年）　　计量单位：千元

指标名称	本年应交增值税	全部从业人员年平均人数（人）
总　　计	**2953250**	**143786**
采矿业	269630	7459
煤炭开采和洗选业	269630	7459
制造业	2053040	121381
农副食品加工业	344	1168
食品制造业	52379	2869
酒、饮料和精制茶制造业	9421	805
纺织业	25320	11410
纺织服装、服饰业	11384	2615
木材加工和木、竹、藤、棕、草制品业	885	80
造纸和纸制品业	8197	741
印刷和记录媒介复制业	129566	2703
文教、工美、体育和娱乐用品制造业		179
石油加工、炼焦和核燃料加工业	62278	1766
化学原料和化学制品制造业	35854	2798
医药制造业	915309	46354
化学纤维制造业	3231	319
橡胶和塑料制品业	18212	1328
非金属矿物制品业	26479	2482
黑色金属冶炼和压延加工业	113505	5222
金属制品业	33584	4383
通用设备制造业	127366	7450
专用设备制造业	205350	8146
汽车制造业	20684	1777
铁路、船舶、航空航天和其他运输设备制造业	1607	163
电气机械和器材制造业	104707	7455
计算机、通信和其他电子设备制造业	101862	4315
仪器仪表制造业	44811	1655
金属制品、机械和设备修理业	705	3198
电力、燃气及水生产和供应业	630580	14946
电力、热力生产和供应业	607328	9405
燃气生产和供应业		1108
水的生产和供应业	23252	4433

分县（市）区规模以上工业企业主要经济指标

10—6　　　　　　　　　　　　（2013年）　　　　　　　　　　　　计量单位：千元

行政单位	工业企业单位数（个）	工业企业总产值	工业企业销售产值	资产合计	#流动资产小计
全市总计	**2557**	**844322828**	**806522999**	**460944213**	**177348092**
市区合计	252	115743267	111211541	167880417	79717898
#长安区	15	12017474	12072098	20320584	9448392
桥东区	17	1308964	1294572	4045891	1922076
桥西区	11	1103107	1171510	1630983	1055337
新华区	21	2967170	2984535	3831517	2094150
裕华区	19	4884001	4577907	9045504	5117464
矿　区	58	20971911	20518136	15846281	8176394
高新区	108	36792879	33698241	67280711	40572624
井陉县	63	20193185	19024303	13388444	4880513
正定县	129	39282382	38249911	17632104	4500391
栾城县	159	32212346	31782551	19140169	10301765
行唐县	76	18949247	18938783	6953374	2404978
灵寿县	68	15737426	15235049	6687086	1530129
高邑县	63	12952550	12497440	4269890	1446921
深泽县	71	17353623	16918275	2611629	779478
赞皇县	69	18230909	17640190	6099695	1634660
无极县	114	31574263	30554900	5457702	1559193
平山县	28	58315437	55257421	27240769	5501639
元氏县	71	28745400	28735868	8153635	4405738
赵　县	112	49611464	48759784	15797305	2176501
藁城市	403	152300478	131999188	62436652	25286728
晋州市	233	49519782	48766239	24172887	5245691
新乐市	152	37441626	36962783	9385266	2335557
鹿泉市	214	64306006	62667223	36294623	13764316
辛集市	280	81853437	81321550	27342566	9875996

10—6 续表1　　（2013年）　　计量单位：千元

行政单位	固定资产小计	固定资产原价	累计折旧
全市总计	**226423217**	**301232166**	**104736625**
市区合计	62003385	86633797	37269728
#长安区	9839566	11742003	5603359
桥东区	1262155	2480397	1222224
桥西区	401073	486397	224996
新华区	1296958	1311327	740465
裕华区	3069738	5805917	2830339
矿　区	5932989	5165563	1721650
高新区	14073086	19316443	8133190
井陉县	7094760	13249545	6390257
正定县	11443357	19694059	8714933
栾城县	6896675	8597299	2590007
行唐县	4448324	5868350	1694037
灵寿县	3332763	3809246	1131383
高邑县	2548607	3223500	850579
深泽县	1613836	1866033	252197
赞皇县	2786337	3345899	803277
无极县	3830715	4449221	879842
平山县	20370067	30842177	11870803
元氏县	2695229	3005563	867759
赵　县	8776526	7947512	2192251
藁城市	34608554	39400820	11372997
晋州市	18780696	23824542	5093209
新乐市	6221167	9301959	3523235
鹿泉市	15616772	20324221	5521994
辛集市	13355447	15848423	3718137

10—6 续表 2　　（2013 年）　　计量单位：千元

行政单位	负债合计	# 流动负债	所有者权益	# 实收资本
全市总计	**227843217**	**178372568**	**231753808**	**91996200**
市区合计	98315197	72840013	69514496	31534605
# 长安区	12653366	9809786	7667217	4277831
桥东区	2596888	1851399	1445687	1624710
桥西区	850813	849236	780169	453866
新华区	2509025	1564746	1320481	1600509
裕华区	5761681	4659619	3283242	2038816
矿　区	11491309	10216073	4339111	1299819
高新区	32385184	22729514	34866574	12832368
井陉县	5510087	4544381	7866941	1796987
正定县	6866384	4457983	10576227	3314102
栾城县	8596522	6811394	10527059	2887534
行唐县	2597112	2437962	4305568	2139191
灵寿县	3516167	1644363	3040319	1347486
高邑县	1657062	1220969	2591416	1647388
深泽县	1350250	823907	1261379	197734
赞皇县	3378635	1895921	2720528	1152270
无极县	1472823	1382787	3895958	624656
平山县	16917382	14861307	10311142	2033233
元氏县	3207321	2967647	4766792	823955
赵　县	2177987	1554722	13484483	7269506
藁城市	28981699	24648268	33193753	15277412
晋州市	6298767	6043539	17874117	7602379
新乐市	4209427	3536529	5011300	3284358
鹿泉市	19917712	14512072	16355157	6244616
辛集市	12872683	12188804	14457173	2818788

10—6 续表3　　　　(2013 年)　　　　计量单位：千元

行政单位	实收资本中：		主营业务收入	主营业务成本	主营业务税金及附加
	国家资本	集体资本			
全市总计	**10636598**	**2095457**	**847638122**	**716376690**	**8721318**
市区合计	6523596	29252	138060311	122285452	495873
#长安区	2000000		16550435	15109916	31253
桥东区	929445		1288912	948216	38302
桥西区	41100		1330782	1077026	6699
新华区	241838	3500	3294566	2838396	9153
裕华区	569466	2583	4388364	3665163	36467
矿　区	12340	3545	25324669	23852342	56861
高新区	529315	10906	42380460	33190231	228478
井陉县	65243	10168	18754528	16306436	54467
正定县	84442	30000	37726364	32684988	146845
栾城县	754440	27300	33020826	27082879	115596
行唐县		6200	18870094	15527615	126635
灵寿县	28500	18643	15476411	13398230	60802
高邑县			12213281	10914194	21377
深泽县			16624987	14471388	181585
赞皇县		5000	17601596	14462453	26052
无极县		25183	30551142	27330719	131807
平山县	756800	127756	45551177	41515201	37512
元氏县			27743567	23423064	215562
赵　县			49462567	42503558	67248
藁城市	914256	262270	153161784	121326188	6022839
晋州市	16443	5400	48791870	42978316	249187
新乐市	681769		37173668	31987315	181410
鹿泉市	737221	1544681	65203826	53173977	310047
辛集市	73888	3604	81650123	65004717	276474

10—6 续表4　　　　（2013年）　　　　计量单位：千元

行政单位	管理费用	# 税金	财务费用	# 利息支出	营业利润
全市总计	**25370953**	**989501**	**8239342**	**8132282**	**66879377**
市区合计	5651448	301800	1647208	1722665	3966789
#长安区	696013	43788	274596	261447	184194
桥东区	278431	8483	39045	47483	-80095
桥西区	126327	3694	27149	27272	32704
新华区	296520	14578	19488	21005	-74971
裕华区	371573	11305	90677	91172	586240
矿　区	489201	36198	292609	204566	247699
高新区	2754928	145504	356159	379051	3057753
井陉县	353888	34006	251128	238384	1555830
正定县	700718	18849	187633	192852	3041210
栾城县	911229	45076	229261	257883	3709267
行唐县	420797	17076	194705	143511	2145291
灵寿县	228591	11977	68732	44286	1692429
高邑县	82415	5718	55389	53986	1084469
深泽县	843468	174372	111584	108917	464344
赞皇县	378231	6231	208528	207740	2012079
无极县	264458	14777	133062	88925	2475214
平山县	1499589	57391	1049450	1119510	1456760
元氏县	473465	15825	233097	144536	2816808
赵　县	932671	32991	188193	186098	3631408
藁城市	5971167	109224	876410	887126	13142014
晋州市	168148	6007	96420	86587	5213372
新乐市	623076	28967	278458	275814	3383622
鹿泉市	2109701	39444	871329	842552	6942679
辛集市	3757893	69770	1558755	1530910	8145792

10—6 续表 5 （2013 年） 计量单位：千元

行政单位	投资收益	利润总额	应交所得税	利税总额	本年应付职工薪酬
全市总计	**-914475**	**67546627**	**5680218**	**95963530**	**32652775**
市区合计	307106	5860974	909410	9320590	8729342
#长安区	28176	494051	126808	795956	1190049
桥东区		-67631	1476	41260	332683
桥西区	80	36243	3426	94746	99377
新华区	1216	-33117	8455	20031	367365
裕华区	113828	1324961	108559	1523926	587675
矿　区	1190	290032	29680	740101	827538
高新区	123882	3604289	578079	5126290	3111911
井陉县	4241	1516413	284585	2149284	579221
正定县	4134	3041202	371196	3775213	906673
栾城县	22212	3821222	585639	5230673	1119132
行唐县	436	2156005	383659	3130484	436590
灵寿县	9906	1669771	27750	1978422	299637
高邑县		1091238	172	1306518	336770
深泽县		464344	106713	913744	250615
赞皇县		2055382	20167	2346222	211108
无极县		2474579	159045	3106253	401166
平山县		1401254	202223	2282122	1264707
元氏县	891	2799216	270649	3331888	330266
赵　县	-824283	3171863	418699	4596054	548267
藁城市	202250	12328849	588893	22261108	5214869
晋州市	259	5244253	2721	6496474	1968109
新乐市	54981	3397452	529987	4446515	1621090
鹿泉市	-700595	6887887	737079	8744850	1892037
辛集市	3987	8164723	81631	10547116	6543176

10—6 续表6　　　　（2013年）　　　　计量单位：千元

行政单位	本年应交增值税	全部从业人员年平均人数（人）
全市总计	**19637467**	**707118**
市区合计	2953250	143786
#长安区	265989	20635
桥东区	69480	9558
桥西区	51019	3085
新华区	43012	8475
裕华区	162308	6667
矿　区	391827	13718
高新区	1293517	58589
井陉县	576922	14211
正定县	586608	27775
栾城县	1291487	31742
行唐县	847844	12164
灵寿县	247472	9425
高邑县	192403	18143
深泽县	267815	15427
赞皇县	264788	11364
无极县	499867	21952
平山县	804354	28870
元氏县	317104	12000
赵　县	1356666	23177
藁城市	3908791	107259
晋州市	1003034	54722
新乐市	867653	38615
鹿泉市	1545490	45547
辛集市	2105919	90939

分县（市）区规模以上国有控股工业企业主要经济指标

10—7 （2013年） 计量单位：千元

行政单位	工业企业单位数（个）	工业企业总产值	工业企业销售产值	资产合计	#流动资产小计
全市总计	**96**	**118379191**	**99178518**	**152452792**	**55494851**
市区合计	41	60488488	59619092	89399660	32609322
#长安区	5	11108603	11135933	19409098	8739694
桥东区	6	632784	628931	2369526	1117742
桥西区	3	280377	374076	281821	230783
新华区	4	1988711	1980831	2673277	1345397
裕华区	4	3098979	3111415	7298140	3980232
矿　区	3	5060683	4989573	7633096	3383303
高新区	13	2620590	2503791	3855756	2480710
井陉县	4	6293692	5450731	8407953	2321894
正定县	1	719549	679178	457089	241729
栾城县	7	2451261	2498812	5195516	1684521
行唐县					
灵寿县	2	1134673	1097196	452425	101969
高邑县					
深泽县					
赞皇县	1	750380	752210	1644693	370979
无极县					
平山县	4	5552220	5577014	6433405	1104799
元氏县					
赵　县					
藁城市	9	30174906	12886319	23321900	9846043
晋州市	2	137860	134494	322315	131099
新乐市	4	1243624	1223681	2235951	486266
鹿泉市	19	8444492	8274547	12742173	5266295
辛集市	2	988046	985244	1839712	1329935

10—7 续表1　　　　（2013 年）　　　　计量单位：千元

行政单位	固定资产小计	固定资产原价	累计折旧
全市总计	**80611423**	**115390251**	**50932241**
市区合计	44626448	62811435	27125293
#长安区	9721705	11475733	5453667
桥东区	950746	1705411	754666
桥西区	13393	30144	16939
新华区	1120521	1009706	597684
裕华区	2722954	5072225	2349271
矿　区	3224237	2117768	795904
高新区	745072	1074698	363657
井陉县	5388573	11144130	5878319
正定县	193630	470928	279811
栾城县	3381274	4526016	1298169
行唐县			
灵寿县	233652	282593	121354
高邑县			
深泽县			
赞皇县	1146620	1370278	223658
无极县			
平山县	4932707	11102379	6537938
元氏县			
赵　县			
藁城市	13078530	13637579	6424211
晋州市	190435	254874	81287
新乐市	1311419	1630160	588175
鹿泉市	5633885	7731255	2194804
辛集市	494250	428624	179222

10—7 续表 2　　（2013 年）　　计量单位：千元

行政单位	负债合计	# 流动负债	所有者权益	# 实收资本
全市总计	**93937035**	**71320989**	**58484652**	**25750244**
市区合计	56884508	42475679	32484469	16694284
# 长安区	12189623	9372318	7219475	4173971
桥东区	1594392	934957	775134	960910
桥西区	179381	179381	102440	53100
新华区	1751599	956984	921678	1432868
裕华区	4482030	3606612	2816110	1864986
矿　区	4955531	4744049	2677565	237290
高新区	1665021	1521738	2160052	564473
井陉县	2542020	1937923	5865932	328055
正定县	176141	176141	280948	124729
栾城县	3746416	2221067	1449100	1023508
行唐县				
灵寿县	146923	141665	304962	59390
高邑县				
深泽县				
赞皇县	986853	819605	657840	600000
无极县				
平山县	3734760	2524295	2698644	1148300
元氏县				
赵　县				
藁城市	14262530	12880047	9059493	2001111
晋州市	456374	331321	－134060	86443
新乐市	1461080	1071825	774870	722042
鹿泉市	8265429	5468700	4476743	2817001
辛集市	1274001	1272721	565711	145381

10—7 续表3　（2013年）　计量单位：千元

行政单位	实收资本中：国家资本	主营业务收入	主营业务成本	主营业务税金及附加
全市总计	**10252044**	**135934299**	**117925259**	**5525586**
市区合计	6196130	77947689	72635299	188251
#长安区	2000000	15440389	14286692	22648
桥东区	929445	676340	467196	5651
桥西区	41100	318391	246847	1552
新华区	241838	2325930	2015525	5727
裕华区	564351	2920559	2340639	28129
矿　区	12340	10429124	9973841	22169
高新区	206964	2334833	1700397	13715
井陉县	64745	6431504	5046896	32690
正定县	82582	640768	607788	1304
栾城县	754440	2500887	2079216	9731
行唐县				
灵寿县	15270	1097196	801518	962
高邑县				
深泽县				
赞皇县		752210	615428	6586
无极县				
平山县	756800	5496896	4169774	22093
元氏县				
赵　县				
藁城市	872756	29924632	22754719	5223470
晋州市	16443	120269	138913	2007
新乐市	681769	1279310	1220188	3866
鹿泉市	737221	8443898	6768538	29269
辛集市	73888	1299040	1086982	5357

10—7 续表4　　　　(2013 年)　　　　计量单位：千元

行政单位	管理费用	# 税金	财务费用	# 利息支出	营业利润
全市总计	**5139778**	**228682**	**2160909**	**2327647**	**3803780**
市区合计	2462658	123065	964634	1119537	805511
#长安区	631526	42403	266521	255621	58030
桥东区	177238	5821	36348	37979	-41475
桥西区	36265	89	86	240	20178
新华区	194965	11449	3963	7783	-77971
裕华区	277481	7076	64955	67729	576670
矿　区	287842	11381	37617	46815	-31267
高新区	218886	6596	7659	12701	288081
井陉县	221418	16780	154034	162943	944804
正定县	35792	1745	321	495	-2902
栾城县	137439	7681	152734	150736	117335
行唐县					
灵寿县	42940	2487	3422	3674	247860
高邑县					
深泽县					
赞皇县	63339	1635	46366	46458	3356
无极县					
平山县	387215	15475	167271	171685	750485
元氏县					
赵　县					
藁城市	1031232	37868	358953	359510	413228
晋州市	24493	597	13992	14014	-60851
新乐市	122938	7718	66980	70856	-132701
鹿泉市	540819	10281	199149	197056	650655
辛集市	69495	3350	33053	30683	67000

10—7 续表5　　　　（2013年）　　　　计量单位：千元

行政单位	投资收益	利润总额	应交所得税	利税总额	本年应付职工薪酬
全市总计	**247378**	**5302434**	**1159325**	**14322816**	**8017794**
市区合计	178963	2145950	298119	3687345	5294186
#长安区	22488	364816	106147	605491	1094811
桥东区		-32659	296	17626	238452
桥西区	20	20780	2993	37026	23137
新华区	1216	-54648	69	-20127	285661
裕华区	113526	1302305	105714	1475902	475995
矿　区		27355	6885	175890	667985
高新区	2979	305855	23088	417257	295401
井陉县	4181	907684	247108	1264604	372123
正定县		-1966		11543	58275
栾城县	5706	153877	871	243219	169398
行唐县					
灵寿县		248974	10928	290491	48018
高邑县					
深泽县					
赞皇县		55042	12747	97464	33675
无极县					
平山县		732167	135749	962188	331175
元氏县					
赵　县					
藁城市		407035	384543	6723893	896256
晋州市		-36113		-19483	11388
新乐市	56121	-125968	-25358	-88890	132831
鹿泉市	2388	746449	89210	1031950	614833
辛集市	19	69303	5408	118492	55636

10—7 续表6　　(2013年)　　计量单位：千元

行政单位	本年应交增值税	全部从业人员年平均人数（人）
全市总计	**3481149**	**112684**
市区合计	1343097	69365
#长安区	213364	18208
桥东区	43525	6822
桥西区	13909	416
新华区	28045	5648
裕华区	145399	3842
矿　区	125070	6689
高新区	97687	4681
井陉县	324230	7189
正定县	12205	1143
栾城县	77244	3353
行唐县		
灵寿县	40555	822
高邑县		
深泽县		
赞皇县	35836	659
无极县		
平山县	206834	2826
元氏县		
赵　县		
藁城市	1093388	10883
晋州市	14623	763
新乐市	33212	3452
鹿泉市	256093	9934
辛集市	43832	2295

分县（市）区规模以上集体工业企业主要经济指标

10—8　　　　（2013 年）　　　　计量单位：千元

行政单位	企业单位数（个）	工业企业总产值	工业销售产值	资产合计	# 流动资产小计
全市总计	**26**	**9523602**	**9245869**	**5151194**	**1007955**
市区合计	1	49646	54762	62488	58546
# 长安区					
桥东区					
桥西区					
新华区					
裕华区					
矿　区	1	49646	54762	62488	58546
高新区					
井陉县	1	386374	386374	84612	72134
正定县					
栾城县	2	363874	350244	44462	25911
行唐县	2	327147	327146	43889	4902
灵寿县					
高邑县					
深泽县					
赞皇县	1	330274	315402	38648	12502
无极县	1	24360	19074	58779	53301
平山县	2	354763	347760	26634	4802
元氏县					
赵　县	2	3040555	2918677	3199476	285148
藁城市	7	2962968	2878427	1302146	437691
晋州市	1	25341	25341	29435	25153
新乐市					
鹿泉市	4	1509817	1474179	210044	23620
辛集市	2	148483	148483	50581	4245

10—8 续表1　　　　(2013年)　　　　计量单位：千元

行政单位	固定资产小计	固定资产原价	累计折旧
全市总计	**2010189**	**2155220**	**473988**
市区合计	3896	7226	3330
#长安区			
桥东区			
桥西区			
新华区			
裕华区			
矿　区	3896	7226	3330
高新区			
井陉县	4051	4051	1820
正定县			
栾城县	12491	13090	599
行唐县	38987	44002	5015
灵寿县			
高邑县			
深泽县			
赞皇县	9867	11847	3295
无极县	5478	11063	5585
平山县	21832	21613	219
元氏县			
赵　县	894061	756622	172945
藁城市	864455	1082877	218422
晋州市	4282	4658	376
新乐市			
鹿泉市	131725	175813	59088
辛集市	19064	22358	3294

10—8 续表2　　　　（2013 年）　　　　计量单位：千元

行政单位	负债合计	# 流动负债	所有者权益合计	# 实收资本
全市总计	**788301**	**454745**	**4363069**	**3007299**
市区合计	67429	61949	－4941	3535
#长安区				
桥东区				
桥西区				
新华区				
裕华区				
矿　区	67429	61949	－4941	3535
高新区				
井陉县	36731	25000	47881	5000
正定县				
栾城县	17028	17028	27434	6500
行唐县	284	284	43605	10298
灵寿县				
高邑县				
深泽县				
赞皇县	24241	8247	14407	100
无极县	40863	40863	17915	13713
平山县	22938	21576	3696	2266
元氏县				
赵　县	59922		3139554	2635694
藁城市	403331	179279	898815	315010
晋州市	25283	25283	4152	600
新乐市				
鹿泉市	83162	68147	127059	10979
辛集市	7089	7089	43492	3604

10—8 续表3　　　　（2013年）　　　　计量单位：千元

行政单位	实收资本中：集体资本	主营业务收入	主营业务成本	主营业务税金及附加
全市总计	**60407**	**9046486**	**7215030**	**46065**
市区合计	3535	43691	45966	340
#长安区				
桥东区				
桥西区				
新华区				
裕华区				
矿　区	3535	43691	45966	340
高新区				
井陉县	5000	97853	84152	275
正定县				
栾城县	1500	350244	321323	1163
行唐县	6200	384035	343207	152
灵寿县				
高邑县				
深泽县				
赞皇县		315402	259555	235
无极县	12883	18225	17999	
平山县	1636	354123	331140	
元氏县				
赵　县		2928677	2224613	3853
藁城市	16170	2878427	2307022	28469
晋州市	400	25341	22398	
新乐市				
鹿泉市	9479	1501985	1128023	10880
辛集市	3604	148483	129632	698

10—8 续表4　　　　（2013年）　　　　计量单位：千元

行政单位	管理费用	#税金	财务费用	#利息支出	营业利润
全市总计	**529662**	**11042**	**77495**	**68154**	**796773**
市区合计	6959	3700	497	497	87
#长安区					
桥东区					
桥西区					
新华区					
裕华区					
矿　区	6959	3700	497	497	87
高新区					
井陉县	3970	3626	171	3	5315
正定县					
栾城县	998	75	381	381	26119
行唐县	1234	12	610	23	37561
灵寿县					
高邑县					
深泽县					
赞皇县	10925	10	6215	6215	27029
无极县	265	6	6		-45
平山县	5637	154	8364	8364	3696
元氏县					
赵　县	184784	1288	7454	7454	259131
藁城市	235510	2084	23653	23455	229886
晋州市	252	2	3	3	250
新乐市					
鹿泉市	77667	59	30072	21718	198058
辛集市	1461	26	69	41	9686

10—8 续表5　　(2013年)　　计量单位：千元

行政单位	投资收益	利润总额	应交所得税	利税总额	本年应付职工薪酬
全市总计	**40**	**741477**	**48434**	**1078333**	**211430**
市区合计		-7059	111	-3798	9509
#长安区					
桥东区					
桥西区					
新华区					
裕华区					
矿　区		-7059	111	-3798	9509
高新区					
井陉县		5030		5373	319
正定县					
栾城县		26119	3358	36830	4221
行唐县		37561	731	53825	6672
灵寿县					
高邑县					
深泽县					
赞皇县		27029	21	28708	1622
无极县		-61		-33	1873
平山县		3696	457	8740	7342
元氏县					
赵　县		249441		346832	41389
藁城市	40	205977	7359	349138	115492
晋州市		250		780	1489
新乐市					
鹿泉市		183808	36397	237476	19463
辛集市		9686		14462	2039

10—8 续表6　　（2013 年）　　计量单位：千元

行政单位	本年应交增值税	全部从业人员年平均人数（人）
全市总计	**290706**	**6001**
市区合计	2836	243
#长安区		
桥东区		
桥西区		
新华区		
裕华区		
矿　区	2836	243
高新区		
井陉县	68	50
正定县		
栾城县	9548	181
行唐县	16112	137
灵寿县		
高邑县		
深泽县		
赞皇县	1444	73
无极县	28	68
平山县	5044	286
元氏县		
赵　县	93538	1541
藁城市	114692	2529
晋州市	530	50
新乐市		
鹿泉市	42788	731
辛集市	4078	112

历年规模以上工业总产值、工业增加值指数

10—9　　　　（上年 = 100）　　　　计量单位:%

年份	工业总产值	年份	工业总产值	工业增加值
1953	131. 85	1983	109. 92	
1954	132. 48	1984	116. 80	
1955	119. 29	1985	113. 55	
1956	119. 97	1986	108. 66	
1957	109. 47	1987	117. 69	
1958	157. 78	1988	117. 15	
1959	167. 58	1989	106. 14	
1960	110. 79	1990	103. 07	
1961	59. 75	1991	115. 30	
1962	68. 62	1992	115. 41	
1963	100. 13	1993	119. 56	117. 11
1964	121. 64	1994	112. 20	110. 67
1965	134. 86	1995	117. 01	114. 89
1966	113. 18	1996	123. 51	120. 57
1967	104. 34	1997	119. 10	116. 71
1968	131. 46	1998	102. 73	102. 39
1969	118. 92	1999	117. 40	115. 23
1970	115. 84	2000	112. 82	111. 22
1971	96. 74	2001	114. 79	112. 94
1972	97. 12	2002	116. 91	114. 80
1973	111. 47	2003	124. 23	121. 20
1974	108. 05	2004	128. 62	125. 04
1975	118. 80	2005	127. 94	122. 85
1976	111. 41	2006	126. 60	119. 80
1977	114. 86	2007	128. 63	120. 40
1978	98. 54	2008	127. 07	113. 20
1979	103. 44	2009	107. 99	113. 00
1980	105. 44	2010	132. 9	116. 5
1981	103. 20	2011	130. 4	116. 2
1982	104. 17	2012	111. 1	113. 5
		2013	109. 40	110. 80

营运车辆拥有量

10—10　　　计量单位：辆

指标名称	2013 年	2012 年	2011 年
客运车辆总计	**3153**	**3359**	**3400**
载客汽车	3153	3359	3400
#大型	1383	1375	1228
#班车客运客车	2531	2773	2833
旅游客车			18
包车客车	622	586	549
货运车辆总计	**244405**	**181252**	**155764**
载货汽车	234585	164482	141712
#大型	80491	66397	55999
#栏板货车	171703	154223	132545
厢式车	9745	8260	7267
集装箱车	20	25	24
罐车	2215	1974	1876
#普通载货汽车	180928	161848	139420
专用载货汽车	2755	2634	2292
其它载货机动车	9610	12841	10835
轮胎式拖拉机	210	225	315

线路长度及运输量

10—11

指标名称	单位	2013 年	2012 年	2011 年
境内公路里程	公里	17482	16282	15769
#境内等级公路里程	公里	16410	15138	14615
#境内高速公路里程	公里	477	477	468
公路客运量	万人	12206	13793	12436
民航客运量	万人	511. 05	485. 2	204
公路货运量	万吨	34490	27351	22870
民航货运量	万吨	4. 3	3. 97	2. 1
公路客运周转量	万人公里	577974	721557	650208
公路货运周转量	万吨公里	9674180	8260081	7146397

邮政业务量

10—12

指标名称	单位	2013 年	2012 年	2011 年
邮政业务总量合计	**万元**	**72145**	**68357**	**61485**
函件	万件	9345	3254	2741
包裹	万件	55. 85	53. 7	52. 5
快递	万件	51. 39	65. 1	72. 3
订销报纸	万份	15931. 45	14451. 76	14827. 2
订销杂志	万份	868. 66	800. 06	835. 8
汇票	万笔	61. 78	130	108
集邮票	万枚	1164. 07	1042. 5	688. 1
储蓄余额	亿元	260. 92	235. 95	215. 2

十一、贸易　外经　旅游

全市限额以上住宿和餐饮业企业经营状况

11—1　　　　(2013 年)

指标名称	法人企业(个)	从业人员期末人数(人)	营业额(万元)				
				# 客房收入	餐费收入	商品销售收入	其他收入
总　　计	**115**	**18760**	**247300**	**75822**	**146309**	**3461**	**21708**
一、住宿业	75	13668	182460	72361	85992	2726	21381
1. 按登记注册类型分组							
内资企业	73	13458	180137	70941	85267	2726	21202
国有企业	28	5195	65936	24750	31564	2255	7367
集体企业	5	447	7128	4842	1840		446
有限责任公司	26	4922	64792	25155	31946	323	7368
股份有限公司	2	707	10278	2884	3596	60	3738
私营企业	12	2187	32003	13311	16322	88	2283
港、澳、台商投资企业	2	210	2323	1420	725		179
外商投资企业							
2. 按国民经济行业分组							
旅游饭店	61	11749	165532	66877	78492	1346	18818
一般旅馆	12	1658	13996	4413	6079	1304	2201
其他住宿服务	2	261	2931	1071	1422	76	363
二、餐饮业	40	5092	64841	3461	60317	735	327
1. 按登记注册类型分组							
内资企业	39	5020	63364	3461	58841	735	327
国有企业	2	192	1074	240	725		108
有限责任公司	10	1157	17461	1694	15698		69
股份有限公司	2	582	8287		8287		
私营企业	25	3089	36543	1527	34131	735	150
港、澳、台商投资企业	1	72	1476		1476		
2. 按国民经济行业分组							
正餐服务业	40	5092	64841	3461	60317	735	327

市区限额以上住宿和餐饮业企业经营状况

11—2

（2013 年）

指标名称	法人企业（个）	从业人员期末人数（人）	营业额（万元）	# 客房收入	餐费收入	商品销售收入	其他收入
总　计	**72**	**13285**	**199451**	**58336**	**123041**	**1711**	**16363**
一、住宿业	43	9374	143058	57117	68504	1328	16110
1. 按登记注册类型分组							
内资企业	42	9286	142006	56233	68504	1328	15941
国有企业	14	3949	54768	20485	26395	963	6926
集体企业	5	447	7128	4842	1840		446
有限责任公司	16	3354	53650	20237	26834	277	6302
私营企业	7	1536	26459	10670	13435	88	2267
外商投资企业							
2. 按国民经济行业分组							
旅游饭店	40	8663	136140	55252	65646	1252	13990
一般旅馆	2	530	4710	991	1962		1757
二、餐饮业	29	3911	56393	1219	54538	383	254
1. 按登记注册类型分组							
内资企业	28	3839	54917	1219	53062	383	254
国有企业	1	122	769	213	447		108
有限责任公司	9	717	14083	193	13891		
股份有限公司	2	582	8287		8287		
私营企业	16	2418	31779	813	30437	383	145
港、澳、台商投资企业	1	72	1476		1476		
2. 按国民经济行业分组							
正餐服务	29	3911	56393	1219	54538	383	254

全市亿元以上商品交易市场基本情况

11—3　　(2013年)　　计量单位：个、万元

指标名称	期末市场个数	成交额
总　计	**55**	**13730703**
一、按市场类别分组		
1. 综合市场	11	5757183
2. 专业市场	44	7973520
生产资料市场	3	149308
农产品市场	13	572812
纺织、服装、鞋帽市场	7	5664579
电器、通讯器材、电子设备市场	2	53260
家具、五金及装饰材料市场	16	978047
汽车、摩托车及零配件市场	3	555514
二、按营业状态分组		
1. 常年营业	54	13719036
2. 其他	1	11667
三、按经营方式分组		
1. 以批发为主	37	12406968
2. 以零售为主	18	1323735
四、按经营环境分组		
1. 露天式	10	771187
2. 封闭式	34	12085041
3. 其他	11	874475

全市限额以上批发贸易业商品购销存总额

11—4　　　　(2013年)　　　　计量单位：万元

指标名称	法人企业(个)	商品购进额	商品销售额	#批发	零售	年末库存总额
总　计	**193**	**17395136**	**18444565**	**16729477**	**1715088**	**802400**
1. 按登记注册类型分组						
内资企业	191	17341875	18392994	16680142	1712851	785424
国有企业	7	703745	862504	858727	3777	38939
集体企业	5	62650	67532	67439	94	21364
有限责任公司	82	13406601	13952658	13090358	862300	507440
股份有限公司	8	1589573	1652171	926262	725909	78000
私营企业	88	1520965	1791476	1670704	120772	133516
其他企业	1	58340	66653	66653		6165
港、澳、台商投资企业	1	12768	15900	13663	2237	835
外商投资企业	1	40493	35672	35672		16141
2. 按国民经济行业分组						
农、林、牧产品批发	8	244513	254070	253996	75	23908
食品、饮料及烟草制品批发	22	939213	1121901	1103482	18419	122827
米、面制品及食用油批发	9	109855	111514	109438	2076	33702
烟草制品批发	1	579296	747273	747273		30029
纺织、服装及家庭用品批发	14	1073172	1138539	1134726	3814	83275
服装批发	2	18643	22286	20049	2237	874
家用电器批发	5	891753	939829	939327	502	74270
文化、体育用品及器材批发	5	486775	461572	460157	1415	89980
医药及医疗器材批发	41	3076295	3433592	2597488	836104	187281
矿产品、建材及化工产品批发	72	11116361	11429737	10594917	834820	212013
煤炭及制品批发	25	571223	660312	647127	13185	31383
石油及制品批发	7	1561952	1650711	830003	820708	26094
金属及金属矿批发	17	8244917	8294043	8293116	927	82308
化肥批发	4	415961	493027	493027		57605
机械设备、五金交电及电子产品批发	30	440885	586024	565582	20442	82770
汽车批发	5	149721	172642	167208	5433	14300
汽车零配件批发	1	27103	32446	32446		3435
摩托车及零配件批发	1	940	1242	1233	9	3409
其他批发	1	17921	19130	19130		345

全市限额以上零售贸易业商品购销存总额

11—5　　　　（2013 年）　　　　计量单位：万元

指标名称	法人企业（个）	购进总额	销售总额	# 批发	零售	年末库存总额
总　　计	**219**	**5623319**	**6109538**	**501960**	**5607577**	**431107**
1. 按登记注册类型分组						
内资企业	215	5499268	5882402	501960	5380442	405669
国有企业	5	25172	27948	244	27703	1291
集体企业	13	98479	112314	291	112023	8199
股份合作企业	2	6194	6816		6816	152
联营企业						
有限责任公司	76	1278482	1472871	5248	1467623	152752
股份有限公司	11	2878531	2881954	449256	2432698	83753
私营企业	107	1179827	1347353	17739	1329614	155027
其他企业	1	32583	33146	29181	3965	4496
外商投资企业	4	124051	227135		227135	25438
2. 按国民经济行业分组						
综合零售	59	3151969	3415995	449543	2966452	137435
百货零售	34	2952103	3115147	446104	2669043	97755
超级市场零售	20	167181	265776	3152	262624	34630
食品、饮料及烟草制品专门零售	3	5894	7042		7042	1500
纺织、服装及日用品专门零售	9	87227	93399	42564	50836	22759
服装零售	6	13903	14831		14831	2279
文化、体育用品及器材专门零售	8	66436	67100	2863	64237	18098
图书、报刊零售	1	47542	42011		42011	5531
医药及医疗器材专门零售	9	68112	89231	244	88986	13241
药品零售	9	68112	89231	244	88986	13241
汽车、摩托车、燃料及零配件专门零售	89	1964568	2146929	4717	2142211	221476
汽车零售	73	1879139	2050052	4717	2045335	217986
家用电器及电子产品专门零售	34	245325	252701	979	251722	14321
家用视听设备零售	28	151440	155900	315	155585	9919
计算机、软件及辅助设备零售	2	8956	9241		9241	2519
通信设备零售	2	79870	82593		82593	1557
五金、家具及室内装修材料专门零售	5	8878	9409	986	8423	1294
货摊、无店铺及其他零售业	3	24909	27732	64	27668	984

市区限额以上批发贸易业商品购销存总额

11—6　　　　(2013 年)　　　　计量单位：万元

指标名称	法人企业（个）	商品购进额	商品销售额	# 批发	零售	年末库存总额
总　　计	**140**	**16353966**	**17257603**	**15679944**	**1577659**	**711300**
1. 按登记注册类型分组						
内资企业	138	16300705	17206032	15630610	1575422	694324
国有企业	6	697910	856679	856398	281	38319
集体企业	2	47854	52885	52791	94	20446
有限责任公司	62	13084024	13613218	12772551	840667	459985
股份有限公司	7	1515850	1578447	852539	725909	72979
私营企业	60	896726	1038150	1029678	8472	96431
其他企业	1	58340	66653	66653		6165
港、澳、台商投资企业	1	12768	15900	13663	2237	835
外商投资企业	1	40493	35672	35672		16141
2. 按国民经济行业分组						
农、林、牧产品批发	3	233415	240501	240501		11488
食品、饮料及烟草制品批发	15	849312	1023572	1014407	9165	102240
米、面制品及食用油批发	5	87888	84572	84572		24635
烟草制品批发	1	579296	747273	747273		30029
纺织、服装及家庭用品批发	14	1073172	1138539	1134726	3814	83275
服装批发	2	18643	22286	20049	2237	874
家用电器批发	5	891753	939829	939327	502	74270
文化、体育用品及器材批发	5	486775	461572	460157	1415	89980
医药及医疗器材批发	39	3063450	3420502	2589347	831155	186156
矿产品、建材及化工产品批发	43	10366693	10573411	9844354	729057	177985
煤炭及制品批发	8	127649	133295	133140	156	3753
石油及制品批发	6	1350601	1418876	690902	727974	24012
金属及金属矿批发	15	8226851	8276071	8275144	927	82215
化肥批发	1	401164	478379	478379		56687
机械设备、五金交电及电子产品批发	20	263228	380376	377323	3054	59832
汽车批发	1	49433	51085	51085		2213
汽车零配件批发	1	27103	32446	32446		3435
摩托车及零配件批发	1	940	1242	1233	9	3409
其他批发	1	17921	19130	19130		345

市区限额以上零售贸易业商品购销存总额

11—7　　　　（2013 年）　　　　计量单位：万元

指标名称	法人企业（个）	商品购进额	商品销售额	# 批发	零售	期末商品库存额
总　计	**133**	**5360999**	**5817545**	**496620**	**5320925**	**387787**
1. 按登记注册类型分组						
内资企业	129	5236948	5590410	496620	5093790	362349
国有企业	1	21396	23856		23856	832
集体企业	7	30649	34006	287	33719	1452
股份合作企业	1	5065	5604		5604	47
联营企业						
有限责任公司	57	1169117	1347968	3599	1344370	128652
股份有限公司	7	2869226	2873757	446104	2427653	82168
私营企业	55	1108913	1272074	17450	1254624	144702
其他企业	1	32583	33146	29181	3965	4496
外商投资企业	4	124051	227135		227135	25438
2. 按国民经济行业分组						
综合零售	21	2962538	3200355	446391	2753964	102826
百货零售	9	2781452	2918092	446104	2471988	66309
超级市场零售	8	149231	248017		248017	32145
食品、饮料及烟草制品专门零售	2	4688	6120		6120	1215
纺织、服装及日用品专门零售	4	77147	82169	42564	39605	21111
服装零售	1	3823	3601		3601	631
文化、体育用品及器材专门零售	7	65796	66342	2859	63483	18089
图书、报刊零售	1	47542	42011		42011	5531
医药及医疗器材专门零售	6	66587	87489		87489	12828
药品零售	6	66587	87489		87489	12828
汽车、摩托车、燃料及零配件专门零售	85	1957668	2139898	4717	2135180	220891
汽车零售	73	1879139	2050052	4717	2045335	217986
家用电器及电子产品专门零售	6	203405	209052	89	208964	9267
家用视听设备零售	3	114825	117458	89	117369	5197
计算机、软件及辅助设备零售	1	8711	9001		9001	2514
通信设备零售	2	79870	82593		82593	1557
五金、家具及室内装修材料专门零售	1	1774	2265		2265	727
货摊、无店铺及其他零售业	1	21396	23856		23856	832

分县（市）区限额以上批发零售贸易业商品购销存总额

11—8　　　　（2013 年）　　　　计量单位：万元

行政单位	法人企业（个）	购进总额	销售总额			年末库存总额
				#批发	零售	
全市总计	**412**	**23018455**	**24554102**	**17231437**	**7322666**	**1233507**
市区合计	273	21714965	23075148	16176564	6898584	1099087
#长安区	51	3139172	3391296	1880416	1510881	217027
桥东区	44	3427889	3503491	1341655	2161836	228187
桥西区	38	2685454	3036516	2100423	936093	237274
新华区	53	9167848	9483604	8651953	831650	154731
裕华区	46	1434592	1737457	723659	1013798	88406
矿　区	6	15431	15761	10801	4960	1802
高新区	35	1844579	1907023	1467657	439365	171661
井陉县	9	451939	551521	456724	94797	17665
正定县	10	154696	187005	129956	57049	18712
栾城县	9	67259	68395	60776	7620	1401
行唐县	12	30091	29855	21992	7864	2765
灵寿县	5	10386	11409	2459	8949	2319
高邑县						
深泽县	8	12403	12418	2329	10089	1179
赞皇县	5	23951	23971	10697	13274	866
无极县	10	97241	96273	66661	29612	5179
平山县	17	183394	189405	176756	12649	18211
元氏县	5	16351	17802	664	17138	6700
赵　县	3	21770	25384	198	25187	5075
藁城市	4	49675	61756	20527	41229	8098
晋州市	5	33471	38434	7652	30783	8246
新乐市	12	18692	20324	6630	13694	1712
鹿泉市	13	62658	71876	54052	17823	21792
辛集市	12	69515	73127	36801	36326	14501

全市限额以上批发贸易企业财务状况

11—9 （2013年） 计量单位：万元

指标名称	企业数（个）	流动资产合计	# 存货	固定资产原价	累计折旧	# 本年折旧
总 计	**193**	**4843285**	**808248**	**430354**	**148089**	**22104**
1. 按登记注册类型分组						
内资企业	191	4813964	792107	430140	148030	22086
国有企业	7	235864	33797	40534	14320	3036
集体企业	5	61453	20986	7942	3219	402
有限责任公司	82	3471731	510138	169861	41608	8482
股份有限公司	8	238839	79493	162410	66761	6367
私营企业	88	784205	141527	46508	19976	3618
其他企业	1	21874	6165	2886	2147	180
港、澳、台商投资企业	1	5647				
外商投资企业	1	23674	16141	213	59	18
2. 按国民经济行业分组						
农、林、牧产品批发	8	69447	22870	13247	3975	338
食品、饮料及烟草制品批发	22	450967	115663	61734	20232	3271
米、面制品及食用油批发	9	75174	47739	17900	3918	305
烟草制品批发	1	208494	25836	25838	9730	1900
纺织、服装及家庭用品批发	14	437209	81773	5813	3364	560
服装批发	2	8144	222	1346	888	68
家用电器批发	5	396956	74089	1645	886	103
文化、体育用品及器材批发	5	210732	43380	38951	4052	1769
医药及医疗器材批发	41	1123211	175811	39209	12625	3426
矿产品、建材及化工产品批发	72	2300801	296414	247384	92603	10212
煤炭及制品批发	25	378824	46183	16660	6145	1293
石油及制品批发	7	102662	37338	169567	68204	6095
金属及金属矿批发	17	1611989	140481	30498	11243	1707
化肥批发	4	148653	57222	19867	3051	280
机械设备、五金交电及电子产品批发	30	242948	71628	21570	11085	2517
汽车批发	5	44992	9446	2220	1056	192
汽车零配件批发	1	5473	3435	467	280	59
摩托车及零配件批发	1	1512	341	412	219	19
其他批发	1	7970	709	2447	152	10

11—9 续表1　　（2013 年）　　计量单位：万元

指标名称	资产总计	负债合计	所有者权益合　　计	# 实收资本
总　　计	**5724810**	**4510141**	**1214669**	**406264**
1. 按登记注册类型分组				
内资企业	5694537	4477469	1217068	405864
国有企业	280298	40194	240104	8896
集体企业	85338	60201	25138	1671
有限责任公司	3991834	3342822	649012	278169
股份有限公司	424190	252002	172188	16663
私营企业	890045	764567	125479	98206
其他企业	22831	17684	5148	2260
港、澳、台商投资企业	6422	6409	13	100
外商投资企业	23851	26263	－2412	300
2. 按国民经济行业分组				
农、林、牧产品批发	80701	65733	14967	6595
食品、饮料及烟草制品批发	563838	256280	307558	23557
米、面制品及食用油批发	94540	80180	14360	7599
烟草制品批发	239476	5256	234221	2307
纺织、服装及家庭用品批发	450007	407781	42226	12499
服装批发	13299	7845	5455	3850
家用电器批发	398519	370692	27828	3000
文化、体育用品及器材批发	390836	199269	191567	12461
医药及医疗器材批发	1225855	1102951	122904	77022
矿产品、建材及化工产品批发	2716830	2246259	470571	245452
煤炭及制品批发	420603	392345	28259	32605
石油及制品批发	267314	93790	173524	24177
金属及金属矿批发	1729884	1561163	168720	121497
化肥批发	190313	148619	41694	9957
机械设备、五金交电及电子产品批发	282498	219026	63473	26378
汽车批发	51802	47506	4296	4000
汽车零配件批发	5660	4885	776	600
摩托车及零配件批发	2843	3241	－399	500
其他批发	14246	12843	1404	2300

11—9 续表2 （2013年） 计量单位：万元

指标名称	主营业务收入	主营业务税金及附加	其他业务利润
总计	**16349081**	**47694**	**22931**
1. 按登记注册类型分组			
内资企业	16299848	47650	22931
国有企业	748151	39031	1048
集体企业	62261	178	1266
有限责任公司	12346502	5464	6808
股份有限公司	1457099	1412	12518
私营企业	1622971	1539	994
其他企业	62865	25	297
港、澳、台商投资企业	13562	45	
外商投资企业	35672		
2. 按国民经济行业分组			
农、林、牧产品批发	229293	54	1028
食品、饮料及烟草制品批发	1003925	39518	2072
米、面制品及食用油批发	109467	16	254
烟草制品批发	644323	38985	524
纺织、服装及家庭用品批发	1112867	535	1017
服装批发	21705	46	
家用电器批发	930646	412	221
文化、体育用品及器材批发	307735	97	176
医药及医疗器材批发	3044595	2870	1277
矿产品、建材及化工产品批发	10068230	4134	15399
煤炭及制品批发	533697	495	103
石油及制品批发	1453322	1402	14819
金属及金属矿批发	7289556	1839	399
化肥批发	492994	3	70
机械设备、五金交电及电子产品批发	577935	475	1379
汽车批发	162866	18	951
汽车零配件批发	27732	14	
摩托车及零配件批发	1242	6	
其他批发	4503	13	582

11—9 续表 3　　　　(2013 年)　　　　计量单位：万元

指标名称	销售费用	管理费用	# 税金	财务费用	# 利息支出
总　　计	**220394**	**146716**	**4667**	**70658**	**58230**
1. 按登记注册类型分组					
内资企业	218457	145446	4640	69443	58230
国有企业	10496	25182	674	-3557	227
集体企业	3257	4483		950	1011
有限责任公司	92819	72407	2743	55726	45259
股份有限公司	53291	16750	571	4037	3387
私营企业	56984	25047	567	12243	8345
其他企业	1610	1577	85	44	
港、澳、台商投资企业	1671	1047	26	11	
外商投资企业	266	224		1205	
2. 按国民经济行业分组					
农、林、牧产品批发	1745	2288	129	1166	1246
食品、饮料及烟草制品批发	25714	36737	658	582	3121
米、面制品及食用油批发	3412	2306	73	3161	1886
烟草制品批发	8132	22826	531	-3780	
纺织、服装及家庭用品批发	18152	8400	129	-1471	633
服装批发	2702	1418	50	28	33
家用电器批发	11448	1929	22	-2043	
文化、体育用品及器材批发	4436	11007	368	3151	3556
医药及医疗器材批发	35571	30700	782	23497	22277
矿产品、建材及化工产品批发	118588	45332	2261	40638	25345
煤炭及制品批发	33171	5916	177	6024	3282
石油及制品批发	50445	7381	367	3355	3147
金属及金属矿批发	24600	23577	1407	26580	14904
化肥批发	1836	2496	39	3502	3225
机械设备、五金交电及电子产品批发	15954	11638	340	3063	2052
汽车批发	673	952	75	662	809
汽车零配件批发	397	524	2	112	121
摩托车及零配件批发	33	91	21		
其他批发	233	616		33	

11—9 续表4 (2013年) 计量单位：万元

指标名称	营业利润	利润总额	应交所得税	应付职工薪酬（本年贷方累计发生额）	应交增值税
总　计	**160445**	**179236**	**37523**	**113151**	**77204**
1. 按登记注册类型分组					
内资企业	161365	180155	37522	112488	76776
国有企业	89326	88630	23241	23094	26873
集体企业	4004	3981	383	2739	125
有限责任公司	44808	58442	11316	47342	28076
股份有限公司	20494	22954	134	24053	11212
私营企业	2492	5902	2388	14232	9909
其他企业	242	246	62	1028	582
港、澳、台商投资企业	-51	-55	1	660	428
外商投资企业	-869	-865		4	
2. 按国民经济行业分组					
农、林、牧产品批发	-368	1291	113	1067	367
食品、饮料及烟草制品批发	94088	97062	24841	30943	28618
米、面制品及食用油批发	-3932	-1012	20	2462	101
烟草制品批发	89671	89471	23183	21337	26755
纺织、服装及家庭用品批发	8641	8950	2248	8673	2099
服装批发	-389	-380	1	896	428
家用电器批发	9114	9140	2196	3948	1025
文化、体育用品及器材批发	8078	8274	38	5880	91
医药及医疗器材批发	22203	22656	5758	21791	23370
矿产品、建材及化工产品批发	26671	39205	2719	38665	19004
煤炭及制品批发	-1090	101	440	2851	2633
石油及制品批发	27310	30121	1006	21370	12262
金属及金属矿批发	5252	10097	992	7888	3147
化肥批发	-1700	2020	2	2051	24
机械设备、五金交电及电子产品批发	1233	1728	1806	5835	3656
汽车批发	147	168	90	547	127
汽车零配件批发	98	98	33	273	124
摩托车及零配件批发	-765	-765		32	
其他批发	-99	70	1	298	

全市限额以上零售贸易企业财务状况

11—10　　　　(2013 年)　　　　计量单位：万元

指标名称	企业数（个）	流动资产合计	# 存货	固定资产原价	累计折旧	# 本年折旧
总　计	**219**	**1807681**	**394882**	**441799**	**159715**	**29380**
1. 按登记注册类型分组						
内资企业	215	1755955	370442	400534	149446	25059
国有企业	5	4298	1019	13268	7299	295
集体企业	13	19123	7137	12877	6008	1087
股份合作企业	2	1281	47	155	92	9
联营企业						
有限责任公司	76	433227	140187	207825	72963	14446
股份有限公司	11	760311	78759	104274	41121	4640
私营企业	107	531615	138798	61566	21691	4480
其他企业	1	6099	4496	570	273	103
外商投资企业	4	51726	24440	41265	10269	4321
2. 按国民经济行业分组						
综合零售	59	907963	129994	295959	106662	17389
百货零售	34	613681	91534	226826	83106	11923
超级市场零售	20	264241	33151	56775	18730	5085
食品、饮料及烟草制品专门零售	3	10954	1446	992	359	67
纺织、服装及日用品专门零售	9	35105	21187	2697	580	148
服装零售	6	6892	2937	1880	120	24
文化、体育用品及器材专门零售	8	47214	13351	12565	4687	505
图书、报刊零售	1	17947	1374	10384	3541	365
医药及医疗器材专门零售	9	31835	12913	3296	1614	245
药品零售	9	31835	12913	3296	1614	245
汽车、摩托车、燃料及零配件专门零售	89	599534	200599	108391	36393	10262
汽车零售	73	583899	197214	98440	32950	9736
家用电器及电子产品专门零售	34	166469	13305	5188	1836	415
家用视听设备零售	28	144994	8245	3159	1353	397
计算机、软件及辅助设备零售	2	4951	2515	434	133	
通信设备零售	2	15551	2400	1489	330	15
五金、家具及室内装修材料专门零售	5	4445	1122	857	423	42
货摊、无店铺及其他零售业	3	4162	967	11855	7161	307

11—10 续表 1　　　　(2013 年)　　　　计量单位：万元

指标名称	资产总计	负债合计	所有者权益合　计	# 实收资本
总　计	**2276100**	**1953072**	**323028**	**281984**
1. 按登记注册类型分组				
内资企业	2174212	1817177	357035	265889
国有企业	10474	12167	-1692	7897
集体企业	26318	16341	9977	6583
股份合作企业	2002	458	1544	140
联营企业				
有限责任公司	647375	544680	102694	98446
股份有限公司	874731	740512	134219	68265
私营企业	606915	496881	110035	84259
其他企业	6397	6138	258	300
外商投资企业	101888	135895	-34007	16095
2. 按国民经济行业分组				
综合零售	1217866	1079853	138013	143814
百货零售	835681	648906	186775	116020
超级市场零售	331933	390710	-58777	24437
食品、饮料及烟草制品专门零售	14674	13600	1074	205
纺织、服装及日用品专门零售	37966	27830	10136	3718
服装零售	8929	5148	3781	3118
文化、体育用品及器材专门零售	70354	47209	23145	9418
图书、报刊零售	34882	19522	15360	2000
医药及医疗器材专门零售	36423	30532	5891	5708
药品零售	36423	30532	5891	5708
汽车、摩托车、燃料及零配件专门零售	704838	580422	124416	91659
汽车零售	681415	565690	115725	89344
家用电器及电子产品专门零售	179766	159806	19960	18416
家用视听设备零售	152974	144075	8899	8544
计算机、软件及辅助设备零售	5253	4196	1057	1002
通信设备零售	20467	11043	9424	8580
五金、家具及室内装修材料专门零售	5209	3683	1526	1259
货摊、无店铺及其他零售业	9003	10136	-1133	7788

11—10 续表2　　　　(2013 年)　　　　计量单位：万元

指标名称	主营业务收入	主营业务税金及附加	其他业务利润
总　计	**4823316**	**26958**	**69582**
1. 按登记注册类型分组			
内资企业	4612803	26341	61889
国有企业	25270	13	964
集体企业	100437	206	397
股份合作企业	5826	20	2
联营企业			
有限责任公司	1319646	4054	23252
股份有限公司	1863891	10766	16928
私营企业	1269687	11269	20347
其他企业	28046	13	
外商投资企业	210513	616	7693
2. 按国民经济行业分组			
综合零售	2301899	14115	43882
百货零售	1739317	12487	18074
超级市场零售	532327	1575	22744
食品、饮料及烟草制品专门零售	6371	15	3
纺织、服装及日用品专门零售	81712	144	350
服装零售	14843	43	45
文化、体育用品及器材专门零售	56239	155	993
图书、报刊零售	32711	89	652
医药及医疗器材专门零售	82659	285	225
药品零售	82659	285	225
汽车、摩托车、燃料及零配件专门零售	2016058	11391	16257
汽车零售	1923873	11194	15933
家用电器及电子产品专门零售	246746	807	6376
家用视听设备零售	156355	515	2486
计算机、软件及辅助设备零售	9234	7	
通信设备零售	76718	276	3806
五金、家具及室内装修材料专门零售	7373	14	582
货摊、无店铺及其他零售业	24258	31	915

11—10 续表3 （2013年） 计量单位：万元

指标名称	销售费用	管理费用	# 税金	财务费用	# 利息支出
总　　计	**232791**	**146692**	**3823**	**30133**	**19098**
1. 按登记注册类型分组					
内资企业	200162	135900	3455	27764	17133
国有企业	1032	882	47	-21	13
集体企业	4977	3682	77	177	152
股份合作企业	291	99	1		
联营企业					
有限责任公司	78895	47783	1440	12141	7956
股份有限公司	57550	57009	1062	4971	3472
私营企业	55784	26303	820	10493	5541
其他企业	1634	141	8	3	
外商投资企业	32630	10792	367	2370	1965
2. 按国民经济行业分组					
综合零售	131000	87193	2459	10808	7467
百货零售	86346	67922	2067	7839	4899
超级市场零售	42482	15831	375	2427	1966
食品、饮料及烟草制品专门零售	614	664	3	348	429
纺织、服装及日用品专门零售	6231	1576	74	584	577
服装零售	273	728	45	207	102
文化、体育用品及器材专门零售	3588	6851	162	-8	261
图书、报刊零售	1726	5093	144	-296	
医药及医疗器材专门零售	11828	3743	37	507	300
药品零售	11828	3743	37	507	300
汽车、摩托车、燃料及零配件专门零售	56117	38154	984	15514	9766
汽车零售	53525	36080	950	15260	9694
家用电器及电子产品专门零售	21545	7380	58	2132	60
家用视听设备零售	14452	5546	40	1893	47
计算机、软件及辅助设备零售	843	101	3	30	13
通信设备零售	5952	1653	15	204	
五金、家具及室内装修材料专门零售	829	372	8	258	228
货摊、无店铺及其他零售业	1040	760	38	-10	10

11—10 续表4　　（2013年）　　计量单位：万元

指标名称	营业利润	利润总额	应交所得税	应付职工薪酬（本年贷方累计发生额）	应交增值税
总　计	**77911**	**97769**	**22758**	**123843**	**63575**
1. 按登记注册类型分组					
内资企业	88478	92674	21793	105933	61377
国有企业	-2057	-1149		3986	156
集体企业	1545	1788	334	2801	1607
股份合作企业	124	64	19	274	96
联营企业					
有限责任公司	5485	8429	3215	46298	19745
股份有限公司	74242	73221	16108	16841	19849
私营企业	9109	10300	2111	35247	19814
其他企业	30	22	6	487	109
外商投资企业	-10567	5096	965	17910	2198
2. 按国民经济行业分组					
综合零售	63098	78816	18007	56836	26079
百货零售	65923	65929	14232	32930	22863
超级市场零售	-2803	11869	3497	20984	2791
食品、饮料及烟草制品专门零售	-1676	-438	1	509	142
纺织、服装及日用品专门零售	2057	2286	545	4665	808
服装零售	216	256	37	1851	44
文化、体育用品及器材专门零售	1445	1720	17	4163	1159
图书、报刊零售	1327	1573	1	3078	845
医药及医疗器材专门零售	1220	1240	366	7523	2253
药品零售	1220	1240	366	7523	2253
汽车、摩托车、燃料及零配件专门零售	11139	13084	3598	39235	29591
汽车零售	9145	11066	3125	35408	28121
家用电器及电子产品专门零售	2064	2072	77	6709	3180
家用视听设备零售	1643	1632	44	3924	1158
计算机、软件及辅助设备零售	19	22	5	13	1522
通信设备零售	187	204		2692	448
五金、家具及室内装修材料专门零售	369	31	12	384	99
货摊、无店铺及其他零售业	-1805	-1040	135	3820	264

市区限额以上批发贸易企业财务状况

11—11 (2013年) 计量单位：万元

指标名称	企业数（个）	流动资产合计	#存货	固定资产原价	累计折旧	#本年折旧
总计	**140**	**4367582**	**702711**	**383009**	**133110**	**19851**
1. 按登记注册类型分组						
内资企业	138	4338262	686569	382796	133052	19833
国有企业	6	234440	33766	40200	14247	3032
集体企业	2	58432	20453	7459	3107	399
有限责任公司	62	3358653	457160	148831	37364	7905
股份有限公司	7	215027	74471	161255	66187	6271
私营企业	60	449835	94554	22165	10000	2045
其他企业	1	21874	6165	2886	2147	180
港、澳、台商投资企业	1	5647				
外商投资企业	1	23674	16141	213	59	18
2. 按国民经济行业分组						
农、林、牧产品批发	3	51821	10448	5956	1723	173
食品、饮料及烟草制品批发	15	412145	88226	49810	18323	2999
米、面制品及食用油批发	5	46570	24170	7454	2157	77
烟草制品批发	1	208494	25836	25838	9730	1900
纺织、服装及日用品批发	14	437209	81773	5813	3364	560
服装批发	2	8144	222	1346	888	68
家用电器批发	5	396956	74089	1645	886	103
文化、体育用品及器材批发	5	210732	43380	38951	4052	1769
医药及医疗器材批发	39	1120135	175270	38416	12496	3405
矿产品、建材及化工产品批发	43	1960657	248131	222760	83280	8588
煤炭及制品批发	8	108633	4982	1581	793	158
石油及制品批发	6	49754	35255	165200	66180	5844
金属及金属矿批发	15	1608453	139966	30478	11229	1703
化肥批发	1	145632	56689	19384	2940	277
机械设备、五金交电及电子产品批发	20	166914	54773	18857	9721	2346
汽车批发	1	11191	2260	663	314	71
汽车零配件批发	1	5473	3435	467	280	59
摩托车及零配件批发	1	1512	341	412	219	19
其他批发	1	7970	709	2447	152	10

11—11 续表 1　　　　(2013 年)　　　　计量单位：万元

指标名称	资产总计	负债合计	所有者权益合　　计	# 实收资本
总　　计	**5160346**	**4014101**	**1146245**	**355618**
1. 按登记注册类型分组				
内资企业	5130073	3981429	1148644	355218
国有企业	278614	38801	239814	8711
集体企业	80654	56577	24077	714
有限责任公司	3844774	3228387	616387	263941
股份有限公司	399077	228193	170884	15663
私营企业	504123	411788	92335	63930
其他企业	22831	17684	5148	2260
港、澳、台商投资企业	6422	6409	13	100
外商投资企业	23851	26263	-2412	300
2. 按国民经济行业分组				
农、林、牧产品批发	57280	48763	8517	4145
食品、饮料及烟草制品批发	498805	213217	285588	16573
米、面制品及食用油批发	54914	49939	4975	6165
烟草制品批发	239476	5256	234221	2307
纺织、服装及日用品批发	450007	407781	42226	12499
服装批发	13299	7845	5455	3850
家用电器批发	398519	370692	27828	3000
文化、体育用品及器材批发	390836	199269	191567	12461
医药及医疗器材批发	1222105	1098918	123187	76774
矿产品、建材及化工产品批发	2327771	1889449	438321	211490
煤炭及制品批发	115459	102465	12995	10600
石油及制品批发	206497	45765	160732	16077
金属及金属矿批发	1726342	1557987	168354	120947
化肥批发	185629	144995	40634	9000
机械设备、五金交电及电子产品批发	199298	143861	55436	19378
汽车批发	11541	10591	950	1000
汽车零配件批发	5660	4885	776	600
摩托车及零配件批发	2843	3241	-399	500
其他批发	14246	12843	1404	2300

11—11 续表2　　（2013年）　　计量单位：万元

指标名称	主营业务收入	主营业务税金及附加	其他业务利润
总　计	**15325421**	**46801**	**22266**
1. 按登记注册类型分组			
内资企业	15276188	46757	22266
国有企业	742496	39031	1048
集体企业	47646	178	1196
有限责任公司	12033941	5321	6393
股份有限公司	1387656	1405	12450
私营企业	1001584	796	883
其他企业	62865	25	297
港、澳、台商投资企业	13562	45	
外商投资企业	35672		
2. 按国民经济行业分组			
农、林、牧产品批发	216000	43	995
食品、饮料及烟草制品批发	909933	39505	1715
米、面制品及食用油批发	82825	15	-104
烟草制品批发	644323	38985	524
纺织、服装及日用品批发	1112867	535	1017
服装批发	21705	46	
家用电器批发	930646	412	221
文化、体育用品及器材批发	307735	97	176
医药及医疗器材批发	3032576	2866	1269
矿产品、建材及化工产品批发	9358698	3393	15218
煤炭及制品批发	142924	94	
石油及制品批发	1221487	1197	14819
金属及金属矿批发	7274115	1839	399
化肥批发	478379	3	
机械设备、五金交电及电子产品批发	383110	350	1294
汽车批发	50583	6	883
汽车零配件批发	27732	14	
摩托车及零配件批发	1242	6	
其他批发	4503	13	582

11—11 续表3 （2013年） 计量单位：万元

指标名称	销售费用	管理费用	# 税金	财务费用	# 利息支出
总　　计	**179461**	**135661**	**4284**	**59050**	**48799**
1. 按登记注册类型分组					
内资企业	177525	134391	4258	57835	48799
国有企业	10494	25175	671	-3555	227
集体企业	3114	4357		899	1011
有限责任公司	84986	67566	2653	51749	41801
股份有限公司	53106	16407	538	3474	2851
私营企业	24215	19310	311	5223	2909
其他企业	1610	1577	85	44	
港、澳、台商投资企业	1671	1047	26	11	
外商投资企业	266	224		1205	
2. 按国民经济行业分组					
农、林、牧产品批发	673	1540	129	402	483
食品、饮料及烟草制品批发	22843	34914	624	-1107	1634
米、面制品及食用油批发	2641	1147	64	1431	400
烟草制品批发	8132	22826	531	-3780	
纺织、服装及日用品批发	18152	8400	129	-1471	633
服装批发	2702	1418	50	28	33
家用电器批发	11448	1929	22	-2043	
文化、体育用品及器材批发	4436	11007	368	3151	3556
医药及医疗器材批发	35545	30422	779	23490	22277
矿产品、建材及化工产品批发	84126	39045	2007	33375	19754
煤炭及制品批发	4091	1483	46	1920	348
石油及制品批发	46482	7267	255	707	498
金属及金属矿批发	24476	23466	1407	26569	14904
化肥批发	1693	2369	39	3451	3225
机械设备、五金交电及电子产品批发	13454	9718	249	1177	461
汽车批发	403	187	7	-196	
汽车零配件批发	397	524	2	112	121
摩托车及零配件批发	33	91	21		
其他批发	233	616		33	

11—11 续表4　　　　(2013年)　　　　计量单位：万元

指标名称	营业利润	利润总额	应交所得税	应付职工薪酬（本年贷方累计发生额）	应交增值税
总　　计	**161582**	**172689**	**36803**	**106535**	**71540**
1. 按登记注册类型分组					
内资企业	162502	173609	36802	105871	71112
国有企业	89324	88629	23241	23000	26872
集体企业	3985	3963	381	2576	123
有限责任公司	48319	57196	11144	44432	27100
股份有限公司	20399	22864	64	23912	11136
私营企业	232	710	1911	10923	5300
其他企业	242	246	62	1028	582
港、澳、台商投资企业	-51	-55	1	660	428
外商投资企业	-869	-865		4	
2. 按国民经济行业分组					
农、林、牧产品批发	719	1066	105	588	209
食品、饮料及烟草制品批发	96403	95974	24804	29562	28535
米、面制品及食用油批发	-1199	-1707	20	1733	101
烟草制品批发	89671	89471	23183	21337	26755
纺织、服装及日用品批发	8641	8950	2248	8673	2099
服装批发	-389	-380	1	896	428
家用电器批发	9114	9140	2196	3948	1025
文化、体育用品及器材批发	8078	8274	38	5880	91
医药及医疗器材批发	22219	22675	5758	21330	23346
矿产品、建材及化工产品批发	25029	34650	2339	35373	14281
煤炭及制品批发	-955	-855	138	763	184
石油及制品批发	24654	25553	941	21221	10225
金属及金属矿批发	5430	10276	991	7819	3126
化肥批发	-1718	2002		1889	22
机械设备、五金交电及电子产品批发	593	1030	1510	4832	2979
汽车批发	33	30	8	90	21
汽车零配件批发	98	98	33	273	124
摩托车及零配件批发	-765	-765		32	
其他批发	-99	70	1	298	

市区限额以上零售贸易企业财务状况

11—12　　(2013年)　　计量单位：万元

指标名称	法人企业数（个）	流动资产合计	# 存货	固定资产原价	累计折旧	# 本年折旧
总　计	**133**	**1511832**	**357457**	**391925**	**148487**	**25835**
1. 按登记注册类型分组						
内资企业	129	1460105	333017	350660	138218	21514
国有企业	1	3574	877	11611	7058	286
集体企业	7	3872	1244	2167	1045	74
股份合作企业	1	1222	47	153	92	9
联营企业						
有限责任公司	57	371855	119696	181949	69202	12314
股份有限公司	7	561751	77286	103743	40818	4565
私营企业	55	511732	129371	50466	19731	4163
其他企业	1	6099	4496	570	273	103
外商投资企业	4	51726	24440	41265	10269	4321
2. 按国民经济行业分组						
综合零售	21	631504	100687	252707	96775	14048
百货零售	9	538612	65131	187167	74191	8764
超级市场零售	8	63560	30956	53232	17800	4913
食品、饮料及烟草制品专门零售	2	9438	1161	478	155	26
纺织、服装及日用品专门零售	4	32213	18881	849	467	131
服装零售	1	4000	631	32	6	6
文化、体育用品及器材专门零售	7	46791	13342	12265	4652	489
图书、报刊零售	1	17947	1374	10384	3541	365
医药及医疗器材专门零售	6	30610	12677	2180	1548	244
药品零售	6	30610	12677	2180	1548	244
汽车、摩托车、燃料及零配件专门零售	85	598199	200261	107471	36021	10214
汽车零售	73	583899	197214	98440	32950	9736
家用电器及电子产品专门零售	6	155837	8844	4120	1674	355
家用视听设备零售	3	135337	3931	2198	1211	341
计算机、软件及辅助设备零售	1	4949	2514	434	133	
通信设备零售	2	15551	2400	1489	330	15
五金、家具及室内装修材料专门零售	1	3666	727	244	138	42
货摊、无店铺及其他零售业	1	3574	877	11611	7058	286

11—12 续表 1　　　　　　　　　　　　（2013 年）　　　　　　　　　　　　计量单位：万元

指标名称	资产总计	负债合计	所有者权益合　　计	# 实收资本
总　　计	**1931325**	**1652061**	**279264**	**252202**
1. 按登记注册类型分组				
内资企业	1829437	1516166	313271	236107
国有企业	8194	10091	－1898	7648
集体企业	5042	3249	1793	686
股份合作企业	1285	381	904	43
联营企业				
有限责任公司	558161	466185	91976	86725
股份有限公司	675432	551191	124242	67452
私营企业	574927	478932	95995	73253
其他企业	6397	6138	258	300
外商投资企业	101888	135895	－34007	16095
2. 按国民经济行业分组				
综合零售	899428	794612	104816	121367
百货零售	721951	555045	166906	97214
超级市场零售	127940	199516	－71576	21396
食品、饮料及烟草制品专门零售	12402	11605	797	145
纺织、服装及日用品专门零售	33063	25247	7815	2100
服装零售	4026	2565	1461	1500
文化、体育用品及器材专门零售	69666	46855	22812	9118
图书、报刊零售	34882	19522	15360	2000
医药及医疗器材专门零售	34021	28476	5546	5510
药品零售	34021	28476	5546	5510
汽车、摩托车、燃料及零配件专门零售	702925	578984	123941	91389
汽车零售	681415	565690	115725	89344
家用电器及电子产品专门零售	167851	153115	14737	14225
家用视听设备零售	142133	137875	4258	4644
计算机、软件及辅助设备零售	5252	4196	1055	1001
通信设备零售	20467	11043	9424	8580
五金、家具及室内装修材料专门零售	3775	3077	699	700
货摊、无店铺及其他零售业	8194	10091	－1898	7648

11—12 续表2　　　　(2013 年)　　　　计量单位：万元

指标名称	主营业务收入	主营业务税金及附加	其他业务利润
总　计	**4278769**	**24877**	**56553**
1. 按登记注册类型分组			
内资企业	4068256	24261	48860
国有企业	21111	8	915
集体企业	32515	62	53
股份合作企业	4790	20	2
联营企业			
有限责任公司	1205912	3155	21124
股份有限公司	1573213	10087	6760
私营企业	1202670	10916	20007
其他企业	28046	13	
外商投资企业	210513	616	7693
2. 按国民经济行业分组			
综合零售	1825898	12225	31109
百货零售	1563164	11348	15483
超级市场零售	233304	826	12563
食品、饮料及烟草制品专门零售	5450	15	3
纺织、服装及日用品专门零售	70843	104	305
服装零售	3975	3	
文化、体育用品及器材专门零售	55481	152	993
图书、报刊零售	32711	89	652
医药及医疗器材专门零售	81128	282	225
药品零售	81128	282	225
汽车、摩托车、燃料及零配件专门零售	2009776	11380	16257
汽车零售	1923873	11194	15933
家用电器及电子产品专门零售	206818	703	6164
家用视听设备零售	121098	421	2358
计算机、软件及辅助设备零售	9001	7	
通信设备零售	76718	276	3806
五金、家具及室内装修材料专门零售	2265	8	582
货摊、无店铺及其他零售业	21111	8	915

11—12 续表3　　　　(2013年)　　　　计量单位：万元

指标名称	销售费用	管理费用	# 税金	财务费用	# 利息支出
总　计	**210707**	**137996**	**3494**	**26951**	**18265**
1. 按登记注册类型分组					
内资企业	178078	127204	3127	24581	16300
国有企业	1016	741	37	-25	10
集体企业	1228	1114	6	31	
股份合作企业	291	86			
联营企业					
有限责任公司	64484	46602	1352	9518	7431
股份有限公司	56765	56064	1044	4962	3472
私营企业	52660	22456	679	10092	5388
其他企业	1634	141	8	3	
外商投资企业	32630	10792	367	2370	1965
2. 按国民经济行业分组					
综合零售	110976	81183	2227	7950	6758
百货零售	67930	63531	1851	4998	4190
超级市场零售	40934	14335	359	2410	1965
食品、饮料及烟草制品专门零售	483	477	3	349	429
纺织、服装及日用品专门零售	5957	1176	31	459	558
服装零售		329	2	81	82
文化、体育用品及器材专门零售	3549	6816	162	-8	261
图书、报刊零售	1726	5093	144	-296	
医药及医疗器材专门零售	11788	3733	32	503	297
药品零售	11788	3733	32	503	297
汽车、摩托车、燃料及零配件专门零售	55926	37857	977	15484	9740
汽车零售	53525	36080	950	15260	9694
家用电器及电子产品专门零售	20224	5861	24	2018	13
家用视听设备零售	13429	4108	6	1784	
计算机、软件及辅助设备零售	843	100	3	30	13
通信设备零售	5952	1653	15	204	
五金、家具及室内装修材料专门零售	789	152	1	221	201
货摊、无店铺及其他零售业	1016	741	37	-25	10

11—12 续表4　　(2013年)　　计量单位：万元

指标名称	营业利润	利润总额	应交所得税	应付职工薪酬（本年贷方累计发生额）	应交增值税
总　计	**61395**	**81945**	**18846**	**107638**	**58968**
1. 按登记注册类型分组					
内资企业	71962	76849	17881	89729	56770
国有企业	-1989	-1136		3786	150
集体企业	326	347	31	944	447
股份合作企业	65	65	16	254	78
联营企业					
有限责任公司	3882	6144	2784	38981	17772
股份有限公司	61611	61697	13203	16626	19092
私营企业	8037	9711	1842	28651	19121
其他企业	30	22	6	487	109
外商投资企业	-10567	5096	965	17910	2198
2. 按国民经济行业分组					
综合零售	47338	64321	14369	44297	22140
百货零售	62983	62925	13528	21580	19863
超级市场零售	-15673	329	563	19938	1865
食品、饮料及烟草制品专门零售	-559	-439	1	458	142
纺织、服装及日用品专门零售	1803	2032	508	2855	785
服装零售	-38	2		41	21
文化、体育用品及器材专门零售	1430	1705	17	4143	1149
图书、报刊零售	1327	1573	1	3078	845
医药及医疗器材专门零售	1223	1242	366	7380	2247
药品零售	1223	1242	366	7380	2247
汽车、摩托车、燃料及零配件专门零售	10980	12926	3578	39050	29523
汽车零售	9145	11066	3125	35408	28121
家用电器及电子产品专门零售	1164	1289	5	5393	2763
家用视听设备零售	958	1064		2689	793
计算机、软件及辅助设备零售	19	22	5	12	1522
通信设备零售	187	204		2692	448
五金、家具及室内装修材料专门零售	6	6	1	277	69
货摊、无店铺及其他零售业	-1989	-1136		3786	150

分县（市）区限额以上批发零售贸易企业财务状况

11—13 （2013年） 计量单位：万元

行政单位	资产总计	负债合计	主营业务收入	主营业务成本	其他业务利润
全市总计	**8000909**	**6463213**	**21172397**	**20156283**	**92512**
市区合计	7091671	5666162	19604191	18690089	78819
#长安区	1082925	956689	2912185	2784751	8065
桥东区	1232127	1016693	2336230	2173046	8160
桥西区	1332939	1003662	2747667	2460528	20204
新华区	2149124	1885624	8338265	8186404	19601
裕华区	478785	372354	1617846	1544753	8625
矿　区	9569	7923	14045	13232	
高新区	806202	423217	1637952	1527376	14165
井陉县	303300	292734	441571	402660	103
正定县	81561	66164	164113	155485	758
栾城县	18703	15067	68214	64920	52
行唐县	14790	9981	28518	25513	55
灵寿县	9177	5322	10116	8057	
高邑县					
深泽县	2979	1778	11295	10274	
赞皇县	6708	2099	21171	19873	
无极县	20056	7544	92524	90745	122
平山县	63005	47730	164012	156993	262
元氏县	18288	14693	17694	15113	97
赵　县	10269	8956	22322	18193	529
藁城市	72932	60230	62008	53947	598
晋州市	19008	16921	35909	32071	293
新乐市	5877	5241	18090	16165	8
鹿泉市	31180	22720	62236	57926	149
辛集市	231406	219873	348414	338259	10668

11—13 续表 （2013 年） 计量单位：万元

行政单位	管理费用	财务费用	利润总额	应付职工薪酬（本年贷方累计发生额）	应交增值税
全市总计	**8000909**	**6463213**	**21172397**	**20156283**	**92512**
市区合计	7091671	5666162	19604191	18690089	78819
#长安区	1082925	956689	2912185	2784751	8065
桥东区	1232127	1016693	2336230	2173046	8160
桥西区	1332939	1003662	2747667	2460528	20204
新华区	2149124	1885624	8338265	8186404	19601
裕华区	478785	372354	1617846	1544753	8625
矿　区	9569	7923	14045	13232	
高新区	806202	423217	1637952	1527376	14165
井陉县	303300	292734	441571	402660	103
正定县	81561	66164	164113	155485	758
栾城县	18703	15067	68214	64920	52
行唐县	14790	9981	28518	25513	55
灵寿县	9177	5322	10116	8057	
高邑县					
深泽县	2979	1778	11295	10274	
赞皇县	6708	2099	21171	19873	
无极县	20056	7544	92524	90745	122
平山县	63005	47730	164012	156993	262
元氏县	18288	14693	17694	15113	97
赵　县	10269	8956	22322	18193	529
藁城市	72932	60230	62008	53947	598
晋州市	19008	16921	35909	32071	293
新乐市	5877	5241	18090	16165	8
鹿泉市	31180	22720	62236	57926	149
辛集市	231406	219873	348414	338259	10668

社会消费品零售总额

11—14　　　　（2013 年）　　　　计量单位：万元

行政单位	社会消费品零售总额	其中：限额以上批发和零售业零售额
全市总计	**21797294**	**7322666**
市区合计	9254965	6898584
#长安区	1866100	1510881
桥东区	2585859	2161836
桥西区	1189597	936093
新华区	1613383	831650
裕华区	1263040	1013798
矿　区	107768	4960
高新区	629219	439365
井陉县	360446	94797
正定县	946405	57049
栾城县	617640	7620
行唐县	480953	7864
灵寿县	329166	8949
高邑县	263918	
深泽县	335729	10089
赞皇县	335760	13274
无极县	923560	29612
平山县	443686	12649
元氏县	417542	17138
赵　县	898234	25187
藁城市	1393648	41229
晋州市	912886	30783
新乐市	832707	13694
鹿泉市	976278	17823
辛集市	2073774	36326

分县（市）区实际利用外资情况

11—15　　　　（2013 年）　　　　计量单位：万美元

行政单位	实际利用外资	比上年增长（%）	实际利用外资中：	
			直接利用外资	比上年增长（%）
全市总计	**293408**	**100791**	**277005**	**236994**
市区合计	273658	86001	254634	214173
长安区	41112	23253	24685	39970
桥东区	73770	14448	64038	30967
桥西区	62177	3994	121023	58682
新华区	46881	32614	3848	34356
裕华区	22670	6029	5699	26570
矿　区	155	271	161	209
高新区	26894	5392	35180	23420
井陉县	2703	4668	4524	1318
正定县	3337	1224	1246	2666
栾城县	731	905	331	773
行唐县	931	218	855	917
灵寿县	647	189	-30	1168
高邑县				
深泽县	702	11	6	637
赞皇县	417	270	56	425
无极县	743	48	112	523
平山县	2250	2091	362	1948
元氏县	540	250	-93	409
赵　县	157	577	857	2017
藁城市	915	2592	2101	3386
晋州市	123	308	332	1487
新乐市	1042	27	193	992
鹿泉市	1612	246	1053	1158
辛集市	2900	1169	10468	2997

外国和港澳台地区在石投资情况

11—16　　（2013年）　　计量单位：万美元

指标名称	新批合同			新注册三资企业	
	项目个数（个）	项目投资总额	合同外资额	注册户数（户）	项目投资总额
合计	**42**	**119393**	**78031**	**31**	**51086**
#国有企业与客商兴办的合资、合作企业		873	309		
#投资总额500万美元以上项目	21	117911	77151	12	49627
#开发区合计	11	34896	16531	10	14505
1. 国家级开发区	6	16555	9871	6	9664
2. 省级开发区	5	18341	6660	4	4841
一、按投资方式分组					
（一）港、澳、台投资经济	20	85318	53118	15	35128
1. 港澳台合资经营企业	7	35501	22770	6	21842
2. 港澳台合作经营企业					
3. 港澳台独资经营企业	13	49817	30348	9	13286
（二）外商投资经济	22	34075	24913	16	15958
1. 中外合资经营企业	13	16657	7669	7	7069
2. 中外合作经营企业					
3. 外资企业	9	17418	17244	9	8889
二、按产业分组					
第一产业	1	10966	10218		4966
第二产业	13	65454	40381	9	27567
第三产业	28	42973	27432	22	18553
三、按国民经济行业分组					
农、林、牧、渔业	1	10966	10218		4966
1. 农业		4966	6218		4966
#蔬菜、食用菌及园艺作物种植		4966	6218		4966
2. 林业	1	6000	4000		
#林木育种和育苗	1	6000	4000		
制造业（C）	9	62847	38485	7	26120
#农副食品加工业			726		
酒、饮料和精制茶制造业					
纺织服装、服饰业				2	8000
皮革、毛皮、羽毛及其制品和制鞋业		48	22	1	884
文教、工美、体育和娱乐用品制造业	1	3995	3515		
化学原料和化学制品制造业	1	2086	308		
医药制造业	1	8981	3305	1	36
橡胶和塑料制品业	2	6200	4000	2	11200

11—16 续表 1　　（2013 年）　　计量单位：万美元

指标名称	新批合同			新注册三资企业	
	项目个数（个）	项目投资总额	合同外资额	注册户数（户）	项目投资总额
黑色金属冶炼和压延加工业					
金属制品业		7020	7020		
通用设备制造业	1	13500	4050		
汽车制造业					
铁路、船舶、航空航天和其他运输设备制造业	1	6000	1200	1	6000
电气机械和器材制造业	1	6000	6000		
计算机、通信和其他电子设备制造业	1	8339	8339		
电力、热力、燃气及水生产和供应业（D）	3	2198	1624	1	1288
电力、热力生产和供应业					
燃气生产和供应业	2	1403	1346	1	1288
水的生产和供应业	1	795	278		
批发和零售业（F）	13	24686	15152	11	15060
批发业	13	24686	15152	11	15060
零售业					
交通运输、仓储和邮政业（G）			720		
管道运输业			720		
金融业（J）	3	3676	816	2	2054
货币金融服务	3	3676	816	2	2054
房地产业（K）	2	1172	1074		
租赁和商务服务业（L）	4	12230	9162	3	230
科学研究和技术服务业（M）	4	1203	412	4	1203
四、按投资国别、地区分组					
1. 亚洲	29	94467	55767	21	41393
# 香港	19	73318	44118	15	35128
台湾	1	12000	9000		
新加坡	4	9047	2590	2	6228
东南亚联盟	4	9047	2590	2	6228
2. 欧洲	5	8408	7800	5	4167
# 欧盟	3	4254	4228	4	4008
3. 拉丁美洲	2	13266	13080	1	4000
4. 北美洲	5	2352	587	3	681
# 美国	3	2295	570	2	673
5. 大洋洲	1	900	797	1	845
五、高新技术产业	3	23382	12844	2	6036
六、并购		－87	804		

11—16 续表 2　　　　（2013 年）　　　　计量单位：万美元

指标名称	新注册三资企业（续）		期末实有三资企业（个）	# 开工在建	投产企业
	注册资本	外　方注册资本			
合　计	**53301**	**46888**	**485**	**24**	**383**
# 国有企业与客商兴办的合资、合作企业	873	309	59	2	45
# 投资总额 500 万美元以上项目	52109	45851	169	18	123
# 开发区合计	13940	13709	164	12	142
1. 国家级开发区	9574	9560	97	9	84
2. 省级开发区	4366	4149	67	3	58
一、按投资方式分组					
（一）港、澳、台投资经济	32676	27717	215	15	155
1. 港澳台合资经营企业	23043	18772	133	10	98
2. 港澳台合作经营企业			18	2	8
3. 港澳台独资经营企业	9633	8945	64	3	49
（二）外商投资经济	20625	19171	270	9	228
1. 中外合资经营企业	4643	3189	162	3	141
2. 中外合作经营企业			17		15
3. 外资企业	15982	15982	90	6	71
二、按产业分组					
第一产业	6139	6218	8	1	4
第二产业	33349	30786	310	18	252
第三产业	13813	9884	167	5	127
三、按国民经济行业分组					
农、林、牧、渔业	6139	6218	9	1	4
1. 农业	6139	6218	6	1	2
# 蔬菜、食用菌及园艺作物种植	6139	6218	6	1	2
2. 林业					
# 林木育种和育苗					
制造业（C）	30160	27687	297	17	243
# 农副食品加工业		726	3		2
酒、饮料和精制茶制造业			4	3	1
纺织服装、服饰业	6500	6500	26	1	23
皮革、毛皮、羽毛及其制品和制鞋业	475	132	32		27
文教、工美、体育和娱乐用品制造业			10		7
化学原料和化学制品制造业	127	65	40	3	31
医药制造业	4028	3305	50	3	40
橡胶和塑料制品业	4600	4600	25	1	19

11—16 续表3　　　　(2013年)　　　　计量单位：万美元

指标名称	新注册三资企业（续）		期末实有三资企业（个）	# 开工在建	投产企业
	注册资本	外　方注册资本			
黑色金属冶炼和压延加工业			7		7
金属制品业	7020	7020	11		11
通用设备制造业			6		5
汽车制造业			6		6
铁路、船舶、航空航天和其他运输设备制造业	3000	1200	4		3
电气机械和器材制造业			5	1	4
计算机、通信和其他电子设备制造业	4139	4139	7	1	5
电力、热力、燃气及水生产和供应业（D）	2827	2827	7	1	6
电力、热力生产和供应业	1539	1539	2		2
燃气生产和供应业	1288	1288	2		1
水的生产和供应业			3	1	3
批发和零售业（F）	15040	12112	61	3	41
批发业	15040	12112	51	3	32
零售业			10		9
交通运输、仓储和邮政业（G）		720	12		10
管道运输业		720	1		1
金融业（J）	2006	411	4		3
货币金融服务	2006	411	3		2
房地产业（K）	-4120	-4029	36		33
租赁和商务服务业（L）	168	162	23	1	19
科学研究和技术服务业（M）	713	412	9	1	4
四、按投资国别、地区分组					
1. 亚洲	37474	31360	305	16	227
# 香港	32676	27717	184	13	132
台湾			31	2	23
新加坡	4763	3608	30		27
东南亚联盟	4763	3608	41		35
2. 欧洲	2653	2587	49	3	44
# 欧盟	2541	2530	38	3	35
3. 拉丁美洲	11974	11977	38	2	32
4. 北美洲	362	167	76	3	64
# 美国	354	165	64	2	55
5. 大洋洲	838	797	16		16
五、高新技术产业	11229	8644	94	6	74
六、并购	355	804	35	4	35

11—16 续表4　　　　（2013年）　　　　计量单位：万美元

指标名称	客商直接投资	#现金	利润再投资	中方投资
合　计	**95519**	**62892**	**9058**	**1363**
#国有企业与客商兴办的合资、合作企业	7633			
#投资总额500万美元以上项目	95118	62491	8875	1204
#开发区合计	43954	25986		1282
1. 国家级开发区	22424	12756		1282
2. 省级开发区	21530	13230		
一、按投资方式分组				
（一）港、澳、台投资经济	59061	35989	848	1123
1. 港澳台合资经营企业	18766	6779	665	1123
2. 港澳台合作经营企业	3000	3000		
3. 港澳台独资经营企业	37295	26210	183	
（二）外商投资经济	36458	26903	8210	240
1. 中外合资经营企业	13146	5191	720	240
2. 中外合作经营企业				
3. 外资企业	23312	21712	7490	
二、按产业分组				
第一产业	7000	7000		
第二产业	75211	48810	7685	1204
第三产业	13308	7082	1373	159
三、按国民经济行业分组				
农、林、牧、渔业	7000	7000		
1. 农业	3000	3000		
#蔬菜、食用菌及园艺作物种植	3000	3000		
2. 林业	4000	4000		
#林木育种和育苗	4000	4000		
制造业（C）	73053	46652	7685	1123
#农副食品加工业	3100			
酒、饮料和精制茶制造业	2346	2346		
纺织服装、服饰业	3100	1500		
皮革、毛皮、羽毛及其制品和制鞋业	814	114		
文教、工美、体育和娱乐用品制造业	1632	1632		
化学原料和化学制品制造业	7194	5565		
医药制造业	8989	1742		
橡胶和塑料制品业	15000	6800		

11—16 续表 5　　（2013 年）　　计量单位：万美元

指标名称	客商直接投资	# 现金	利　润再投资	中方投资
黑色金属冶炼和压延加工业	665	665	665	
金属制品业	7020	7020	7020	
通用设备制造业	9117	5646		
汽车制造业	454			1123
铁路、船舶、航空航天和其他运输设备制造业				
电气机械和器材制造业	5160	5160		
计算机、通信和其他电子设备制造业	8462	8462		
电力、热力、燃气及水生产和供应业（D）	2158	2158		81
电力、热力生产和供应业				
燃气生产和供应业				
水的生产和供应业	2158	2158		81
批发和零售业（F）	2703	1203	653	
批发业	1699	199	183	
零售业	1004	1004	470	
交通运输、仓储和邮政业（G）	3946	720	720	
管道运输业	3946	720	720	
金融业（J）	1500			
货币金融服务	1500			
房地产业（K）				
租赁和商务服务业（L）	5000	5000		
科学研究和技术服务业（M）				
四、按投资国别、地区分组				
1. 亚洲	62351	36179	848	1204
# 香港	52861	29789	848	1123
台湾	6200	6200		
新加坡	3274	174		81
东南亚联盟	3274	174		81
2. 欧洲	11422	9822		
# 欧盟	9790	8190		
3. 拉丁美洲	18841	13986	7740	
4. 北美洲	1206	1206	470	159
# 美国	1206	1206	470	159
5. 大洋洲	1699	1699		
五、高新技术产业	19609	10279		1123
六、并购	10373	5647	1385	

11—16 续表6 (2013年) 计量单位：万美元

指标名称	中方投资（续）		企业境外借款	# 外方股东借款	外商其它投资
	# 现金	实物			
合　　计	**1363**		**26040**	**26040**	**2347**
# 国有企业与客商兴办的合资、合作企业			1500	1500	1550
# 投资总额500万美元以上项目	1204		26040	26040	2347
# 开发区合计	1282		17514	17514	797
1. 国家级开发区	1282		9214	9214	
2. 省级开发区			8300	8300	797
一、按投资方式分组					
（一）港、澳、台投资经济	1123		16485	16485	
1. 港澳台合资经营企业	1123		5400	5400	
2. 港澳台合作经营企业					
3. 港澳台独资经营企业			11085	11085	
（二）外商投资经济	240		9555	9555	2347
1. 中外合资经营企业	240		7955	7955	1550
2. 中外合作经营企业					
3. 外资企业			1600	1600	797
二、按产业分组					
第一产业					
第二产业	1204		19814	19814	1550
第三产业	159		6226	6226	797
三、按国民经济行业分组					
农、林、牧、渔业					
1. 农业					
# 蔬菜、食用菌及园艺作物种植					
2. 林业					
# 林木育种和育苗					
制造业（C）	1123		19814	19814	
# 农副食品加工业			3100	3100	
酒、饮料和精制茶制造业					
纺织服装、服饰业			1600	1600	
皮革、毛皮、羽毛及其制品和制鞋业			700	700	
文教、工美、体育和娱乐用品制造业					
化学原料和化学制品制造业			1629	1629	
医药制造业			1114	1114	
橡胶和塑料制品业			8200	8200	

11—16 续表 7　　（2013 年）　　计量单位：万美元

指标名称	中方投资（续）		企业境外借款	# 外方股东借款	外商其它投资
	# 现金	实物			
黑色金属冶炼和压延加工业					
金属制品业					
通用设备制造业			3471	3471	
汽车制造业	1123				
铁路、船舶、航空航天和其他运输设备制造业					
电气机械和器材制造业					
计算机、通信和其他电子设备制造业					
电力、热力、燃气及水生产和供应业（D）	81				1550
电力、热力生产和供应业					1550
燃气生产和供应业					
水的生产和供应业	81				
批发和零售业（F）			1500	1500	
批发业			1500	1500	
零售业					
交通运输、仓储和邮政业（G）			3226	3226	
管道运输业			3226	3226	
金融业（J）			1500	1500	797
货币金融服务			1500	1500	797
房地产业（K）					
租赁和商务服务业（L）					
科学研究和技术服务业（M）					
四、按投资国别、地区分组					
1. 亚洲	1204		19585	19585	
# 香港	1123		16485	16485	
台湾					
新加坡	81		3100	3100	
东南亚联盟	81		3100	3100	
2. 欧洲			1600	1600	
# 欧盟			1600	1600	
3. 拉丁美洲			4855	4855	
4. 北美洲	159				1550
# 美国	159				1550
5. 大洋洲					797
五、高新技术产业	1123		2743	2743	
六、并购			4726	4726	

外国和港澳台地区在石投资企业主要经济指标

11—17　　　　（2013 年）

指标名称	期末投产企业个数（个）	# 亏损企业	总产值（当年价格）（千元）	全部从业人员平均人数（人）
合　计	**309**	**133**	**47488961**	**69574**
# 国有企业与客商兴办的合资、合作企业	33	16	9296698	12823
# 以原有企业为依托的合资、合作企业	85	39	16471110	24828
一、按投资方式分组				
（一）港、澳、台投资经济	127	61	18577250	32789
1. 港澳台合资经营企业	79	37	15524112	24732
2. 港澳台合作经营企业	7	5	915244	2169
3. 港澳台独资经营企业	41	19	2137894	5888
（二）外商投资经济	182	72	28911711	36785
1. 中外合资经营企业	111	52	11650677	14772
2. 中外合作经营企业	9	4	8966136	6578
3. 外资企业	61	16	7441997	14188
二、按产业分组				
第一产业	3	2		163
第二产业	209	77	47380122	59255
第三产业	97	54	108839	10156
三、按国民经济行业分组				
农、林、牧、渔业	3	2		163
制 造 业	199	73	42448543	57956
#农副食品加工业	2		1551715	663
食品制造业	11	5	997174	1814
酒、饮料和精制茶制造业	3	2	194683	196
纺 织 业	13	5	670615	2142
纺织服装、服饰制造业	17	3	477684	2323
皮革、皮毛、羽毛及其制品业和制鞋业	24	9	9384382	5729
造纸及纸制品业				
印刷业和记录媒介的复制业	3	1	31242	90
文教、工美、体育和娱乐用品制造业	4	2	14889	214
石油加工、炼焦及核燃料加工				

11—17 续表1　　　　（2013年）

指标名称	期末投产企业个数（个）	#亏损企业	总产值（现价）（千元）	期末从业人员平均人数（人）
化学原料及化学制品制造业	24	9	4380381	6184
医药制造业	31	10	9611634	17394
橡胶和塑料制品业	14	8	1216341	5153
非金属矿物制品业	8	3	91756	589
黑色金属冶炼及压延加工业	6	2	6842118	4618
有色金属冶炼及压延加工业	2	1	852901	1249
金属制品业	9	1	2266586	2313
通用设备制造业	4	3	33351	197
专用设备制造业	4	2	19737	263
汽车制造业	5	3	694675	2219
铁路、船舶、航空航天和其他运输设备制造业	3		1145982	856
电气机械及器材制造业	4	1	1198266	1625
通信设备、计算机及其他电子设备制造业	4	2	558446	874
仪器仪表及文化、办公用机械制造业	2		109982	850
电力、热力、燃气及水的生产和供应业	7	2	5021462	1153
建 筑 业	5	3	14120	547
交通运输、仓储和邮政业	6	3		2505
住宿和餐饮业	5	5		1369
信息传输、软件和信息技术服务业	3			310
金融业（J）	3	2		46
房地产业（K）	26	17		1513
租赁和商务服务业（L）	12	4	2667	83
科学研究和技术服务业（M）	6	4	2168	233
居民服务、修理和其他服务业（O）	1			2
四、高新技术产业	50	16	12222023	22722

11—17 续表 2 (2013 年)

指标名称	期末从业人员(续) # 外方及港澳台人员	期末从业人员劳动报酬（千元）	# 外方及港澳台人员	所有者权益（千元）	# 实收资本（千美元）
合 计	**93**	**2770685**	**11864**	**37819826**	**3357827**
# 国有企业与客商兴办的合资、合作企业	6	568358	286	10133383	1087493
# 以原有企业为依托的合资、合作企业	33	928892	1791	8301967	891831
一、按投资方式分组					
（一）港、澳、台投资经济	20	1368633	5082	12961257	1388812
1. 港澳台合资经营企业	10	924835	4441	8456083	1042341
2. 港澳台合作经营企业	5	62635	392	-65675	23177
3. 港澳台独资经营企业	5	381163	249	4570849	323294
（二）外商投资经济	73	1402052	6782	24858569	1969015
1. 中外合资经营企业	39	598546	2655	10352246	1310520
2. 中外合作经营企业	2	276395	1950	2675777	144745
3. 外资企业	32	480749	2177	10789155	467680
二、按产业分组					
第一产业	2	2657	1950	45370	4694
第二产业	54	2347945	7036	28564225	2553412
第三产业	37	420083	2878	9210231	799721
三、按国民经济行业分组					
农、林、牧、渔业	2	2657	1950	45370	4694
制 造 业	50	2227615	7036	22667415	1797052
#农副食品加工业		52314		401568	44323
食品制造业	9	37145	257	1060250	92713
酒、饮料和精制茶制造业		7362		137241	2732
纺 织 业	1	48503	2	126240	14949
纺织服装、服饰制造业	2	45737	12	64054	14498
皮革、皮毛、羽毛及其制品业和制鞋业	8	157984	329	301011	27661
造纸及纸制品业					
印刷业和记录媒介的复制业		2145		42576	5262
文教、工美、体育和娱乐用品制造业	2	4801		5753	3812
石油加工、炼焦及核燃料加工					

11—17 续表3　　　　（2013年）

指标名称	期末从业人员(续) # 外方及港澳台人员	期末从业人员劳动报酬（千元）	# 外方及港澳台人员	所有者权益（千元）	# 实收资本（千美元）
化学原料及化学制品制造业	9	160338	194	2586166	184547
医药制造业	5	803061	144	8991703	451155
橡胶和塑料制品业		123463		1043745	83852
非金属矿物制品业	6	12946	280	50218	9965
黑色金属冶炼及压延加工业		317478		2614480	321095
有色金属冶炼及压延加工业		46363		1044298	46670
金属制品业	3	80691	6	1403975	53370
通用设备制造业	1	10127	420	34610	4452
专用设备制造业		3704		47704	9835
汽车制造业		97064		364409	29676
铁路、船舶、航空航天和其他运输设备制造业	4	63804	5392	888196	234703
电气机械及器材制造业		88987		463285	52438
通信设备、计算机及其他电子设备制造业		21608		908967	100060
仪器仪表及文化、办公用机械制造业		25413		43180	3050
电力、热力、燃气及水的生产和供应业	4	119117		5729848	741324
建 筑 业		17790		210748	21270
交通运输、仓储和邮政业		166417		3235000	189557
住宿和餐饮业	1	24848	60	125652	29537
信息传输、软件和信息技术服务业	1	17365	276	835956	24514
金融业（J）	2	2275	240	566062	77087
房地产业（K）	14	72243	1714	3520419	324465
租赁和商务服务业（L）	4	5261	55	279170	32118
科学研究和技术服务业（M）	5	2469	31	79453	919
居民服务、修理和其他服务业（O）	1	19	15	-3	15
四、高新技术产业	10	987801	612	12265459	670695

11—17 续表4　　　　（2013年）

指标名称	所有者权益（续）		资产总额（千元）		
	实收资本（续）				
	中方	外方		#流动资产	#固定资产原值
合　计	**1762071**	**1593248**	**94055864**	**54533058**	**40897778**
#国有企业与客商兴办的合资、合作企业	823444	261541	16394757	7376025	16278774
#以原有企业为依托的合资、合作企业	544872	344451	25892007	13618379	13325746
一、按投资方式分组					
（一）港、澳、台投资经济	665893	722919	39423856	21214974	16570275
1. 港澳台合资经营企业	614109	428232	25481062	13420499	13159929
2. 港澳台合作经营企业	12597	10580	1180468	972792	358787
3. 港澳台独资经营企业	39187	284107	12762326	6821683	3051559
（二）外商投资经济	1096178	870329	54632008	33318084	24327503
1. 中外合资经营企业	978085	329927	23441618	11377779	15128036
2. 中外合作经营企业	61328	83417	4119424	2400697	2667723
3. 外资企业	26790	440890	25446222	18863219	5521985
二、按产业分组					
第一产业	1523	3171	119377	62478	33068
第二产业	1566933	983971	64396043	32830694	34742574
第三产业	193615	606106	29540444	21639886	6122136
三、按国民经济行业分组					
农、林、牧、渔业	1523	3171	119377	62478	33068
制 造 业	843691	950853	56861799	31240382	23977401
#农副食品加工业		44323	3515622	3054568	69657
食品制造业	15473	77240	1262456	763675	484613
酒、饮料和精制茶制造业	836	1896	681055	173325	367049
纺 织 业	6868	8081	547279	331382	250248
纺织服装、服饰制造业	5380	9118	292758	230933	53443
皮革、皮毛、羽毛及其制品业和制鞋业	13276	14385	1838034	1576797	366301
造纸及纸制品业					
印刷业和记录媒介的复制业	84	5178	81758	36908	40457
文教、工美、体育和娱乐用品制造业	491	813	17433	15771	2665
石油加工、炼焦及核燃料加工					

11—17 续表5　　(2013年)

指标名称	所有者权益（续） 实收资本（续） 中方	外方	资产总额（千元）	# 流动资产	# 固定资产原值
化学原料及化学制品制造业	111405	73142	6797549	2366034	3143303
医药制造业	78024	373131	20112913	10783205	8372951
橡胶和塑料制品业	52984	30868	2450254	1323136	889052
非金属矿物制品业	6399	3566	119482	58508	118192
黑色金属冶炼及压延加工业	319961	1134	8904410	4207722	5504683
有色金属冶炼及压延加工业	30425	16245	1628183	678082	1012297
金属制品业	6338	47032	2475602	1685182	883927
通用设备制造业	1587	2865	99717	70163	30069
专用设备制造业	2492	7343	53155	11435	46791
汽车制造业	14816	14860	712004	435460	369597
铁路、船舶、航空航天和其他运输设备制造业	135464	99239	1560605	1384104	181443
电气机械及器材制造业	26446	25992	1788520	741730	1007981
通信设备、计算机及其他电子设备制造业	8990	91070	1507684	1055529	577068
仪器仪表及文化、办公用机械制造业	2290	760	128604	79184	37647
电力、热力、燃气及水的生产和供应业	717877	23447	7239689	1272438	10751275
建 筑 业	9027	12243	581277	495423	181865
交通运输、仓储和邮政业	90592	98965	5739497	2576572	3225833
住宿和餐饮业	6305	23232	475988	130534	384372
信息传输、软件和信息技术服务业		24514	1577997	1317508	217401
金融业（J）	59	77028	851253	365046	7840
房地产业（K）	79574	244891	17577267	15533590	1094026
租赁和商务服务业（L）	3714	28404	377914	345076	5133
科学研究和技术服务业（M）	392	527	123548	51806	5642
居民服务、修理和其他服务业（O）		15	138	138	8
四、高新技术产业	145824	524871	25922881	14492703	10666375

11—17 续表6 (2013年)

指标名称	资产总额（续）	负债总额（千元）			主营业务收入（千元）
	无形资产		# 流动负债	# 长期负债	
合 计	**2466244**	**56188795**	**43110194**	**12358312**	**57445092**
# 国有企业与客商兴办的合资、合作企业	429030	6261373	4706137	1223026	11740735
# 以原有企业为依托的合资、合作企业	1237246	17542797	15431826	1886305	16864825
一、按投资方式分组					
（一）港、澳、台投资经济	1306331	26462598	20425294	5702546	22200827
1. 港澳台合资经营企业	1164581	17024978	14505117	2316473	18315406
2. 港澳台合作经营企业	16830	1246143	1114161	129703	920785
3. 港澳台独资经营企业	124920	8191477	4806016	3256370	2964636
（二）外商投资经济	1159913	29726197	22684900	6655766	35244265
1. 中外合资经营企业	665833	13042130	11490505	1216561	17586216
2. 中外合作经营企业	51183	1443647	673371	770276	3486252
3. 外资企业	383149	14657067	10091126	4515474	13287682
二、按产业分组					
第一产业		74007	74007		40088
第二产业	2146118	35784575	28910393	6169843	44274506
第三产业	320126	20330213	14125794	6188469	13130498
三、按国民经济行业分组					
农、林、牧、渔业		74007	74007		40088
制 造 业	1907564	34147141	27729611	6070900	38950588
#农副食品加工业	41499	3114054	3111319		3719929
食品制造业	147926	202206	186206	16000	976049
酒、饮料和精制茶制造业	44896	543814	543814		207655
纺 织 业	27574	421039	414458	6581	667747
纺织服装、服饰制造业	5502	228703	227203	1500	804908
皮革、皮毛、羽毛及其制品业和制鞋业	25083	1537023	1339720	197303	1918766
造纸及纸制品业					
印刷业和记录媒介的复制业	12496	39182	39182		31309
文教、工美、体育和娱乐用品制造业		11679	11679		16302
石油加工、炼焦及核燃料加工					

11—17 续表 7　　　　(2013 年)

指标名称	资产总额（续）	负债总额（千元）			主营业务收入（千元）
	无形资产		# 流动负债	# 长期负债	
化学原料及化学制品制造业	207560	4211383	4024587		4540343
医药制造业	480945	11121210	6847145	4139398	10229933
橡胶和塑料制品业	87509	1406509	1406509		1819287
非金属矿物制品业		69264	28157	35266	76928
黑色金属冶炼及压延加工业	592643	6242689	5000764	1235919	6826992
有色金属冶炼及压延加工业	59748	583885	430430	153455	884213
金属制品业	8535	1071627	999920	71707	2327343
通用设备制造业	7177	65107	65107		49733
专用设备制造业	3889	5451	-4134		21247
汽车制造业	28211	347595	267595	80000	693390
铁路、船舶、航空航天和其他运输设备制造业	24453	672409	672409		1208543
电气机械及器材制造业	49741	1325235	1325235		1186473
通信设备、计算机及其他电子设备制造业	27596	598717	464946	133771	518083
仪器仪表及文化、办公用机械制造业		85424	85424		127799
电力、热力、燃气及水的生产和供应业	240676	1509841	1090139	60993	5018821
建 筑 业	22459	370529	332579	37950	402713
交通运输、仓储和邮政业	51978	2504497	902361	1602136	5060595
住宿和餐饮业	27945	350336	151027	199309	188348
信息传输、软件和信息技术服务业	82567	742041	688329	53712	552852
金融业（J）	9	285191	277118	8073	40873
房地产业（K）	63098	14056848	9968462	4088386	3782233
租赁和商务服务业（L）	29	98744	98744		145010
科学研究和技术服务业（M）	68501	44095	43975		56891
居民服务、修理和其他服务业（O）		141	141		34
四、高新技术产业	728772	13657422	8962419	4560336	13354782

11—17 续表8 (2013年)

指标名称	主营业务收入(续) #出口销售收入 (千美元)	主营业务成本 (千元)	主营业务税金 (千元)	三项费用 (千元)
合　计	**1288937**	**45026905**	**547276**	**6113323**
#国有企业与客商兴办的合资、合作企业	160302	8213587	118870	1005687
#以原有企业为依托的合资、合作企业	477725	14521689	117607	1740530
一、按投资方式分组				
（一）港、澳、台投资经济	549605	18880603	153943	2871871
1. 港澳台合资经营企业	415646	16016222	111720	1809217
2. 港澳台合作经营企业	11031	868339	2858	89705
3. 港澳台独资经营企业	122928	1996042	39365	972949
（二）外商投资经济	739332	26146302	393333	3241452
1. 中外合资经营企业	390931	14271130	55753	1418201
2. 中外合作经营企业	178779	2067197	70250	105578
3. 外资企业	169622	9046207	263142	1624442
二、按产业分组				
第一产业		41668		2812
第二产业	1274065	35696032	172190	4677552
第三产业	14872	9289205	375086	1432959
三、按国民经济行业分组				
农、林、牧、渔业		41668		2812
制 造 业	1272358	31756728	157204	4422893
#农副食品加工业		3510724	1245	193871
食品制造业	15321	689186	5005	108387
酒、饮料和精制茶制造业		185139		35623
纺 织 业	26799	653185	1644	37029
纺织服装、服饰制造业	56026	546378	748	60390
皮革、皮毛、羽毛及其制品业和制鞋业	172430	1839044	4968	77873
造纸及纸制品业				
印刷业和记录媒介的复制业		26453	79	4605
文教、工美、体育和娱乐用品制造业	7349	14330	84	2415
石油加工、炼焦及核燃料加工				

11—17 续表9　　(2013年)

指标名称	主营业务收入(续) # 出口销售收入 (千美元)	主营业务成本 (千元)	主营业务税金 (千元)	三项费用 (千元)
化学原料及化学制品制造业	48690	3895152	8482	321697
医药制造业	276360	7151173	76011	2114966
橡胶和塑料制品业	292056	1660985	3805	165421
非金属矿物制品业	1362	61364	228	14367
黑色金属冶炼及压延加工业	229286	6306168	8408	452593
有色金属冶炼及压延加工业		762057	4191	93231
金属制品业	89622	1846676	8972	194632
通用设备制造业	4460	36877	430	19654
专用设备制造业	902	17219	142	8116
汽车制造业	23750	552375	2446	118449
铁路、船舶、航空航天和其他运输设备制造业		889847	11594	150238
电气机械及器材制造业	220	872444	14905	132847
通信设备、计算机及其他电子设备制造业	21046	49025	1752	85304
仪器仪表及文化、办公用机械制造业	6679	108146	904	17718
电力、热力、燃气及水的生产和供应业		3747650	2151	229301
建 筑 业	1707	274435	13996	38825
交通运输、仓储和邮政业		3245620	72759	141731
住宿和餐饮业		108961	3835	120310
信息传输、软件和信息技术服务业	305	377389	3607	20005
金融业（J）		910	1440	16673
房地产业（K）		2481211	269352	540233
租赁和商务服务业（L）	391	126205	775	8824
科学研究和技术服务业（M）		46057	1741	14109
居民服务、修理和其他服务业（O）		2	2	25
四、高新技术产业	309754	9258400	87197	2508912

11—17 续表 10　　　　　　　　　　（2013 年）

指标名称	三项费用（续）			利润总额（千元）
	# 管理费用	# 财务费用	# 利息支出	
合　　计	**2789948**	**870108**	**745305**	**5434972**
# 国有企业与客商兴办的合资、合作企业	453310	136416	119685	2134046
# 以原有企业为依托的合资、合作企业	845056	238527	272241	539868
一、按投资方式分组				
（一）港、澳、台投资经济	1258716	426730	461192	516549
1. 港澳台合资经营企业	929758	198421	267883	537664
2. 港澳台合作经营企业	44192	25611	16711	-28095
3. 港澳台独资经营企业	284766	202698	176598	6980
（二）外商投资经济	1531232	443378	284113	4918423
1. 中外合资经营企业	623518	408940	253737	1835236
2. 中外合作经营企业	76352	-14027	-13383	1026273
3. 外资企业	777188	26678	22674	2038942
二、按产业分组				
第一产业	2248	-4	-4	-3181
第二产业	2155885	736460	769603	3522999
第三产业	631815	133652	-24294	1915154
三、按国民经济行业分组				
农、林、牧、渔业	2248	-4	-4	-3181
制 造 业	2013485	622061	655243	2438439
#农副食品加工业	33072	45123	44699	49540
食品制造业	58978	-11540	228	183840
酒、饮料和精制茶制造业	18921	4053	4764	-15282
纺 织 业	18538	9935	8392	-22746
纺织服装、服饰制造业	26985	6068	2268	22491
皮革、皮毛、羽毛及其制品业和制鞋业	44250	20887	11209	9482
造纸及纸制品业				
印刷业和记录媒介的复制业	3012	1527	1157	809
文教、工美、体育和娱乐用品制造业	1490	-30	-7	-537
石油加工、炼焦及核燃料加工				

11—17 续表 11　　　　(2013 年)

指标名称	三项费用（续）			利润总额（千元）
	# 管理费用	# 财务费用	# 利息支出	
化学原料及化学制品制造业	177893	48568	30228	330911
医药制造业	808837	269455	240525	1086801
橡胶和塑料制品业	68228	37982	18681	-9475
非金属矿物制品业	10102	1254	895	2334
黑色金属冶炼及压延加工业	243651	92522	117608	98010
有色金属冶炼及压延加工业	54174	21787	21085	17778
金属制品业	110431	5100	-776	293115
通用设备制造业	14882	1309	436	-6878
专用设备制造业	5642	688		-3775
汽车制造业	65685	15039	109446	17161
铁路、船舶、航空航天和其他运输设备制造业	99374	5485	3011	166762
电气机械及器材制造业	77422	12347	11852	166831
通信设备、计算机及其他电子设备制造业	52204	27319	26610	47749
仪器仪表及文化、办公用机械制造业	10963	4817	614	1180
电力、热力、燃气及水的生产和供应业	117494	111597	111510	1011213
建 筑 业	33657	5168	5168	75685
交通运输、仓储和邮政业	108517	32309	-16300	1396524
住宿和餐饮业	49039	20810	710	-44158
信息传输、软件和信息技术服务业	40942	-25154	-25154	151571
金融业（J）	6279	4628	4561	21849
房地产业（K）	271701	62155	-5423	503947
租赁和商务服务业（L）	7023	-8193	-8480	10212
科学研究和技术服务业（M）	9441	-19	-3	-3612
居民服务、修理和其他服务业（O）	25			5
四、高新技术产业	1057923	312248	375667	1357446

11—17 续表 12　　　　(2013 年)

指标名称	应交税金 (千元)	净利润 (千元)
合　计	**2333517**	**4111652**
# 国有企业与客商兴办的合资、合作企业	881100	1572851
# 以原有企业为依托的合资、合作企业	325194	415012
一、按投资方式分组		
(一) 港、澳、台投资经济	656033	330588
1. 港澳台合资经营企业	412427	424083
2. 港澳台合作经营企业	3324	-27433
3. 港澳台独资经营企业	240282	-66062
(二) 外商投资经济	1677484	3781064
1. 中外合资经营企业	842839	1313365
2. 中外合作经营企业	305261	758528
3. 外资企业	512937	1693587
二、按产业分组		
第一产业	154	-190
第二产业	1681374	2712183
第三产业	651989	1399659
三、按国民经济行业分组		
农、林、牧、渔业	154	-190
制 造 业	1210552	1907877
#农副食品加工业	14205	41971
食品制造业	25098	136549
酒、饮料和精制茶制造业	-8770	-12235
纺 织 业	1411	-24013
纺织服装、服饰制造业	11666	21198
皮革、皮毛、羽毛及其制品业和制鞋业	11852	3159
造纸及纸制品业		
印刷业和记录媒介的复制业	468	542
文教、工美、体育和娱乐用品制造业	807	-590
石油加工、炼焦及核燃料加工		

11—17 续表 13　　（2013 年）

指标名称	应交税金（千元）	净利润（千元）
化学原料及化学制品制造业	116908	242165
医药制造业	568095	844013
橡胶和塑料制品业	27820	-13343
非金属矿物制品业	3203	1385
黑色金属冶炼及压延加工业	58923	97918
有色金属冶炼及压延加工业	16448	15390
金属制品业	120600	247908
通用设备制造业	1222	-6940
专用设备制造业	2185	-3884
汽车制造业	14167	13630
铁路、船舶、航空航天和其他运输设备制造业	109317	141679
电气机械及器材制造业	73781	118782
通信设备、计算机及其他电子设备制造业	18079	39881
仪器仪表及文化、办公用机械制造业	6208	804
电力、热力、燃气及水的生产和供应业	467129	750532
建 筑 业	20552	55682
交通运输、仓储和邮政业	401181	1026461
住宿和餐饮业	-811	-43004
信息传输、软件和信息技术服务业	31639	128884
金融业（J）	8184	16337
房地产业（K）	97287	419063
租赁和商务服务业（L）	71	7633
科学研究和技术服务业（M）	53	-4064
居民服务、修理和其他服务业（O）	2	3
四、高新技术产业	654392	1072858

省级及以上开发区主要经济指标

11—18

指标名称	计量单位	2013年	2012年
一、基本情况			
1. 全部实有注册企业数	个	4989	4434
2. 全部投产（开业）企业数	个	3960	3439
3. 全部投产企业期末人数	人	293288	293468
二、利用外资			
1. 期末实有三资企业数	个	165	158
投产企业数	个	143	127
2. 本期新批合同个数	个	11	12
合同外资额	万美元	16531	23135
3. 外方注册资本	万美元	13819	5402
4. 本期外商实际投资	万美元	44768	39966
其中：外商直接投资	万美元	44768	39966
三、利用内资			
1. 期末实有内资企业数	个	4824	4276
投产企业数	个	3817	3312
2. 实际利用省外资金（内资）	万元	2670765	2082327
四、工业			
1. 规模以上工业总产值（当年价格）	万元	49331522	47528057
2. 规模以上工业销售产值（当年价格）	万元	47371834	45758038
其中：出口交货值	万元	1680501	1883325
五、其他			
1. 主营业务收入	万元	60072603	47009115
2. 主营业务成本	万元	50396004	38682269
3. 主营业务税金及附加	万元	1060513	1002446
4. 本年固定资产完成额	万元	9070095	7475430
其中：企业固定资产完成额	万元	7450266	6059493
5. 全部财政收入	万元	1598524	1471682
6. 企业用地面积	万平方米	6106	5561

按贸易方式及企业性质分进出口总值

11—19 (2013年) 计量单位：千美元、%

贸易方式	进出口	比上年增长	其中：			
			出口	比上年增长	进口	比上年增长
合　计	**13998735**	**8.1**	**7118274**	**-3.0**	**6880462**	**22.6**
一、按进出口贸易方式分组						
一般贸易	13004971	9.6	6392925	-2.9	6612046	25.2
对外承包工程出口货物	2500	-38.6	2500	-38.6		
租赁贸易	51700	-25.9			51700	-25.9
外商投资企业作为投资进口的设备、物品	8525	-61.9			8525	-61.9
易货贸易	3	-95.0	3	-95		
两区一库仓储	1776	-73.2		-100	1776	-61.5
保税仓库进出境货物	1776	-73.2		-100	1776	-61.5
国家间、国际组织无偿援助和赠送的物资	1339	1204.5	1339	1204.5		
其他贸易	2386	-43.8	1004	-57.5	1382	-26.6
加工贸易	925481	-5.5	720502	-3.6	204979	-11.5
来料加工	86010	54.6	43370	42.6	42639	69
进料加工	839472	-9.1	677132	-5.6	162340	-21.3
边境小额贸易	53				53	
二、按进出口企业性质分组						
国有企业	5767600	13.1	1098014	-6.4	4669586	18.9
其他企业	7	148.7	7	148.7		
外商投资企业	1583211	3.6	1326554	4.5	256657	-0.8
中外合作企业	185945	13.8	128376	4.4	57569	42.6
中外合资企业	1031243	4.3	889975	3.1	141267	12.2
外商独资企业	366024	-2.6	308203	8.7	57821	-37.4
集体私营及其他	6647924	5.1	4693705	-4.1	1954219	36.9
集体企业	1017584	16.1	149258	-5.9	868326	21
私营企业	5529809	2.3	4444393	-5.4	1085416	53
个体工商户	100524	137.9	100047	137.8	477	181.2

按国别（地区）分进出口总值

11—20　　(2013 年)　　计量单位：千美元、%

国别（地区）	进出口	比上年增长	其中：			
			出口	比上年增长	进口	比上年增长
合　　计	**13998735**	**8.1**	**7118274**	**-3**	**6880462**	**22.6**
亚洲	2992018	-7.4	2432081	-9.9	559937	4.8
阿富汗	638	-68.1	638	-68.1		
巴林	2868	-57.7	2868	-57.7		
孟加拉国	65491	-4.5	53350	-5.7	12140	0.9
文莱	3102	49.2	3102	49.2		
缅甸	4228	-60.7	4228	-60.1		
柬埔寨	8576	-3.6	7918	-6.9	658	67.7
塞浦路斯	3217	-24.1	3217	-23.7		
朝鲜	6279	-2.7	5090	29.6	1188	-53
中国香港	111253	37	103838	31.6	7415	223.3
印度	391669	-3.1	341862	-5	49807	11.9
印度尼西亚	251579	-10	219105	-13.8	32474	27.9
伊朗	59478	-25.1	40966	-29.8	18512	-11.9
伊拉克	13464	-8	13464	-7.1		
以色列	50017	-14.1	48656	-14.5	1361	-1.2
日本	341639	-11.2	248974	-21.5	92664	36.9
约旦	21601	11.6	21279	10.4	322	358.5
科威特	4369	-43.9	4311	-39.4	58	-91.5
老挝	356	-79.1	356	-79.1		
黎巴嫩	10837	12.2	10828	12.2	9	
中国澳门	1126	71.8	1126	71.8		
马来西亚	204205	33.1	129884	-5.9	74320	381.9
马尔代夫	299	-44.8	299	-44.8		
蒙古	31521	13.5	21515	-6.5	10006	110.4
尼泊尔	1475	-3.3	1475	-3.3		
阿曼	5911	-3.4	5442	-3.6	469	-0.6

11—20 续表1　　(2013年)　　计量单位：千美元、%

国别（地区）	进出口	比上年增长	其中：			
			出口	比上年增长	进口	比上年增长
巴基斯坦	90520	9.7	70303	-1.8	20217	85.3
巴勒斯坦	53	-76.3	53	-76.3		
菲律宾	108298	-15.9	103547	-10.2	4752	-64.5
卡塔尔	6019	-29.4	5795	-8.3	224	-89.8
沙特阿拉伯	85240	-8.5	72014	-21.8	13226	1237.9
新加坡	63968	-38.2	43827	-16.9	20141	-60.3
韩国	303086	-16	251124	-19.1	51963	2.9
斯里兰卡	16432	-21.1	16395	-6.9	37	-98.9
叙利亚	3398	-52.7	3398	-52.7		
泰国	145158	-0.6	126776	-2.4	18382	14.1
土耳其	99782	3.4	82315	6.3	17466	-8.3
阿联酋	84474	-19.7	83151	-20.5	1323	120.8
也门共和国	28611	40.7	28611	40.8		
越南	111757	-4.5	109714	-3.8	2043	-31.2
中国	2664	-95.6			2664	-95.6
台澎金马关税区	155189	-8.3	68132	-15.6	87057	-1.7
东帝汶	310	-76.9	310	-76.9		
哈萨克斯坦	20765	-23.6	14470	1.8	6295	-51.5
吉尔吉斯斯坦	32679	114.1	32679	114.1		
塔吉克斯坦	7075	7.2	7075	7.2		
土库曼斯坦	1470	-44.3	1470	-29		
乌兹别克斯坦	29850	65.5	17106	3.9	12744	707.3
亚洲其他国家（地区）	23		23			
非洲	1134231	13.3	545113	-9.8	589118	48.5
阿尔及利亚	23998	-21.3	23698	-18.1	301	-81.1
安哥拉	35412	-21.5	35412	-21.5		
贝宁	16106	-2	16106	-1.5		

11—20 续表 2　　　　(2013 年)　　　　计量单位：千美元、%

国别（地区）	进出口	比上年增长	其中：出口	比上年增长	进口	比上年增长
博茨瓦那	326	-70.7	326	-70.7		
布隆迪	243	-66.6	243	-66.6		
喀麦隆	16458	-2.2	15374	6.1	1084	-53.7
加那利群岛	24	-9.8	24	-9.8		
佛得角	386	-42.1	386	-42.1		
中非共和国						
乍得	2499	17.4	2499	71.8		
科摩罗	187	-61.8	187	-61.8		
刚果	1958	-3.6	1958	-3.6		
吉布提	2638	-32.6	2638	-32.6		
埃及	29529	-31.8	24721	-35.4	4808	-4.2
赤道几内亚	1221	-24	1221	-24		
埃塞俄比亚	23858	11.2	20872	7.1	2986	52.9
加蓬	649	-81.1	649	-57.7		
冈比亚	4537	64.7	4537	64.7		
加纳	24659	-38.8	24578	-39	81	115614.3
几内亚	4175	32.5	4175	33		
几内亚（比绍）	380	169.5	380	169.5		
科特迪瓦	12648	-2.4	12648	15.5		
肯尼亚	26810	0.5	26793	0.8	18	-79.6
利比里亚	3425	-65	3425	-5.5		
利比亚	5363	-41	5363	-41		
马达加斯加	19368	1.1	16674	-12.9	2695	
马拉维	717	-63.6	717	-63.6		
马里	6609	-26	3791	-28.5	2818	-22.3
毛里塔尼亚	71161	247.5	3579	64.1	67582	269.4
毛里求斯	6136	-15.7	6129	-15.7	7	18.3

11—20 续表3　　（2013年）　　计量单位：千美元、%

国别（地区）	进出口	比上年增　长	其中：			
			出口	比上年增　长	进口	比上年增　长
摩洛哥	14346	-8.7	14345	-7.8	1	-99.1
莫桑比克	9511	20	7622	-0.6	1889	637.7
纳米比亚	1470	10.8	1414	6.6	56	
尼日尔	1902	0.4	1902	0.4		
尼日利亚	63402	0.2	63163	0.2	238	1.6
留尼汪	975	-22.5	975	-22.5		
卢旺达	1099	34.8	1099	34.8		
圣多美和普林西比	107	-54.4	107	-54.4		
塞内加尔	5084	-16.2	4605	-6.9	479	-57.3
塞舌尔	110	-65.8	110	-65.8		
塞拉利昂	32271	83.3	2571	-19.5	29700	106.1
索马里	1252	181.5	929	108.8	323	
南非	543146	28.7	86343	-7.1	456803	38.8
苏丹	18724	-12.1	16661	-16.9	2062	64.6
坦桑尼亚	25458	-4.2	21905	-6.4	3553	12
多哥	6949	-5.1	5005	-8.2	1943	3.9
突尼斯	8565	-17.9	8494	-18.2	71	60.8
乌干达	2973	-35.2	2973	-31.8		
布基纳法索	4204	13.2	3700	31.2	504	-43.5
民主刚果	19696	2	19663	1.8	34	
赞比亚	4574	45.5	4573	45.5		
津巴布韦	14715	51.5	14715	51.5		
莱索托	116	-24.2	116	-24.2		
斯威士兰	11189	682.6	2107	47.3	9082	
厄立特里亚	393	-69.5	393	-69.5		
马约特岛	498	85.2	498	85.2		
非洲其他国家（地区）						
欧洲	2829698	12.6	2346828	8.9	482870	34.9

11—20 续表4　　(2013年)　　计量单位：千美元、%

国别（地区）	进出口	比上年增长	其中：			
			出口	比上年增长	进口	比上年增长
比利时	78946	-16.5	66679	-22.5	12267	44.9
丹麦	35271	14.4	27457	-6.5	7814	424.6
英国	268893	10.8	202783	3.4	66110	41.8
德国	441424	1.5	299901	-2.3	141523	10.7
法国	133779	-0.7	108782	-8.4	24997	56.5
爱尔兰	19644	45.7	10160	16.2	9484	100.3
意大利	259044	2.9	197945	5.8	61099	-5.2
卢森堡	338	-50.6	142	-71.6	196	7.3
荷兰	161100	-5.6	127518	-12.1	33582	31.3
希腊	9284	9.7	5599	-9.5	3686	62.1
葡萄牙	15947	-19.2	13345	-22.3	2602	1.7
西班牙	103883	6.5	87721	-0.1	16162	66.3
阿尔巴尼亚	2437	56.4	1607	3.2	830	
安道尔	19		19			
奥地利	15905	38.6	6030	5.4	9875	71.6
保加利亚	4731	51.8	4723	52	8	-8.7
芬兰	47937	24.6	24092	-21.3	23845	203.6
直布罗陀	17	-37.5	17	-37.5		
匈牙利	11991	17.9	11166	13.9	825	125.2
冰岛	325	-12.2	245	-33.9	80	
列支敦士登						
马耳他	804	-66.4	804	-66		
摩纳哥						
挪威	14314	23.8	13223	24.8	1090	12.5
波兰	36371	-3.9	36093	-3.4	278	-45.7
罗马尼亚	21960	85.3	15145	28.6	6816	9232.7
圣马力诺						
瑞典	55757	28.6	48092	32.4	7666	9
瑞士	15314	15.5	7591	-11.7	7723	65.6
爱沙尼亚	5583	31.4	5583	32.8		

11—20 续表 5　　　　(2013 年)　　　　计量单位：千美元、%

国别（地区）	进出口	比上年增长	其中：出口	比上年增长	进口	比上年增长
拉脱维亚	7923	6.2	7795	6.7	127	-18.8
立陶宛	15074	-1.8	15074	-1.8		
格鲁吉亚	5013	-37.6	5013	-37.6		
亚美尼亚	919	-7.6	919	-7.6		
阿塞拜疆	11735	70.2	11735	70.2		
白俄罗斯	2882	-32	2691	-35.2	190	113.6
摩尔多瓦	440	71.6	440	71.6		
俄罗斯联邦	886303	47.3	850155	42.7	36148	530.8
乌克兰	98255	-29.8	98130	-23.5	125	-98.9
斯洛文尼亚	11954	-9.1	11287	-8.2	667	-22.3
克罗地亚	4980	-6.5	4979	-6.1	1	-94.6
捷克共和国	16157	45.3	9153	-9.8	7004	626.5
斯洛伐克	4140	88.5	4089	87.8	51	172.5
马其顿	178	26.7	178	26.7		
波斯尼亚-黑塞哥维那共和	131	-89.4	131	130.1		
塞尔维亚	1731	-55	1731	-55		
黑山	865	-6.2	865	-6.2		
拉丁美洲	2034861	8.5	504537	-5.8	1530325	14.3
安提瓜和巴布达	41	494.1	41	494.1		
阿根廷	28070	-0.8	25998	-4	2072	70
阿鲁巴岛	60	24.8	60	24.8		
巴哈马	37	110.8	37	110.8		
巴巴多斯	363	24.1	363	24.1		
伯利兹	76	-72.2	76	-72.2		
玻利维亚	3086	-22.8	2724	-30	362	232.5
巴西	1600431	8.7	156415	2.1	1444017	9.5
智利	128612	48.7	67576	-14.3	61036	698

11—20 续表 6 （2013 年） 计量单位：千美元、%

国别（地区）	进出口	比上年增长	其中：			
			出口	比上年增长	进口	比上年增长
哥伦比亚	21905	-2.8	21810	-3.2	95	
多米尼亚共和国	825	286.8	825	286.8		
哥斯达黎加	8857	1	5633	-32.4	3224	638
古巴	9534	55.2	9534	55.2		
库腊索岛	34	811.9	34	811.9		
多米尼加共和国	8317	-23.6	8317	-23.6		
厄瓜多尔	10215	-9.6	10215	-9.1		
法属圭亚那						
格林纳达	35	314.4	35	314.4		
瓜德罗普	186	-6	186	-6		
危地马拉	11061	11.4	11061	11.4		
圭亚那	3167	18.9	3167	18.9		
海地	6753	-30.2	6753	-30.2		
洪都拉斯	3060	-1.8	3058	-1.8	2	10.5
牙买加	1295	-36.9	1295	-36.9		
马提尼克	104	106	104	106		
墨西哥	72861	5.8	62220	-5.4	10642	245.5
尼加拉瓜	18744	14.8	18744	14.8		
巴拿马	11000	-9.3	10989	-9.2	11	-23
巴拉圭	6827	141.6	6827	141.6		
秘鲁	38097	-16.3	36412	-20	1686	
波多黎各	3675	-55.6	3675	-55.6		
圣马丁岛	11		11			
圣文森特和格林纳丁斯	14		14			
萨尔瓦多	3322	37.6	3321	37.6	1	2064.7
苏里南	1144	-57.8	1144	-57.8		
特立尼达和多巴哥	4261	-24.9	4261	-24.9		

11—20 续表 7　　　　(2013 年)　　　　计量单位：千美元、%

国别（地区）	进出口	比上年增长	其中：出口	比上年增长	进口	比上年增长
乌拉圭	17168	80.4	9991	44.9	7177	173.9
委内瑞拉	11552	-45.8	11552	-29.7		
荷属安地列斯群岛	62	66.2	62	66.2		
北美洲	1515696	-3.5	1140487	-5.3	375208	2.6
加拿大	154473	-25.2	116337	-9.9	38136	-50.8
美国	1361223	-0.2	1024151	-4.8	337072	16.9
大洋洲	3492229	26.5	149229	5.2	3343000	27.7
澳大利亚	3437343	27.4	119571	10	3317772	28.2
斐济	2469	-37.6	2469	-37.6		
新喀里多尼亚	289	-29.6	289	-29.6		
瓦努阿图	371	64	371	64		
新西兰	42994	-11.4	17766	-6.4	25228	-14.6
巴布亚新几内亚	7527	-9.4	7527	-9.4		
社会群岛	344	82.5	344	82.5		
所罗门群岛	160	-35.6	160	-35.6		
汤加	203	15.7	203	15.7		
萨摩亚	206	-33.2	206	-33.2		
基里巴斯	135	36.4	135	36.4		
密克罗尼西亚联邦						
马绍尔群岛	20		20			
法属波利尼西亚	166	-14.4	166	-14.4		
大洋洲其他国家（地区）						
国（地）别不详的	3	-85.8			3	-85.8
东南亚国家联盟	901226	-5.3	748456	-9.5	152770	22.6
欧盟 25 国	1760367	3.5	1330508	-2.7	429859	28.9
欧盟 27 国	1787058	4.1	1350375	-2.3	436683	30.9

按商品构成分进出口总值

11—21 (2013年) 计量单位：千美元、%

商品构成	出口	比上年增长	进口	比上年增长
合　计	**6966779**	**-3.2**	**6871908**	**22.7**
一、初级产品	364411	-4	5965592	27.8
07章 咖啡，茶，可可，调味料及制品	175	-78	459	114.2
08章 饲料（不包括未碾磨谷物）	5748	-37.6	432	
09章 杂项食品	3857	-31.7	1048	143.6
第1类 饮料及烟类	563	-24.7	1103	-14.5
11章 饮料	563	-24.7	1103	-14.5
第2类 非食用原料（燃料除外）	94768	-25.1	5898172	28
21章 生皮及生毛皮	1290	-9.8	317878	71.7
22章 油籽及含油果实	1560	-31.5	23438	62.4
23章 生橡胶（包括合成及再生橡胶）	7026	-34.3	12122	4.2
第0类 食品及活动物	232624	14	42055	1.3
24章 软木及木材	244	-89.3	1029	2.9
25章 纸浆及废纸	1		44621	-0.4
26章 纺织纤维（羊毛条除外）及废料	49469	15	78956	-21.8
27章 天然肥料及矿物（除煤，石油，宝石）	16894	-64.1	39531	7.2
28章 金属矿砂及金属废料	555	-6.6	5376946	27.7
29章 其他动，植物原料	17731	-7.2	3651	26.5
第3类 矿物燃料，润滑油及有关原料	34561	-24.8	23508	49.9
32章 煤，焦炭及煤砖			20203	34.1
33章 石油，石油产品及有关原料	34561	-20.8	3306	435.7
00章 活动物			1778	
第4类 动植物油，脂及蜡	1894	-23.7	753	126.1
41章 动物油，脂	38		15	
42章 植物油，脂			670	139

11—21 续表1　　(2013 年)　　计量单位：千美元、%

商品构成	出口	比上年增 长	进口	比上年增 长
43 章 已加工的动植物油，脂及动植物腊	1855	-24.9	68	29
二、工业制品	6602368	-3.2	906315	-2.8
第 5 类 化学成品及有关产品	1663987	-5	323217	3.7
51 章 有机化学品	482363	8.6	131143	16.4
52 章 无机化学品	224031	-21.3	5550	-40.1
53 章 染料，鞣料及着色料	30825	-39.1	9665	11.6
01 章 肉及肉制品	35642	-5.9	15975	11.2
54 章 医药品	738379	-4.3	52443	9.9
55 章 精油，香料及盥洗，光洁制品	5335	21.5	1300	-69.3
56 章 制成肥料	27048	22.5		
57 章 初级形状的塑料	21218	-24.6	87919	-7.3
58 章 非初级形状的塑料	25148	-10.5	3681	-56.8
59 章 其他化学原料及产品	109639	-7.6	31517	21.4
第 6 类 按原料分类的制成品	2157807	-9.7	112719	0.8
61 章 皮革，皮革制品及已鞣毛皮	30894	25.2	22482	-20.5
62 章 橡胶制品	6623	-27.4	1306	-20.6
63 章 软木及木制品（家具除外）	11513	-25	1054	-57.3
02 章 乳品及蛋品			19501	-13.8
64 章 纸及纸板；纸浆，纸及纸板制品	31790	7.1	1895	-30.8
65 章 纺纱，织物，制成品及有关产品	649698	15.1	44694	83.8
66 章 非金属矿物制品	147073	-18.7	9186	16.9
67 章 钢铁	655153	-19.7	20186	-36.9
68 章 有色金属	14841	-72.1	9668	299.7
69 章 金属制品	610221	-12.5	2248	-77.7
第 7 类 机械及运输设备	603309	-16.7	405593	-8.3

11—21 续表2 （2013年） 计量单位：千美元、%

商品构成	出口	比上年增长	进口	比上年增长
71章 动力机械及设备	61143	-44.7	9504	-50.5
72章 特种工业专用机械	99597	-7.1	105020	85.9
73章 金工机械	36737	2.8	26404	91
03章 鱼，甲壳及软体类动物及制品	509	-36.5	217	-48.5
74章 通用工业机械设备及零件	242305	-8.3	100859	-14.4
75章 办公用机械及自动数据处理设备	1198	-60.7	238	-99.5
76章 电信及声音的录制及重放装置设备	7262	-53.2	591	-74.4
77章 电力机械，器具及其电气零件	80360	25.7	52868	18.3
78章 陆路车辆（包括气垫式）	53661	-8.4	14712	11.2
79章 其他运输设备	21046	-67.8	95395	-23.9
第8类 杂项制品	2177258	11.6	64787	-2.8
81章 活动房屋；卫生，供热，照明装置	14362	-17.5	210	-80.7
82章 家具及零件；褥垫及类似填充制品	28125	-20.4	455	-22.1
83章 旅行用品，手提包及类似品	36799	-15.1	44	33.5
04章 谷物及其制品	4355	62.4	1640	12.3
84章 服装及衣着附件	1732429	18	1543	-78.3
85章 鞋靴	139715	0.2	106	2.6
87章 专业，科学及控制用仪器和装置	26585	-1.6	55169	8.8
88章 摄影器材，光学物品及钟表	7535	-32.9	2153	15.8
89章 杂项制品	191708	-8.3	5106	-0.6
第9类 未分类的商品	7	78.3		
05章 蔬菜及水果	147932	21	517	-64.9
06章 糖，糖制品及蜂蜜	34406	38.8	486	-4

出口主要商品统计情况

11—22　　(2013年)

商品构成	计量单位	数量	比上年增长（%）	金额（千美元）	比上年增长（%）
肉及杂碎	吨	694	-45.8	9062	-13.4
水海产品	吨	131	-39	395	-33
冻鱼、冻鱼片	吨	124	-41.8	349	-39.5
粮食	吨	72202	33.8	82424	53.8
谷物及谷物粉	吨	8931	38.6	4762	50.7
玉米	吨	4	-73.5	5	-71.3
淀粉块茎及薯类	吨	62	-92.6	33	-88.7
豆类	吨	63209	35.4	77629	54.8
蔬菜	吨	31133	1.3	38430	9
鲜或冷藏蔬菜	吨	15490	13.8	15960	47.6
干的食用菌类	吨	20	4.2	160	-15.7
鲜、干水果及坚果	吨	71664	-8.2	46905	8.8
苹果	吨	290	49.8	292	17.6
果蔬汁	吨	7238	-13.4	9689	-25.6
食用油籽	吨	2967	-34.3	3676	-37.1
大豆	吨	1557	23.5	1255	22.7
花生、花生仁	吨	756	-56.2	1166	-61.2
烘焙花生	吨	313	-12.4	698	-17.5
天然蜂蜜	吨	690	126.7	1203	127.6
茶叶	吨				
蘑菇罐头	吨	4	-98.2	8	-98.4
啤酒	万升				
肠衣	吨	175	-49.8	4880	-15.6
填充用羽毛；羽绒	吨	4	336.1	20	-42.7
药材	吨	1403	9.4	8286	-8.5
肥料	吨	72647	-13.1	27050	20.1
矿物肥料及化肥	吨	72614	-12.1	27022	21.6
尿素	吨	2002	2002.9	625	1457.9
锯材	立方米	173	-86.5	93	-94
胶合板及类似多层板	立方米	19878	7.2	7514	5.9
印刷品	吨	802	-54.6	4522	-46.2
山羊绒	吨	335	59.3	31917	35.2
粘土及其他耐火矿物	吨	12880	-85.9	3584	-77.2
天然石墨	吨	160	-97.5	112	-97.2
天然碳酸镁；氧化镁	吨	276	-99.5	59	-99

11—22 续表 1　　　　(2013 年)

商品构成	计量单位	数量	比上年增长（%）	金额（千美元）	比上年增长（%）
萤石（氟石）	吨	71	-99.4	34	-99.1
天然硫酸钡（重晶石）	吨				
滑石	吨				
煤	万吨				
成品油	吨				
石蜡	吨	134	-70.4	146	-72.9
稀土	吨	10869	-42.3	1415	-38.4
氧化铝	吨	98	-47.2	477	29.3
钨品	吨	26	-86.4	745	-88.9
钨及其制品	吨				
氧化锌及过氧化锌	吨	67	-80.9	111	-79.1
碳酸钠（纯碱）	吨	224	-41.3	75	-24.9
柠檬酸	吨	2		2	
合成有机染料	吨	4192	-29.7	15214	-16.5
锌钡白（立德粉）	吨	1009	-43	937	-40.3
医药品	吨	95833	1.3	738396	-4.3
维生素 C	吨	38941	-2.3	144073	-12
抗菌素（制剂除外）	吨	8937	-18.1	272352	-7.4
中式成药	吨	65	22.4	1696	38.4
医用敷料	吨	390	-30.8	2349	-30.6
美容化妆品及护肤品	吨				
口腔及牙齿清洁剂	吨				
洗衣粉	吨	4918	297.2	3181	337.3
烟花、爆竹	吨	356	-62	832	-61.8
松香及树脂酸	吨	30	-90.7	52	-90.4
农药	吨	16581	158.8	56306	143
初级形状的聚氯乙烯	吨	191	-81	176	-80.4
新的充气橡胶轮胎	万条	4	-81.2	163	-67.6
家用或装饰用木制品	吨	63	-76.2	212	-62
纸及纸板（未切成形的）	吨	14115	27.4	17924	17.2
新闻纸	吨	7546	3726.8	4373	4349.9
牛皮纸	吨	1	-99.9	2	-99.3
纺织纱线、织物及制品	—			656984	14.7
毯子及旅行毯	万条	30	-47.5	1354	5.9
床上餐桌盥洗厨房织物制品	万件	9418	22.6	127165	29
毛纺机织物	万米	65	51.5	11111	135.6
棉机织物	万米	5318	11.2	111060	15.8
亚麻及苎麻机织物	万米	20	-42.2	710	-34.6
合成短纤与棉混纺机织物	万米	11609	-5.5	104041	0.1
地毯	万平方米	1317	-18.7	48089	-14.3
塑料编织袋（周转袋除外）	万条	4793	-5.5	15560	11
水泥	吨	43524	628.2	2322	289.3
花岗岩石材及制品	吨	5742	-48.9	4483	-13.1
平板玻璃	万平方米	67	-85.2	220	-84.1

11—22 续表 2　　　　(2013 年)

商品构成	计量单位	数量	比上年增长（%）	金额（千美元）	比上年增长（%）
玻璃制品	—			27086	-21.2
家用陶瓷器皿	吨	21336	-11	24043	-7
珍珠、钻石、宝石及半宝石	—				
生铁及镜铁	吨				
铁合金	吨	852	-71.7	1092	-81.8
钢坯及粗锻件	吨				
钢材	吨	737407	-14.6	653797	-19.2
钢铁棒材	吨	359872	-6.8	244639	-14.6
角钢及型钢	吨	23594	-50	24221	-44.3
钢铁板材	吨	94103	-26.7	78908	-30.4
钢铁线材	吨	103105	-24.2	101446	-24.6
钢铁管配件	吨	71385	-14.6	119859	-17.5
未锻造的铜及铜材	吨	77	-86.8	822	-83.3
未锻造的铜（包括铜合金）	吨				
铜材	吨	77	-86.7	822	-83.2
未锻造的铝及铝材	吨	3285	59.6	10151	44.6
铝材	吨	3285	59.6	10151	44.6
未锻造的锌及锌合金	吨				
钢铁或铜制标准紧固件	吨	8624	-63.7	11558	-60.8
不锈钢厨具、餐具等家用器具	吨	100	59.2	457	67.2
餐桌、厨房及其他家用搪瓷器	吨	3315	42.7	9293	43.6
手用或机用工具	吨	10747	-22.3	69696	-7.1
电扇	台	82556	6	2379	-30.3
空气调节器	台	1114	-5.6	16947	-14.6
冰箱	台	2412	49.1	261	81.7
洗衣机	台	4294	81.7	295	60.1
微波炉	万个				
纺织机械及零件	—			8353	65.2
家用缝纫机	台	4	-96.7	1	-91.5
工业用缝纫机	台	196	-86	184	-42.9
金属加工机床	台	17746	-3.4	5649	-8.7
车床	台	3	-86.4	30	-69.3
铣床	台	1	-83.3	30	-11.5
电子计算器（包括具有计算功能的袖珍数据记录重现机）	台	6030	-98.6	1	-99.6
自动数据处理设备及其部件	台	722	-98.8	1065	1.1
自动数据处理设备	台	255	-63.8	469	116.4
便携式电脑	台	132	-75.9	98	166

11—22 续表 3　　　　（2013 年）

商品构成	计量单位	数量	比上年增长（%）	金额（千美元）	比上年增长（%）
微型电脑	台	121	-22.4	368	105.3
中央处理部件	台	2	-93.3	9	-95
显示器	台	28		4	
液晶显示器	台	28		4	
存储部件	台	350	-43.5	41	1354.8
键盘、鼠标器	万个				
自动数据处理设备的零件	吨		-98.4	56	-81.1
打印机（包括多功能一体机）	台	87	-54.7	542	19.8
液晶显示板	万个	1065	13.2	9126	-6
轴承	万套	741	-19	6636	52.4
电动机及发电机	台	362663	1	33595	-0.5
变压器	万个		-95	1380	-48.5
静止式变流器	万个	107	623.9	3005	191.6
原电池	万个	1	-83.6	1	-79.1
蓄电池	万个		-99.9	1	-99.9
电话机	台	56	-95.1	5	-89.8
扬声器	万个	4	-72.4	517	21.4
录、放像机	台	2	-98		-98.2
DVD 播放机	台	2	-91.7		-69.2
声音录制或重放设备	台	4600		20	
收音设备（包括收录音组合机及整套散件）*	台				
电视机（包括整套散件）	台	1386	74.6	347	99.1
彩色电视机（包括整套散件）	台	1386	74.6	347	99.1
录放音、像机及唱机的零附件	—				
电视、收音机及无线电讯设备的零附件	吨	231	-89.6	1062	-75.4
电容器	吨		-89.3	3	-89.6
印刷电路	万块	29	-90.7	1881	9.8
通断保护电路装置及零件	—			4901	-3.6
节能灯	万只	23	177	212	219.3
二极管及类似半导体器件	万个	98	45.6	8268	170.1
集成电路	万个	260	12.7	1146	104.2
处理器及控制器	万个		-93.5	24	11.6
存储器	万个				
放大器	万个				
电线和电缆	吨	351	-16.2	20068	74.4
集装箱	个				
汽车（包括整套散件）	辆	17	-77.3	471	-89
四轮驱动轻型越野车（包括整套散件）	辆	3		58	

11—22 续表 4　　(2013 年)

商品构成	计量单位	数量	比上年增长（%）	金额（千美元）	比上年增长（%）
小客车（九座及以下的）（包括整套散件）	辆				
货车（包括整套散件）	辆	11	-26.7	362	-40.1
装有引擎的汽车底盘	台				
汽车零件	—			49884	-0.9
摩托车	万辆		-93.7	4	-88.3
自行车	万辆	1	-77.7	121	-78.7
摩托车及自行车的零件	—			1520	-25.9
船舶	艘	601	1	806	-60.8
散货船	艘				
照相机	万架				
数字式相机	万架				
医疗仪器及器械	—			9621	13.7
手表	万只				-99.9
电动手表	万只				-99.9
日用钟	万只	1	-98.1	10	-97.2
家具及其零件	—			17484	-34.1
床垫、寝具及类似品	—			10641	20.8
灯具、照明装置及类似品	—			7945	-18.1
箱包及类似容器	—			36799	-15
体育用品及设备	—			3682	-23.4
服装及衣着附件	—			1754609	18
织物制服装	—			1104994	32.7
非针织钩编织物服装	—			943694	48.6
针织或钩编的服装	—			161300	-18.4
皮革服装	万件	102	50.3	117139	27.2
裘皮服装	吨	55	18.4	16969	15.1
皮革手套	万双	56	-78	9041	-4.3
PVC 手套	万双	8922	4.5	290651	-7
织物制袜子	万双	408	-80.9	2685	-30.4
帽类	万个	8632	7	42717	-6
鞋类	—			140210	
鞋	万双	402	-38.3	139580	1.6
外底及鞋面均以橡胶或塑料制的鞋	万双	33	-86.5	2061	-74.6
皮面鞋	万双	78	99.4	18965	422.5
橡胶或塑料底纺织材料为面的鞋	万双	16	-79.5	1654	-2.5
鞋靴零件；护腿及类似品	吨	45	-87.2	631	-78.3

11—22 续表 5　　　　（2013 年）

商品构成	计量单位	数量	比上年增长（%）	金额（千美元）	比上年增长（%）
塑料制品	吨	22237	-16.4	67474	-0.2
玩具	—			111	-90.3
圣诞用品	-			608	-66.6
足球、篮球、排球	万个		-99.8	1	-99.5
打火机	万个				
艺术品、收藏品及古董	—			74	-97.5
贵金属或包贵金属的首饰	—				
伞	万把	13	-33.2	536	-4.6
竹编结品	吨	1	-60.7	11	24.7
藤编结品	吨	46	23.1	118	10.7
草编结品	吨	38	-7.4	337	48.1
柳编结品	吨	55	8.9	279	-10.8
* 农产品	—			339758	6.9
* 机电产品	—			1390149	-14.9
金属制品	—			732417	-13.1
机械设备	—			395598	-15.6
电器及电子产品	—			128001	1
运输工具	—			75331	-39.9
仪器仪表	—			35339	-6.2
其他	—			23464	-26.4
* 高新技术产品	—			395312	7.6
生物技术	—			115	-64.4
生命科学技术	—			323723	7.3
光电技术	—			10270	-1.5
计算机与通信技术	—			4281	-71.4
电子技术	—			16447	77.4
计算机集成制造技术	—			11751	-11.2
材料技术	—			28384	69.3
航空航天技术	—			340	-40.1
其他技术	—				-99.7
瓷砖	万平方米	2741	-43.3	7438	-38.8
陶瓷卫生设备	—			1859	-35.7
装饰陶瓷	吨	22	-82.4	61	-68.5
镁及其制品	吨	1023	-93.8	2803	-94.1
* 光伏电池及组件（85414）	万个		-96.5	131	-23.8
钢丝布、网、篱、格栅	吨	67568	-28	88232	-30.6
食品工业残渣	吨	1319		466	
饲料添加剂	吨	312	-75.7	3911	-52.3
天然色素等植物提取物	吨	25	43.8	695	2.7
葡萄糖及葡萄糖浆	吨	8905	7.5	7613	12.4

旅游业发展情况

11—23

指标名称	2013 年	2012 年	2011 年
国内游客（万人次）	4874.3	4185	3247
旅游业总收入（亿元）	332.9	268.6	200.63
国内旅游收入（亿元）	328.3	264.7	197.42
创汇收入（万美元）	7489.9	6163.8	4942.63
A 景区数量（家）	31	29	27
5A	1	1	1
4A	26	25	21
3A	2	1	3
2A	2	2	2
旅游星级饭店（家）	69	65	65
5 星级	4	3	3
4 星级	28	23	22
3 星级	30	29	28
2 星级	7	10	12
旅行社（家）	236	223	217
出境组团社	19	17	17
一般组团社	217	206	200

涉外旅游情况

11—24

指标名称	2013 年	2012 年	2011 年	2010 年
一、入境游客人数合计（人次）	167356	157863	136019	117328
1. 外国人	138919	130184	106794	99800
2. 香港同胞	13597	14068	14157	9364
3. 澳门同胞	3549	3422	1596	977
4. 台湾同胞	11291	10189	13472	7187
二、入境游客人天数合计（人天）	422720	376412	293590	234961
1. 外国人	354276	312897	230234	199772
2. 香港同胞	33448	33273	30325	18764
3. 澳门同胞	8207	8323	3593	1953
4. 台湾同胞	26789	21919	29438	14445
三、创汇收入（万美元）	7489.9	6163.8	4942.6	4383.9

十二、教育　科技　文化

普通高等学校基本情况

12—1　　(2013 年)　　计量单位：人

单位名称	毕业生数	招生人数	在校学生数	教职工数	# 专任教师
合　计	**115185**	**122836**	**399055**	**35528**	**23302**
石家庄经济学院	5537	4120	16029	1472	918
河北科技大学	4761	5046	18990	2385	1322
河北医科大学	3275	1652	6827	1580	747
河北师范大学	5195	5696	21611	2856	1577
石家庄学院	5284	5358	17300	1060	813
石家庄铁道大学	3308	3759	14032	1433	882
河北体育学院	1401	1392	5095	478	321
河北经贸大学	4672	4693	17723	1796	1061
河北传媒学院	3877	4297	14678	1370	1120
河北美术学院	1134	2613	7162	672	507
河北外国语学院	1350	3966	9702	887	588
河北科技大学理工学院	3419	3740	15307	1007	864
河北师范大学汇华学院	3058	3337	13682	1033	772
河北经贸大学经济管理学院	3320	3142	12973	857	718
河北医科大学临床学院	1928	2373	11822	832	557
石家庄铁道大学四方学院	2391	2616	10746	729	534
石家庄经济学院华信学院	2195	2569	8535	836	464
河北工业职业技术学院	3919	4378	11588	744	552
石家庄职业技术学院	3959	3841	11731	675	574
河北政法职业学院	4502	4194	12767	634	470
石家庄铁路职业技术学院	2287	3012	7702	451	319
河北省艺术职业学院	558	413	1840	310	210
河北交通职业技术学院	3544	3244	9997	526	440
河北化工医药职业技术学院	3823	3833	10251	644	530
石家庄信息工程职业学院	3310	4082	11176	1459	603

12—1 续表 （2013年） 计量单位：人

单位名称	毕业生数	招生人数	在校学生数	教职工数	# 专任教师
石家庄邮电职业技术学院	2504	2676	7739	601	424
河北公安警察职业学院				202	71
河北司法警官职业学院	1462	1387	3337	389	185
河北女子职业技术学院	1997	1592	4228	337	256
石家庄科技工程职业学院	962	557	3032	210	171
河北劳动关系职业学院	1383	1312	4070	354	196
石家庄幼儿师范高等专科学校		1160	2521	362	273
河北轨道运输职业技术学院		1269	2090	168	88
石家庄工程职业学院	1981	2113	5789	435	327
石家庄外国语职业学院	770	334	1057	138	68
石家庄城市职业学院	2982	2538	8083	528	425
石家庄财经职业学院	1792	2713	8465	468	352
石家庄工商职业学院	1506	1437	4047	307	225
石家庄理工职业学院	2551	2634	7792	557	393
石家庄科技信息职业学院	1920	1623	4242	415	238
石家庄医学高等专科学校	4473	4578	12378	1292	870
石家庄经济职业学院	993	2269	5466	452	322
石家庄人民医学高等专科学校	1385	2025	4732	465	355
石家庄科技职业学院	629	573	1620	184	126
河北地质职工大学	1173	756	2828	183	114
河北省广播电视大学	1054	957	1710	211	56
石家庄职工大学	274	180	1020	128	82
河北管理干部学院	599		409	218	87
河北青年管理干部学院	788	787	3134	198	135

技工学校基本情况

12—2　　(2013年)　　计量单位：人

单位名称	毕业生数	招生人数	在校学生数	教职工数
合　计	**8534**	**6622**	**18416**	**2088**
石家庄铁路高级技工学校	2529	962	4698	343
石家庄市高级技工学校	779	1093	2500	219
行唐县劳动技工学校	45	21	66	20
西柏坡劳动技工学校	309	7	446	25
正定县劳动技工学校	173	228	351	53
藁城市劳动技工学校	118	34	111	30
鹿泉市劳动技工学校	78	76	272	51
元氏县劳动技工学校	83	54	142	23
赞皇县劳动技工学校				19
赵县劳动技工学校	20			33
栾城县劳动技工学校				14
井陉矿区劳动技工学校	297	206	386	37
无极县劳动技工学校	52	42	86	20
辛集市劳动技工学校	47	123	341	40
河北省地勘局技工学校	100	97	179	161
河北省交通职业技术学校	301	101	506	92
河北省机电技工学校		88	88	36
石家庄市机械技工学校	466	439	858	109
石家庄市轻工技工学校	47	33	81	44
石家庄市交通技工学校	66	95	126	64

12—2 续表　　(2013年)　　计量单位：人

单位名称	毕业生数	招生人数	在校学生数	教职工数
石家庄市粮食技工学校	37	15	28	31
石家庄市电子技工学校	172	136	453	86
石家庄市第一职业中专技工班	1			23
石家庄市饮食集团公司技工学校	52	53	71	21
石家庄市国大集团技工学校	20	18	32	10
华北制药集团有限责任公司技工学校	357	46	324	49
石家庄钢铁有限责任公司技工学校			38	12
石家庄工业工程技工学校	43	1	3	13
石家庄金钢内燃机零部件集团有限公司技工学校			11	12
石家庄泵业集团有限责任公司技工学校	7	1	5	7
石家庄三环冶金装备集团技工学校				3
中国人民解放军通用装备职业技术学校	284	204	500	62
河北省新力技工学校	113	74	229	22
河北省新华冶金技工学校	340	12	143	15
河北省工业数控技工学校	96	137	396	26
河北省工贸技工学校	410	376	797	34
石家庄市长安机电技工学校	315	430	817	28
石家庄市铁路职业技工学校	704	1338	3211	190
石家庄市燕春技工学校	73	82	121	11

普通中学基本情况

12—3　　　　(2013年)　　　　计量单位：人

行政单位	学校数（所）	毕业生数	普通初中	普通高中	招生人数	普通初中	普通高中
全市总计	**421**	**160364**	**92701**	**67663**	**161648**	**104420**	**57228**
市区合计	92	49702	24931	24771	51339	29016	22323
#长安区	12	5699	3180	2519	5715	3714	2001
桥东区	16	3411	2805	606	4092	3603	489
桥西区	14	8053	4173	3880	7853	5393	2460
新华区	16	8026	5570	2456	7871	5939	1932
矿　区	3	912	592	320	974	588	386
裕华区	9	7751	6227	1524	7315	6181	1134
高新区	5	2145	1010	1135	2275	1180	1095
井陉县	10	5072	3361	1711	4873	3370	1503
正定县	22	7300	4917	2383	8115	5841	2274
栾城县	13	4554	2565	1989	4436	2415	2021
行唐县	20	7009	3995	3014	7560	5008	2552
灵寿县	18	3821	2356	1465	4827	3482	1345
高邑县	9	2550	1280	1270	2672	1654	1018
深泽县	10	2973	1911	1062	2405	1881	524
赞皇县	8	2231	1593	638	3237	2685	552
无极县	17	5863	3864	1999	5740	4019	1721
平山县	26	7547	4710	2837	7512	5142	2370
元氏县	15	7467	5561	1906	7486	5488	1998
赵　县	28	10062	6040	4022	8837	5856	2981
藁城市	30	11144	5963	5181	10942	7317	3625
晋州市	21	6777	4383	2394	6766	4629	2137
新乐市	31	8319	5137	3182	7995	5271	2724
鹿泉市	18	6287	3859	2428	6045	4104	1941
辛集市	33	11686	6275	5411	10861	7242	3619

12—3 续表　　　　(2013 年)　　　　计量单位：人

行政单位	在校学生数			教职工数	
		普通初中	普通高中		#专任教师
全市总计	**459622**	**288299**	**171323**	**44180**	**35296**
市区合计	149527	82028	67499	13063	10982
#长安区	16591	10086	6505	1784	1581
桥东区	11750	9912	1838	1231	1058
桥西区	23301	14936	8365	2145	1819
新华区	23826	17845	5981	1824	1502
矿　区	2702	1631	1071	309	276
裕华区	22408	18524	3884	1840	1687
高新区	6501	3380	3121	565	452
井陉县	14703	9560	5143	1216	989
正定县	23109	16449	6660	2333	1750
栾城县	12282	6871	5411	1583	1314
行唐县	20237	13032	7205	1673	1248
灵寿县	12571	8821	3750	1317	995
高邑县	7268	4316	2952	744	573
深泽县	7007	5202	1805	817	635
赞皇县	7731	6308	1423	751	589
无极县	15778	10831	4947	1554	1236
平山县	21379	14087	7292	2063	1672
元氏县	21412	15633	5779	1999	1537
赵　县	25132	16647	8485	2949	2175
藁城市	30148	19200	10948	3033	2447
晋州市	19193	12863	6330	1708	1518
新乐市	22787	14912	7875	1946	1544
鹿泉市	17601	11539	6062	1824	1565
辛集市	31757	20000	11757	3607	2527

职业中学基本情况

12—4　　　　(2013 年)　　　　计量单位：人

行政单位	学校数（所）	毕业生数	招生人数	在校学生数	教职工数	# 专任教师
全市总计	**134**	**68735**	**44652**	**158802**	**11110**	**8120**
市区合计	77	47913	32104	108379	5839	3820
# 长安区	8	2143	2770	7600	521	438
桥东区	8	3499	1946	4922	555	427
桥西区	16	3659	4552	12364	827	531
新华区	12	8205	5908	21423	1237	773
矿　区	2	414	414	1086	83	71
裕华区	7	7128	3876	15504	635	413
高新区	8	2394	1473	3599	273	111
井陉县	2	520	509	1844	203	179
正定县	6	1096	1035	3679	445	368
栾城县	3	1660	652	2751	411	365
行唐县	2		120	597	183	101
灵寿县	4	1853	346	2678	403	255
高邑县	2	641	228	1280	130	110
深泽县	2	463	150	1761	102	87
赞皇县	2	199	412	1902	139	107
无极县	3	1200	437	2056	242	202
平山县	4	1253	975	5469	287	243
元氏县	2	673	539	1987	231	204
赵　县	2	2865	1321	6705	515	485
藁城市	4	2187	970	4434	434	383
晋州市	4	1148	888	3041	402	312
新乐市	2	1380	852	2616	196	175
鹿泉市	9	2636	2283	5197	550	410
辛集市	4	1048	831	2426	398	314

小学基本情况

12—5 （2013 年） 计量单位：人

行政单位	学校数（所）	毕业生数	招生人数	在校学生数	教职工数	# 专任教师
全市总计	**1418**	**111294**	**118095**	**685218**	**40352**	**41568**
市区合计	223	29164	32632	181269	8927	8891
#长安区	37	4789	5038	27979	1566	1520
桥东区	29	3979	4645	24386	1402	1376
桥西区	38	5699	6560	37613	1999	1969
新华区	46	6477	7438	40264	1621	1571
矿　区	15	768	772	4306	447	417
裕华区	38	5718	5836	34227	1431	1410
高新区	20	1173	1867	9651	461	503
井陉县	50	3554	3239	19867	1436	1330
正定县	84	5192	5018	33066	2344	2391
栾城县	50	2748	4098	20501	1562	1535
行唐县	84	6470	4941	35967	2231	2014
灵寿县	81	4028	3332	25797	1816	1790
高邑县	39	1855	2567	14436	947	963
深泽县	30	2470	2439	14391	999	1085
赞皇县	78	3524	3998	23159	1333	1286
无极县	80	5266	6419	33407	1964	2104
平山县	63	5246	6444	32704	2081	2195
元氏县	44	6194	4622	30253	1921	2063
赵　县	69	6793	7625	37533	1631	2226
藁城市	111	7353	7820	46146	3429	3271
晋州市	80	4964	6128	32087	2065	2116
新乐市	93	5693	6094	38573	1756	1899
鹿泉市	70	4308	4501	26755	1738	1716
辛集市	89	6472	6178	39307	2172	2693

规模以上工业企业 R&D 活动基本情况

12—6　　（2013 年）

指标名称	R&D 活动单位数	科技机构单位数	R&D 投入强度（%）
总　　计	**249**	**197**	**0.60**
一、按企业规模分组			
大型	40	40	1.53
中型	81	73	0.49
小型	128	84	0.14
微型			
二、按登记注册类型分组			
内资企业	223	179	0.48
国有企业	9	8	0.14
集体企业	1	1	0.01
股份合作企业			
联营企业			
国有联营企业			
集体联营企业			
国有与集体联营企业			
其他联营企业			
有限责任公司	81	62	1.18
国有独资公司	14	11	1.71
其他有限责任公司	67	51	0.96
股份有限公司	26	21	1.08
私营企业	105	87	0.29
私营独资企业	1	1	0.01
私营合伙企业			
私营有限责任公司	89	72	0.18
私营股份有限公司	15	14	1.05
其他企业	1		0.16
港、澳、台商投资企业	6	4	2.25
合资经营企业（港或澳、台资）	5	3	1.83
合作经营企业（港或澳、台资）			
港、澳、台商独资经营企业	1	1	2.69
港、澳、台商投资股份有限公司			
其他港澳台投资企业			
外商投资企业	20	14	1.39
中外合资经营企业	14	9	0.61
中外合作经营企业	1	1	2.52
外资企业	5	4	3.01
外商投资股份有限公司			
其他外商投资企业			

12—6 续表　　(2013 年)

指标名称	R&D 活动单位数	科技机构单位数	R&D 投入强度（%）
三、按国民经济行业大类分组			
采矿业	1	1	0.26
煤炭开采和洗选业	1	1	0.34
石油和天然气开采业			
黑色金属矿采选业			
有色金属矿采选业			
非金属矿采选业			
开采辅助活动			
其他采矿业			
制造业	246	196	0.64
农副食品加工业	11	12	0.10
食品制造业	8	5	0.69
酒、饮料和精制茶制造业	1	1	0.02
烟草制品业			
纺织业	2	2	0.10
纺织服装、服饰业	1	1	0.70
皮革、毛皮、羽毛及其制品和制鞋业	1	1	0.03
木材加工和木、竹、藤、棕、草制品业		1	
家具制造业			
造纸和纸制品业		1	
印刷和记录媒介复制业	4	3	0.62
文教、工美、体育和娱乐用品制造业			
石油加工、炼焦和核燃料加工业	1	1	0.05
化学原料和化学制品制造业	44	38	0.58
医药制造业	30	27	2.17
化学纤维制造业	2	2	0.30
橡胶和塑料制品业	9	4	0.31
非金属矿物制品业	6	6	0.25
黑色金属冶炼和压延加工业	7	5	1.48
有色金属冶炼和压延加工业			
金属制品业	13	10	0.50
通用设备制造业	22	17	0.71
专用设备制造业	31	22	1.23
汽车制造业	5	3	1.20
铁路、船舶、航空航天和其他运输设备制造业	2	3	0.64
电气机械和器材制造业	16	12	0.85
计算机、通信和其他电子设备制造业	20	10	2.11
仪器仪表制造业	7	6	3.76
其他制造业			
废弃资源综合利用业			
金属制品、机械和设备修理业	3	3	2.95
电力、热力、燃气及水生产和供应业	2		0.06
电力、热力生产和供应业	1		0.00
燃气生产和供应业	1		2.15
水的生产和供应业			

规模以上工业企业 R&D 活动人员情况

12—7　　　　（2013年）

指标名称	R&D人员合计（人）	#1. 参加项目人员	2. 管理和服务人员	#女性	#研究人员	#1. 全时人员	2. 非全时人员
总　　计	**25801**	**22838**	**2963**	**7935**	**9782**	**18297**	**7504**
一、按企业规模分组							
大型	14831	13500	1331	5036	5601	10461	4370
中型	7045	5852	1193	1992	2744	5020	2025
小型	3925	3486	439	907	1437	2816	1109
微型							
二、按登记注册类型分组							
内资企业	21852	19163	2689	6725	7885	14658	7194
国有企业	1162	991	171	285	397	894	268
集体企业	14	12	2	3	5	4	10
股份合作企业							
联营企业							
国有联营企业							
集体联营企业							
国有与集体联营企业							
其他联营企业							
有限责任公司	10463	9272	1191	3770	4491	6962	3501
国有独资公司	3831	3547	284	1456	2078	2704	1127
其他有限责任公司	6632	5725	907	2314	2413	4258	2374
股份有限公司	3539	3024	515	1228	991	2215	1324
私营企业	6666	5857	809	1436	1998	4580	2086
私营独资企业	23	22	1	12	1	5	18
私营合伙企业							
私营有限责任公司	4436	3843	593	969	1423	2911	1525
私营股份有限公司	2207	1992	215	455	574	1664	543
其他企业	8	7	1	3	3	3	5
港、澳、台商投资企业	2467	2341	126	754	1312	2384	83
合资经营企业（港或澳、台资）	1205	1143	62	160	577	1132	73
合作经营企业（港或澳、台资）							
港、澳、台商独资经营企业	1262	1198	64	594	735	1252	10
港、澳、台商投资股份有限公司							
其他港澳台投资企业							
外商投资企业	1482	1334	148	456	585	1255	227
中外合资经营企业	545	475	70	136	159	382	163
中外合作经营企业	91	45	46		6	60	31
外资企业	846	814	32	320	420	813	33
外商投资股份有限公司							
其他外商投资企业							

12—7 续表　　　　（2013 年）

指标名称	R&D 人员合计（人）	#1. 参加项目人员	2. 管理和服务人员	#女性	#研究人员	#1. 全时人员	2. 非全时人员
三、按国民经济行业大类分组							
采矿业	199	199		8	172	199	
煤炭开采和洗选业	199	199		8	172	199	
石油和天然气开采业							
黑色金属矿采选业							
有色金属矿采选业							
非金属矿采选业							
开采辅助活动							
其他采矿业							
制造业	25483	22527	2956	7875	9591	17993	7490
农副食品加工业	280	234	46	77	113	154	126
食品制造业	736	601	135	310	380	227	509
酒、饮料和精制茶制造业	6	6		3	1	6	
烟草制品业							
纺织业	1423	1316	107	644	293	671	752
纺织服装、服饰业	863	836	27	477	124	687	176
皮革、毛皮、羽毛及其制品和制鞋业	184	175	9	104	33	184	
木材加工和木、竹、藤、棕、草制品业							
家具制造业							
造纸和纸制品业							
印刷和记录媒介复制业	501	467	34	79	102	306	195
文教、工美、体育和娱乐用品制造业							
石油加工、炼焦和核燃料加工业	34	31	3	17	21	32	2
化学原料和化学制品制造业	2959	2647	312	947	734	2054	905
医药制造业	5433	5131	302	2353	3018	4229	1204
化学纤维制造业	271	264	7	72	23	196	75
橡胶和塑料制品业	379	333	46	145	148	294	85
非金属矿物制品业	416	340	76	108	89	273	143
黑色金属冶炼和压延加工业	1980	1824	156	210	556	1630	350
有色金属冶炼和压延加工业							
金属制品业	1278	867	411	230	683	689	589
通用设备制造业	1400	1217	183	334	760	1096	304
专用设备制造业	2253	2006	247	463	763	1262	991
汽车制造业	295	260	35	120	191	276	19
铁路、船舶、航空航天和其他运输设备制造业	337	305	32	101	153	268	69
电气机械和器材制造业	1253	949	304	302	260	1072	181
计算机、通信和其他电子设备制造业	1226	1028	198	340	624	794	432
仪器仪表制造业	697	629	68	165	115	580	117
其他制造业							
废弃资源综合利用业							
金属制品、机械和设备修理业	1279	1061	218	274	407	1013	266
电力、热力、燃气及水生产和供应业	119	112	7	52	19	105	14
电力、热力生产和供应业	14	13	1	4	14		14
燃气生产和供应业	105	99	6	48	5	105	
水的生产和供应业							

规模以上工业企业R&D人员折合全时当量

12—8　　　　　　　　　　　　　　　　　　　　（2013年）

指标名称	R&D人员折合全时当量合计（人年）	#研究人员	#1. 基础研究人员	2. 应用研究人员	3. 试验发展人员
总　计	**19372.7**	**7706.5**	**149.4**	**132.3**	**19091.0**
一、按企业规模分组					
大型	11191.5	4505.4	149.4	78.2	10963.9
中型	5265.4	2148.0		27.8	5237.6
小型	2915.7	1053.2		26.3	2889.4
微型					
二、按登记注册类型分组					
内资企业	16052.1	6073.0	111	79.4	15861.7
国有企业	1078.6	341.4			1078.6
集体企业	3.5	1.2			3.5
股份合作企业					
联营企业					
国有联营企业					
集体联营企业					
国有与集体联营企业					
其他联营企业					
有限责任公司	7473.6	3395.3	28.4	50.6	7394.6
国有独资公司	2958.1	1676.7	28.4	15.8	2913.8
其他有限责任公司	4515.5	1718.6		34.8	4480.7
股份有限公司	2685.6	766.8		7.6	2678.0
私营企业	4807.2	1566.8	82.6	21.1	4703.5
私营独资企业	6.6	0.3			6.6
私营合伙企业					
私营有限责任公司	3331.5	1093.7		21.1	3310.4
私营股份有限公司	1469.1	472.8	82.6		1386.5
其他企业	3.7	1.4			3.7
港、澳、台商投资企业	2072.7	1115.6			2072.7
合资经营企业（港或澳、台资）	1082.8	539.1			1082.8
合作经营企业（港或澳、台资）					
港、澳、台商独资经营企业	989.9	576.5			989.9
港、澳、台商投资股份有限公司					
其他港澳台投资企业					
外商投资企业	1247.8	518	38.4	53	1156.5
中外合资经营企业	399.8	123.6		6.3	393.5
中外合作经营企业	72.5	4.8			72.5
外资企业	775.5	389.6	38.4	46.7	690.5
外商投资股份有限公司					
其他外商投资企业					

12—8 续表　　　　（2013 年）

指标名称	R&D 人员折合全时当量合计（人年）	#研究人员	#1. 基础研究人员	2. 应用研究人员	3. 试验发展人员
三、按国民经济行业大类分组					
采矿业	158. 5	137. 0			158. 5
煤炭开采和洗选业	158. 5	137. 0			158. 5
石油和天然气开采业					
黑色金属矿采选业					
有色金属矿采选业					
非金属矿采选业					
开采辅助活动					
其他采矿业					
制造业	19105. 8	7559. 4	149. 4	132. 3	18824. 1
农副食品加工业	225. 2	89. 9			225. 2
食品制造业	373. 8	161. 5		12. 2	361. 6
酒、饮料和精制茶制造业	6. 0	1. 0			6. 0
烟草制品业					
纺织业	1034. 2	195. 1			1034. 2
纺织服装、服饰业	411. 8	59. 2			411. 8
皮革、毛皮、羽毛及其制品和制鞋业	87. 6	15. 7			87. 6
木材加工和木、竹、藤、棕、草制品业					
家具制造业					
造纸和纸制品业					
印刷和记录媒介复制业	311. 8	64. 3		32. 5	279. 3
文教、工美、体育和娱乐用品制造业					
石油加工、炼焦和核燃料加工业	24. 0	14. 8			24. 0
化学原料和化学制品制造业	1980. 5	552. 0			1980. 5
医药制造业	4589. 0	2545. 5	149. 4	78. 9	4360. 7
化学纤维制造业	216. 7	19. 9			216. 7
橡胶和塑料制品业	295. 6	92. 9			295. 6
非金属矿物制品业	321. 7	77. 1			321. 7
黑色金属冶炼和压延加工业	1603. 7	529		6. 3	1597. 4
有色金属冶炼和压延加工业					
金属制品业	871. 6	525. 6		2. 4	869. 2
通用设备制造业	1104. 8	588			1104. 8
专用设备制造业	1665. 8	581. 1			1665. 8
汽车制造业	286. 7	186. 7			286. 7
铁路、船舶、航空航天和其他运输设备制造业	306	151. 9			306
电气机械和器材制造业	966. 2	211. 3			966. 2
计算机、通信和其他电子设备制造业	1006. 2	532. 6			1006. 2
仪器仪表制造业	356. 7	68. 1			356. 7
其他制造业					
废弃资源综合利用业					
金属制品、机械和设备修理业	1060. 2	296. 2			1060. 2
电力、热力、燃气及水生产和供应业	108. 4	10. 1			108. 4
电力、热力生产和供应业	5. 2	5. 2			5. 2
燃气生产和供应业	103. 2	4. 9			103. 2
水的生产和供应业					

规模以上工业企业R&D经费内部支出来源情况

12—9 （2013年） 计量单位：万元

指标名称	R&D经费内部支出合计	#政府资金	#企业资金	#境外资金	#其他资金
总　计	**506551.7**	**19555.1**	**482418.9**	**605.4**	**3972.3**
一、按企业规模分组					
大型	356486.3	13520.2	342486.0	325.5	154.6
中型	91977.4	2876.7	86588.5	279.9	2232.3
小型	58088.0	3158.2	53344.4		1585.4
微型					
二、按登记注册类型分组					
内资企业	378627.2	12462.7	361906.1	325.5	3932.9
国有企业	7156.1		7130.4		25.7
集体企业	83.5	7.6	75.9		
股份合作企业					
联营企业					
国有联营企业					
集体联营企业					
国有与集体联营企业					
其他联营企业					
有限责任公司	173381.1	6437.6	164766.2	223.1	1954.2
国有独资公司	73977.8	3193.0	68921.8	223.1	1639.9
其他有限责任公司	99403.3	3244.6	95844.4		314.3
股份有限公司	42864.9	1828.9	40773.7	102.4	159.9
私营企业	155005.6	4188.6	149023.9		1793.1
私营独资企业	174.9		174.9		
私营合伙企业					
私营有限责任公司	72535.1	1618.9	69123.1		1793.1
私营股份有限公司	82295.6	2569.7	79725.9		
其他企业	136.0		136.0		
港、澳、台商投资企业	87924.6	5555.5	82369.1		
合资经营企业（港或澳、台资）	35885.8	94.1	35791.7		
合作经营企业（港或澳、台资）					
港、澳、台商独资经营企业	52038.8	5461.4	46577.4		
港、澳、台商投资股份有限公司					
其他港澳台投资企业					
外商投资企业	39999.9	1536.9	38143.7	279.9	39.4
中外合资经营企业	9098	381.2	8397.5	279.9	39.4
中外合作经营企业	1842		1842		
外资企业	29059.9	1155.7	27904.2		
外商投资股份有限公司					
其他外商投资企业					

12—9 续表　　（2013 年）　　计量单位：万元

指标名称	R&D 经费内部支出合计	#政府资金	#企业资金	#境外资金	#其他资金
三、按国民经济行业大类分组					
采矿业	7948. 0		7948. 0		
煤炭开采和洗选业	7948. 0		7948. 0		
石油和天然气开采业					
黑色金属矿采选业					
有色金属矿采选业					
非金属矿采选业					
开采辅助活动					
其他采矿业					
制造业	496210. 4	19555. 1	472077. 6	605. 4	3972. 3
农副食品加工业	6043. 4	86. 5	5956. 9		
食品制造业	11269. 7	1. 5	11268. 2		
酒、饮料和精制茶制造业	170. 0	22	148. 0		
烟草制品业					
纺织业	7269. 0	30. 2	7238. 8		
纺织服装、服饰业	12141. 2	643. 4	11497. 8		
皮革、毛皮、羽毛及其制品和制鞋业	2708. 8		2024. 1		684. 7
木材加工和木、竹、藤、棕、草制品业					
家具制造业					
造纸和纸制品业					
印刷和记录媒介复制业	5146. 2	30. 0	5001. 0		115. 2
文教、工美、体育和娱乐用品制造业					
石油加工、炼焦和核燃料加工业	1358. 9		1358. 9		
化学原料和化学制品制造业	52363. 6	600. 7	50881. 3	382. 3	499. 3
医药制造业	139109. 4	12348. 8	126086. 2	223. 1	451. 3
化学纤维制造业	1336. 3	7. 0	1329. 3		
橡胶和塑料制品业	7111. 2	3. 3	7107. 9		
非金属矿物制品业	13345. 7	150. 0	13195. 7		
黑色金属冶炼和压延加工业	104219. 8	492. 3	103688. 1		39. 4
有色金属冶炼和压延加工业					
金属制品业	15905. 3	568	15337. 3		
通用设备制造业	17074. 1	705. 9	16342. 5		25. 7
专用设备制造业	25216. 6	851. 8	23842. 8		522
汽车制造业	8507. 7	289	8218. 7		
铁路、船舶、航空航天和其他运输设备制造业	1753. 1		913. 1		840
电气机械和器材制造业	29423. 6	424. 4	28678. 7		320. 5
计算机、通信和其他电子设备制造业	21972. 4	1812. 8	19845. 3		314. 3
仪器仪表制造业	4173	474. 5	3538. 6		159. 9
其他制造业					
废弃资源综合利用业					
金属制品、机械和设备修理业	8591. 4	13	8578. 4		
电力、热力、燃气及水生产和供应业	2393. 3		2393. 3		
电力、热力生产和供应业	42. 1		42. 1		
燃气生产和供应业	2351. 2		2351. 2		
水的生产和供应业					

规模以上工业企业 R&D 经费支出情况

12—10　　　　(2013 年)　　　　计量单位：万元

指标名称	R&D 经费内部支出合计	一、按活动类型分组			二、按支出用途分组		R&D 经费外部支出
		1. 基础研究	2. 应用研究	3. 试验发展	1. 经常费支出	2. 资产性支出	
总　　计	**506551.7**	**2726.4**	**2710.5**	**501114.8**	**448291.5**	**58260.2**	**50402.9**
一、按企业规模分组							
大型	356486.3	2726.4	2177.6	351582.3	314359.1	42127.2	44477.2
中型	91977.4		133.3	91844.1	80645.7	11331.7	4897.4
小型	58088.0		399.6	57688.4	53286.7	4801.3	1028.3
微型							
二、按登记注册类型分组							
内资企业	378627.2	1034.1	1324.3	376268.8	332535.7	46091.5	22624.7
国有企业	7156.1			7156.1	4699.3	2456.8	1468.3
集体企业	83.5			83.5	45.4	38.1	
股份合作企业							
联营企业							
国有联营企业							
集体联营企业							
国有与集体联营企业							
其他联营企业							
有限责任公司	173381.1	383.8	675.1	172322.2	146735.9	26645.2	5574.4
国有独资公司	73977.8	383.8	428.7	73165.3	58422.3	15555.5	3663.4
其他有限责任公司	99403.3		246.4	99156.9	88313.6	11089.7	1911.0
股份有限公司	42864.9		520.1	42344.8	34643.6	8221.3	454.5
私营企业	155005.6	650.3	129.1	154226.2	146357.5	8648.1	15127.5
私营独资企业	174.9			174.9	160.8	14.1	
私营合伙企业							
私营有限责任公司	72535.1		129.1	72406.0	65555.4	6979.7	9412.2
私营股份有限公司	82295.6	650.3		81645.3	80641.3	1654.3	5715.3
其他企业	136.0			136.0	54.0	82.0	
港、澳、台商投资企业	87924.6			87924.6	80043.5	7881.1	20180.7
合资经营企业（港或澳、台资）	35885.8			35885.8	32054.4	3831.4	213.4
合作经营企业（港或澳、台资）							
港、澳、台商独资经营企业	52038.8			52038.8	47989.1	4049.7	19967.3
港、澳、台商投资股份有限公司							
其他港澳台投资企业							
外商投资企业	39999.9	1692.3	1386.2	36921.4	35712.3	4287.6	7597.5
中外合资经营企业	9098		204.2	8893.8	8714.3	383.7	43.3
中外合作经营企业	1842			1842	1842		
外资企业	29059.9	1692.3	1182	26185.6	25156	3903.9	7554.2
外商投资股份有限公司							
其他外商投资企业							

12—10 续表　　　　(2013 年)　　　　计量单位：万元

指标名称	R&D 经费内部支出合计	一、按活动类型分组			二、按支出用途分组		R&D 经费外部支出
		1. 基础研究	2. 应用研究	3. 试验发展	1. 经常费支出	2. 资产性支出	
三、按国民经济行业大类分组							
采矿业	7948.0			7948.0	7436.0	512.0	166.1
煤炭开采和洗选业	7948.0			7948.0	7436.0	512.0	166.1
石油和天然气开采业							
黑色金属矿采选业							
有色金属矿采选业							
非金属矿采选业							
开采辅助活动							
其他采矿业							
制造业	496210.4	2726.4	2710.5	490773.5	438594.7	57615.7	50165.2
农副食品加工业	6043.4			6043.4	2814.8	3228.6	230.7
食品制造业	11269.7		383.6	10886.1	10566.3	703.4	62.0
酒、饮料和精制茶制造业	170.0			170.0	154.0	16.0	17.0
烟草制品业							
纺织业	7269.0			7269.0	7269.0		
纺织服装、服饰业	12141.2			12141.2	11416.9	724.3	44.6
皮革、毛皮、羽毛及其制品和制鞋业	2708.8			2708.8	2682.2	26.6	38.7
木材加工和木、竹、藤、棕、草制品业							
家具制造业							
造纸和纸制品业							
印刷和记录媒介复制业	5146.2		267.9	4878.3	4424.7	721.5	1842.7
文教、工美、体育和娱乐用品制造业							
石油加工、炼焦和核燃料加工业	1358.9			1358.9	269.6	1089.3	1346.7
化学原料和化学制品制造业	52363.6			52363.6	45192.8	7170.8	617.6
医药制造业	139109.4	2726.4	1605.2	134777.8	117147.8	21961.6	25870.5
化学纤维制造业	1336.3			1336.3	980.4	355.9	9.5
橡胶和塑料制品业	7111.2			7111.2	6197.7	913.5	13.6
非金属矿物制品业	13345.7			13345.7	10913.0	2432.7	31.8
黑色金属冶炼和压延加工业	104219.8		204.2	104015.6	99875.7	4344.1	5179.3
有色金属冶炼和压延加工业							
金属制品业	15905.3		249.6	15655.7	12130.1	3775.2	1293.8
通用设备制造业	17074.1			17074.1	16110.8	963.3	434.6
专用设备制造业	25216.6			25216.6	23210.3	2006.3	311.2
汽车制造业	8507.7			8507.7	6656.4	1851.3	3824.4
铁路、船舶、航空航天和其他运输设备制造业	1753.1			1753.1	1719.9	33.2	
电气机械和器材制造业	29423.6			29423.6	28019.4	1404.2	8548.8
计算机、通信和其他电子设备制造业	21972.4			21972.4	19991	1981.4	61.4
仪器仪表制造业	4173			4173	3588	585	242.4
其他制造业							
废弃资源综合利用业							
金属制品、机械和设备修理业	8591.4			8591.4	7263.9	1327.5	143.9
电力、热力、燃气及水生产和供应业	2393.3			2393.3	2260.8	132.5	71.6
电力、热力生产和供应业	42.1			42.1	42.1		71.6
燃气生产和供应业	2351.2			2351.2	2218.7	132.5	
水的生产和供应业							

规模以上工业企业办科技机构情况

12—11　　　　　　　　（2013 年）

指标名称	机构数（个）	机构人员合计（人）	机构经费支出（万元）	机构内仪器和设备原价（万元）
总　计	**210**	**15979**	**324180.3**	**206148.8**
一、按企业规模分组				
大型	42	8794	221785.7	133389.2
中型	79	4951	73779.6	47254.4
小型	89	2234	28615.0	25505.2
微型				
二、按登记注册类型分组				
内资企业	192	13170	252792.6	177067.5
国有企业	8	317	3125.4	4990.3
集体企业	1	38	111.6	98.0
股份合作企业				
联营企业				
国有联营企业				
集体联营企业				
国有与集体联营企业				
其他联营企业				
有限责任公司	67	5419	112137.6	73710.8
国有独资公司	13	1637	42291.3	22368.8
其他有限责任公司	54	3782	69846.3	51342.0
股份有限公司	23	2525	30198.3	47341.5
私营企业	93	4871	107219.7	50926.9
私营独资企业	1	36	251.9	21.4
私营合伙企业				
私营有限责任公司	77	3072	53234.3	38837.7
私营股份有限公司	15	1763	53733.5	12067.8
其他企业				
港、澳、台商投资企业	4	1730	41432.5	10529.4
合资经营企业（港或澳、台资）	3	538	8910.9	5732.5
合作经营企业（港或澳、台资）				
港、澳、台商独资经营企业	1	1192	32521.6	4796.9
港、澳、台商投资股份有限公司				
其他港澳台投资企业				
外商投资企业	14	1079	29955.2	18551.9
中外合资经营企业	9	328	4279.6	4336.3
中外合作经营企业	1	14	930	3
外资企业	4	737	24745.6	14212.6
外商投资股份有限公司				
其他外商投资企业				

12—11 续表　　　　(2013 年)

指标名称	机构数（个）	机构人员合计（人）	机构经费支出（万元）	机构内仪器和设备原价（万元）
三、按国民经济行业大类分组				
采矿业	1	82	11817.6	988.0
煤炭开采和洗选业	1	82	11817.6	988.0
石油和天然气开采业				
黑色金属矿采选业				
有色金属矿采选业				
非金属矿采选业				
开采辅助活动				
其他采矿业				
制造业	209	15897	312362.7	205160.8
农副食品加工业	12	168	2801.4	4747.9
食品制造业	6	220	3484.2	3996.7
酒、饮料和精制茶制造业	1	6	156.9	18
烟草制品业				
纺织业	2	617	8306.2	19838.1
纺织服装、服饰业	1	752	9690.5	10263.3
皮革、毛皮、羽毛及其制品和制鞋业	1	108	2708.8	484.1
木材加工和木、竹、藤、棕、草制品业	1	19	300.0	200.0
家具制造业				
造纸和纸制品业	1	8	99.0	200.0
印刷和记录媒介复制业	3	314	3733.4	2024.9
文教、工美、体育和娱乐用品制造业				
石油加工、炼焦和核燃料加工业	1	31	259.8	1165.4
化学原料和化学制品制造业	39	2132	44658.4	29776.7
医药制造业	31	3416	80659.3	41536.1
化学纤维制造业	2	79	1620.0	657.0
橡胶和塑料制品业	5	109	2018.5	458.5
非金属矿物制品业	8	242	6146.3	3776.7
黑色金属冶炼和压延加工业	5	1232	49722.9	12395.3
有色金属冶炼和压延加工业				
金属制品业	11	668	9680.2	9737.3
通用设备制造业	17	1411	12257.1	17170.1
专用设备制造业	23	1009	20219.1	9923.4
汽车制造业	3	254	6559.3	2836.9
铁路、船舶、航空航天和其他运输设备制造业	3	478	2296.4	730
电气机械和器材制造业	13	1143	23976.2	9893.3
计算机、通信和其他电子设备制造业	10	733	13549.2	16969.7
仪器仪表制造业	7	360	3157.6	2562.4
其他制造业				
废弃资源综合利用业				
金属制品、机械和设备修理业	3	388	4302	3799
电力、热力、燃气及水生产和供应业				
电力、热力生产和供应业				
燃气生产和供应业				
水的生产和供应业				

规模以上工业企业 R&D 项目和新产品项目情况

12—12　　(2013 年)

指标名称	R&D 项目数 (项)	全部 R&D 项目经费内部支出 (万元)	新产品开发项目数 (项)	新产品开发经费支出 (万元)
总　计	**2827**	**435061.9**	**2501**	**464143.2**
一、按企业规模分组				
大型	1690	304708.0	1393	319123.5
中型	578	78793.3	515	88227.0
小型	559	51560.6	593	56792.7
微型				
二、按登记注册类型分组				
内资企业	2188	325615.4	1947	347264.8
国有企业	73	5643.1	66	3234.2
集体企业	1	27.6		
股份合作企业				
联营企业				
国有联营企业				
集体联营企业				
国有与集体联营企业				
其他联营企业				
有限责任公司	1067	141241.5	946	117405.3
国有独资公司	503	57051.9	425	50284.7
其他有限责任公司	564	84189.6	521	67120.6
股份有限公司	288	38402.4	259	41794.8
私营企业	758	140242.8	675	184694.5
私营独资企业	5	133.3	5	224.5
私营合伙企业				
私营有限责任公司	423	61680.5	429	74386.5
私营股份有限公司	330	78429.0	241	110083.5
其他企业	1	58.0	1	136.0
港、澳、台商投资企业	328	73015.1	330	89418.8
合资经营企业（港或澳、台资）	62	31798.9	75	40257.6
合作经营企业（港或澳、台资）				
港、澳、台商独资经营企业	266	41216.2	255	49161.2
港、澳、台商投资股份有限公司				
其他港澳台投资企业				
外商投资企业	311	36431.4	224	27459.6
中外合资经营企业	83	8555.2	66	6166.8
中外合作经营企业	8	1842	8	1842
外资企业	220	26034.2	150	19450.8
外商投资股份有限公司				
其他外商投资企业				

12—12 续表　　(2013 年)

指标名称	R&D 项目数（项）	全部 R&D 项目经费内部支出（万元）	新产品开发项目数（项）	新产品开发经费支出（万元）
三、按国民经济行业大类分组				
采矿业	26	6949.5		
煤炭开采和洗选业	26	6949.5		
石油和天然气开采业				
黑色金属矿采选业				
有色金属矿采选业				
非金属矿采选业				
开采辅助活动				
其他采矿业				
制造业	2794	425858.7	2499	463256.2
农副食品加工业	19	3371.3	20	5810.4
食品制造业	82	9818.5	74	9825.9
酒、饮料和精制茶制造业	2	154.0	2	170.0
烟草制品业				
纺织业	75	7203.5	69	7259.6
纺织服装、服饰业	81	9213.0	79	11888.2
皮革、毛皮、羽毛及其制品和制鞋业	11	2682.7	6	1459.9
木材加工和木、竹、藤、棕、草制品业				
家具制造业				
造纸和纸制品业			1	148.0
印刷和记录媒介复制业	65	4588.7	63	4649.9
文教、工美、体育和娱乐用品制造业				
石油加工、炼焦和核燃料加工业	7	1300.6	2	3.1
化学原料和化学制品制造业	275	45857.8	258	29859.0
医药制造业	1021	110482.8	855	108968.5
化学纤维制造业	5	1136.8	4	1139.3
橡胶和塑料制品业	48	6483.8	48	7142.8
非金属矿物制品业	34	10087.0	21	5259.2
黑色金属冶炼和压延加工业	261	98528.4	196	138202.3
有色金属冶炼和压延加工业				
金属制品业	109	14282.9	101	14811.8
通用设备制造业	163	15229.4	151	19141.9
专用设备制造业	159	22640.4	152	28990.9
汽车制造业	26	6988.3	29	9529.4
铁路、船舶、航空航天和其他运输设备制造业	2	1436.3	2	1718.1
电气机械和器材制造业	88	25761.9	103	29231.5
计算机、通信和其他电子设备制造业	142	19313.9	144	19635.2
仪器仪表制造业	61	2953.5	65	4373.2
其他制造业				
废弃资源综合利用业				
金属制品、机械和设备修理业	58	6343.2	54	4038.1
电力、热力、燃气及水生产和供应业	7	2253.7	2	887.0
电力、热力生产和供应业	1	35		
燃气生产和供应业	6	2218.7	2	887.0
水的生产和供应业				

规模以上工业企业科技活动产出情况

12—13　　　　(2013 年)

指标名称	自主知识产权情况			新产品生产和销售情况	
	专利申请数（项）	发明专利申请数（项）	有效发明专利数（件）	新产品产值（万元）	新产品销售收入（万元）
总　计	**1488**	**576**	**1190**	**5751669.4**	**5620139**
一、按企业规模分组					
大型	451	219	707	4196902.9	4137088.9
中型	569	190	261	1034956.1	995081
小型	468	167	222	519810.4	487969.1
微型					
三、按登记注册类型分组					
内资企业	1355	506	789	4318220	4200471.9
国有企业	42	15	16	2010.2	1321.3
集体企业				280.6	280
股份合作企业					
联营企业					
国有联营企业					
集体联营企业					
国有与集体联营企业					
其他联营企业					
有限责任公司	467	184	357	1319293.8	1266894.7
国有独资公司	144	61	156	637970.1	665621.8
其他有限责任公司	323	123	201	681323.7	601272.9
股份有限公司	272	103	114	366250.2	361736.9
私营企业	574	204	302	2630385.2	2570239
私营独资企业	4			165.3	146.3
私营合伙企业					
私营有限责任公司	446	144	162	1040682.9	1006720.9
私营股份有限公司	124	60	140	1589537	1563371.8
其他企业					
港、澳、台商投资企业	70	44	295	955882.7	939116.1
合资经营企业（港或澳、台资）	28	5	36	388788	388195.8
合作经营企业（港或澳、台资）					
港、澳、台商独资经营企业	42	39	259	567094.7	550920.3
港、澳、台商投资股份有限公司					
其他港澳台投资企业					
外商投资企业	63	26	106	477566.7	480551
中外合资经营企业	21	7	44	97502.8	78442.8
中外合作经营企业	1	1	1	3087.8	3087.8
外资企业	41	18	61	376976.1	399020.4
外商投资股份有限公司					
其他外商投资企业					

12—13 续表　　(2013 年)

指标名称	自主知识产权情况			新产品生产和销售情况	
	专利申请数（项）	发明专利申请数（项）	有效发明专利数（件）	新产品产值（万元）	新产品销售收入（万元）
三、按国民经济行业大类分组					
采矿业	2	2	2		
煤炭开采和洗选业	2	2	2		
石油和天然气开采业					
黑色金属矿采选业					
有色金属矿采选业					
非金属矿采选业					
开采辅助活动					
其他采矿业					
制造业	1465	568	1183	5751669. 4	5620139
农副食品加工业	10	8	3	128699. 1	93510. 6
食品制造业	21	9	31	121521. 1	103236
酒、饮料和精制茶制造业				856. 8	694. 4
烟草制品业					
纺织业	8	1	8	118482. 5	114328. 7
纺织服装、服饰业	74	17	18	32566. 8	3736. 8
皮革、毛皮、羽毛及其制品和制鞋业	55	18	3	21667. 1	21733. 4
木材加工和木、竹、藤、棕、草制品业					
家具制造业					
造纸和纸制品业	1	1	1	200	200
印刷和记录媒介复制业	22	2	29	172955. 5	174134. 7
文教、工美、体育和娱乐用品制造业					
石油加工、炼焦和核燃料加工业	7	3	8		
化学原料和化学制品制造业	108	63	79	388493. 3	370583. 1
医药制造业	243	174	610	1243795. 3	1223443. 6
化学纤维制造业			1	40703	40625. 8
橡胶和塑料制品业	27	11	11	107937. 5	106627. 5
非金属矿物制品业	2		11	64619. 2	51158. 3
黑色金属冶炼和压延加工业	35	9	15	1710495. 6	1706821. 5
有色金属冶炼和压延加工业					
金属制品业	95	22	48	90627. 1	90508. 5
通用设备制造业	186	61	84	176282. 5	178690. 2
专用设备制造业	240	70	70	247007. 5	239926. 3
汽车制造业	30	7	30	199991. 1	204762. 4
铁路、船舶、航空航天和其他运输设备制造业	13	8	15	23625. 6	23625. 6
电气机械和器材制造业	122	32	54	657936. 7	639231. 3
计算机、通信和其他电子设备制造业	84	32	49	150532	151691. 6
仪器仪表制造业	43	11	2	22174. 3	23207. 8
其他制造业					
废弃资源综合利用业					
金属制品、机械和设备修理业	39	9	3	30499. 8	57660. 9
电力、热力、燃气及水生产和供应业	21	6	5		
电力、热力生产和供应业	15	6	4		
燃气生产和供应业	6		1		
水的生产和供应业					

规模以上工业企业技术改造和技术获取情况

12—14　　　　（2013 年）　　　　计量单位：万元

指标名称	技术引进经费支出	消化吸收经费支出	购买国内技术经费支出	技术改造经费支出
总　　计	**364882.4**	**13701.7**	**11194.0**	**11536.5**
一、按企业规模分组				
大型	307967.4	13217.1	10982.8	9158.0
中型	42591.9	385.6	20.0	1281.0
小型	14323.1	99	191.2	1097.5
微型				
二、按登记注册类型分组				
内资企业	327902.7	13407.9	6503.1	5915.4
国有企业	104724.1	118.1	20.0	644.0
集体企业				
股份合作企业				
联营企业				
国有联营企业				
集体联营企业				
国有与集体联营企业				
其他联营企业				
有限责任公司	139914.9	12788.6	4821.6	2787.9
国有独资公司	88113.1	655	1038	1626.9
其他有限责任公司	51801.8	12133.6	3783.6	1161.0
股份有限公司	42413.7	302.2	30.3	
私营企业	40850.0	199.0	1631.2	2483.5
私营独资企业				
私营合伙企业				
私营有限责任公司	36366.2	199	1051.2	1863.5
私营股份有限公司	4484		580	620
其他企业				
港、澳、台商投资企业	19106	294	4118	3921
合资经营企业（港或澳、台资）	17109			
合作经营企业（港或澳、台资）				
港、澳、台商独资经营企业	1997	294	4118	3921
港、澳、台商投资股份有限公司				
其他港澳台投资企业				
外商投资企业	17874		573	1700
中外合资经营企业	782			1100
中外合作经营企业				
外资企业	17092		573	600
外商投资股份有限公司				
其他外商投资企业				

12—14 续表　　　　(2013 年)　　　　计量单位：万元

指标名称	技术引进经费支出	消化吸收经费支出	购买国内技术经费支出	技术改造经费支出
三、按国民经济行业大类分组				
采矿业	60052.9			
煤炭开采和洗选业	60052.9			
石油和天然气开采业				
黑色金属矿采选业				
有色金属矿采选业				
非金属矿采选业				
开采辅助活动				
其他采矿业				
制造业	277454.2	13701.7	11194.0	11536.5
农副食品加工业	1227	60.0	860.0	1356.0
食品制造业				
酒、饮料和精制茶制造业	207.2			
烟草制品业				
纺织业	42893.1			
纺织服装、服饰业	77.8	11133.6	3743.6	
皮革、毛皮、羽毛及其制品和制鞋业				
木材加工和木、竹、藤、棕、草制品业				
家具制造业				
造纸和纸制品业				
印刷和记录媒介复制业	15620			
文教、工美、体育和娱乐用品制造业				
石油加工、炼焦和核燃料加工业	103663.5			
化学原料和化学制品制造业	19070.3	1192.8	90.3	171.0
医药制造业	32537.0	948.8	5728.9	6083.1
化学纤维制造业	642			
橡胶和塑料制品业				
非金属矿物制品业	501			
黑色金属冶炼和压延加工业	18466.5		580.0	620.0
有色金属冶炼和压延加工业				
金属制品业	3281.2	0.5	3.6	1467.3
通用设备制造业	759.7	227.5	5	5.0
专用设备制造业	25413.8	138.5	182.6	716.2
汽车制造业				10.0
铁路、船舶、航空航天和其他运输设备制造业				500
电气机械和器材制造业	8408.5			50.0
计算机、通信和其他电子设备制造业	2974.3			
仪器仪表制造业				
其他制造业				
废弃资源综合利用业				
金属制品、机械和设备修理业	1711.3			557.9
电力、热力、燃气及水生产和供应业	27375.3			
电力、热力生产和供应业	27375.3			
燃气生产和供应业				
水的生产和供应业				

分县（市）区规模以上工业企业 R&D 活动基本情况

12—15　　　　（2013 年）

行政单位	企业数（个）	# 有 R&D 活动单位数	# 有科技机构单位数	R&D 投入强度（%）
全市总计	**2562**	**249**	**197**	**0.60**
市　　区	254	95	67	1.80
#长安区	15	5	4	2.54
桥东区	17	4	4	0.66
桥西区	11	4	3	3.06
新华区	21	9	9	2.83
矿　区	58	3	3	0.51
裕华区	21	10	5	1.69
高新区	108	58	38	3.04
井陉县	63	6	3	0.76
正定县	129	23	19	0.52
栾城县	160	13	14	0.98
行唐县	76	1	1	0.02
灵寿县	68	4	4	0.14
高邑县	63	1	1	0.10
深泽县	71	6	6	0.35
赞皇县	69	8	6	0.23
无极县	114	2	2	0.03
平山县	28	3	3	1.57
元氏县	71	4	2	0.67
赵　县	112	6	5	0.12
藁城市	404	34	27	0.16
晋州市	233	4	3	0.04
新乐市	152	4	5	0.04
鹿泉市	215	29	21	0.72
辛集市	280	6	8	0.06

分县（市）区规模以上工业企业R&D活动人员情况

12—16　　　　（2013年）

行政单位	R&D人员合计（人）	#1. 参加项目人员	2. 管理和服务人员	#女性	#研究人员	#1. 全时人员	2. 非全时人员
全市总计	**25801**	**22838**	**2963**	**7935**	**9782**	**18297**	**7504**
市　区	13039	11795	1244	4259	6043	9150	3889
#长安区	2415	2311	104	820	793	1632	783
桥东区	92	69	23	7	70	73	19
桥西区	282	202	80	91	217	238	44
新华区	990	856	134	411	630	556	434
矿　区	555	544	11	95	222	327	228
裕华区	546	508	38	148	217	354	192
高新区	6116	5351	765	1720	2604	4702	1414
井陉县	1248	1160	88	574	246	837	411
正定县	894	734	160	255	426	641	253
栾城县	1214	1088	126	411	542	1061	153
行唐县	43	41	2	2	15	40	3
灵寿县	307	169	138	71	237	136	171
高邑县	225	198	27	96	110	134	91
深泽县	565	491	74	111	242	223	342
赞皇县	185	138	47	34	90	107	78
无极县	18	15	3	3	13	11	7
平山县	1012	916	96	78	60	750	262
元氏县	870	811	59	400	107	639	231
赵　县	367	318	49	80	114	254	113
藁城市	1899	1751	148	601	640	1298	601
晋州市	86	81	5	22	24	44	42
新乐市	133	121	12	33	31	123	10
鹿泉市	2969	2366	603	723	732	2272	697
辛集市	727	645	82	182	110	577	150

分县（市）区规模以上工业企业 R&D 人员折合全时当量

12—17 （2013 年）

行政单位	R&D 人员折合全时当量合计（人年）	#研究人员	#1. 基础研究人员	2. 应用研究人员	3. 试验发展人员
全市总计	**19372.7**	**7706.5**	**149.4**	**132.3**	**19091**
市 区	9895.9	4719.2	111	53	9731.9
#长安区	2042.3	730.8			2042.3
桥东区	49	38.9			49
桥西区	225.7	173.9			225.7
新华区	429.4	282.6		7	422.4
矿 区	300.8	157.8			300.8
裕华区	438.4	180.3		32.5	405.9
高新区	4655	2049.1	82.6	2.4	4570
井陉县	767.4	171.8			767.4
正定县	749.7	360.4			749.7
栾城县	1128.3	533.9	38.4	46.7	1043.3
行唐县	30.5	10.6			30.5
灵寿县	193.8	133.8			193.8
高邑县	150.1	73.4			150.1
深泽县	424.8	164.5			424.8
赞皇县	133.7	59			133.7
无极县	13.7	9.7			13.7
平山县	678.5	46.7			678.5
元氏县	594.4	79.8			594.4
赵 县	256.1	82.1			256.1
藁城市	1415.8	529.1		11.5	1404.3
晋州市	51.4	14.9			51.4
新乐市	95.4	25.8			95.4
鹿泉市	2413.8	625.8		21.1	2392.6
辛集市	379.3	66.2			379.3

分县（市）区规模以上工业企业R&D经费内部支出来源情况

12—18 （2013年） 计量单位：万元

行政单位	R&D经费内部支出合计	#政府资金	#企业资金	#境外资金	#其他资金
全市总计	**506551.7**	**19555.1**	**482418.9**	**605.4**	**3972.3**
市　区	249623.2	14540.5	233555.7	223.1	1303.9
#长安区	42091.5	170.3	41921.2		
桥东区	847.6	90	757.6		
桥西区	4068.1	45	4023.1		
新华区	9313.3	779.1	8534.2		
矿　区	13025.7	53	12972.7		
裕华区	8201.6	598.5	7487.9		115.2
高新区	128998.9	10337.6	117472.6		1188.7
井陉县	14331	656.9	13341.6		332.5
正定县	19538.1	564.8	18652.8		320.5
栾城县	32771.1	833.5	31097.6		840
行唐县	325.7		325.7		
灵寿县	2166.6	20	2146.6		
高邑县	1224.4	192	1032.4		
深泽县	5740.1	70	5670.1		
赞皇县	4072.6	90	3982.6		
无极县	1003	30	973		
平山县	71651.6	60	71591.6		
元氏县	18577		18577		
赵　县	6146.6	80	6066.6		
藁城市	24415.9	630.6	23643.5	102.4	39.4
晋州市	2017.4	380	1637.4		
新乐市	1303.1	77	1226.1		
鹿泉市	47143.6	1294.8	44712.8		1136
辛集市	4500.7	35	4185.8	279.9	

分县（市）区规模以上工业企业R&D经费支出情况

12—19 （2013年） 计量单位：万元

行政单位	R&D经费内部支出合计	一、按活动类型分组			二、按支出用途分组		R&D经费外部支出
		1. 基础研究	2. 应用研究	3. 试验发展	1. 经常费支出	2. 资产性支出	
全市总计	**506551.7**	**2726.4**	**2710.5**	**501114.8**	**448291.5**	**58260.2**	**50402.9**
市　区	249623.2	1034.1	924.7	247664.4	215785.5	33837.7	34167.5
#长安区	42091.5			42091.5	38171	3920.5	265.5
桥东区	847.6			847.6	836.9	10.7	60
桥西区	4068.1			4068.1	3611.7	456.4	
新华区	9313.3		113.1	9200.2	8779.8	533.5	93.9
矿　区	13025.7			13025.7	10655.6	2370.1	166.1
裕华区	8201.6		267.9	7933.7	7388.3	813.3	1871.7
高新区	128998.9	650.3	249.6	128099	116769.9	12229	30349.9
井陉县	14331			14331	12929.3	1401.7	44.6
正定县	19538.1			19538.1	16163.2	3374.9	429.8
栾城县	32771.1	1692.3	1182	29896.8	30207.9	2563.2	6737.4
行唐县	325.7			325.7	286.5	39.2	10
灵寿县	2166.6			2166.6	1877.1	289.5	140
高邑县	1224.4			1224.4	652.4	572	
深泽县	5740.1			5740.1	5082	658.1	106.8
赞皇县	4072.6			4072.6	3732.1	340.5	60.5
无极县	1003			1003	873	130	40
平山县	71651.6			71651.6	71103	548.6	5061.6
元氏县	18577			18577	15722.8	2854.2	55
赵　县	6146.6			6146.6	3304.5	2842.1	240.1
藁城市	24415.9		474.7	23941.2	21344.5	3071.4	2719.7
晋州市	2017.4			2017.4	1908.3	109.1	
新乐市	1303.1			1303.1	1204.8	98.3	17
鹿泉市	47143.6		129.1	47014.5	41722.5	5421.1	392.9
辛集市	4500.7			4500.7	4392.1	108.6	180

分县（市）区规模以上工业企业办科技机构情况

12—20　　（2013 年）

行政单位	机构数（个）	机构人员合计（人）	机构经费支出（万元）	机构内仪器和设备原价（万元）
全市总计	**210**	**15979**	**324180. 3**	**206148. 8**
市　　区	72	7319	146740. 2	109558
#长安区	4	1024	16519	29166
桥东区	4	413	524. 9	7679. 1
桥西区	3	262	3599. 1	1530. 6
新华区	10	509	7056. 3	10258. 7
矿　区	3	296	14594. 2	2863. 5
裕华区	5	182	5159. 3	2115. 7
高新区	42	4221	89919. 4	42594. 4
井 陉 县	3	782	9919. 9	10305. 4
正 定 县	20	515	14080. 8	7913. 8
栾 城 县	14	1087	32052	17015. 5
行 唐 县	1	45	325. 7	448
灵 寿 县	4	180	1803. 6	339
高 邑 县	1	50	500	1456. 2
深 泽 县	8	201	5212. 9	1679. 5
赞 皇 县	6	128	1992. 3	1034
无 极 县	2	18	140	130
平 山 县	3	880	43457. 6	3830
元 氏 县	2	383	16234. 4	6087
赵　　县	5	197	2415. 2	3334. 1
藁 城 市	27	1330	18271. 4	16320. 5
晋 州 市	3	83	1659. 8	346. 4
新 乐 市	5	174	2318. 6	1234. 6
鹿 泉 市	25	1745	21886. 8	20470. 5
辛 集 市	9	862	5169. 1	4646. 3

分县（市）区规模以上工业企业R&D项目和新产品项目情况

12—21　　　（2013年）

行政单位	R&D项目数（项）	全部R&D项目经费内部支出（万元）	新产品开发项目数（项）	新产品开发经费支出（万元）
全市总计	**2827**	**435061.9**	**2501**	**464143.2**
市　区	1631	207514.7	1530	230276.4
#长安区	147	38487.8	151	45591.8
桥东区	9	722.7	13	3450.8
桥西区	66	3462.7	66	4134.1
新华区	78	7939.8	90	8368.9
矿　区	36	9905.8	8	4515.4
裕华区	80	7636.7	80	7577.7
高新区	850	109506.6	797	123922.7
井陉县	124	11030.7	121	13833.4
正定县	151	16528.9	168	19096.2
栾城县	149	29798.9	77	20864.3
行唐县	7	325.7	7	325.7
灵寿县	28	1815	26	2062.9
高邑县	16	954.1	5	608.6
深泽县	25	5325	11	3810.9
赞皇县	14	3590.7	10	2421.5
无极县	3	920		
平山县	203	69636.1	133	101904.7
元氏县	29	17021.1	12	1927.4
赵　县	26	3176.5	25	5963.5
藁城市	181	21369.9	155	19944.7
晋州市	16	1840.9	14	1689.9
新乐市	17	1053.7	19	2420.8
鹿泉市	164	39262.5	144	32348.2
辛集市	43	3897.5	44	4644.1

分县（市）区规模以上工业企业科技活动产出情况

12—22 （2013 年）

行政单位	自主知识产权情况			新产品生产和销售情况	
	专利申请数（项）	发明专利申请数（项）	有效发明专利数（件）	新产品产值（万元）	新产品销售收入（万元）
全市总计	**1488**	**576**	**1190**	**5751669.4**	**5620139**
市 区	624	275	794	2707898.9	2663931.7
#长安区	45	7	25	434149.9	434586.3
桥东区	5	1	1	10729.9	8376.2
桥西区	9	1	22	21312	20409.2
新华区	61	29	20	83058.5	103376.6
矿 区	3	3	5	59878.9	59878.9
裕华区	32	5	32	202528.4	203313.8
高新区	426	200	566	1606931.3	1543330.5
井陉县	76	19	21	36950	6694.6
正定县	127	32	30	157607.7	157941.3
栾城县	108	51	79	479843.4	500114.5
行唐县	13	13	7	2950	2950
灵寿县	12	11	6	17909.7	17396.1
高邑县	9	4	4	5202.4	5202.4
深泽县	16	4	2	34652.5	30554.5
赞皇县	4	2	2	34688.9	24728.7
无极县				980	1176
平山县	8	2	5	1400078.6	1390897.9
元氏县	13	13	17	6787	6787
赵 县	47	12	8	44161.8	44445.2
藁城市	116	55	86	444206.6	397077.3
晋州市	18	11	11	18162.9	16866.1
新乐市	25	4	22	10333.2	11676.6
鹿泉市	234	59	89	291404.3	281902.1
辛集市	38	9	7	57851.5	59797

分县（市）区规模以上工业企业技术改造和技术获取情况

12—23 （2013年） 计量单位：万元

行政单位	技术引进经费支出	消化吸收经费支出	购买国内技术经费支出	技术改造经费支出
全市总计	**364882.4**	**13701.7**	**11194**	**11536.5**
市　　区	164216.6	988.8	5156.4	5608
#长安区	58115			
桥东区				
桥西区	712.3			
新华区	914.2			64.9
裕华区	61352.9			
矿　区	16093.4			
高新区	17191.8	333.8	4118.4	3981.1
井陉县	860.4	11133.6	3743.6	
正定县	32846.8			
栾城县	7297		572.5	620
行唐县	240			
灵寿县	4953.9			
高邑县				
深泽县	1328.8			
赞皇县	160			1100
无极县				
平山县	28575.3		580	620
元氏县	14322.4		40	
赵　县	253.4	61	867	1098.5
藁城市	107890.7	1302.2	30.3	1141
晋州市				
新乐市	164.1	118.1	20	151
鹿泉市	1681	98	184.2	698
辛集市	92			500

分县（市）区财政科技经费支出情况

12—24　　（2013年）　　计量单位：万元

行政单位	科学技术支出	科学技术支出占财政支出比重
全市总计	**80065**	**1.53**
市区合计	52418	1.98
#长安区	2000	1.81
桥东区	1371	1.12
桥西区	2036	1.25
新华区	1716	1.43
裕华区	2355	1.70
矿　区	918	1.50
高新区	6887	5.97
井陉县	1679	1.53
正定县	1512	0.75
栾城县	3147	2.34
行唐县	1457	1.08
灵寿县	938	0.81
高邑县	1004	1.19
深泽县	1034	1.12
赞皇县	585	0.54
无极县	975	0.78
平山县	2622	1.41
元氏县	1316	0.99
赵　县	649	0.41
藁城市	2679	1.01
晋州市	1785	1.13
新乐市	1769	1.24
鹿泉市	2844	1.28
辛集市	1652	0.79

全市高新技术产业主要经济指标

12—25　　　　(2013 年)　　　　计量单位：万元

指标名称	单位数（个）	总产值	高新技术产品产值	增加值	主营业务收入
总　　计	**911**	**17275466.5**	**6450202.2**	**3914258.6**	**18548483.2**
一、按单位来源分组					
规模以上工业企业	388	12509760.2	3537765.2	2817744.9	13771940.3
大中型	62	6330525.1	3043128.6	1464108.5	7783524.7
大型企业	14	4631492	2472698	1066708.7	6113970.4
中型企业	48	1699033.1	570430.6	397399.9	1669554.3
小型企业	324	6173586.1	494636.6	1352529.3	5982764.8
规模以下工业企业	306	277775.3	79470	61873.9	242788.3
软件开发单位	100	187535.2	53798.9	25178.9	178103.5
省科委认定的高新技术企业	117	4300395.8	2779168.1	1009460.9	4355651.1
二、按登记注册类型分组					
内资企业	873	14097153.9	4115417.4	3214031.4	14620335.4
国有企业	16	262849.8	108106.6	78918.5	283738.1
集体企业	8	62703.5	1686.3	5804	59545
股份合作企业	6	5452.3	2516.5	1241	5593
有限责任公司	181	4770948.9	1725112.6	1067894	5610270
国有独资公司	12	1798709.8	450084.9	394355.5	2592553.9
其他有限责任公司	169	2972239.1	1275027.7	673538.4	3017716.1
股份有限公司	49	1061173.7	377145.1	246691.2	1040268.9
私营企业	601	7890606.4	1896070.3	1804771	7577156
私营独资企业	88	392616.3	55176.7	96429.2	339351.9
私营合伙企业	18	143716.3	47.8	30769.4	143693
私营有限责任公司	465	6514356.9	1569806.7	1459922.1	6393544.8
私营股份有限公司	30	839916.9	271039.1	217650.4	700566.3
其他企业	10	6961.7	4780	1632.8	6861.7
港、澳、台商投资企业	15	2175235.3	1585490.8	429854.1	2723692.5
合资经营企业（港或澳、台资）	11	923940.9	670578.6	193970	903526.9
港、澳、台商独资经营企业	4	1251294.4	914912.2	235884.1	1820165.6
外商投资企业	23	1003077.3	749294	270373.1	1204455.3
中外合资经营企业	16	288569.4	209125.8	73847.2	293342.6
外资企业	5	656233.8	488474.4	182044.8	853867.1

注：本表单位数不包括规模以上工业高新技术产业目录外企业数；本年度规模以下工业统计范围由年主营业务收入 200 万元及以上调整为 300 万元及以上。

12—25 续表　　（2013 年）　　计量单位：万元

指标名称	高新技术产品收入	利润总额	从业人员期末人数（人）	科技活动人员（人）	企业内部用于科技活动的经费支出
总　计	**6401239. 1**	**1440166. 7**	**203237**	**31118**	**389307. 1**
一、按单位来源分组					
规模以上工业企业	3532543. 7	1077163. 6	134186	14717	226379. 9
大中型	3050047. 2	496031. 6	87269	11794	191400
大型企业	2480848. 2	341036. 8	62506	7748	151099. 9
中型企业	569199	154994. 8	24763	4046	40300. 1
小型企业	482496. 5	580634. 9	46893	2923	34979. 9
规模以下工业企业	78232. 7	12685. 3	10403	1079	5431. 4
软件开发单位	53339. 6	5280. 2	5368	2427	12179. 3
省科委认定的高新技术企业	2737123. 1	345037. 6	53280	12895	145316. 5
二、按登记注册类型分组					
内资企业	4006289	1133775. 7	165565	26511	261382. 9
国有企业	107057. 6	8883. 3	6394	2206	9447. 4
集体企业	1553. 4	4510. 8	544	11	21. 6
股份合作企业	2713. 9	1678. 9	308	50	211. 4
有限责任公司	1701264. 8	267908. 9	63310	10598	120920. 2
国有独资公司	477220. 3	11318. 1	26166	3705	48513. 9
其他有限责任公司	1224044. 5	256590. 8	37144	6893	72406. 3
股份有限公司	395344	112241. 5	15095	3145	30057. 1
私营企业	1793655. 3	734472. 6	79371	10317	99798. 5
私营独资企业	53601. 9	37160. 8	4715	240	1460. 7
私营合伙企业	362	20359. 7	1347	3	20
私营有限责任公司	1481571. 3	622962. 4	63514	8501	88271. 6
私营股份有限公司	258120. 1	53989. 6	9795	1573	10046. 2
其他企业	4700	490	346	184	926. 7
港、澳、台商投资企业	1609752. 1	125649	24644	3013	86719. 5
合资经营企业（港或澳、台资）	668555. 5	34519. 4	6401	1687	37296
港、澳、台商独资经营企业	941196. 6	91129. 6	18243	1326	49423. 5
外商投资企业	785198	180742	13028	1594	41204. 7
中外合资经营企业	204453. 9	17280. 3	4710	591	9076. 9
外资企业	529050. 3	160366. 3	7897	866	30229. 8

文化、广播、电视事业基本情况

12—26　　　　　　　　　　　　　　　　　　（2013 年）

指标名称	计量单位	全市	指标名称	计量单位	全市
一、艺术表演团体	个	24	总流通人次	人次	4366028
艺术表演团体人数	人	1513	# 书刊文献外借人次	人次	1473374
本团原创首演剧目	台	9	书刊文献外借册次	册	2081038
演出场次	场	6107	为读者举办各种活动	次	957
# 农村演出场次	场	3983	参加人数	人次	974955
演出观众人次	千人次	6527.6	本年新购藏量	册、件、套	332466
# 农村观众人次	千人次	4967.35	公用房屋建筑面积	平方米	106983
二、艺术表演场馆	个	20	# 书库	平方米	22616
艺术表演场馆人数	人	238	阅览室	平方米	23811
座席数	个	17116	# 书刊阅览室	平方米	18008
演（映）出场次合计	场	2046	电子阅览室	平方米	4110
# 艺术演出场次	场	374	阅览室座席数	个	6987
观众人次合计	千人次	580	# 少儿阅览室座席数	个	1466
# 艺术演出观众人次	千人次	255.95	四、群众艺术馆、文化馆	个	27
三、公共图书馆	个	27	群众艺术馆、文化馆人数	人	377
公共图书馆人数	人	416	举办展览个数	个	293
# 高级职称	人	75	组织文艺活动次数	次	1204
中级职称	人	113	藏书	册	52130
藏书量	册、件、套	5687683	举办训练班班次	次	1140
# 图书	册、件、套	4504397	组织各类理论研讨活动次数	次	98
# 古籍	册、件、套	243377	五、文化站	个	278
善本	册、件、套	7218	从业人员	人	545
报刊	册、件、套	650558	举办展览个数	个	649
视听文献、缩微制品	册、件、套	153247	组织文艺活动次数	次	3564
当年购买的报刊种类	种	9081	藏书量	册	849009
书架单层总长度	米	128345	计算机	台	810
累计发放有效借书证数	个	371784	举办训练班班次	次	1471

12—26 续表 (2013 年)

指标名称	计量单位	全市	指标名称	计量单位	全市
六、广播节目套数	套	12			
全年公共广播节目播出时间	小时	62536	2. 转省级台	小时	4197
(一) 按节目类型分			3. 自制作	小时	21236
1. 新闻咨询	小时	9176	# 首播	小时	
2. 专题服务	小时	12103	4. 购买交换	小时	36352
3. 综艺益智	小时	15392	八、有线广播电视传输干线长度	公里	18826
4. 广播剧	小时	8037	有线广播电视用户数	户	1301745
5. 广告	小时	8197	# 农村有线广播电视户数	户	153107
6. 其他	小时	9629	数字电视用户数	户	1205962
(二) 按节目来源分			九、广播综合覆盖率	%	99.43
1. 转中央台	小时	1563	# 中央广播节目覆盖率	%	99.07
2. 转省级台	小时	1258	省级广播节目覆盖率	%	99.18
3. 转市级	小时	182	地市级台覆盖率	%	96.62
4. 自制节目	小时	37822	县级台覆盖率	%	27.53
5. 购买交换节目	小时	21709	无线广播综合覆盖率	%	99.25
七、电视播出节目套数	套	22	# 中央广播覆盖率	%	98.89
全年公共电视节目播出时间	小时	66446	电视综合覆盖率	%	99.42
(一) 按节目类型分			# 中央台电视节目覆盖率	%	99.41
1. 新闻资讯	小时	10886	省级电视节目覆盖率	%	98
2. 专题服务	小时	7098	地市级台覆盖率	%	92.52
3. 综艺益智	小时	4511	县级台覆盖率	%	68.71
4. 影视剧	小时	33791	无线电视综合覆盖率	%	98.94
5. 广告	小时	8250	# 中央电视覆盖率	%	98.44
6. 其他	小时	1907	省级电视覆盖率	%	97.52
(二) 按节目来源分			地市级台覆盖率	%	91.49
1. 转中央台	小时	4659	县级台覆盖率	%	67.38

十三、体育　卫生　民政

全市体育事业基本情况

13—1

指标名称	计量单位	2013 年	指标名称	计量单位	2013 年
等级裁判员	人				
# 男	人		健美操	人	12
女	人		武术	人	15
等级运动员	人	425	国际象棋	人	5
# 男	人	274	中国象棋	人	
女	人	151	社会指导员	人	8350
# 田径	人	146	# 二级	人	2076
游泳	人	17	地市级群众现代体育项目活动		
举重	人	22	活动次数	次	20
拳击	人	8	活动人数	万人	120
柔道	人	13	# 现代体育项目活动		
跆拳道	人	9	活动次数	次	80
射击	人	8	活动人数	万人	25
足球	人	45	民间传统体育活动		
篮球	人	36	活动次数	次	5
排球	人	23	活动人数	万人	20
乒乓球	人	30	本年度体质受监测人数	人	2500
羽毛球	人	6	# 体质监测达标人数	人	2300

其他数据都不含辛集数

全市卫生机构、床位和人员情况

13—2　　(2013 年)　　计量单位：个、张、人

指标名称	机构数	床位数	机构人员	# 卫生技术人　员
总　计	**6475**	**47819**	**78436**	**57875**
一、医 院	174	37088	43088	36070
综合医院	107	26904	30039	25410
中医医院	27	4058	5265	4383
中西医结合医院	8	1464	1731	1454
专科医院	32	4662	6053	4823
二、疗养院				
三、社区服务中心	45	912	1729	1554
四、卫生院	220	7313	6579	5669
#乡卫生院	153	4351	3976	3495
五、村卫生室	3989		12720	2775
六、门诊部	38	153	807	689
#综合门诊部	16	23	542	467
中医门诊部	12	90	155	132
七、诊所、卫生所、医务室	1660		4901	4832
#诊所	1449		4276	4228
卫生所、医务室	211		625	604
八、急救中心	2		119	83
九、采供血机构	1		175	105
十、妇幼保健院（所、站）	41	1195	2664	2052
十一、疾病预防控制中心	25		1497	958
十二、专科疾病防治院（所、站）	2	640	853	684
十三、卫生监督所	26		697	532
十四、医学科学研究机构	1		47	
十五、其他卫生机构	32	30	459	146

注：自 2011 年起，村卫生室纳入医疗机构范围

13—2 续表　　　　（2013 年）　　　　计量单位：个、张、人

指标名称	卫生技术人员中：			
	执业医师	注册护士	药师（士）	技师（士）
总　计	**21861**	**20427**	**2436**	**3244**
一、医 院	13550	15544	1678	2157
综合医院	9509	11108	1074	1538
中医医院	1861	1536	298	244
中西医结合医院	579	534	92	131
专科医院	1601	2366	214	244
二、疗养院				
三、社区服务中心	662	526	111	115
四、卫生院	1553	872	267	399
#乡卫生院	912	509	153	227
五、村卫生室	1133	168		
六、门诊部	254	224	38	45
#综合门诊部	166	151	26	34
中医门诊部	55	44	8	6
七、诊所、卫生所、医务室	2436	1349	144	47
#诊所	2073	1221	126	37
卫生所、医务室	363	128	18	10
八、急救中心	30	49		
九、采供血机构	23	30	5	41
十、妇幼保健院（所、站）	781	695	85	180
十一、疾病预防控制中心	417	14	18	157
十二、专科疾病防治院（所、站）	221	382	22	34
十三、卫生监督所				
十四、医学科学研究机构				
十五、其他卫生机构	48	25	7	12

分县（市）区卫生机构、床位和人员情况

13—3 （2013年） 计量单位：个、张、人

行政单位	机构数	床位数	机构人员	#卫生技术人员
石家庄市	**6475**	**47819**	**78436**	**57875**
市　区	1322	24427	38228	32076
#长安区	173	5397	6926	5875
桥东区	248	3060	5090	4315
桥西区	251	5042	7347	6243
新华区	341	6186	10584	8742
裕华区	309	4742	8281	6901
矿　区	64	645	788	622
井陉县	353	1082	1977	1241
正定县	467	1777	3135	2378
栾城县	250	1799	1713	1198
行唐县	330	1270	2275	1390
灵寿县	279	968	1902	1254
高邑县	150	581	803	499
深泽县	155	687	1384	913
赞皇县	223	981	990	708
无极县	245	1143	1928	1139
平山县	548	1479	2639	1745
元氏县	277	1433	2764	1557
赵　县	299	1715	3040	1664
藁城市	275	1864	3381	1987
晋州市	269	1066	2465	1338
新乐市	212	1827	2657	1830
鹿泉市	277	1333	2520	1855
辛集市	480	1742	3847	2481

13—3 续表　　（2013 年）　　计量单位：个、张、人

行政单位	卫生技术人员中：			
	执业医师	注册护士	药师（士）	技师（士）
石家庄市	**21861**	**20427**	**2436**	**3244**
市　区	12931	13051	1368	1698
#长安区	2859	2092	267	309
桥东区	1865	1545	181	321
桥西区	2615	2585	297	283
新华区	3015	3965	364	472
裕华区	2577	2864	259	313
矿　区	246	243	43	30
井陉县	474	335	54	46
正定县	1046	482	78	92
栾城县	413	391	45	71
行唐县	472	478	81	68
灵寿县	337	366	57	85
高邑县	155	130	13	36
深泽县	273	248	51	88
赞皇县	232	198	25	35
无极县	352	277	38	67
平山县	572	504	71	131
元氏县	502	498	50	98
赵　县	563	390	66	130
藁城市	614	667	51	137
晋州市	509	362	55	80
新乐市	547	633	88	122
鹿泉市	724	472	75	101
辛集市	899	702	127	129

优抚对象情况

13—4　　　　（2013年）　　　　计量单位：人

行政单位	抚恤、补助优抚对象总人数	#在院集中供养人数	定期抚恤人数	#烈属	定期补助人数	伤残人员
石家庄市	**83151**	**438**	**5249**	**3384**	**68783**	**9119**
市区	5604		203	84	3070	2331
#长安区	1151		28	15	736	387
桥东区	629		26	15	140	463
桥西区	1035		51	25	348	636
新华区	1106		46	12	485	575
裕华区	682		25	2	464	193
矿区	177		9	5	135	33
高新区	824		18	10	762	44
井陉县	4581	24	458	403	3558	565
正定县	4719	9	188	102	4169	362
栾城县	2775	21	76	35	2534	165
行唐县	4865	20	270	208	4115	480
灵寿县	3353	24	273	203	2749	331
高邑县	3031	8	367	227	2286	378
深泽县	3245	31	200	141	2739	306
赞皇县	2383	28	186	166	1910	287
无极县	6081	28	416	330	5094	571
平山县	4696	37	673	266	3578	445
元氏县	4707	25	292	213	3986	429
赵县	5747	19	239	149	5095	413
藁城市	7802	24	527	285	6646	629
晋州市	5197	30	98	38	4761	338
新乐市	4634	24	468	340	3643	523
鹿泉市	3414	43	187	139	3057	170
辛集市	6317	3	128	55	5793	396

婚姻登记情况

13—5 (2013 年) 计量单位：对、人

行政单位	登记结婚件数	登记结婚人数	初婚人数	再婚人数	# 女性	离婚登记
石家庄市	**111545**	**223090**	**194809**	**28281**	**14698**	**20329**
市 区	30121	60242	49514	10728	5010	8283
#长安区	5222	10444	8401	2043	963	1532
桥东区	5163	10326	8567	1759	823	1344
桥西区	6940	13880	11876	2004	911	1589
新华区	5630	11260	8950	2310	1078	1797
裕华区	4275	8550	6731	1819	842	1492
矿 区	931	1862	1565	297	158	178
高新区	1960	3920	3424	496	235	351
井 陉 县	3071	6142	5271	871	485	533
正 定 县	5766	11532	9920	1612	845	842
栾 城 县	4184	8368	7485	883	475	480
行 唐 县	3898	7796	6927	869	488	475
灵 寿 县	3201	6402	6402			264
高 邑 县	2313	4626	4280	346	199	147
深 泽 县	2613	5226	4522	704	452	400
赞 皇 县	2690	5380	5359	21	8	307
无 极 县	5641	11282	9982	1300	737	726
平 山 县	4522	9044	7605	1439	815	842
元 氏 县	5059	10118	9310	808	339	401
赵 县	6342	12684	11296	1388	817	662
藁 城 市	9934	19868	17249	2619	1451	1324
晋 州 市	4856	9712	8324	1388	802	969
新 乐 市	6593	13186	13186			1804
鹿 泉 市	4805	9610	8249	1361	722	755
辛 集 市	5936	11872	9928	1944	1053	1115

城镇低保情况

13—6　　　　（2013年）　　　　计量单位：人、户

行政单位	城市居民最低生活保障人数	城市居民最低生活保障人中：					城市居民最低生活保障家庭数
		女性	残疾人	“三无”人员	老年人	登记失业人员	
石家庄市	**39051**	**15647**	**5562**	**549**	**8010**	**4457**	**21554**
市　区	15343	6496	4467	315	2500	881	9389
#长安区	3289	1429	1533	177	711	161	2401
桥东区	2126	1033	660	29	285	148	1378
桥西区	2778	1260	803	25	258	117	1654
新华区	3008	973	580	17	430	235	1781
裕华区	1648	758	471	28	215	130	953
矿　区	2005	890	243	5	448	89	878
高新区	489	153	177	34	153	1	344
井陉县	1080	346	17	12	1	201	512
正定县	557	158	44	26	49	99	299
栾城县	641	305	24	3	44	423	313
行唐县	1332	608	28	30	151	123	563
灵寿县	1121	235	129	18	18	163	392
高邑县	1963	849	87	6	51	513	1163
深泽县	1099	313	25	1	84	218	586
赞皇县	2089	748	74	32	103	31	1115
无极县	1734	875	51	5	281	25	876
平山县	1409	361	31	1	95	1013	711
元氏县	1443	438	37	14	116	9	834
赵　县	3817	1269	141	13	3758	6	1751
藁城市	853	429	100	15	69	17	385
晋州市	1521	885	8	7	237	19	907
新乐市	1082	436	100	15	60	133	471
鹿泉市	275	118	33	24	95	26	147
辛集市	1692	778	166	12	298	557	1140

农村低保、救济情况

13—7　　　　（2013 年）　　　　计量单位：个、人

行政单位	农村居民最低生活保障人数	#女　性	老年人	未成年人	残疾人	农村居民最低生活保障家庭数
石家庄市	**155719**	**40527**	**59397**	**13302**	**19548**	**99068**
井 陉 县	6952	2508	2331	792	1214	3781
正 定 县	7211	2984	1728	1307	1303	3105
栾 城 县	6100	2568	1877	1141	726	2797
行 唐 县	9311	3353	3188	1514	1376	5140
灵 寿 县	7752	1768	2388	811	858	5058
高 邑 县	5744	894	5617	66	171	3934
深 泽 县	4198	1030	2020	213	169	2467
赞 皇 县	7004	1936	4599	581	287	5240
无 极 县	9019	1524	748	161	204	6021
平 山 县	18020	2946	3394	1954	1090	9421
元 氏 县	9586	1399	108	124	576	7649
赵　　县	13961	2207	12103	374	1718	11763
藁 城 市	14251	6676	3439	2325	4341	6108
晋 州 市	11591	3792	7693	167	1364	9915
新 乐 市	10723	2021	4311	1024	386	5142
鹿 泉 市	2704	272	1167	309	163	1221
辛 集 市	11592	2649	2686	439	3602	10306

农村五保、医疗救助情况

13—8　　　　（2013年）　　　　计量单位：人

行政单位	农村分散五保供养人数	#女性	老年人	未成年人	残疾人	民政部门城乡医疗救助人数
石家庄市	**7952**	**994**	**6868**	**420**	**1329**	**148455**
市区						6562
#长安区						1385
桥东区						562
桥西区						3329
新华区						869
裕华区						320
矿区						142
高新区						97
井陉县	285	26	254	17	31	13716
正定县	235	14	189	4	46	10428
栾城县	218	15	193	3	23	9830
行唐县	568	35	391	15	194	1137
灵寿县	962	49	951	10	33	1330
高邑县	261	30	226	15	31	517
深泽县	374	29	365	2	11	4155
赞皇县	548	28	544	4	13	3446
无极县	619	33	597	22	28	2691
平山县	728	93	726	2	88	5153
元氏县	506	289	287	219	299	11204
赵县	319	30	238	43	46	19197
藁城市	507	35	362	27	182	17760
晋州市	480	65	437	11	52	1104
新乐市	538	116	528	10	24	24754
鹿泉市	297	17	190	7	114	338
辛集市	507	90	390	9	114	14991

附录　1995—2013年
分县(市)区主要经济指标

1996—2013年分县（市）区生产总值（一）

计量单位：万元、%

行政单位	1996年	增长速度	1997年	增长速度	1998年	增长速度
全　　市	**6429851**	**14.8**	**7600562**	**14.9**	**8174848**	**12.8**
市　　区	2521454	12.8	2997157	13.9	3275923	13.1
#长安区	44408		53988		60038	
桥东区	50940		59731		51329	
桥西区	44033		52451		59673	
新华区	68273		78289		85956	
裕华区	599299		727786		807986	
矿　区	35302		42615		47282	
井陉县	144462	17.8	201451	23.8	227504	16.4
正定县	437989	24.9	557005	19.6	612692	14.5
栾城县	265496	29.7	338556	20.9	378361	15.2
行唐县	138384	28.4	168599	21.5	183101	15.2
灵寿县	106942	27.8	142761	19.6	159174	16.4
高邑县	95770	22.0	119380	17.4	133212	16.4
深泽县	87023	18.1	105199	15.1	117933	15.5
赞皇县	79647	10.9	88140	3.5	100071	12.6
无极县	243655	15.9	282096	13.1	309906	14.1
平山县	164802	5.0	228560	34.7	259975	15.9
元氏县	201086	19.5	228753	12.8	254499	17.5
赵　县	281773	23.8	331254	15.1	366343	14.5
藁城市	583911	23.5	716142	17.2	785520	14.5
晋州市	369743	19.9	426993	17.1	465353	14.1
新乐市	354891	14.9	415478	16.7	454835	14.4
鹿泉市	391089	16.6	474686	16.0	517619	12.6
辛集市	551901	15.0	578233	12.3	614570	12.4
17县（市）合计	4498564		5403286		5940668	
23县（市）区合计	5340819		6418146		7052932	

注：1. 根据2006年第二次全国农业普查数据和2008年第二次全国经济普查数据，各县（市）对1996－2007年数据进行了修订，市内5区对2001－2007年数据进行了修订。2. 2001年市内5区及正定、栾城区划变动，撤销郊区，成立裕华区。2000年及以前年度裕华区、正定、栾城为原区划数据。3. 1996－2004年市内各区地区生产总值核算范围为区属及以下单位。

1996—2013 年分县（市）区生产总值（二）

计量单位：万元、%

行政单位	1999 年	增长速度	2000 年	增长速度	2001 年	增长速度
全　市	**8720547**	**9.8**	**9625186**	**9.8**	**10555803**	**8.5**
市　区	3600017	11.5	4177309	11.2	4628203	11.1
#长安区	66666		75288		202601	8.9
桥东区	56728		61582		144551	8.1
桥西区	63914		69968		138756	8.1
新华区	94743		105603		235597	9.0
裕华区	872857		1000268		267596	8.8
矿　区	51669		56949		61334	8.3
井 陉 县	244042	10.5	270086	10.6	281278	5.2
正 定 县	654957	10.6	705866	6.9	485191	1.8
栾 城 县	417762	13.2	469331	12.3	384892	9.4
行 唐 县	199672	11.8	228367	12.6	239334	9.3
灵 寿 县	168444	7.0	179403	7.5	187687	5.7
高 邑 县	145694	12.4	159668	12.9	165086	5.5
深 泽 县	129073	12.8	142214	10.2	154854	8.4
赞 皇 县	105056	7.3	116432	7.9	125753	8.9
无 极 县	325730	7.9	320512	2.8	343973	9.1
平 山 县	285302	11.1	299063	5.1	324227	7.9
元 氏 县	279439	14.2	303214	10.0	324941	7.7
赵　县	377243	5.1	375514	5.7	374750	0.5
藁 城 市	851286	10.8	803411	-8.1	853030	7.9
晋 州 市	501191	10.5	518297	4.5	529080	2.7
新 乐 市	489673	10.8	506341	1.7	461039	-8.5
鹿 泉 市	547002	9.6	602377	7.5	639883	7.0
辛 集 市	645090	9.8	671180	-6.8	713038	6.6
17 县（市）合计	6366656		6671276		6588036	
23 县（市）区合计	7573233		8040934		7638471	

1996—2013 年分县（市）区生产总值（三）

计量单位：万元、%

行政单位	2002 年	增长速度	2003 年	增长速度	2004 年	增长速度
全　市	**11646487**	**9.2**	**13245121**	**11.1**	**15111521**	**13.3**
市　区	5101126	11.6	5917839	14.3	6920174	16.2
#长安区	223879	10.8	268048	15.6	333431	16.4
桥东区	159799	10.8	178134	8.8	394046	16.2
桥西区	152926	10.5	178476	13.8	218356	16.1
新华区	256906	9.2	301402	14.8	373722	16.1
裕华区	295780	11.0	351974	15.3	434444	14.0
矿　区	69709	10.8	83612	16.1	102317	19.1
井 陉 县	299026	6.6	338246	11.2	410286	14.1
正 定 县	524301	8.5	582029	10.1	685104	13.7
栾 城 县	420007	9.1	494660	13.3	586254	13.1
行 唐 县	256612	8.7	302924	9.3	350751	9.9
灵 寿 县	196369	6.0	221014	9.3	261846	10.5
高 邑 县	176377	6.2	189325	9.1	217629	1.2
深 泽 县	169244	9.2	185923	11.7	223408	11.7
赞 皇 县	130838	8.4	156024	13.7	196231	15.2
无 极 县	372618	8.4	429484	11.1	527100	14.8
平 山 县	353048	8.4	406292	12.3	485335	14.5
元 氏 县	354808	9.1	408336	11.4	494458	11.1
赵　县	390697	4.6	430271	6.3	507045	7.9
藁 城 市	909407	6.9	1044840	9.5	1211513	15.8
晋 州 市	549387	4.3	561690	4.4	637937	9.4
新 乐 市	485539	5.3	528631	10.2	606477	9.8
鹿 泉 市	684868	7.2	771802	10.1	917697	11.2
辛 集 市	767745	8.0	832771	11.8	997346	14.5
17 县（市）合计	7040891		7884262		9316417	
23 县（市）区合计	8199890		9245908		11172733	

1996—2013年分县（市）区生产总值（四）

计量单位：万元、%

行政单位	2005年	增长速度	2006年	增长速度	2007年	增长速度
全　　市	**16715015**	**13.8**	**19025186**	**13.4**	**22688440**	**13.2**
市　　区	7282180	15.5	8046943	10.1	9473325	12.8
#长安区	918930	8.3	1192640	7.9	1422595	10.1
桥东区	524238	16.6	653268	12.5	738846	13.1
桥西区	1074581	16.6	1223966	12.7	1394466	12.3
新华区	713854	16.3	758529	11.6	894220	12.1
裕华区	666033	16.9	754310	12.4	830007	7.8
矿　区	140798	17.6	163757	14.6	200595	16.0
井陉县	431546	16.4	528062	16.2	641417	16.3
正定县	776787	13.8	883830	14.5	1070209	12.0
栾城县	660918	13.1	757107	14.1	912290	12.3
行唐县	397789	12.0	463370	13.4	577646	14.9
灵寿县	294631	14.0	345372	14.3	430363	13.6
高邑县	220077	11.3	264897	11.6	297856	5.7
深泽县	250704	12.1	287636	15.0	352666	14.0
赞皇县	231485	15.5	266869	15.2	332250	13.0
无极县	558893	13.0	645031	14.3	798095	14.3
平山县	720519	16.3	804544	13.2	1067155	18.2
元氏县	485720	13.4	615420	13.3	741386	12.4
赵　　县	564118	13.5	662771	15.6	820509	14.7
藁城市	1335889	13.6	1615344	14.2	2011255	15.0
晋州市	683154	12.5	803486	14.8	993360	14.9
新乐市	688462	14.0	773552	10.4	915728	12.5
鹿泉市	1018116	14.1	1223898	14.2	1479374	14.7
辛集市	1151241	12.1	1365551	14.3	1663591	13.4
17县（市）合计	10470049		12306740		15105150	
23县（市）区合计	14508483		17053210		20585879	

1996—2013年分县（市）区生产总值（五）

计量单位：万元、%

行政单位	2008年	增长速度	2009年	增长速度	2010年	增长速度
全　市	**27235531**	**11.0**	**30012797**	**11.1**	**34010186**	**12.2**
市　区	10022951	8.7	10821265	8.1	12397815	12.9
#长安区	1468445	3.5	1500089	8.1	1741372	11.9
桥东区	821597	11.2	903681	11.2	1040954	13.6
桥西区	1664362	11.6	1799882	12.2	2115286	15.0
新华区	975993	-2.0	1066907	10.2	1231631	12.0
裕华区	1017755	11.2	1085661	11.0	1141929	12.1
矿　区	240146	12.5	273288	11.3	357661	14.9
井陉县	806323	11.4	1001942	12.7	1050009	11.8
正定县	1264670	13.2	1405160	12.9	1696041	12.0
栾城县	1020385	11.5	1150322	11.5	1194625	12.5
行唐县	736713	13.5	850273	12.1	879739	13.6
灵寿县	529796	14.5	593343	11.3	664665	14.0
高邑县	332031	8.3	364445	11.8	408798	14.4
深泽县	444365	13.5	477173	11.3	542272	11.7
赞皇县	412012	12.4	448948	12.5	547670	13.8
无极县	914041	6.9	1005152	9.7	1147490	11.6
平山县	1350971	9.3	1410593	12.6	1560146	13.0
元氏县	811388	10.3	883002	11.4	1021089	13.4
赵　县	1000231	13.0	1114420	11.0	1360688	12.3
藁城市	2256309	12.0	2614310	10.3	3140236	12.0
晋州市	1196769	10.8	1290925	11.2	1421442	13.0
新乐市	1056039	10.7	1117822	11.1	1242114	11.7
鹿泉市	1759162	12.4	1908215	11.8	2085460	12.4
辛集市	1840135	11.2	2067005	11.0	2541378	13.2
17县（市）合计	17731340		19703050		22503862	
23县（市）区合计	23919638		26332558		30132695	

1996—2013 年分县（市）区生产总值（六）

计量单位：万元、%

行政单位	2011 年	增长速度	2012 年	增长速度	2013 年	增长速度
全　　市	**40826833**	**12.0**	**45002098**	**10.4**	**49136576**	**9.4**
市　　区	14699610	12.5	15735386	10.6	17044127	9.8
#长安区	1943439	11.0	2114912	8.4	2359864	9.0
桥东区	1241067	13.8	1408792	10.6	1583538	10.0
桥西区	2494148	14.0	2436226	10.5	2743921	10.1
新华区	1468232	13.9	1643986	10.4	1929610	10.3
裕华区	1341768	13.7	1468770	10.5	1720015	9.3
矿　区	509164	12.4	712579	8.5	723103	4.7
高新区			1292270	14.6	1579158	12.2
井 陉 县	1201654	12.7	1300798	9.1	1361673	8.1
正 定 县	1980979	8.7	2194772	9.1	2326020	8.1
栾 城 县	1446088	12.3	1553495	9.6	1773819	9.1
行 唐 县	921466	12.6	1050820	10.3	1122732	10.4
灵 寿 县	727978	11.5	787652	9.0	867700	10.1
高 邑 县	545686	12.7	630161	12.0	721630	9.7
深 泽 县	677857	12.6	760826	11.6	869737	10.5
赞 皇 县	701028	12.8	773585	11.8	916437	10.3
无 极 县	1321149	11.8	1400964	12.2	1526788	10.0
平 山 县	1927428	10.6	2052263	4.1	2070216	10.1
元 氏 县	1278985	12.2	1483105	10.5	1619742	10.0
赵　　县	1627153	11.6	1756820	10.2	1892062	8.1
藁 城 市	3905029	11.9	4753244	11.0	4788239	10.0
循环化工园区					428476	
晋 州 市	1779161	12.6	2009307	12.0	2291967	10.3
新 乐 市	1431748	11.5	1560814	10.4	1722538	8.6
鹿 泉 市	2614124	12.4	2900051	5.8	3200581	9.3
辛 集 市	3181873	11.9	3415778	8.9	3635419	8.5
17 县（市）合计	27269386		30384455		33135776	
23 县（市）区合计	36267204		41461990		45774985	

注：2013 年为三经普修订后数据，其中，长安区、桥东区和桥西区为原区划年报数据。

1995—2013 年分县（市）区全社会固定资产投资（一）

计量单位：万元、%

行政单位	1995 年	1996 年	增长速度	1997 年	增长速度	1998 年	增长速度
全 市	**1951005**	**2404345**	**23.24**	**2981487**	**24.00**	**3388169**	**13.64**
市 区	1032539	1196987	15.93	1496487	25.02	1685405	12.62
#长安区	20223	25200	24.61	33569	33.21	32706	-2.57
桥东区	6689	17968	168.62	23161	28.90	19085	-17.60
桥西区	4343	5333	22.80	8726	63.62	16010	83.47
新华区	39430	32529	-17.50	29309	-9.90	34529	17.81
裕华区	24958	131512	426.93	183720	39.70	201246	9.54
矿 区	10754	10768	0.13	13091	21.57	13132	0.31
高新区						151535	
井陉县	28456	48551	70.62	62196	28.10	64139	3.12
正定县	117448	136197	15.96	157076	15.33	163363	4.00
栾城县	41310	57566	39.35	75491	31.14	92172	22.10
行唐县	27989	33648	20.22	50342	49.61	60301	19.78
灵寿县	23857	31386	31.56	46096	46.87	53195	15.40
高邑县	30924	37977	22.81	44708	17.72	47911	7.16
深泽县	19005	20627	8.53	27396	32.82	41290	50.72
赞皇县	17831	24398	36.83	44855	83.85	51013	13.73
无极县	28645	34954	22.02	48697	39.32	50118	2.92
平山县	45025	51959	15.40	69583	33.92	80296	15.40
元氏县	35986	48771	35.53	64216	31.67	70585	9.92
赵 县	37759	53613	41.99	55142	2.85	71501	29.67
藁城市	106922	173559	62.32	200919	15.76	243720	21.30
晋州市	63817	91103	42.76	111021	21.86	123412	11.16
新乐市	75614	88100	16.51	107030	21.49	125006	16.80
鹿泉市	97441	130472	33.90	160038	22.66	191920	19.92
辛集市	120437	144477	19.96	160194	10.88	172822	7.88

注：2000 年以前年度市内各区全社会固定资产投资统计范围为区属及以下单位，2000 年及以后年度为各区行政区划内所有单位。自 2011 年起投资统计起点由 50 万元提高到 500 万元。

1995—2013年分县（市）区全社会固定资产投资（二）

计量单位：万元、%

行政单位	1999年	增长速度	2000年	增长速度	2001年	增长速度
全　市	**3654000**	**7.85**	**3619406**	**-0.95**	**3808763**	**5.23**
市　区	1693000	0.45	1617379	-4.47	1709161	5.67
#长安区	36280	10.93	436525	1103.2	483590	10.78
桥东区	24548	28.62	341679	1291.9	339622	-0.60
桥西区	21099	31.79	191453	807.40	241500	26.14
新华区	32668	-5.39	178725	447.10	243422	36.20
裕华区	220871	9.75	279839	26.70	221038	-21.01
矿　区	14594	11.13	15698	7.56	20623	31.37
高新区			98757		128005	29.62
井陉县	70000	9.14	81064	15.81	75037	-7.43
正定县	214000	31.00	15994	-92.53	153648	860.66
栾城县	116000	25.85	142712	23.03	133376	-6.54
行唐县	67000	11.11	74149	10.67	76246	2.83
灵寿县	65000	22.19	64461	-0.83	64515	0.08
高邑县	56000	16.88	60477	7.99	64482	6.62
深泽县	49000	18.67	44771	-8.63	46381	3.60
赞皇县	49000	-3.95	66195	35.09	65582	-0.93
无极县	57000	13.73	60683	6.46	77306	27.39
平山县	100000	24.54	103192	3.19	119617	15.92
元氏县	81000	14.76	80049	-1.17	95188	18.91
赵　县	83000	16.08	91777	10.57	97459	6.19
藁城市	249000	2.17	255984	2.80	269692	5.36
晋州市	139000	12.63	136663	-1.68	167882	22.84
新乐市	152000	21.59	149835	-1.42	139683	-6.78
鹿泉市	217000	13.07	209158	-3.61	251699	20.34
辛集市	197000	13.99	196000	-0.51	201809	2.96

1995—2013 年分县（市）区全社会固定资产投资（三）

计量单位：万元、%

行政单位	2002 年	增长速度	2003 年	增长速度	2004 年	增长速度
全 市	**4093686**	**7.48**	**5349800**	**30.68**	**7058091**	**31.93**
市 区	1849521	8.21	2336448	26.33	3236648	38.53
#长安区	486618	0.63	581495	19.50	735097	26.42
桥东区	361390	6.41	290339	-19.66	461410	58.92
桥西区	255743	5.90	379839	48.52	525002	38.22
新华区	309961	27.33	427800	38.02	553389	29.36
裕华区	266972	20.78	473571	77.39	707898	49.48
矿 区	13938	-32.42	27970	100.67	51624	84.57
高新区	148011	15.63	155434	5.02	202228	30.11
井 陉 县	84176	12.18	139364	65.56	188475	35.24
正 定 县	169132	10.08	227051	34.24	312636	37.69
栾 城 县	144280	8.18	192304	33.29	264912	37.76
行 唐 县	82198	7.81	122164	48.62	168167	37.66
灵 寿 县	67699	4.94	104077	53.73	143219	37.61
高 邑 县	68146	5.68	84006	23.27	117333	39.67
深 泽 县	47571	2.57	76529	60.87	79140	3.41
赞 皇 县	55544	-15.31	84064	51.35	115653	37.58
无 极 县	81773	5.78	114778	40.36	139862	21.85
平 山 县	144180	20.53	206524	43.24	249174	20.65
元 氏 县	107795	13.24	149703	38.88	226839	51.53
赵 县	106011	8.77	182796	72.43	216376	18.37
藁 城 市	286414	6.20	316842	10.62	382984	20.88
晋 州 市	175319	4.43	230668	31.57	272680	18.21
新 乐 市	160033	14.57	233495	45.90	309874	32.71
鹿 泉 市	272620	8.31	308151	13.03	332957	8.05
辛 集 市	191274	-5.22	240836	25.91	301162	25.05

1995—2013 年分县（市）区全社会固定资产投资（四）

计量单位：万元、%

行政单位	2005 年	增长速度	2006 年	增长速度	2007 年	增长速度
全　　市	**9290289**	**31.63**	**10968268**	**18.06**	**13901235**	**26.82**
市　　区	4284088	32.36	5026539	17.33	5878796	17.11
#长安区	928269	26.28	769447	-17.11	1035143	34.53
桥东区	675332	46.36	867367	28.44	1077663	24.25
桥西区	696763	32.72	875884	25.71	870603	-0.60
新华区	710154	28.33	922258	29.87	1136336	23.21
裕华区	958989	35.47	1192987	24.40	1231584	4.11
矿　区	72889	41.19	94141	29.16	142937	46.96
高新区	241946	19.64	305212	26.15	384530	25.99
井陉县	303147	60.84	404996	33.60	561582	38.66
正定县	325003	3.96	366086	12.64	510373	39.41
栾城县	357366	34.90	402653	12.67	498822	23.88
行唐县	240548	43.04	285386	18.64	400589	40.37
灵寿县	221988	55.00	303107	36.54	474348	56.50
高邑县	144094	22.81	157326	9.18	178150	13.24
深泽县	96534	21.98	117664	21.89	165369	40.54
赞皇县	165859	43.41	194153	17.06	353080	81.86
无极县	175310	25.34	229676	31.01	338651	47.45
平山县	339890	36.41	394227	15.99	335194	-14.97
元氏县	281452	24.08	325503	15.65	541842	66.46
赵　县	292035	34.97	329417	12.80	416364	26.39
藁城市	497644	29.94	609568	22.49	804138	31.92
晋州市	348829	27.93	407311	16.77	534150	31.14
新乐市	386200	24.63	436727	13.08	536084	22.75
鹿泉市	431322	29.54	525378	21.81	675329	28.54
辛集市	398724	32.40	451794	13.31	698374	54.58

1995—2013年分县（市）区全社会固定资产投资（五）

计量单位：万元、%

行政单位	2008年	增长速度	2009年	增长速度	2010年	增长速度
全　　市	**17242334**	**24.03**	**24363602**	**41.30**	**29579966**	**21.40**
市　　区	6893777	17.27	9642048	39.87	11926594	23.69
#长安区	1269342	22.62	1752619	38.07	2141700	22.20
桥东区	1192978	10.70	1688780	41.56	2077199	23.00
桥西区	1047342	20.30	1596309	52.42	1965056	23.10
新华区	1299784	14.38	1714311	31.89	2094888	22.20
裕华区	1435136	16.53	1966002	36.99	2215612	21.50
矿　区	186578	30.53	265681	42.40	334188	25.79
高新区	462617	20.31	658346	42.31	1097951	26.15
井陉县	820668	46.14	1203437	46.64	1478696	22.87
正定县	694877	36.15	975116	40.33	1238041	26.96
栾城县	592204	18.72	854531	44.30	954894	21.65
行唐县	533417	33.16	764998	43.41	950213	24.21
灵寿县	700542	47.69	985592	40.69	632039	-35.87
高邑县	202538	13.69	282454	39.46	351994	24.62
深泽县	215427	30.27	294716	36.81	365150	23.90
赞皇县	449608	27.34	643462	43.12	815226	26.69
无极县	421306	24.41	616967	46.44	773069	25.30
平山县	585943	74.81	768064	31.08	977739	27.30
元氏县	669532	23.57	890503	33.00	1020913	14.64
赵　县	475415	14.18	701713	47.60	872221	24.30
藁城市	938381	16.69	1351537	44.03	1727410	27.81
晋州市	682029	27.68	994825	45.86	1243694	25.02
新乐市	735714	37.24	1028408	39.78	1254122	21.95
鹿泉市	826589	22.40	1229101	48.70	1566241	27.43
辛集市	804367	15.18	1136130	41.25	1431710	26.02

1995—2013 年分县（市）区全社会固定资产投资（六）

计量单位：万元、%

行政单位	2011 年	增长速度	2012 年	增长速度	2013 年	增长速度
全　市	31011626	26.5	37286458	20.0	44002079	18.0
市　区	13472206	29.9	16155584	20.1	19648835	21.6
#长安区	2345558	26.4	2756678	19.6	3297429	20.0
桥东区	2386581	31.6	2863006	19.0	3287946	20.0
桥西区	2401015	38.9	2909056	21.2	3472343	20.1
新华区	2202962	19.5	2630745	19.4	3166029	20.3
裕华区	2617635	34.3	3121798	19.3	3475663	11.3
矿　区	343203	27.3	426655	24.3	520500	22.0
高新区	1175252	29.0	1447646	23.2	1779927	23.0
化工园区					648998	7.4
井陉县	1368000	26.5	1616739	18.2	1958055	21.1
正定县	1294000	25.7	1565662	21.0	1857856	18.7
栾城县	1034420	28.9	1242447	20.2	1481874	19.3
行唐县	852000	29.5	1001322	17.5	1190838	18.9
灵寿县	564000	28.2	680579	20.7	820483	20.6
高邑县	352000	34.2	435908	23.8	535255	22.8
深泽县	377000	31.1	461678	22.5	556501	20.5
赞皇县	716000	26.8	863155	20.6	1047879	21.4
无极县	677000	28.9	818212	20.9	966385	18.1
平山县	1076000	36.7	1294993	20.4	1543867	19.2
元氏县	1057000	27.7	1282056	21.3	1467280	14.4
赵　县	792000	25.3	918833	16.0	1109431	20.7
藁城市	1786000	27.8	2232545	19.8	1944977	19.4
晋州市	1279000	33.2	1540043	20.4	1865142	21.1
新乐市	1125000	15.3	1341807	19.3	1627214	21.3
鹿泉市	1727000	26.3	2108060	22.1	2540700	20.5
辛集市	1463000	25.9	1726835	18.0	1839507	6.5

1996—2013年分县（市）区固定资产投资（一）

计量单位：万元、%

行政单位	1996年	增长速度	1997年	增长速度	1998年	增长速度
全　市	**1561921**	**16.49**	**1892936**	**21.19**	**2143072**	**13.21**
市　区	1066962	6.84	1306535	22.45	1449117	10.91
#长安区	25200	53.00	33569	33.21	32706	-2.57
桥东区	17968	416.92	23161	28.90	19085	-17.60
桥西区	5333	22.80	8726	63.62	16010	83.47
新华区	32529	-16.87	29309	-9.90	34529	17.81
裕华区	131512	2183.19	183720	39.70	26625	-85.51
矿　区	10768	239.47	13091	21.57	3608	-72.44
高新区					151535	
井陉县	32213	106.97	26342	-18.23	34905	32.51
正定县	35234	-6.69	43586	23.70	58566	34.37
栾城县	34878	100.79	29868	-14.36	42271	41.53
行唐县	13171	42.73	26562	101.67	27325	2.87
灵寿县	24091	53.95	37441	55.41	44876	19.86
高邑县	7583	-18.66	12572	65.79	14308	13.81
深泽县	5672	-23.90	15604	175.11	16258	4.19
赞皇县	11798	-20.45	19725	67.19	20270	2.76
无极县	17003	4.30	19048	12.03	21394	12.32
平山县	19063	6.96	27583	44.69	29732	7.79
元氏县	23721	37.92	24591	3.67	22730	-7.57
赵　县	18687	4.56	24548	31.36	24501	-0.19
藁城市	123911	184.13	98410	-20.58	99324	0.93
晋州市	19202	5.66	26495	37.98	31100	17.38
新乐市	40161	36.90	37015	-7.83	42705	15.37
鹿泉市	13655	-20.71	52533	284.72	47646	-9.30
辛集市	54916	46.78	64478	17.41	116044	79.97

注：2000年以前年度市内各区城镇固定资产投资统计范围为区属及以下单位，2000年及以后年度为各区行政区划内所有单位。自2011年起投资统计起点由50万元提高到500万元，城镇固定资产投资改为固定资产投资。

1996—2013年分县（市）区固定资产投资（二）

计量单位：万元、%

行政单位	1999年	增长速度	2000年	增长速度	2001年	增长速度
全　　市	**2460089**	**14.79**	**2408926**	**-2.08**	**2681187**	**11.30**
市　　区	1498045	3.38	1457313	-2.72	1651933	13.35
#长安区	36280	10.93	436525	1103.21	483590	10.78
桥东区	24548	28.62	341679	1291.88	339622	-0.60
桥西区	21099	31.79	191453	807.40	241500	26.14
新华区	32668	-5.39	178725	447.10	243422	36.20
裕华区	96400	262.07	128204	32.99	192260	49.96
矿　区	5540	53.55	7267	31.17	14534	100.00
高新区			98757		128005	29.62
井陉县	42770	22.53	49814	16.47	49981	0.34
正定县	95016	62.24	72045	-24.18	96457	33.88
栾城县	72583	71.71	92090	26.88	79287	-13.90
行唐县	35601	30.29	36143	1.52	37850	4.72
灵寿县	52743	17.53	54285	2.92	54820	0.99
高邑县	22025	53.93	22883	3.90	25621	11.97
深泽县	18877	16.11	19136	1.37	19435	1.56
赞皇县	20926	3.24	21291	1.74	28898	35.73
无极县	31579	47.61	28346	-10.24	30800	8.66
平山县	46136	55.17	49091	6.40	54300	10.61
元氏县	39667	74.51	33383	-15.84	38595	15.61
赵　县	53245	117.32	40030	-24.82	44623	11.47
藁城市	120461	21.28	104394	-13.34	123769	18.56
晋州市	54008	73.66	53726	-0.52	74579	38.81
新乐市	66199	55.01	54957	-16.98	40921	-25.54
鹿泉市	86837	82.25	89170	2.69	101988	14.37
辛集市	130156	12.16	107343	-17.53	127330	18.62

1996—2013年分县（市）区固定资产投资（三）

计量单位：万元、%

行政单位	2002年	增长速度	2003年	增长速度	2004年	增长速度
全　　市	**2952370**	**10.11**	**4155500**	**40.75**	**5771074**	**38.88**
市　　区	1820166	10.18	2335548	28.32	3227794	38.20
#长安区	486618	0.63	581495	19.50	735097	26.42
桥东区	361390	6.41	290339	-19.66	461410	58.92
桥西区	255743	5.90	379839	48.52	525002	38.22
新华区	309961	27.33	427800	38.02	553389	29.36
裕华区	266972	38.86	473571	77.39	707898	49.48
矿　区	12786	-12.03	27070	111.72	42770	58.00
高新区	148011	15.63	155434	5.02	202228	30.11
井陉县	53288	6.62	90564	69.95	136390	50.60
正定县	97352	0.93	128751	32.25	181686	41.11
栾城县	79222	-0.08	131504	65.99	178350	35.62
行唐县	40912	8.09	66264	61.97	100890	52.25
灵寿县	57459	4.81	86077	49.81	124741	44.92
高邑县	26958	5.22	41406	53.59	63334	52.96
深泽县	21110	8.62	37429	77.30	47117	25.88
赞皇县	31864	10.26	51364	61.20	72418	40.99
无极县	33076	7.39	46578	40.82	69134	48.43
平山县	73294	34.98	111724	52.43	166075	48.65
元氏县	41375	7.20	66003	59.52	102120	54.72
赵　县	46480	4.16	89100	91.70	133374	49.69
藁城市	128771	4.04	219642	70.57	288596	31.39
晋州市	80164	7.49	125068	56.02	187782	50.14
新乐市	53522	30.79	97195	81.60	156816	61.34
鹿泉市	141746	38.98	249251	75.84	308832	23.90
辛集市	128196	0.68	182236	42.15	225623	23.81

1996—2013年分县（市）区固定资产投资（四）

计量单位：万元、%

行政单位	2005年	增长速度	2006年	增长速度	2007年	增长速度
全　市	**7947681**	**37.72**	**9981142**	**25.59**	**12641826**	**26.66**
市　区	4282358	32.67	5025104	17.34	5877037	16.95
#长安区	927469	26.17	769447	-17.04	1035143	34.53
桥东区	675332	46.36	867367	28.44	1077663	24.25
桥西区	696763	32.72	875884	25.71	870603	-0.60
新华区	710154	28.33	922258	29.87	1136336	23.21
裕华区	958989	35.47	1192987	24.40	1231584	3.24
矿　区	71705	67.65	91949	28.23	141178	53.54
高新区	241946	19.64	305212	26.15	384530	25.99
井陉县	241872	77.34	359738	48.73	511177	42.10
正定县	223574	23.06	299703	34.05	465645	55.37
栾城县	262308	47.07	320344	22.13	391578	22.24
行唐县	161505	60.08	231453	43.31	326349	41.00
灵寿县	197768	58.54	283029	43.11	429516	51.76
高邑县	85669	35.27	115400	34.70	134700	16.72
深泽县	68357	45.08	96917	41.78	136014	40.34
赞皇县	102949	42.16	157339	52.83	255390	62.32
无极县	102701	48.55	146074	42.23	239373	63.87
平山县	268501	61.67	342339	27.50	280118	-18.18
元氏县	164340	60.93	236416	43.86	345522	46.15
赵　县	209271	56.91	298478	42.63	401399	34.48
藁城市	407731	41.28	513790	26.01	700458	36.33
晋州市	220049	17.18	321025	45.89	466385	45.28
新乐市	218848	39.56	293722	34.21	421760	43.59
鹿泉市	416437	34.84	519038	24.64	652829	25.78
辛集市	313443	38.92	421233	34.39	606576	44.00

1996—2013年分县（市）区固定资产投资（五）

计量单位：万元、%

行政单位	2008年	增长速度	2009年	增长速度	2010年	增长速度
全　市	**15778496**	**24.81**	**22287346**	**41.25**	**26968136**	**21.00**
市　区	6890730	17.25	9636908	39.85	11919374	23.68
#长安区	1269342	22.62	1752619	38.07	2141700	22.20
桥东区	1192978	10.70	1688780	41.56	2077199	23.00
桥西区	1047342	20.30	1596309	52.42	1965056	23.10
新华区	1299784	14.38	1714311	31.89	2094888	22.20
裕华区	1435136	16.53	1966002	36.99	2215612	21.50
矿　区	183531	30.00	260541	41.96	326968	25.50
高新区	462617	20.31	658346	42.31	1097951	27.93
井陉县	728193	42.45	1054642	44.83	1292980	22.60
正定县	651851	39.99	933450	43.20	1173481	25.71
栾城县	503725	28.64	712872	41.52	809434	23.50
行唐县	446251	36.74	631534	41.52	768576	21.70
灵寿县	615816	43.37	863127	40.16	534790	-38.04
高邑县	159765	18.61	226099	41.52	282172	24.80
深泽县	178997	31.60	251598	40.56	306446	21.80
赞皇县	336242	31.66	432909	28.75	588485	22.88
无极县	290447	21.34	408252	40.56	496387	21.59
平山县	393470	40.47	649804	65.15	715914	26.69
元氏县	494203	43.03	770439	55.90	847834	22.40
赵　县	468564	16.73	656511	40.11	829392	25.15
藁城市	889328	26.96	1224149	37.65	1578653	23.40
晋州市	609243	30.63	855061	40.35	1063859	22.30
新乐市	553034	31.13	774530	40.05	945701	22.10
鹿泉市	813405	24.60	1136070	39.67	1475667	25.44
辛集市	755232	24.51	1069391	41.60	1338991	25.21

1996—2013年分县（市）区固定资产投资（六）

计量单位：万元、%

行政单位	2011年	增长速度	2012年	增长速度	2013年	增长速度
全　市	**30214978**	**26.00**	**36733348**	**21.35**	**43691969**	**19.4**
市　区	13472206	29.80	16155584	20.12	19646919	21.6
#长安区	2345558	26.40	2756678	19.62	3297429	20.0
桥东区	2386581	31.60	2863006	19.04	3287946	20.0
桥西区	2401015	38.90	2909056	21.16	3472343	20.1
新华区	2202962	19.50	2630745	19.42	3166029	20.3
裕华区	2617635	34.30	3121798	19.26	3475663	11.3
矿　区	343203	24.60	426655	24.32	520500	22.0
高新区	1175252	29.00	1447646	23.18	1779927	23.0
化工园区					647082	21.0
井陉县	1338726	24.00	1607518	20.08	1952700	21.5
正定县	1226186	23.50	1504949	22.73	1822597	21.1
栾城县	1000182	26.90	1221569	22.13	1469749	21.0
行唐县	782482	27.20	956414	22.23	1164757	22.4
灵寿县	535437	26.20	661124	23.47	809184	22.4
高邑县	342098	28.00	428990	25.40	531237	23.8
深泽县	361068	27.50	447820	24.03	548453	22.5
赞皇县	693265	25.70	852522	22.97	1041704	22.2
无极县	619890	26.00	758628	22.38	931781	22.8
平山县	1016898	28.30	1253611	23.28	1519834	21.2
元氏县	990515	24.40	1219273	23.09	1430818	21.0
赵　县	733568	23.20	896820	22.25	1096647	22.3
藁城市	1711643	25.50	2182417	21.99	1917781	21.3
晋州市	1218304	27.60	1501439	23.24	1842723	22.7
新乐市	1071887	12.40	1307589	21.99	1607342	22.9
鹿泉市	1697889	23.90	2086598	22.89	2528236	21.2
辛集市	1402734	23.80	1690483	20.51	1829507	8.2

1995—2013 年分县（市）区全部财政收入（一）

计量单位：万元、%

行政单位	1995 年	1996 年	增长速度	1997 年	增长速度
全　市	**328113**	**384211**	**17.10**	**454738**	**18.36**
市　区	201323	212181	5.39	259900	22.49
#长安区	10168	12288	20.85	14852	19.06
桥东区	10036	11858	18.15	12583	11.96
桥西区	8668	10043	15.86	11672	14.91
新华区	9613	11413	18.72	14151	19.04
裕华区	12878	18190	41.25	22189	29.64
矿　区	3425	4055	18.39	4840	17.31
高新区	5189	5832	12.39	8015	19.81
井陉县	12388	13188	6.46	16188	22.75
正定县	10089	13399	32.81	17994	34.29
栾城县	5601	7604	35.76	10293	35.36
行唐县	3564	5018	40.80	6226	24.07
灵寿县	3326	4854	45.94	6037	24.37
高邑县	3113	3908	25.54	5019	28.43
深泽县	3017	4009	32.88	5020	25.22
赞皇县	3540	4005	13.14	4352	8.66
无极县	5051	6967	37.93	8175	17.34
平山县	6039	7035	16.49	8569	21.81
元氏县	5269	6011	14.08	7098	18.08
赵　县	6152	8510	38.33	10033	17.90
藁城市	15821	20179	27.55	24000	18.94
晋州市	8305	10622	27.90	12224	15.08
新乐市	7549	10213	35.29	12347	20.89
鹿泉市	13643	16184	18.62	20200	24.81
辛集市	14323	18036	25.92	21063	16.78

1995—2013年分县（市）区全部财政收入（二）

计量单位：万元、%

行政单位	1998年	增长速度	1999年	增长速度	2000年	增长速度
全　　市	**550236**	**21.00**	**581154**	**5.62**	**617026**	**6.17**
市　　区	323636	24.52	345064	6.62	376882	9.22
#长安区	17416	17.26	20118	15.51	22328	10.99
桥东区	13307	5.76	14727	10.67	15237	3.46
桥西区	13300	13.95	14702	10.54	14865	1.11
新华区	16888	19.35	19168	13.50	21569	12.53
裕华区	26188	18.02	31025	18.47	36699	18.29
矿　　区	5625	16.22	6180	9.87	6467	4.64
高新区	10198	27.24	13050	27.97	16528	26.65
井陉县	15768	-2.59	12725	-19.30	13685	7.54
正定县	20538	14.14	22001	7.12	23667	7.57
栾城县	13005	26.35	15345	17.99	16159	5.30
行唐县	7421	19.19	7689	3.61	8294	7.87
灵寿县	7090	17.44	6707	-5.40	7019	4.65
高邑县	6007	19.69	6558	9.17	6962	6.16
深泽县	6179	23.09	6699	8.42	6916	3.24
赞皇县	4363	0.25	3080	-29.41	3916	27.14
无极县	10017	22.53	10016	-0.01	10501	4.84
平山县	10430	21.72	11713	12.30	11315	-3.40
元氏县	8289	16.78	9010	8.70	10011	11.11
赵　　县	11352	13.15	10613	-6.51	10786	1.63
藁城市	27937	16.40	30287	8.41	27386	-9.58
晋州市	15187	24.24	16131	6.22	16755	3.87
新乐市	15001	21.50	15287	1.91	15781	3.23
鹿泉市	23750	17.57	25557	7.61	26136	2.27
辛集市	24266	15.21	25944	6.92	24855	-4.20

1995—2013年分县（市）区全部财政收入（三）

计量单位：万元、%

行政单位	2001年	增长速度	2002年	增长速度	2003年	增长速度
全　市	**718953**	**16.52**	**1105294**	**7.15**	**1249873**	**13.08**
市　区	473752	25.70	783433	5.83	889785	13.58
#长安区	32018	43.40	38515	19.95	47386	23.03
桥东区	18637	22.31	20825	11.43	22583	8.44
桥西区	24738	66.42	28390	14.73	31555	11.15
新华区	32618	51.23	39082	19.60	46274	18.40
裕华区	23812	-35.12	30068	25.85	37197	23.71
矿　区	6555	1.36	7645	11.83	10884	42.37
高新区	35639	115.63	37897	6.23	48359	27.61
井陉县	14901	8.89	18563	8.62	20970	12.97
正定县	17740	-25.04	23859	15.78	25300	6.04
栾城县	10724	-33.63	18875	24.17	22424	18.80
行唐县	8645	4.23	10083	5.05	10773	6.84
灵寿县	7700	9.70	8751	1.25	9674	10.55
高邑县	6491	-6.77	8000	10.91	8603	7.54
深泽县	7421	7.30	8014	-9.00	8628	7.66
赞皇县	4148	5.92	5184	6.12	6181	19.23
无极县	10701	1.90	13703	11.29	15301	11.66
平山县	12367	9.30	15272	8.01	17997	17.84
元氏县	10525	5.13	14502	26.19	16033	10.56
赵　县	10058	-6.75	13011	15.51	15009	15.36
藁城市	30011	9.59	51753	7.40	56314	8.81
晋州市	18021	7.56	21955	7.51	24115	9.84
新乐市	15070	-4.51	18037	10.12	20738	14.97
鹿泉市	31199	19.37	39121	10.99	43866	12.13
辛集市	26479	6.53	33178	11.51	38162	15.02

1995—2013年分县（市）区全部财政收入（四）

计量单位：万元、%

行政单位	2004年	增长速度	2005年	增长速度	2006年	增长速度
全　市	**1452944**	**16.25**	**1656402**	**13.68**	**1900632**	**14.70**
市　区	1026814	15.40	1123086	9.38	1267496	12.86
#长安区	235391	12.50	240038	1.97	226796	-5.52
桥东区	88507	11.47	101338	14.5	120046	18.46
桥西区	207558	17.27	256119	23.4	318071	24.19
新华区	118088	18.51	140018	18.61	151299	8.06
裕华区	120160	8.85	112956	-6.00	130055	15.14
矿　区	16348	48.18	25216	54.00	30287	20.11
高新区	76641	29.13	100128	30.65	115728	15.58
井陉县	26864	28.11	34195	28.49	41766	22.14
正定县	30021	18.66	34914	18.04	40330	15.51
栾城县	25169	12.24	30208	22.43	36010	19.21
行唐县	11542	7.14	13168	19.19	15383	16.82
灵寿县	10973	13.43	13201	22.82	15756	19.35
高邑县	10002	16.26	11500	17.55	11618	1.03
深泽县	9535	10.51	10808	16.87	13494	24.85
赞皇县	8022	29.78	10529	32.69	13036	23.81
无极县	18504	20.93	21306	19.58	24882	16.78
平山县	31348	74.18	65002	12.76	83299	28.15
元氏县	18012	12.34	21033	19.55	24166	14.90
赵　县	16169	7.73	19136	27.68	24025	25.55
藁城市	60894	8.13	70530	18.60	80118	13.59
晋州市	26333	9.20	30248	18.62	37050	22.49
新乐市	23251	12.12	27068	19.71	31031	14.64
鹿泉市	52415	19.49	64469	23.10	75111	16.51
辛集市	47076	23.36	56001	22.43	66061	17.96

1995—2013年分县（市）区全部财政收入（五）

计量单位：万元、%

行政单位	2007年	增长速度	2008年	增长速度	2009年	增长速度
全　市	**2303474**	**21.20**	**2717217**	**17.96**	**3102454**	**14.18**
市　区	1474413	16.32	1691853	14.75	1815532	7.31
#长安区	263089	16.00	295125	12.18	318828	8.03
桥东区	147124	22.56	242220	64.64	281984	16.42
桥西区	403271	26.79	475805	17.99	479465	0.77
新华区	164370	8.64	176785	7.55	180104	1.88
裕华区	172426	32.58	198680	15.23	198771	0.05
矿　区	40019	32.13	54294	35.67	55055	1.40
高新区	131645	13.75	152769	16.05	173105	13.31
井陉县	50580	21.10	93838	85.52	100189	6.77
正定县	48893	21.23	59333	21.35	65525	10.44
栾城县	46366	28.76	56239	21.29	66000	17.36
行唐县	18664	21.33	21839	17.01	24025	10.01
灵寿县	20009	26.99	24112	20.51	24127	0.06
高邑县	13148	13.17	15600	18.65	16558	6.14
深泽县	16715	23.87	20406	22.08	21515	5.43
赞皇县	16165	24.00	20225	25.12	23026	13.85
无极县	30800	23.78	34000	10.39	28061	-17.47
平山县	140658	68.86	137803	-2.03	122816	-10.88
元氏县	30209	25.01	43083	42.62	48714	13.07
赵　县	30037	25.02	35174	17.10	33018	-6.13
藁城市	100296	25.19	161764	61.29	410813	153.96
晋州市	50022	35.01	57506	14.96	56055	-2.52
新乐市	36200	16.66	41542	14.76	35371	-14.85
鹿泉市	100239	33.45	110830	10.57	118102	6.56
辛集市	80060	21.19	92070	15.00	93007	1.02

1995—2013年分县（市）区全部财政收入（六）

计量单位：万元、%

行政单位	2010年	增长速度	2011年	增长速度
全　市	**3879254**	**25.04**	**4889697**	**26.05**
市　区	2117388	16.63	2765631	30.62
#长安区	383751	20.36	445185	16.01
桥东区	326630	15.83	416050	27.38
桥西区	464768	29.39	600034	29.1
新华区	226798	25.93	287559	26.79
裕华区	238951	20.21	358649	50.09
矿　区	45387	-17.56	50229	10.67
高新区	204555	18.17	251159	22.78
井陉县	106648	6.45	102298	-4.08
正定县	80656	23.09	101216	25.49
栾城县	73518	16.24	92612	25.97
行唐县	24808	3.26	32087	29.34
灵寿县	25265	4.72	33276	31.71
高邑县	20438	23.43	30600	49.72
深泽县	24309	12.99	30401	25.06
赞皇县	25060	8.83	33202	32.49
无极县	32573	16.08	43030	32.1
平山县	144176	17.39	183092	26.99
元氏县	55871	14.69	70026	25.34
赵　县	38039	15.21	45666	20.05
藁城市	760892	43.28	882959	16.04
晋州市	63819	13.85	80021	25.39
新乐市	40475	14.43	51223	26.55
鹿泉市	135280	14.55	171557	26.82
辛集市	110039	18.31	140800	27.95

1995—2013年分县（市）区全部财政收入（七）

计量单位：万元、%

行政单位	2012年	增长速度	2013年	增长速度
全　　市	**5733903**	**17.26**	**6482919**	**13.06**
市　　区	3280745	18.63	3977332	21.23
#长安区	467903	5.10	589446	25.98
桥东区	508257	22.16	555395	9.27
桥西区	685345	14.22	777301	13.42
新华区	336521	17.03	375185	11.49
裕华区	428346	19.43	483101	12.78
矿　区	52088	3.70	55005	5.60
高新区	295294	17.57	331105	12.13
井陉县	117798	15.15	132002	12.06
正定县	130936	29.36	163758	25.07
栾城县	112516	21.49	147168	30.80
行唐县	35596	10.94	45608	28.13
灵寿县	35310	6.11	40039	13.39
高邑县	38075	24.43	43802	15.04
深泽县	36611	20.43	42927	17.25
赞皇县	41285	24.34	43329	4.95
无极县	55511	29.01	65701	18.36
平山县	183647	0.30	160263	-12.73
元氏县	86021	22.84	100752	17.12
赵　县	55151	20.77	63425	15.00
藁城市	1004675	13.79	851378	-15.26
晋州市	90958	13.67	104310	14.68
新乐市	59028	15.24	68549	16.13
鹿泉市	208036	21.26	244486	17.52
辛集市	162004	15.06	188090	16.10

2000—2013年分县（市）区公共财政预算收入（一）

计量单位：万元、%

行政单位	2000年	增长速度	2001年	增长速度	2002年	增长速度
全市总计	**377137**	**7.04**	**443554**	**17.61**	**444947**	**18.31**
市区合计	200653	11.12	267217	33.17	280699	17.98
#长安区	15155	11.16	19394	27.97	16534	22.40
桥东区	9985	8.00	12316	23.35	10527	24.34
桥西区	10432	3.49	16683	59.92	13135	13.02
新华区	13272	12.82	20302	52.97	14385	14.36
裕华区	21035	8.33	15577	-25.95	15675	30.97
矿　区	3428	6.39	3558	3.79	3031	16.58
高新区	9650	24.16	18490	91.61	13223	21.26
井陉县	9107	6.79	9795	7.55	9740	16.01
正定县	17175	10.21	13090	-23.78	13785	26.61
栾城县	11059	3.80	8264	-25.27	7975	34.30
行唐县	6566	10.26	6782	3.29	6097	10.65
灵寿县	5255	4.29	5768	9.76	4447	2.47
高邑县	5486	9.22	5045	-8.04	4646	17.12
深泽县	5226	2.77	5593	7.02	4406	0.09
赞皇县	2686	2.17	3098	15.34	2932	13.25
无极县	8472	3.38	8463	-0.11	6832	21.52
平山县	8912	-5.79	9667	8.47	9614	13.20
元氏县	7482	11.49	7819	4.50	7606	54.12
赵　县	8531	4.34	7625	-10.62	7795	30.61
藁城市	21456	-3.88	22186	3.40	24656	19.58
晋州市	12596	1.98	13670	8.53	12368	16.75
新乐市	12934	2.70	11753	-9.13	10282	11.79
鹿泉市	16305	3.46	20121	23.40	16035	15.64
辛集市	17236	-2.71	17598	2.10	15032	16.95

2000—2013年分县（市）区公共财政预算收入（二）

计量单位：万元、%

行政单位	2003年	增长速度	2004年	增长速度	2005年	增长速度
全市总计	**493429**	**10.90**	**561644**	**13.82**	**658796**	**17.30**
市区合计	316341	12.70	366737	15.93	421211	14.85
#长安区	21334	29.03	80633	18.15	86493	7.27
桥东区	11203	6.42	36213	15.54	45145	24.67
桥西区	14709	11.98	64216	17.38	78847	22.78
新华区	18337	27.47	42858	29.29	56187	31.10
裕华区	18542	18.29	49075	11.27	51162	4.25
矿　区	4169	37.55	5703	45.38	8738	53.22
高新区	17536	32.62	24115	41.98	36497	51.35
井陉县	10794	10.82	14502	34.35	17493	20.62
正定县	13458	-2.37	14682	9.09	17460	18.92
栾城县	9219	15.60	10128	9.86	12910	27.47
行唐县	6370	4.48	6662	4.58	7746	16.27
灵寿县	4753	6.88	5377	13.13	6439	19.75
高邑县	5152	10.89	6218	20.69	6528	4.99
深泽县	4723	7.19	5606	18.70	6295	12.29
赞皇县	3248	10.78	4111	26.57	4582	11.46
无极县	7430	8.75	9404	26.57	10436	10.97
平山县	9812	2.06	11962	21.91	20693	72.99
元氏县	8016	5.39	9344	16.57	9390	0.49
赵　县	9125	17.06	9634	5.58	10405	8.00
藁城市	26795	8.68	28794	7.46	32295	12.16
晋州市	12537	1.37	11289	-9.95	13977	23.81
新乐市	11628	13.09	12569	8.09	13285	5.70
鹿泉市	17437	8.74	21205	21.61	25269	19.17
辛集市	16591	10.37	13420	-19.11	22382	66.78

2000—2013年分县（市）区公共财政预算收入（三）

计量单位：万元、%

行政单位	2006年	增长速度	2007年	增长速度	2008年	增长速度
全市总计	**773736**	**17.45**	**958720**	**23.91**	**1100366**	**14.77**
市区合计	506104	20.15	608045	20.14	670759	10.31
#长安区	89595	3.59	108884	21.53	118413	8.75
桥东区	56023	24.10	70091	25.11	97169	38.63
桥西区	97876	24.13	123524	26.20	143895	16.49
新华区	61557	9.56	76339	24.01	83766	9.73
裕华区	61812	20.82	83669	35.36	87103	4.10
矿　区	10710	22.57	14467	35.08	18041	24.70
高新区	46483	27.36	56359	21.25	54692	-2.96
井陉县	19853	13.49	24186	21.83	34955	44.53
正定县	20730	18.73	25210	21.61	32165	27.59
栾城县	15188	17.65	17931	18.06	24532	36.81
行唐县	8886	14.72	10039	12.98	12372	23.24
灵寿县	7151	11.06	9133	27.72	10489	14.85
高邑县	5287	-19.01	6061	14.64	6899	13.83
深泽县	7448	18.32	8761	17.63	11420	30.35
赞皇县	5684	24.05	6791	19.48	8884	30.82
无极县	11681	11.93	13914	19.12	14804	6.40
平山县	24297	17.42	44107	81.53	54456	23.46
元氏县	9883	5.25	12522	26.70	15983	27.64
赵　县	10058	-3.33	12504	24.32	15374	22.95
藁城市	35342	9.43	45410	28.49	53821	18.52
晋州市	15681	12.19	21689	38.31	24207	11.61
新乐市	14882	12.02	16853	13.24	21583	28.07
鹿泉市	29151	15.36	42441	45.59	50786	19.66
辛集市	26430	18.09	33123	25.32	36877	11.33

2000—2013 年分县（市）区公共财政预算收入（四）

计量单位：万元、%

行政单位	2009 年	增长速度	2010 年	增长速度
全市总计	**1259614**	**14.47**	**1636303**	**29.91**
市区合计	772553	15.18	1047751	35.62
#长安区	135049	14.05	177229	31.23
桥东区	116752	20.15	143757	23.13
桥西区	163919	13.92	196341	33.08
新华区	93861	12.05	125305	33.50
裕华区	103872	19.25	134342	29.33
矿　区	18184	0.79	17614	-3.13
高新区	58847	7.60	71053	20.74
井陉县	35294	0.97	40167	13.81
正定县	38077	18.38	49990	31.29
栾城县	31096	26.76	36684	26.95
行唐县	15961	29.01	13478	-15.56
灵寿县	11231	7.07	12033	7.14
高邑县	9027	30.85	12285	36.09
深泽县	14467	26.68	15365	6.21
赞皇县	9888	11.30	12134	22.71
无极县	14453	-2.37	16938	17.19
平山县	52697	-3.23	59138	12.22
元氏县	18688	16.92	25034	33.96
赵　县	16687	8.54	18780	12.54
藁城市	63598	18.17	96220	33.63
晋州市	28199	16.49	33565	19.03
新乐市	20946	-2.95	23621	12.77
鹿泉市	57270	12.77	70307	22.76
辛集市	49482	34.18	52813	6.73

2000—2013年分县（市）区公共财政预算收入（五）

计量单位：万元、%

行政单位	2011年	增长速度	2012年	增长速度	2013年	增长速度
全市总计	**2212284**	**35.20**	**2722764**	**23.07**	**3151233**	**15.74**
市区合计	1449754	38.37	1803141	24.38	2108968	16.96
#长安区	220384	24.35	251352	14.05	270665	7.68
桥东区	178668	24.28	192762	7.89	238809	23.89
桥西区	260853	32.86	332358	27.41	350023	5.32
新华区	155395	24.01	187462	20.64	215083	14.73
裕华区	225399	67.78	261565	16.05	282658	8.06
矿　区	19782	12.31	21253	7.44	24047	13.15
高新区	89867	26.48	120441	34.02	156288	29.76
井陉县	44620	11.09	48889	9.57	48171	-1.47
正定县	61735	23.49	81036	31.26	104072	28.43
栾城县	50425	37.46	57985	14.99	68217	17.65
行唐县	18367	36.27	19789	7.74	24922	25.94
灵寿县	15805	31.35	20025	26.70	22153	10.63
高邑县	16065	30.77	20456	27.33	30476	48.98
深泽县	19645	27.86	24421	24.31	30325	24.18
赞皇县	15132	24.71	19257	27.26	21998	14.23
无极县	22307	31.70	29429	31.93	35300	19.95
平山县	82985	40.32	95602	15.20	78388	-18.01
元氏县	32759	30.86	37811	15.42	45541	20.44
赵　县	24264	29.20	30009	23.68	36033	20.07
藁城市	120317	25.04	145523	20.95	154700	6.31
晋州市	42933	27.91	55344	28.91	61658	11.41
新乐市	31140	31.83	40088	28.73	48161	20.14
鹿泉市	93480	32.96	109058	16.66	134078	22.94
辛集市	70551	33.59	84901	20.34	98072	15.51

1995—2013年分县（市）区农林牧渔业总产值（一）

计量单位：万元、%

行政单位	1995年	1996年	增长速度	1997年	增长速度	1998年	增长速度
全　市	**2094240**	**2460775**	**9.43**	**2751988**	**10.62**	**2874039**	**6.76**
市　区				82576			
#长安区							
桥东区							
桥西区							
新华区							
裕华区	51998	63166	20.71		6.88	70153	3.62
矿　区	7586	8016	4.43		4.17	8693	4.27
高新区		5404				5378	
井陉县	41718	53387	12.28	60802	12.81	67721	12.38
正定县	212194	225684	4.68	255122	13.71	263630	4.66
栾城县	131828	138841	12.98	166280	17.68	187079	19.31
行唐县	87430	103204	9.43	112032	8.78	118472	4.98
灵寿县	44836	62344	7.40	74061	11.05	78323	5.89
高邑县	63058	71095	11.28	74640	16.00	77664	7.43
深泽县	58304	62476	7.46	70511	16.28	73929	5.66
赞皇县	53938	55020	0.21	53152	-5.17	54116	20.26
无极县	123478	136868	10.35	151115	8.82	154844	6.27
平山县	101375	81939	-23.27	118712	55.74	128027	7.28
元氏县	74293	91597	8.52	108089	3.62	117005	13.77
赵　县	150068	195627	21.18	198029	10.77	209192	9.29
藁城市	292564	357743	10.67	391248	11.32	412864	7.81
晋州市	169708	184622	4.60	179006	3.81	188590	3.30
新乐市	176189	176770	3.69	184509	6.99	195373	6.76
鹿泉市	133678	128701	-4.25	142142	12.45	146211	4.36
辛集市	306071	331446	7.45	346546	11.64	384913	8.24

1995—2013年分县（市）区农林牧渔业总产值（二）

计量单位：万元、%

行政单位	1999年	增长速度	2000年	增长速度	2001年	增长速度
全　市	**2918680**	**5.48**	**2934472**	**4.96**	**3070012**	**4.24**
市　区						
#长安区					32494	
桥东区					9210	
桥西区					16565	
新华区					31269	
裕华区	72500	5.78	73926	4.67	34893	-56.45
矿　区	8931	5.80	9000	3.69	9356	3.99
高新区	5177		5311		5752	
井陉县	67868	0.55	70698	7.99	68812	-2.90
正定县	271820	5.95	274880	3.91	244053	-11.05
栾城县	206178	11.03	227496	12.59	229880	-1.65
行唐县	116743	0.86	118200	7.55	122225	4.00
灵寿县	84381	11.69	85361	3.98	88971	2.89
高邑县	81241	10.38	87594	10.77	89177	4.50
深泽县	74695	5.03	76655	8.99	85300	9.51
赞皇县	58108	5.33	62316	5.08	65028	5.32
无极县	158854	4.97	159714	6.63	165798	4.02
平山县	135706	6.21	132100	-3.52	139195	6.86
元氏县	123348	8.21	124245	7.32	132728	6.43
赵　县	215345	8.18	215758	6.05	208906	-4.71
藁城市	423133	4.12	396434	-2.73	416404	5.03
晋州市	192334	3.95	192629	4.54	197083	2.10
新乐市	202124	5.14	212100	5.02	211015	-0.60
鹿泉市	146756	4.94	149594	3.29	153852	6.76
辛集市	387792	5.35	374760	0.28	391303	2.99

1995—2013 年分县（市）区农林牧渔业总产值（三）

计量单位：万元、%

行政单位	2002 年	增长速度	2003 年	增长速度	2004 年	增长速度
全　市	**3119674**	**4.35**	**3529558**	**5.65**	**4260467**	**6.36**
市　区						
#长安区	31657	-1.52	33169	-0.31	37982	-2.37
桥东区	9305	0.78	8276	-4.31	10088	3.35
桥西区	16651	-0.10	15014	0.36	18487	11.83
新华区	31597	3.38	25829	-4.99	31395	0.37
裕华区	35083	0.52	36536	0.60	40222	-4.76
矿　区	9728	3.97	9230	4.04	10171	1.92
高新区	5588		2125			
井陉县	69449	1.56	69984	8.95	86721	9.19
正定县	253376	5.10	258522	2.24	296679	4.58
栾城县	243141	5.73	256011	7.27	293005	4.29
行唐县	126340	4.00	143582	3.71	171943	5.91
灵寿县	88117	-0.82	96565	30.36	119804	15.82
高邑县	93377	4.91	89498	-0.26	110317	3.40
深泽县	90927	6.91	82562	10.97	100366	6.06
赞皇县	65927	-2.51	74492	14.71	95470	10.08
无极县	169611	3.00	215779	3.33	246375	3.36
平山县	142678	2.52	186346	1.48	212069	4.48
元氏县	138860	4.72	150195	3.18	187608	4.19
赵　县	221714	7.45	214916	5.11	264314	5.26
藁城市	431434	4.33	507429	3.55	574451	2.88
晋州市	200456	2.97	196509	4.81	239640	8.07
新乐市	220360	4.86	233952	5.90	289669	6.20
鹿泉市	159194	3.48	160228	5.17	206716	11.93
辛集市	407063	3.97	358971	6.87	435801	6.63

1995—2013 年分县（市）区农林牧渔业总产值（四）

计量单位：万元、%

行政单位	2005 年	增长速度	2006 年	增长速度	2007 年	增长速度
全　　市	**4569477**	**5.37**	**4731008**	**4.2**	**4931161**	**2.1**
市　　区						
#长安区	38467	-0.78	39910	3.4	30522	-3.4
桥东区	10191	-0.32	10593	3.0	7994	-6.3
桥西区	18641	0.27	18542	-3.5	10522	-35.0
新华区	32504	-2.37	31526	-6.4	28021	9.9
裕华区	39484	-2.14	38516	-5.2	21548	-13.5
矿　区	10814	3.29	10828	0.0	8778	-8.5
高新区						
井陉县	95974	6.41	105237	7.2	112528	6.7
正定县	319891	3.44	344635	4.7	410945	2.3
栾城县	320011	5.50	336486	5.0	359137	-1.7
行唐县	186386	5.65	198067	4.7	237181	9.5
灵寿县	129835	6.40	136304	4.3	145305	2.9
高邑县	115473	1.31	118158	2.2	106953	-10.4
深泽县	112814	7.19	118394	5.0	131702	3.2
赞皇县	108186	9.83	111901	6.4	136477	5.3
无极县	253662	2.46	261197	2.3	295862	1.1
平山县	222149	3.65	231570	2.9	215969	4.6
元氏县	204239	3.90	216679	4.0	238669	3.4
赵　县	284806	4.52	302501	4.1	338277	3.9
藁城市	610803	1.33	633505	1.1	668148	1.1
晋州市	255292	3.98	278872	5.8	299852	-0.5
新乐市	322104	7.44	332768	2.1	323832	1.9
鹿泉市	229711	8.17	240714	4.8	234224	1.4
辛集市	482007	5.38	527299	7.0	562856	1.5

1995—2013年分县（市）区农林牧渔业总产值（五）

计量单位：万元、%

行政单位	2008年	增长速度	2009年	增长速度	2010年	增长速度
全　市	**5429731**	**3.3**	**5477617**	**0.7**	**6515543**	**3.1**
#长安区	30813	-3.5	34323	3.61	37447	2.64
桥东区	8094	-3.3	8381	0.89	7223	-17.54
桥西区	14725	29.9	15273	6.02	15876	-6.85
新华区	25795	-12.2	24982	-1.71	24372	-11.52
裕华区	22672	-0.3	22942	0.64	10293	0.01
矿　区	10889	-4.2	10970	2.97	11981	2.04
高新区					22093	---
井陉县	129881	5.9	123572	4.33	147616	3.03
正定县	459959	2.4	460943	2.48	492033	-0.03
栾城县	409025	4.6	428245	0.55	442135	2.49
行唐县	291985	6.5	282354	0.4	343944	3.06
灵寿县	174758	11.7	169852	3.39	205884	7.63
高邑县	118393	3.1	124557	1.32	141130	3.06
深泽县	152377	4.1	153769	4.3	188044	5.38
赞皇县	157171	2.6	162231	3.11	177562	2.66
无极县	332195	1.3	334468	2.67	376988	1.74
平山县	245096	3.1	249745	2.07	296195	4.89
元氏县	270922	1.6	275684	2.95	317249	3.3
赵　县	369953	6.6	387892	2.08	451498	1.63
藁城市	707021	1.0	766857	2.95	896390	1.75
晋州市	324787	-0.7	328272	2.81	390163	3.94
新乐市	343451	0.0	345383	0.87	379573	1.68
鹿泉市	249860	-1.0	260613	2.25	298363	0.56
辛集市	612567	1.6	617385	0.67	719857	3.94

1995—2013年分县（市）区农林牧渔业总产值（六）

计量单位：万元、%

行政单位	2011年	增长速度	2012年	增长速度	2013年	增长速度
全　市	**7272965**	**3.1**	**7874961**	**3.3**	**8519016**	**2.4**
#长安区	32448	-7.6	34448	-2.5	38120	1.66
桥东区	7188	-5.68	6827	-10.7	7479	0.15
桥西区	15974	1.77	19396	5.8	21741	-2.98
新华区	25790	0.81	25427	-7.6	30089	1.21
裕华区	10303	-0.08	10587	-1.1	11743	-0.21
矿　区	12701	1.02	14921	0.8	16644	2.25
高新区	22805	1.47	28652	15.9	31414	-9.73
井陉县	162262	3.49	191839	3.6	228383	3.07
正定县	564592	1.7	588190	1.8	644078	1.7
栾城县	507418	1.71	536706	0.7	563556	-3.74
行唐县	386495	5.39	404711	3.8	474617	2.2
灵寿县	238326	3.32	259319	4.4	278846	3.39
高邑县	156893	2.97	183881	4.8	215022	6.58
深泽县	225147	4.82	251978	7.6	278330	4.09
赞皇县	209595	8.58	225501	3.8	266305	3.6
无极县	417627	1.17	447749	3.0	485604	0.19
平山县	333215	5.03	295808	3.2	330009	3.55
元氏县	371169	2.9	394633	2.1	433759	1.11
赵　县	502332	2.61	549410	2.6	572208	-4.95
藁城市	1084171	2.46	1130035	2.4	1283004	4.51
晋州市	442060	-0.75	494779	8.2	565966	8.36
新乐市	407850	1.28	467896	2.0	533169	0.7
鹿泉市	339730	1.67	353857	2.2	394166	1.84
辛集市	809687	0.31	835775	0.6	891897	0.5

1996—2013年分县（市）区规模以上工业增加值（一）

计量单位：万元、%

行政单位	1996年	增长速度	1997年	增长速度	1998年	增长速度
全 市	**1667573**	**20.57**	**1978658**	**16.71**	**1995840**	**2.39**
市 区	843632	8.82	940378	11.32	1011855	9.60
#长安区					11947	-9.26
桥东区					5521	-50.49
桥西区					8829	-18.06
新华区					15967	6.42
裕华区					100687	21.63
矿 区					12901	8.57
高新区					29539	
井陉县	17240	8.67	22570	30.92	16044	-37.16
正定县	76097	36.51	104952	37.92	103070	0.29
栾城县	34568	7.81	38532	11.47	31202	-3.71
行唐县	21738	42.30	30590	40.72	28617	-7.19
灵寿县	30311	62.09	40970	35.17	30142	-8.26
高邑县	31164	22.73	27003	-13.36	28041	15.46
深泽县	15564	29.75	22183	42.53	18070	-27.49
赞皇县	12437	2.04	13872	11.54	12029	-23.30
无极县	45985	35.42	62314	35.51	48500	-10.43
平山县	36498	1.70	47543	30.26	46442	-4.01
元氏县	46964	73.04	60091	27.95	27164	-32.94
赵 县	47596	41.43	60738	27.61	72428	11.19
藁城市	122630	28.61	153123	24.87	155317	13.94
晋州市	67585	75.46	83449	23.47	87550	0.41
新乐市	55606	21.71	63973	15.05	59234	-15.79
鹿泉市	48429	13.94	61796	27.6	53687	-17.35
辛集市	112441	39.44	144582	28.58	166449	13.94

注：1997年及以前年度规模以上工业增加值统计范围为乡及乡以上工业企业；1998-2006年为全部国有及主营业务收入500万元以上非国有工业法人企业；2007-2010年为年主营业务收入500万元及以上工业法人企业；2011年及以后为年主营业务收入2000万元及以上工业法人企业。2008及以后规模以上工业增加值为年快报数据。

1996—2013年分县（市）区规模以上工业增加值（二）

计量单位：万元、%

行政单位	1999年	增长速度	2000年	增长速度	2001年	增长速度
全　市	**2225697**	**15.23**	**2458470**	**11.22**	**2722676**	**12.94**
市　区	1171218	16.59	1393725	15.94	1470475	5.49
#长安区	13403	14.02	15055	11.20	67347	
桥东区	6350	16.79	7217	11.88	45907	
桥西区	8030	20.31	8142	-0.22	23242	
新华区	20096	21.42	26057	22.68	64913	
裕华区	120691	18.25	130553	15.52	43597	
矿　区	17953	8.66	17175	14.69	19455	
高新区	33142	72.53	39135	41.80	74449	
井陉县	23003	36.46	26676	20.35	30058	12.68
正定县	115939	20.43	128939	19.03	106317	
栾城县	36154	14.16	46392	28.53	42734	
行唐县	33236	19.99	44770	19.33	51956	16.05
灵寿县	29299	-3.73	24228	-3.99	30321	25.15
高邑县	29049	20.04	38544	29.36	44194	14.66
深泽县	19879	27.50	21231	13.14	27733	30.62
赞皇县	14921	23.00	16295	5.80	18338	12.53
无极县	63608	27.84	69125	19.92	96808	40.05
平山县	55219	18.48	63533	11.97	75456	18.77
元氏县	29990	19.55	38452	15.90	44396	15.46
赵　县	65941	10.89	58246	7.52	67799	16.4
藁城市	165298	3.80	99199	-9.11	175123	76.54
晋州市	62427	9.91	70189	-12.96	83474	18.93
新乐市	65213	9.49	78072	17.16	78605	0.68
鹿泉市	74401	45.14	76551	8.01	87092	13.77
辛集市	170904	6.71	162748	-1.07	191589	17.72

1996—2013年分县（市）区规模以上工业增加值（三）

计量单位：万元、%

行政单位	2002年	增长速度	2003年	增长速度	2004年	增长速度
全 市	**3129643**	**14.80**	**3690543**	**21.20**	**4497107**	**25.04**
市 区	1667623	13.40	1860034	—	2036054	—
#长安区	80287	19.21	102227	47.71	149859	60.25
桥东区	49327	7.45	42492	13.20	48135	30.01
桥西区	23713	2.03	23416	22.41	22455	43.93
新华区	77686	19.68	111911	47.71	147514	21.35
裕华区	45985	5.48	71457	37.53	167346	47.99
矿 区	24207	24.43	31896	23.24	58237	64.44
高新区	119085	59.96	134152	22.14		
井陉县	38815	29.13	47377	31.91	72804	40.34
正定县	138752	30.51	185661	33.85	229183	37.26
栾城县	49635	16.15	62602	33.95	100399	35.42
行唐县	62366	20.04	90464	35.78	128412	35.01
灵寿县	35501	17.08	46416	25.13	60514	35.23
高邑县	45759	3.54	57265	23.50	64367	27.94
深泽县	36826	32.79	41478	35.00	56134	26.25
赞皇县	20689	12.82	28106	35.20	45013	52.81
无极县	80629		111669	25.38	142366	36.32
平山县	83431	10.57	118511	34.68	222305	32.13
元氏县	53468	20.43	66420	25.60	96772	40.20
赵 县	79847	17.77	91072	18.61	155938	37.56
藁城市	215525	23.07	259141	26.95	277964	27.03
晋州市	90578	8.87	100952	24.55	122311	50.69
新乐市	90004	14.50	123787	41.97	151329	41.88
鹿泉市	109209	25.40	138887	18.17	226499	39.19
辛集市	230988	20.56	228807	16.77	308744	26.10

1996—2013年分县（市）区规模以上工业增加值（四）

计量单位：万元、%

行政单位	2005年	增长速度	2006年	增长速度	2007年	增长速度
全　市	**5715862**	**22.85**	**6793372**	**19.80**	**9093131**	**20.40**
市　区	2362135		2134535		2619414	
#长安区	205893	35.82	563108	10.67	662917	6.71
桥东区	50443	15.47	105659	12.25	106795	7.76
桥西区	27904	26.03	325565	7.59	487695	16.01
新华区	178732	16.51	221281	1.72	208474	7.62
裕华区	108061	27.48	242662	10.69	265034	4.10
矿　区	82887	39.06	96568	19.84	137637	20.64
高新区	104225	15.10	138692	17.79	167207	16.58
井陉县	113305	49.67	166036	30.43	249230	26.08
正定县	310336	40.49	436137	29.55	618060	29.50
栾城县	129541	44.94	168720	26.11	246312	29.09
行唐县	165628	38.21	241073	29.64	330805	27.32
灵寿县	81441	45.19	114352	33.19	157806	28.29
高邑县	89910	22.15	109832	18.53	110045	5.13
深泽县	77464	36.72	102891	32.48	143494	26.92
赞皇县	57949	34.68	112666	38.14	154777	28.60
无极县	199330	31.00	297406	37.39	390796	26.32
平山县	280619	50.40	447857	25.68	678107	25.71
元氏县	138781	40.13	197996	28.95	275833	20.17
赵　县	214134	31.18	276549	25.60	378235	22.42
藁城市	381845	37.53	533966	29.38	715901	29.38
晋州市	182542	37.49	234055	28.82	377238	29.18
新乐市	219447	41.14	283385	25.83	413496	28.53
鹿泉市	294043	24.22	430204	28.82	587491	29.59
辛集市	417413	47.45	505713	24.11	646091	26.96

1996—2013年分县（市）区规模以上工业增加值（五）

计量单位：万元、%

行政单位	2008年	增长速度	2009年	增长速度	2010年	增长速度
全　市	**10958092**	**13.20**	**12032000**	**13.0**	**13401037**	**16.5**
市　区	763531					
#长安区	624344	-4.38	385815	-8.9	346360	1.3
桥东区	97371	-4.25	89618	-9.1	59122	1.0
桥西区	568732	9.36	550904	-0.5	355217	24.1
新华区	199813	-17.64	78768	-12.2	79993	3.4
裕华区	260786	0.11	207139	-7.5	75103	1.1
矿　区	191300	11.92	210135	11.0	226375	17.0
高新区	191159	16.06	241746	19.0	289047	17.2
井陉县	319163	18.29	370351	18.2	353035	0.8
正定县	745574	19.75	884236	16.2	677580	16.8
栾城县	341042	26.56	412335	20.9	448563	18.4
行唐县	405371	25.42	484277	16.3	445091	18.0
灵寿县	211070	25.78	254000	19.6	264654	19.2
高邑县	114064	8.04	136102	19.4	139986	19.6
深泽县	171949	20.02	199244	19.4	221541	18.1
赞皇县	203325	26.69	243464	19.5	281219	19.7
无极县	420720	12.62	468826	14.7	535070	15.5
平山县	841816	8.80	861673	19.0	943466	17.1
元氏县	278461	9.04	310358	17.7	309249	19.2
赵　县	511917	22.67	618212	17.7	674939	17.6
藁城市	994130	27.02	1172372	19.3	1491275	18.5
晋州市	481900	26.74	570696	20.0	574209	19.0
新乐市	461809	16.53	565520	19.0	504195	17.1
鹿泉市	760254	24.47	965075	20.0	973494	15.7
辛集市	798490	20.83	941652	19.1	1242138	19.1

1996—2013年分县（市）区规模以上工业增加值（六）

计量单位：万元、%

行政单位	2011年	增长速度	2012年	增长速度	2013年	增长速度
全　市	**17462733**	**16.2**	**18001836**	**13.5**	**19553917**	**10.8**
市　区						
#长安区	345236	2.2	233901	-6.7	214722	-5.7
桥东区	52056	1.0	57866	0.7	55763	-5.5
桥西区	334512	6.5	24098	12.6	26858	9.6
新华区	96651	18.3	106877	0.8	80718	5.1
裕华区	192989	13.7	160313	15.2	172799	7.8
矿　区	437952	18.7	569430	7.1	542047	5.2
高新区	421619	18.3	723808	17.2	900528	13.6
井陉县	536386	18.6	476659	11.5	477292	7.7
正定县	838009	5.4	886406	7.7	835711	5.1
栾城县	594908	19.6	630240	15.3	765845	12.0
行唐县	625399	20.1	510925	16.8	540883	13.4
灵寿县	414954	18.4	427844	12.1	430370	12.8
高邑县	250765	20.4	260957	17.6	300413	13.6
深泽县	355720	20.1	360550	17.3	421638	13.4
赞皇县	405177	19.8	428882	15.8	496344	13.3
无极县	630671	19.9	648055	17.3	776540	13.8
平山县	1206220	11.5	1286685	2.5	1236685	13.1
元氏县	608278	19.4	618582	17.4	705466	13.2
赵　县	987580	19.0	1010141	15.7	1046974	12.4
藁城市	2012215	18.5	3076228	17.1	3342551	10.8
晋州市	861285	20.3	1018414	17.5	1205102	15.3
新乐市	689922	20.0	697719	17.1	792230	12.5
鹿泉市	1409265	18.2	1402527	0.2	1549669	10.7
辛集市	1713623	19.4	1849461	12.8	2075827	10.2

1995—2013年分县（市）区规模以上工业利税总额（一）

计量单位：万元、%

行政单位	1995年	1996年	增长速度	1997年	增长速度	1998年	增长速度
全 市	**527047**	**596468**	**13.17**	**686015**	**15.01**	**651668**	**-5.01**
市 区	373688	383745	2.69	402271	4.83		
#长安区						1587	
桥东区						728	
桥西区						3924	
新华区						7353	
裕华区						47292	
矿 区						3900	
高新区						9328	
井陉县	4317	3095	-28.31	5598	80.87	4200	-24.97
正定县	10705	18381	71.70	20989	14.19	22184	5.69
栾城县	6741	8343	23.77	10864	30.22	8666	-20.23
行唐县	4990	7581	51.92	11236	48.21	11576	3.03
灵寿县	3540	6290	77.68	9086	44.45	10545	16.06
高邑县	4774	6314	32.26	9498	50.43	11383	19.85
深泽县	1965	2700	37.40	3551	31.52	2345	-33.96
赞皇县	4032	4320	7.14	4810	11.34	4578	-4.82
无极县	7311	10628	45.37	14404	35.53	11307	-21.50
平山县	9537	10024	5.11	12305	22.76	12994	5.60
元氏县	6472	10441	61.33	12054	15.45	8198	-31.99
赵 县	8906	10731	20.49	13824	28.82	15576	12.67
藁城市	19098	30619	60.33	40578	32.53	44726	10.22
晋州市	12019	20631	71.65	28606	38.66	34841	21.80
新乐市	13228	13462	1.77	19413	44.21	18630	-4.03
鹿泉市	10285	12635	22.85	17781	40.73	15540	-12.60
辛集市	25438	36302	42.71	49149	35.39	47045	-4.28

注：1997年及以前年度规模以上工业增加值统计范围为乡及乡以上工业企业；1998-2006年为全部国有及主营业务收入500万元以上非国有工业法人企业；2007-2010年为年主营业务收入500万元及以上工业法人企业；2011年及以后为年主营业务收入2000万元及以上工业法人企业。

1995—2013年分县（市）区规模以上工业利税总额（二）

计量单位：万元、%

行政单位	1999年	增长速度	2000年	增长速度	2001年	增长速度
全　市	**756087**	**16.02**	**873544**	**15.53**	**1005332**	**15.09**
市　区	428397		528134	23.28	617078	16.84
#长安区	1874	18.08	2081	11.05	28867	1287.17
桥东区	1132	55.49	1326	17.14	15885	1097.96
桥西区	3481	-11.29	3611	3.73	11222	210.77
新华区	9578	30.26	11761	22.79	38351	226.09
裕华区	54510	15.26	63828	17.09	14227	-77.71
矿　区	3936	0.92	5251	33.41	6111	16.38
高新区	12220	31.00	13488	10.38	18709	38.71
井陉县	5514	31.29	6419	16.41	7405	15.36
正定县	27201	22.62	29966	10.17	25897	-13.58
栾城县	11367	31.17	13669	20.25	15584	14.01
行唐县	14376	24.19	16094	11.95	18501	14.96
灵寿县	9097	-13.73	9714	6.78	11067	13.93
高邑县	12524	10.02	14909	19.04	17444	17.00
深泽县	3678	56.84	4159	13.08	4196	0.89
赞皇县	6173	34.84	6716	8.80	7694	14.56
无极县	14979	32.48	15877	6.00	19280	21.43
平山县	15352	18.15	16951	10.42	18600	9.73
元氏县	10155	23.87	12091	19.06	14259	17.93
赵　县	16662	6.97	18396	10.41	21024	14.29
藁城市	49376	10.40	44996	-8.87	53163	18.15
晋州市	31812	-8.69	28243	-11.22	32583	15.37
新乐市	22448	20.49	24794	10.45	27075	9.20
鹿泉市	25199		26933	6.88	32305	19.95
辛集市	51777	10.06	55481	7.15	63208	13.93

1995—2013年分县（市）区规模以上工业利税总额（三）

计量单位：万元、%

行政单位	2002年	增长速度	2003年	增长速度	2004年	增长速度
全 市	**1190630**	**18.43**	**1509600**	**26.79**	**1747672**	**15.77**
市 区	702194	13.79	849612	20.99	806629	-5.06
#长安区	37837	31.07	38117	0.74	61571	61.53
桥东区	20748	30.62	19003	-8.41	28224	48.52
桥西区	12307	9.66	9708	-21.11	6244	-35.68
新华区	49727	29.66	72286	45.37	85311	18.02
裕华区	18491	29.97	25087	35.67	69930	178.75
矿 区	8042	31.60	12266	52.52	18302	49.22
高新区	21465	14.73	28873	34.52		
井陉县	9525	28.63	10264	7.76	18301	78.30
正定县	34698	33.98	43543	25.49	62454	43.43
栾城县	22790	46.24	33827	48.43	56236	66.25
行唐县	23320	26.04	36909	58.28	54943	48.86
灵寿县	13165	18.95	18150	37.87	25417	40.04
高邑县	22119	26.80	30348	37.20	39402	29.84
深泽县	5064	20.68	7340	44.95	8892	21.14
赞皇县	8564	11.31	12919	50.85	20992	62.49
无极县	22172	15.00	28776	29.78	43331	50.58
平山县	23377	25.68	45232	93.49	81664	80.54
元氏县	18012	26.32	24984	38.71	36604	46.51
赵 县	25477	21.18	34113	33.89	53084	55.61
藁城市	66279	24.67	83651	26.21	94583	13.07
晋州市	42198	29.51	50077	18.67	67672	35.14
新乐市	32674	20.68	49541	51.62	69448	40.18
鹿泉市	42457	31.43	55556	30.85	83932	51.08
辛集市	76546	21.10	82494	7.77	124089	50.42

1995—2013年分县（市）区规模以上工业利税总额（四）

计量单位：万元、%

行政单位	2005年	增长速度	2006年	增长速度	2007年	增长速度
全　市	**2113133**	**20.91**	**2553333**	**20.83**	**3526798**	**38.13**
市　区	816352	52.01	776609	-4.87	1067546	37.46
#长安区	86865	41.08	226925	19.35	287116	26.52
桥东区	8718	-69.11	21331	40.62	17994	-15.64
桥西区	9611	53.92	196784	11.31	278410	41.48
新华区	99269	16.36	92142	-13.44	76124	-17.38
裕华区	42836	-38.74	100697	12.53	104342	3.62
矿　区	28538	55.92	35149	23.17	50783	44.48
高新区	46249	25.50	59621	28.91	81607	36.88
井陉县	23982	31.04	34149	42.40	49489	44.92
正定县	85250	36.50	105963	24.30	154725	46.02
栾城县	77128	37.15	106163	37.65	154893	45.90
行唐县	77414	40.90	112626	45.49	153538	36.33
灵寿县	35266	38.75	49487	40.33	67714	36.83
高邑县	50808	28.95	60146	18.38	58564	-2.63
深泽县	13287	49.43	18651	40.37	26210	40.52
赞皇县	28922	37.78	39368	36.12	57112	45.07
无极县	57103	31.78	81129	42.07	109621	35.12
平山县	104598	28.08	185777	77.61	236550	27.33
元氏县	49886	36.29	71829	43.99	82215	14.46
赵　县	65445	23.29	89768	37.17	130432	45.30
藁城市	137500	45.37	185390	34.83	261530	41.07
晋州市	102941	52.12	137657	33.72	202382	47.02
新乐市	96391	38.79	135323	40.35	194394	43.70
鹿泉市	119449	42.32	165281	38.37	235250	42.33
辛集市	171413	38.14	198017	15.52	284636	43.74

1995—2013年分县（市）区规模以上工业利税总额（五）

计量单位：万元、%

行政单位	2008年	增长速度	2009年	增长速度	2010年	增长速度
全　　市	**3834691**	**8.73**	**4776753**	**24.57**	**6348860**	**32.91**
市　　区	717598	-32.78	809743	12.84	1260720	55.69
#长安区	165816	-42.25	118926	-28.28	57841	-51.36
桥东区	20235	12.46	13230	-34.62	16360	23.66
桥西区	367953	32.16	149033	-59.50	166868	11.97
新华区	23200	-69.52	7749	-66.60	15847	104.49
裕华区	45797	-56.11	-61064	-233.34	72646	
矿　区	78448	54.48	73124	-6.79	93585	27.98
高新区	89871	10.13	131285	46.08	181776	38.46
井 陉 县	76369	-28.26	114527	49.97	106448	-7.05
正 定 县	233783	51.10	279010	19.35	312593	12.04
栾 城 县	214898	38.74	252449	17.47	287832	14.02
行 唐 县	222620	44.99	268811	20.75	292196	8.70
灵 寿 县	97188	43.53	120008	23.48	168446	40.36
高 邑 县	43489	-25.74	50520	16.17	64563	27.80
深 泽 县	35530	35.56	42907	20.76	52236	21.74
赞 皇 县	78580	37.59	104906	33.50	181344	72.86
无 极 县	134303	22.52	138349	3.01	155368	12.30
平 山 县	136503	-42.29	133738	-2.03	152837	14.28
元 氏 县	106479	29.51	92522	-13.11	199584	115.72
赵　　县	177538	36.11	208932	17.68	276488	32.33
藁 城 市	357492	36.69	683558	91.21	952760	39.38
晋 州 市	261031	28.98	313424	20.07	365987	16.77
新 乐 市	255986	31.68	297683	16.29	319009	7.16
鹿 泉 市	331282	40.82	435875	31.57	573990	31.69
辛 集 市	354022	24.38	429792	21.40	626459	45.76

注：因2009年年报省局反馈较晚，所以2010年年鉴中的2009年数据有所修正。

1995—2013年分县（市）区规模以上工业利税总额（六）

计量单位：万元、%

行政单位	2011年	增长速度	2012年	增长速度	2013年	增长速度
全　市	**7738461**	**21.89**	**8273546**	**6.91**	**9596353**	**15.99**
市　区	744689	-8.03	761496	2.26	932059	22.40
#长安区	72832	-38.76	53383	-26.70	79596	49.10
桥东区	10585	-20.00	6980	-34.05	4126	-40.89
桥西区	5064	-96.60	7007	38.36	9475	35.21
新华区	33406	331.08	7490	-77.58	2003	-73.26
裕华区	31481	-151.55	47023	49.37	152393	224.08
矿　区	153626	110.09	121727	-20.76	74010	-39.20
高新区	340872	159.64	420920	23.48	512629	21.79
井陉县	142164	24.13	238298	67.62	214928	-9.81
正定县	334612	19.93	341447	2.04	377521	10.57
栾城县	367338	45.51	459894	25.20	523067	13.74
行唐县	402696	49.81	247315	-38.59	313048	26.58
灵寿县	172595	43.82	176374	2.19	197842	12.17
高邑县	88494	75.17	105360	19.06	130652	24.01
深泽县	72624	69.26	84810	16.78	91374	7.74
赞皇县	189019	80.18	191786	1.46	234622	22.34
无极县	205666	48.66	254014	23.51	310625	22.29
平山县	180205	34.74	156173	-13.34	228212	46.13
元氏县	260838	181.92	292671	12.20	333189	13.84
赵　县	355983	70.38	372066	4.52	459605	23.53
藁城市	1689174	147.12	2061892	22.07	2226111	7.96
晋州市	477547	52.36	563508	18.00	649647	15.29
新乐市	424150	42.48	388510	-8.40	444652	14.45
鹿泉市	781872	79.38	748519	-4.27	874485	16.83
辛集市	848796	97.49	829415	-2.28	1054712	27.16

1995—2013年分县（市）区社会消费品零售额（一）

计量单位：万元、%

行政单位	1995年	1996年	增长速度	1997年	增长速度	1998年	增长速度
全　市	**1652151**	**2011506**	**21.75**	**2380487**	**18.34**	**2680216**	**12.59**
市　区	882872	943119	6.82	1059334	12.32	1109504	4.74
#长安区						14513	
桥东区						8444	
桥西区						9784	
新华区						49338	
裕华区						47443	
矿　区						7818	
井陉县	26329	32266	22.55	33033	2.38	34124	3.30
正定县	80745	98870	22.45	137229	38.80	158230	15.30
栾城县	47502	71665	50.87	84901	18.47	101140	19.13
行唐县	20847	40401	93.80	43724	8.23	52711	20.55
灵寿县	13680	20110	47.00	31113	54.71	36864	18.48
高邑县	13975	17961	28.52	23368	30.10	29258	25.21
深泽县	14363	18963	32.03	31328	65.21	40105	28.02
赞皇县	15382	19921	29.51	26895	35.01	34790	29.35
无极县	45879	63723	38.89	83307	30.73	104090	24.95
平山县	25713	32984	28.28	36160	9.63	42703	18.09
元氏县	24680	34726	40.71	38411	10.61	48404	26.02
赵　县	50627	72499	43.20	90212	24.43	108937	20.76
藁城市	83081	115102	38.54	152009	32.06	180191	18.54
晋州市	62415	72498	16.15	93708	29.26	107458	14.67
新乐市	82238	98425	19.68	110105	11.87	127203	15.53
鹿泉市	60682	69289	14.18	86889	25.40	101076	16.33
辛集市	101141	188984	86.85	218763	15.76	263429	20.42

1995—2013年分县（市）区社会消费品零售额（二）

计量单位：万元、%

行政单位	1999年	增长速度	2000年	增长速度	2001年	增长速度
全　市	**2967588**	**10.72**	**3308804**	**11.50**	**3690981**	**11.55**
市　区	1171916	5.63	1269933	8.36	1560183	22.86
#长安区	16955	16.83	19769	16.60	25378	28.37
桥东区	8905	5.46	9800	10.05	16473	68.09
桥西区	10035	2.57	11216	11.77	38132	239.98
新华区	55270	12.02	63180	14.31	85771	35.76
裕华区	55100	16.14	63841	15.86	30192	-52.71
矿　区	7834	0.20	9533	21.69	10479	9.92
井陉县	39113	14.62	46068	17.78	51179	11.09
正定县	179321	13.33	202677	13.02	150638	-25.68
栾城县	120292	18.94	135651	12.77	96173	-29.10
行唐县	60230	14.26	68405	13.57	78553	14.84
灵寿县	42457	15.17	48092	13.27	54298	12.90
高邑县	34721	18.67	40391	16.33	44835	11.00
深泽县	44933	12.04	50800	13.06	56384	10.99
赞皇县	40643	16.82	45928	13.00	51256	11.60
无极县	121821	17.03	138956	14.07	156793	12.84
平山县	49963	17.00	56992	14.07	64400	13.00
元氏县	56177	16.06	63854	13.67	73606	15.27
赵　县	128299	17.77	145226	13.19	161202	11.00
藁城市	195539	8.52	219087	12.04	244117	11.42
晋州市	119726	11.42	134242	12.12	150169	11.86
新乐市	131973	3.75	148011	12.15	144061	-2.67
鹿泉市	120110	18.83	138143	15.01	159366	15.36
辛集市	310354	17.81	352000	13.42	390742	11.01

1995—2013年分县（市）区社会消费品零售额（三）

计量单位：万元、%

行政单位	2002年	增长速度	2003年	增长速度	2004年	增长速度
全　　市	4115390	11.50	4566056	10.95	5270997	15.4
市　　区	1725318	10.58	1843573	6.85	2225366	20.7
#长安区	28271	11.40	33783	19.50	312870	826.1
桥东区	18860	14.49	21142	12.10	199902	845.5
桥西区	42311	10.96	32605	-22.94	141704	334.6
新华区	91787	7.01	94586	3.05	459481	385.8
裕华区	33634	11.40	40192	19.50	231620	476.3
矿　　区	11689	11.55	13227	13.16	25143	90.1
井陉县	57238	11.84	66058	15.41	83215	26.0
正定县	170222	13.00	196622	15.51	219497	11.6
栾城县	110557	14.96	128248	16.00	146273	14.1
行唐县	88675	12.89	103294	16.49	116515	12.8
灵寿县	60756	11.89	69411	14.25	77012	11.0
高邑县	51443	14.74	59285	15.24	66319	11.9
深泽县	62755	11.30	72482	15.50	82746	14.2
赞皇县	58037	13.23	67099	15.61	77943	16.2
无极县	176392	12.50	201087	14.00	226535	12.7
平山县	73582	14.26	85207	15.80	100317	17.7
元氏县	83379	13.28	96103	15.26	101860	6.0
赵　　县	178934	11.00	198324	10.84	219568	10.7
藁城市	271334	11.15	305063	12.43	342946	12.4
晋州市	167911	11.81	191218	13.88	216201	13.1
新乐市	159937	11.02	181075	13.22	200951	11.0
鹿泉市	184025	15.47	214389	16.50	236493	10.3
辛集市	434897	11.30	487519	12.10	531241	9.0

注：2004年各区增速过高是由于实行在地统计，数据不可比。

1995—2013年分县（市）区社会消费品零售额（四）

计量单位：万元、%

行政单位	2005年	增长速度	2006年	增长速度	2007年	增长速度
全　市	**6096501.4**	**15.7**	**7066493**	**15.9**	**8352212**	**18.2**
市　区	2535350.3	13.9	2969429	17.1	3562081	20.0
#长安区	363470.5	16.2	423702	16.6	499901	18.0
桥东区	231428.0	15.8	269600	16.5	322162	19.5
桥西区	164194.4	15.9	191237	16.5	228713	19.6
新华区	532868.6	16.0	621678	16.7	716647	15.3
裕华区	269546.6	16.4	320600	18.9	377910	17.9
矿　区	29108.3	15.8	33710	15.8	39501	17.2
井陉县	98516.7	18.4	114147	15.9	134043	17.4
正定县	259857.5	18.4	300982	15.8	357542	18.8
栾城县	172727.6	18.1	199777	15.7	234502	17.4
行唐县	136884.4	17.5	158138	15.5	184883	16.9
灵寿县	90630.2	17.7	104743	15.6	122272	16.7
高邑县	77845.7	17.4	89539	15.0	103051	15.1
深泽县	97211.5	17.5	112260	15.5	130670	16.4
赞皇县	91961.3	18.0	106399	15.7	124429	16.9
无极县	266594.1	17.7	307648	15.4	358943	16.7
平山县	118965.6	18.6	137851	15.9	161426	17.1
元氏县	119666.4	17.5	138374	15.6	161150	16.5
赵　县	253311.1	15.4	292482	15.5	343089	17.3
藁城市	399446.4	16.5	462204	15.7	539287	16.7
晋州市	254214.8	17.6	294273	15.8	343638	16.8
新乐市	234260.1	16.6	270763	15.6	316196	16.8
鹿泉市	278550.7	17.8	321960	15.6	375850	16.7
辛集市	610207.2	14.9	685524	12.3	799163	16.6

1995—2013 年分县（市）区社会消费品零售额（五）

计量单位：万元、%

行政单位	2008 年	增长速度	2009 年	增长速度	2010 年	增长速度
全　市	**10279944**	**23.1**	**11905536**	**15.8**	**14098923**	**18.4**
市　区	4377790	22.9	4952250	13.1	5844284	19.3
#长安区	640240	28.1	769778	20.2	920660	19.6
桥东区	408375	26.8	491076	20.3	587925	19.7
桥西区	292336	27.8	351389	20.2	419910	19.5
新华区	857156	19.6	998907	16.5	1173716	17.5
裕华区	472401	25.0	567520	20.1	678158	19.5
矿　区	48760	23.4	57818	18.6	68341	18.2
高新区						
井陉县	165864	23.7	197815	19.3	234213	18.4
正定县	440987	23.3	525715	19.2	623172	18.5
栾城县	289157	23.3	344925	19.3	408047	18.3
行唐县	227842	23.2	269896	18.5	318207	17.9
灵寿县	150930	23.4	179922	19.2	212308	18
高邑县	125679	22.0	148043	17.8	173507	17.2
深泽县	160508	22.8	190783	18.9	223789	17.3
赞皇县	153468	23.3	183648	19.7	216888	18.1
无极县	437426	21.9	519968	18.9	610483	17.4
平山县	202585	25.5	243032	20.0	289028	18.9
元氏县	198829	23.4	234095	17.7	274359	17.2
赵　县	422311	23.1	499957	18.4	585450	17.1
藁城市	660884	22.5	783099	18.5	920660	17.6
晋州市	423902	23.4	503417	18.8	593565	17.9
新乐市	391421	23.8	466431	19.2	550389	18
鹿泉市	463763	23.4	550642	18.7	648106	17.7
辛集市	986599	23.5	1165083	18.1	1372468	17.8

1995—2013年分县（市）区社会消费品零售额（六）

计量单位：万元、%

行政单位	2011年	增长速度	2012年	增长速度	2013年	增长速度
全　市	**16629864**	**18.0**	**19157615**	**15.2**	**21797294**	**13.8**
市　区	7050835	20.6	8117742	15.1	9254965	14
#长安区	1360731	21.0	1621992	19.2	1866100	15
桥东区	1983646	21.0	2261356	14.0	2585859	14.3
桥西区	900713	28.4	1041224	15.6	1189597	14.2
新华区	1233327	20.8	1407226	14.1	1613383	14.6
裕华区	973152	20.8	1110366	14.1	1263040	13.7
矿　区	81960	20.2	94991	15.9	107768	13.4
高新区	517308	18.1	580587	12.2	629219	8.4
井陉县	275297	17.5	315765	14.7	360446	14.1
正定县	722245	15.9	833470	15.4	946405	13.5
栾城县	472578	15.8	543937	15.1	617640	13.5
行唐县	368003	15.6	424308	15.3	480953	13.3
灵寿县	248811	17.2	288869	16.1	329166	13.9
高邑县	202474	16.7	233453	15.3	263918	13
深泽县	257999	15.3	295666	14.6	335729	13.5
赞皇县	254233	17.2	294656	15.9	335760	13.9
无极县	712232	16.7	815506	14.5	923560	13.2
平山县	335696	16.1	391085	16.5	443686	13.4
元氏县	319778	16.6	369343	15.5	417542	13
赵　县	684852	17.0	787580	15.0	898234	14
藁城市	1065379	15.7	1225186	15.0	1393648	13.7
晋州市	686448	15.6	799025	16.4	912885	14.2
新乐市	636572	15.7	732695	15.1	832707	13.6
鹿泉市	747626	15.4	859022	14.9	976277	13.6
辛集市	1588807	15.8	1830306	15.2	2073774	13.3

1997—2013 年分县（市）区金融机构人民币存款（一）

计量单位：万元、%

行政单位	1997 年	1998 年	增长速度	1999 年	增长速度
全　　市	**8197859**	**9914433**	**20.94**	**12110368**	**22.15**
市　　区	5025209	6148400	22.35	7691094	25.09
井 陉 县	191379	215788	12.75	231939	7.48
正 定 县	313710	389673	24.21	462817	18.77
栾 城 县	177334	205229	15.73	219680	7.04
行 唐 县	121009	147173	21.62	160685	9.18
灵 寿 县	99072	118041	19.15	135030	14.39
高 邑 县	57225	65828	15.03	79496	20.76
深 泽 县	147121	173069	17.64	202049	16.74
赞 皇 县	79814	92932	16.44	99592	7.17
无 极 县	187613	235926	25.75	265044	12.34
平 山 县	159305	195618	22.79	214134	9.47
元 氏 县	133462	149195	11.79	168143	12.70
赵　　县	151351	176390	16.54	192836	9.32
藁 城 市	299102	347306	16.12	433007	24.68
晋 州 市	273354	311559	13.98	402973	29.34
新 乐 市	134890	160716	19.15	198527	23.53
鹿 泉 市	275280	324944	18.04	363730	11.94
辛 集 市	371629	456646	22.88	589592	29.11

1997—2013年分县（市）区金融机构人民币存款（二）

计量单位：万元、%

行政单位	2000年	增长速度	2001年	增长速度	2002年	增长速度
全　市	**13131544**	**8.43**	**14551507**	**10.81**	**16710618**	**14.84**
市　区	8493818	10.44	9562632	12.58	11311755	18.29
井陉县	247259	6.61	260281	5.27	280407	7.73
正定县	498586	7.73	532530	6.81	572815	7.56
栾城县	234016	6.53	249706	6.70	264920	6.09
行唐县	166336	3.52	174296	4.79	181559	4.17
灵寿县	142748	5.72	156942	9.94	175513	11.83
高邑县	86579	8.91	92339	6.65	101114	9.50
深泽县	213251	5.54	222231	4.21	231762	4.29
赞皇县	105755	6.19	110260	4.26	119888	8.73
无极县	288630	8.90	311539	7.94	339969	9.13
平山县	227082	6.05	243371	7.17	257059	5.62
元氏县	176546	5.00	195650	10.82	215149	9.97
赵　县	195676	1.47	204950	4.74	221827	8.23
藁城市	441138	1.88	489755	11.02	549320	12.16
晋州市	414103	2.76	440922	6.48	471035	6.83
新乐市	200580	1.03	220957	10.16	241391	9.25
鹿泉市	394449	8.45	425288	7.82	453453	6.62
辛集市	604992	2.61	657860	8.74	721676	9.70

1997—2013年分县（市）区金融机构人民币存款（三）

计量单位：万元、%

行政单位	2003年	增长速度	2004年	增长速度	2005年	增长速度	2006年	增长速度
全　市	**19322801**	**15.63**	**22088668**	**14.31**	**25741536**	**16.54**	**29684213**	**15.32**
市　区	13310798	17.67	15331653	15.18	18216740	18.82	21112978	15.90
井陉县	302764	7.97	341850	12.91	378824	10.82	436511	15.23
正定县	623868	8.91	702302	12.57	783093	11.50	890514	13.72
栾城县	299586	13.09	351679	17.39	421827	19.95	456182	8.14
行唐县	185398	2.11	215436	16.20	232852	8.08	281331	20.82
灵寿县	193084	10.01	218317	13.07	244801	12.13	278099	13.60
高邑县	115898	14.62	130076	12.23	143045	9.97	168780	17.99
深泽县	250770	8.20	273089	8.90	274105	0.37	312537	14.02
赞皇县	137210	14.45	155865	13.60	151546	-2.77	172826	14.04
无极县	382617	12.54	403541	5.47	434532	7.68	477904	9.98
平山县	295394	14.91	358449	21.35	422679	17.92	474505	12.26
元氏县	247578	15.07	279073	12.72	297686	6.67	360227	21.01
赵　县	249063	12.28	275234	10.51	311499	13.18	359549	15.43
藁城市	602771	9.73	711798	18.09	747432	5.01	838214	12.15
晋州市	519084	10.20	573267	10.44	641986	11.99	733340	14.23
新乐市	268222	11.12	294824	9.92	321220	8.95	386121	20.20
鹿泉市	515257	13.63	584191	13.38	649511	11.18	755617	16.34
辛集市	823439	14.10	888022	7.84	1008502	13.57	1158499	14.87

1997—2013年分县（市）区金融机构人民币存款（四）

计量单位：万元、%

行政单位	2007年	增长速度	2008年	增长速度	2009年	增长速度
全　市	**33313230**	**12.23**	**41115628**	**23.42**	**51630561**	**25.57**
市　区	23677068	12.14	29354583	23.98	37950523	29.28
井陉县	505895	15.90	633495	25.22	722930	14.12
正定县	954551	7.19	1166436	22.20	1474407	26.40
栾城县	498696	9.32	570405	14.38	716579	25.63
行唐县	343051	21.94	447880	30.56	499390	11.50
灵寿县	334197	20.17	437876	31.02	497998	13.73
高邑县	186227	10.34	248267	33.31	301969	21.63
深泽县	344208	10.13	426028	23.77	493897	15.93
赞皇县	224108	29.67	268114	19.64	314729	17.39
无极县	529512	10.80	655358	23.77	731779	11.66
平山县	565302	19.14	682337	20.70	819265	20.07
元氏县	406201	12.76	536028	31.96	595994	11.19
赵　县	408068	13.49	482435	18.22	569681	18.08
藁城市	930715	11.04	1124310	20.80	1278988	13.76
晋州市	826082	12.65	993135	20.22	1100914	10.85
新乐市	438083	13.46	535167	22.16	612333	14.42
鹿泉市	856353	13.33	1001544	16.95	1266154	26.42
辛集市	1284911	10.91	1552231	20.80	1683032	8.43

1997—2013年分县（市）区金融机构人民币存款（五）

计量单位：万元、%

行政单位	2010年	增长速度	2011年	增长速度
全　　市	**61155028**	**18.45**	**67153408**	**9.81**
市　　区	42992706	13.29	48787267	13.48
井 陉 县	786016	8.73	960502	22.20
正 定 县	1800211	22.10	2206751	22.58
栾 城 县	849075	18.49	986233	16.15
行 唐 县	591024	18.35	690583	16.85
灵 寿 县	582058	16.88	681355	17.06
高 邑 县	353955	17.22	422097	19.25
深 泽 县	566576	14.72	661251	16.71
赞 皇 县	387313	23.06	454469	17.34
无 极 县	841076	14.94	972318	15.60
平 山 县	964011	17.67	1126485	16.85
元 氏 县	686310	15.15	757197	10.33
赵　　县	658086	15.52	775544	17.85
藁 城 市	1464389	14.50	1670952	14.11
晋 州 市	1248525	13.41	1399499	12.09
新 乐 市	701097	14.50	805741	14.93
鹿 泉 市	1489307	17.62	1711680	14.93
辛 集 市	1868340	11.01	2083484	11.52

1997—2013年分县（市）区金融机构人民币存款（六）

计量单位：万元、%

行政单位	2012年	增长速度	2013年	增长速度
全　　市	**76407468**	**13.78**	**86077827**	**12.47**
市　　区	55355537	13.46	59303598	7.13
井 陉 县	1073757	11.79	1190867	10.91
正 定 县	2501722	13.37	2970746	18.75
栾 城 县	1125133	14.08	1243735	10.54
行 唐 县	806722	16.82	940978	16.64
灵 寿 县	782289	14.81	857459	9.61
高 邑 县	488820	15.81	561271	14.82
深 泽 县	748395	13.18	835547	11.65
赞 皇 县	503862	10.87	584458	16.00
无 极 县	1117475	14.93	1247000	11.59
平 山 县	1284761	14.05	1436544	11.81
元 氏 县	904145	19.41	982430	8.66
赵　　县	910225	17.37	1040582	14.32
藁 城 市	1965857	17.65	2323886	18.21
晋 州 市	1607327	14.85	1735599	7.98
新 乐 市	947355	17.58	1088235	14.87
鹿 泉 市	1894316	10.67	2196260	15.94
辛 集 市	2389770	14.70	2767332	15.80

1997—2013年分县（市）区金融机构人民币贷款（一）

计量单位：万元、%

行政单位	1997年	1998年	增长速度	1999年	增长速度
全 市	**5656900**	**6637592**	**17.34**	**9107667**	**37.21**
市 区	3292109	4053042	23.11	6237687	53.90
井陉县	101119	98918	-2.18	104284	5.42
正定县	206600	234528	13.52	276178	17.76
栾城县	159604	171165	7.24	182019	6.34
行唐县	80853	88229	9.12	91776	4.02
灵寿县	93162	98933	6.19	95962	-3.00
高邑县	64856	76786	18.39	86454	12.59
深泽县	78191	86178	10.21	102750	19.23
赞皇县	83167	88121	5.96	88532	0.47
无极县	144588	152741	5.64	162667	6.50
平山县	126540	142997	13.01	151675	6.07
元氏县	134209	145234	8.21	155686	7.20
赵 县	163922	181592	10.78	193445	6.53
藁城市	244997	266150	8.63	330137	24.04
晋州市	151278	158429	4.73	202921	28.08
新乐市	118745	123732	4.20	153769	24.28
鹿泉市	165986	186975	12.65	196499	5.09
辛集市	246974	283842	14.93	295226	4.01

1997—2013年分县（市）区金融机构人民币贷款（二）

计量单位：万元、%

行政单位	2000年	增长速度	2001年	增长速度	2002年	增长速度
全　市	**9738267**	**6.92**	**10350991**	**6.29**	**13059556**	**26.17**
市　区	6939550	11.25	7450288	7.36	9981918	33.98
井陉县	97820	-6.20	103070	5.37	120950	17.35
正定县	271938	-1.54	279662	2.84	295437	5.64
栾城县	149602	-17.81	159284	6.47	173688	9.04
行唐县	91345	-0.47	102512	12.23	111165	8.44
灵寿县	89625	-6.60	92791	3.53	101323	9.19
高邑县	89803	3.87	91504	1.89	94887	3.70
深泽县	99741	-2.93	102128	2.39	109357	7.08
赞皇县	79156	-10.59	79181	0.03	87387	10.36
无极县	163742	0.66	175680	7.29	191869	9.22
平山县	144646	-4.63	149875	3.62	163959	9.40
元氏县	161580	3.79	159813	-1.09	172984	8.24
赵　县	200388	3.59	206674	3.14	211211	2.20
藁城市	307626	-6.82	317394	3.18	301448	-5.02
晋州市	206264	1.65	212452	3.00	225886	6.32
新乐市	148917	-3.16	148668	-0.17	155049	4.29
鹿泉市	214628	9.23	236676	10.27	256130	8.22
辛集市	281896	-4.52	283339	0.51	306937	8.33

1997—2013年分县（市）区金融机构人民币贷款（三）

计量单位：万元、%

行政单位	2003年	增长速度	2004年	增长速度	2005年	增长速度
全 市	**13774386**	**5.47**	**14748123**	**7.07**	**15610128**	**5.84**
市 区	10547366	5.66	11352218	7.63	12446474	9.64
井陉县	126161	4.31	155372	23.15	151840	-2.27
正定县	311211	5.34	320787	3.08	279590	-12.84
栾城县	178549	2.80	200213	12.13	217991	8.88
行唐县	109102	-1.86	112476	3.09	96020	-14.63
灵寿县	100578	-0.74	109515	8.89	95452	-12.84
高邑县	94670	-0.23	101655	7.38	90442	-11.03
深泽县	107209	-1.96	105555	-1.54	101941	-3.42
赞皇县	91839	5.09	100934	9.90	79871	-20.87
无极县	192568	0.36	193203	0.33	174697	-9.58
平山县	188322	14.86	202902	7.74	193996	-4.39
元氏县	186632	7.89	188193	0.84	175843	-6.56
赵 县	197051	-6.70	198044	0.50	186565	-5.80
藁城市	319196	5.89	332015	4.02	287035	-13.55
晋州市	226804	0.41	229126	1.02	214745	-6.28
新乐市	172388	11.18	184310	6.92	222816	20.89
鹿泉市	311751	21.72	343173	10.08	318169	-7.29
辛集市	312989	1.97	318432	1.74	276641	-13.12

1997—2013年分县（市）区金融机构人民币贷款（四）

计量单位：万元、%

行政单位	2006年	增长速度	2007年	增长速度	2008年	增长速度
全　市	**17315169**	**10.92**	**18393687**	**6.23**	**20799327**	**13.08**
市　区	13784691	10.75	14501558	5.20	17299183	19.29
井陉县	175806	15.78	189990	8.07	161771	-14.85
正定县	288082	3.04	346620	20.32	361448	4.28
栾城县	225670	3.52	230339	2.07	211095	-8.35
行唐县	105693	10.07	113085	6.99	101310	-10.41
灵寿县	107739	12.87	121263	12.55	117595	-3.03
高邑县	102023	12.80	101131	-0.87	81409	-19.50
深泽县	108902	6.83	113081	3.84	102782	-9.11
赞皇县	90723	13.59	100870	11.18	85514	-15.22
无极县	168688	-3.44	175450	4.01	153798	-12.34
平山县	213556	10.08	242021	13.33	175793	-27.36
元氏县	197353	12.23	197678	0.16	190986	-3.39
赵　县	222898	19.47	201686	-9.52	200139	-0.77
藁城市	376522	31.18	457561	21.52	350154	-23.47
晋州市	227574	5.97	247896	8.93	257046	3.69
新乐市	244828	9.88	266960	9.04	215661	-19.22
鹿泉市	368902	15.95	424832	15.16	427200	0.56
辛集市	305519	10.44	361664	18.38	306443	-15.27

1997—2013年分县（市）区金融机构人民币贷款（五）

计量单位：万元、%

行政单位	2009年	增长速度	2010年	增长速度
全　市	**28865696**	**38.78**	**32720979**	**13.36**
市　区	24231048	40.07	26219403	8.21
井陉县	267119	65.12	331011	23.92
正定县	478347	32.34	710170	48.46
栾城县	262050	24.14	314539	20.03
行唐县	125929	24.30	178851	42.03
灵寿县	148897	26.62	168737	13.32
高邑县	108653	33.47	142801	31.43
深泽县	116809	13.65	151307	29.53
赞皇县	106962	25.08	153612	43.61
无极县	186955	21.56	226115	20.95
平山县	218361	24.21	275416	26.13
元氏县	210053	9.98	251238	19.61
赵　县	230460	15.15	297605	29.14
藁城市	478186	36.56	630210	31.79
晋州市	336320	30.84	441472	31.27
新乐市	265734	23.22	278099	4.65
鹿泉市	647678	51.61	808933	24.90
辛集市	446132	45.58	553523	24.07

1997—2013 年分县（市）区金融机构人民币贷款（六）

计量单位：万元、%

行政单位	2011 年	增长速度	2012 年	增长速度	2013 年	增长速度
全　市	**36597860**	**11.85**	**39950667**	**9.16**	**45120154**	**12.65**
市　区	29296795	11.74	31519723	7.59	34086657	8.14
井陉县	351469	6.18	384027	9.26	466201	21.40
正定县	1121021	57.85	1465645	30.74	1946043	32.78
栾城县	385572	22.58	458521	18.92	548003	19.52
行唐县	219346	22.64	269156	22.71	301164	11.89
灵寿县	214281	26.99	257701	20.26	293962	14.07
高邑县	175698	23.04	214111	21.86	256139	19.63
深泽县	172584	14.06	179854	4.21	212115	17.94
赞皇县	208548	35.76	235289	12.82	258001	9.65
无极县	262898	16.27	249866	-4.96	288434	15.44
平山县	374274	35.89	441486	17.96	458558	3.87
元氏县	282462	12.43	372368	31.83	358350	-3.76
赵　县	336898	13.20	427802	26.98	464298	8.53
藁城市	719903	14.23	769641	6.91	888714	15.47
晋州市	504791	14.34	558213	10.58	693827	24.29
新乐市	320353	15.19	359065	12.08	455719	26.92
鹿泉市	959847	18.66	1047934	9.18	1199306	14.44
辛集市	691120	24.86	740265	7.11	1031262	39.31

1996—2013年分县（市）区城乡居民人民币储蓄存款（一）

计量单位：万元、%

行政单位	1996年	1997年	增长速度	1998年	增长速度	1999年	增长速度
全 市	**4223768**	**4857888**	**15.01**	**5941832**	**22.31**	**7092875**	**19.37**
市 区	1892453	2169085	14.62	2716587	25.24	3259295	19.98
井陉县	129507	150462	16.18	172827	14.86	192385	11.32
正定县	220307	256426	16.39	338198	31.89	411828	21.77
栾城县	130261	149094	14.46	173095	16.10	188394	8.84
行唐县	98437	112086	13.87	132786	18.47	145034	9.22
灵寿县	80690	87309	8.20	102662	17.58	118505	15.43
高邑县	43392	51315	18.26	60107	17.13	72029	19.83
深泽县	114732	132749	15.70	162650	22.52	191996	18.04
赞皇县	60793	68023	11.89	77969	14.62	85520	9.68
无极县	144437	175845	21.75	221033	25.70	243197	10.03
平山县	123624	141770	14.68	171660	21.08	180441	5.12
元氏县	107729	115407	7.13	132304	14.64	145923	10.29
赵 县	105390	125068	18.67	142532	13.96	174475	22.41
藁城市	213575	244522	14.49	288149	17.84	377022	30.84
晋州市	197558	238395	20.67	266911	11.96	354866	32.95
新乐市	101655	116710	14.81	144509	23.82	178144	23.28
鹿泉市	206700	232754	12.60	274596	17.98	307399	11.95
辛集市	252528	290868	15.18	363257	24.89	469422	29.23

1996—2013 年分县（市）区城乡居民人民币储蓄存款（二）

计量单位：万元、%

行政单位	2000 年	增长速度	2001 年	增长速度	2002 年	增长速度
全　市	**7514860**	**5.95**	**8235602**	**9.59**	**9251029**	**12.33**
市　区	3929041	20.55	3943653	0.37	4658726	18.13
井 陉 县	202493	5.25	217003	7.17	233408	7.56
正 定 县	434413	5.48	459898	5.87	487313	5.96
栾 城 县	193949	2.95	204920	5.66	218220	6.49
行 唐 县	152711	5.29	161879	6.00	165108	1.99
灵 寿 县	127083	7.24	138584	9.05	155788	12.41
高 邑 县	78389	8.83	83705	6.78	92091	10.02
深 泽 县	201044	4.71	209272	4.09	220508	5.37
赞 皇 县	91669	7.19	97763	6.65	105805	8.23
无 极 县	266499	9.58	288318	8.19	311136	7.91
平 山 县	190674	5.67	200881	5.35	209772	4.43
元 氏 县	155133	6.31	169937	9.54	184328	8.47
赵　县	174653	0.10	184425	5.60	200265	8.59
藁 城 市	382872	1.55	415056	8.41	433776	4.51
晋 州 市	366679	3.33	391400	6.74	419175	7.10
新 乐 市	178555	0.23	192290	7.69	200237	4.13
鹿 泉 市	326028	6.06	325849	-0.05	364993	12.01
辛 集 市	497188	5.91	550769	10.78	590380	7.19

1996—2013年分县（市）区城乡居民人民币储蓄存款（三）

计量单位：万元、%

行政单位	2003年	增长速度	2004年	增长速度	2005年	增长速度
全　市	**10444919**	**12.91**	**11894588**	**13.88**	**13551916**	**13.93**
市　区	5436477	16.69	6314369	16.15	7418651	17.49
井陉县	249483	6.89	275542	10.45	303792	10.25
正定县	527629	8.27	579859	9.90	633812	9.30
栾城县	245869	12.67	285131	15.97	310090	8.75
行唐县	165202	0.06	191407	15.86	208053	8.70
灵寿县	169063	8.52	186813	10.50	209050	11.90
高邑县	104068	13.01	116106	11.57	130750	12.61
深泽县	235009	6.58	252784	7.56	254864	0.82
赞皇县	120014	13.43	134628	12.18	132516	-1.57
无极县	337044	8.33	365607	8.47	383987	5.03
平山县	232835	10.99	273447	17.44	310792	13.66
元氏县	205982	11.75	235231	14.20	255387	8.57
赵　县	213825	6.77	237835	11.23	261973	10.15
藁城市	467139	7.69	530680	13.60	599963	13.06
晋州市	454340	8.39	503031	10.72	561204	11.56
新乐市	218368	9.05	237909	8.95	260700	9.58
鹿泉市	395003	8.22	438670	11.05	483864	10.30
辛集市	667569	13.07	735539	10.18	832469	13.18

1996—2013年分县（市）区城乡居民人民币储蓄存款（四）

计量单位：万元、%

行政单位	2006年	增长速度	2007年	增长速度	2008年	增长速度
全　市	**15532428**	**14.61**	**16947183**	**9.11**	**21801690**	**28.64**
市　区	8549036	15.24	9115834	6.63	11982365	31.45
井陉县	339911	11.89	390372	14.85	499922	28.06
正定县	685058	8.09	736921	7.57	941836	27.81
栾城县	342677	10.51	371001	8.27	434484	17.11
行唐县	248660	19.52	303252	21.95	400343	32.02
灵寿县	235175	12.50	282455	20.10	382554	35.44
高邑县	149486	14.33	161695	8.17	216960	34.18
深泽县	283158	11.10	311422	9.98	391938	25.85
赞皇县	150544	13.60	177775	18.09	220247	23.89
无极县	432280	12.58	480424	11.14	598436	24.56
平山县	357692	15.09	417592	16.75	537691	28.76
元氏县	299038	17.09	335513	12.20	438137	30.59
赵　县	300836	14.83	335322	11.46	400258	19.37
藁城市	686323	14.39	763798	11.29	950779	24.48
晋州市	640164	14.07	716995	12.00	888400	23.91
新乐市	313728	20.34	356947	13.78	452934	26.89
鹿泉市	545007	12.64	603573	10.75	727853	20.59
辛集市	973656	16.96	1086292	11.57	1336554	23.04

1996—2013年分县（市）区城乡居民人民币储蓄存款（五）

计量单位：万元、%

行政单位	2009年	增长速度	2010年	增长速度
全 市	**25674597**	**17.76**	**29203989**	**13.75**
市 区	14674605	22.47	16736357	14.05
井陉县	564372	12.89	611986	8.44
正定县	1119251	18.84	1301585	16.29
栾城县	480253	10.53	550039	14.53
行唐县	441452	10.27	517478	17.22
灵寿县	427193	11.67	479517	12.25
高邑县	257563	18.71	291375	13.13
深泽县	437578	11.64	487103	11.32
赞皇县	250941	13.94	301049	19.97
无极县	631828	5.58	721112	14.13
平山县	613920	14.18	700174	14.05
元氏县	476693	8.80	543225	13.96
赵 县	470748	17.61	539746	14.66
藁城市	1034815	8.84	1136136	9.79
晋州市	958566	7.90	1041133	8.61
新乐市	514730	13.64	600659	16.69
鹿泉市	871114	19.68	1018725	16.95
辛集市	1448975	8.41	1565905	8.07

1996—2013 年分县（市）区城乡居民人民币储蓄存款（六）

计量单位：万元、%

行政单位	2011 年	增长速度	2012 年	增长速度	2013 年	增长速度
全　　市	**32435792**	**11.07**	**37354986**	**15.17**	**41565885**	**11.27**
市　　区	18196341	8.72	21037653	15.61	23387585	11.17
井 陉 县	713976	16.67	817042	14.44	900342	10.20
正 定 县	1540692	18.37	1763733	14.48	2002068	13.51
栾 城 县	649548	18.09	756934	16.53	867700	14.63
行 唐 县	606989	17.30	699885	15.30	805753	15.13
灵 寿 县	546620	13.99	621350	13.67	666850	7.32
高 邑 县	342282	17.47	399471	16.71	439681	10.07
深 泽 县	561101	15.19	643798	14.74	702937	9.19
赞 皇 县	347289	15.36	379686	9.33	413503	8.91
无 极 县	832315	15.42	956281	14.89	1060818	10.93
平 山 县	842290	20.30	962398	14.26	1077958	12.01
元 氏 县	579652	6.71	697945	20.41	736387	5.51
赵　　县	637962	18.20	744525	16.70	840116	12.84
藁 城 市	1303369	14.72	1487914	14.16	1675704	12.62
晋 州 市	1143758	9.86	1305811	14.17	1389979	6.45
新 乐 市	685595	14.14	798884	16.52	913601	14.36
鹿 泉 市	1149565	12.84	1288619	12.10	1418660	10.09
辛 集 市	1756448	12.17	1993059	13.47	2199412	10.35

1995—2013年分县（市）区农民人均纯收入（一）

计量单位：元、%

行政单位	1995年	1996年	增长速度	1997年	增长速度	1998年	增长速度
全　市	**1995**	**2502**	**25.41**	**2837**	**13.39**	**2988**	**5.32**
矿　区	2511	3069	22.22	3481	13.42	3665	5.29
井陉县	1574	1821	15.69	2172	19.28	2410	10.96
正定县	2308	3004	30.16	3207	6.76	3335	3.99
栾城县	1998	2686	34.43	2900	7.97	3045	5.00
行唐县	1248	1850	48.24	2163	16.92	2361	9.15
灵寿县	998	1499	50.20	2016	34.49	2250	11.61
高邑县	1901	2366	24.46	2598	9.81	2800	7.78
深泽县	1863	2582	38.59	2789	8.02	2988	7.14
赞皇县	970	1203	24.02	1134	-5.74	1306	15.17
无极县	1863	2672	43.42	3045	13.96	3170	4.11
平山县	1554	1232	-20.72	2202	78.73	2371	7.67
元氏县	1759	2321	31.95	2552	9.95	2570	0.71
赵　县	1825	2579	41.32	2802	8.65	2942	5.00
藁城市	2407	3048	26.63	3513	15.26	3508	-0.14
晋州市	2498	3001	20.14	3300	9.96	3386	2.61
新乐市	2497	3012	20.62	3418	13.48	3506	2.57
鹿泉市	2585	2121	-17.95	3566	68.13	3678	3.14
辛集市	2579	2961	14.81	3207	8.31	3354	4.58

注：2013年以前农村居民家庭为纯收入，2013年以后为新口径可支配收入。

1995—2013 年分县（市）区农民人均纯收入（二）

计量单位：元、%

行政单位	1999 年	增长速度	2000 年	增长速度	2001 年	增长速度
全　市	**3071**	**2.78**	**3158**	**2.83**	**3149**	**-0.28**
矿　区	3736	1.94	3886	4.01	4019	3.42
井 陉 县	2506	3.98	2602	3.83	2680	3.00
正 定 县	3465	3.90	3605	4.04	3621	0.44
栾 城 县	3174	4.24	3305	4.13	3421	3.51
行 唐 县	2428	2.84	2468	1.65	2542	3.00
灵 寿 县	2308	2.58	2396	3.81	2397	0.04
高 邑 县	2860	2.14	3001	4.93	3125	4.13
深 泽 县	3060	2.41	3182	3.99	3308	3.96
赞 皇 县	1370	4.90	1652	20.58	1706	3.27
无 极 县	3240	2.21	3310	2.16	3429	3.60
平 山 县	2472	4.26	1992	-19.42	1999	0.35
元 氏 县	2617	1.83	2701	3.21	2812	4.11
赵　县	3059	3.98	3086	0.88	3049	-1.20
藁 城 市	3576	1.94	3656	2.24	3805	4.08
晋 州 市	3449	1.86	3539	2.61	3667	3.62
新 乐 市	3574	1.94	3616	1.18	3688	1.99
鹿 泉 市	3747	1.88	3852	2.80	4008	4.05
辛 集 市	3485	3.91	3235	-7.17	3365	4.02

1995—2013年分县（市）区农民人均纯收入（三）

计量单位：元、%

行政单位	2002年	增长速度	2003年	增长速度	2004年	增长速度
全 市	**3 245**	**3.05**	**3 394**	**4.59**	**3 799**	**11.93**
矿 区	4 140	3.01	4 265	3.02	4 854	13.81
井陉县	2 787	3.99	2 941	5.53	3 342	13.63
正定县	3 770	4.11	3 885	3.05	4 375	12.61
栾城县	3 558	4.00	3 755	5.54	4 247	13.10
行唐县	2 619	3.03	2 698	3.02	2 836	5.11
灵寿县	2 428	1.29	2 477	2.02	2 599	4.93
高邑县	3 250	4.00	3 407	4.83	3 680	8.01
深泽县	3 408	3.02	3 579	5.02	3 956	10.53
赞皇县	1 785	4.63	1 878	5.21	2 133	13.58
无极县	3 497	1.98	3 619	3.49	4 107	13.48
平山县	2 019	1.00	2 080	3.02	2 298	10.48
元氏县	2 897	3.02	3 021	4.28	3 431	13.57
赵 县	3 141	3.02	3 283	4.52	3 730	13.62
藁城市	3 919	3.00	4 086	4.26	4 621	13.09
晋州市	3 777	3.00	3 892	3.04	4 429	13.80
新乐市	3 800	3.04	3 961	4.24	4 461	12.62
鹿泉市	4 170	4.04	4 387	5.20	4 913	11.99
辛集市	3 470	3.12	3 609	4.01	4 061	12.52

1995—2013 年分县（市）区农民人均纯收入（四）

计量单位：元、%

行政单位	2005 年	增长速度	2006 年	增长速度	2007 年	增长速度
全　　市	**4118**	**8.40**	**4456**	**8.21**	**4954**	**11.18**
矿　　区	5267	8.51	5740	8.98	6328	10.24
井 陉 县	3643	9.01	3993	9.61	4527	13.37
正 定 县	4797	9.65	5253	9.51	5952	13.31
栾 城 县	4667	9.89	5006	7.26	5788	15.62
行 唐 县	2929	3.28	3076	5.02	3287	6.86
灵 寿 县	2681	3.16	2787	3.95	2898	3.98
高 邑 县	3975	8.02	4293	8.00	4551	6.01
深 泽 县	4155	5.03	4350	4.69	4611	6.00
赞 皇 县	2316	8.60	2584	11.57	2798	8.28
无 极 县	4476	8.98	4875	8.91	5321	9.15
平 山 县	2430	5.74	2588	6.50	2842	9.81
元 氏 县	3726	8.60	4076	9.39	4658	14.28
赵　　县	4110	10.19	4282	4.18	5005	16.88
藁 城 市	5060	9.50	5465	8.00	6184	13.16
晋 州 市	4828	9.01	5320	10.19	6012	13.01
新 乐 市	4872	9.21	5391	10.65	5984	11.00
鹿 泉 市	5313	8.14	5866	10.41	6460	10.13
辛 集 市	4467	10.00	4874	9.11	5514	13.13

1995—2013年分县（市）区农民人均纯收入（五）

计量单位：元、%

行政单位	2008年	增长速度	2009年	增长速度	2010年	增长速度
全　市	**5469**	**10.40**	**5977**	**9.29**	**6577**	**10.04**
长安区						
桥东区						
桥西区						
新华区						
裕华区						
矿　区	7025	11.01	7657	9.00	8461	10.50
井陉县	5051	11.57	5557	10.02	6006	8.08
正定县	6726	13.00	7399	10.01	8139	10.00
栾城县	6541	13.01	7215	10.30	7938	10.02
行唐县	3468	5.51	3470	0.06	3647	5.10
灵寿县	2956	2.00	2960	0.14	3167	6.99
高邑县	4970	9.21	5448	9.62	6105	12.06
深泽县	4920	6.70	5316	8.05	5745	8.07
赞皇县	2886	3.15	2910	0.83	3082	5.91
无极县	5806	9.11	6272	8.03	6790	8.26
平山县	2945	3.62	3312	12.46	3681	11.14
元氏县	5226	12.19	5878	12.48	6600	12.28
赵　县	5553	10.95	6116	10.14	6815	11.43
藁城市	6990	13.03	7731	10.60	8603	11.28
晋州市	6794	13.01	7495	10.32	8327	11.10
新乐市	6642	11.00	7360	10.81	8169	10.99
鹿泉市	7106	10.00	7834	10.24	8638	10.26
辛集市	6291	14.09	6890	9.52	7652	11.06

1995—2013 年分县（市）区农民人均纯收入（六）

计量单位：元、%

行政单位	2011 年	增长速度	2012 年	增长速度	2013 年	增长速度
全　市	**7822**	**18.93**	**8993**	**14.98**	**9546**	**12.60**
长安区	10199	20.26	12390	21.48		
桥东区	11525	27.70	14199	23.20		
桥西区	14553	31.00	17888	22.92		
新华区	10762	30.21	13125	21.95		
裕华区	13247	31.00	16432	24.04		
矿　区	9817	16.03	11270	14.80	12482	
井陉县	6961	15.90	7968	14.46	8688	
正定县	9459	16.22	10996	16.25	12004	
栾城县	9226	16.23	10619	15.10	11442	
行唐县	3995	9.54	4038	1.07	4723	
灵寿县	3455	9.09	3804	10.10	4417	
高邑县	7204	18.00	8346	15.85	9142	
深泽县	6671	16.12	7586	13.72	8666	
赞皇县	3405	10.48	3780	11.01	4487	
无极县	7876	15.99	9097	15.50	9955	
平山县	4168	13.23	4714	13.10	5137	
元氏县	7656	16.00	8819	15.19	9618	
赵　县	7910	16.07	9079	14.78	10100	
藁城市	9999	16.23	11714	17.15	12846	
晋州市	9675	16.19	11555	19.43	12683	
新乐市	9035	10.60	10059	11.33	11575	
鹿泉市	10063	16.50	11245	11.74	12666	
辛集市	8789	14.86	10073	14.61	11115	

注：2013 年为农民可支配收入修改为农民纯收入新口径的第一年，没有同期数，所以没有增速。